现代中国的
尼采阐释与思想启蒙

黄怀军 ◎ 著

XIANDAI ZHONGGUO DE
NICAI CHANSHI YU SIXIANG QIMENG

知识产权出版社
全国百佳图书出版单位

内容提要

　　本书集中考察 20 世纪前期中国思想界、文学界与学术界知识分子阐释尼采思想的活动与同期开展的思想启蒙的诉求之间的关联。内容总体上分为两大部分：一是史实清理，即按时间顺序全面、系统地清理 20 世纪初至 1949 年中国知识分子接受与阐释尼采思想的具体史实，并选取王国维、鲁迅、陈（独秀）胡（适）李（大钊）傅（斯年）、茅盾、李石岑、林语堂、楚图南、林同济、陈铨、冯至、朱光潜 11 例典型个案作重点考察；二是专题分析，逐一讨论尼采"超人"说、"强力意志"说、"价值重估"说、艺术哲学 4 个命题与现代中国思想启蒙主张之间的学理关联。

责任编辑：蔡　虹

图书在版编目（CIP）数据

　　现代中国的尼采阐释与思想启蒙/黄怀军著. —北京：知识产权出版社，2011.12

　　ISBN 978-7-5130-1006-1

　　Ⅰ.①现… Ⅱ.①黄… Ⅲ.①尼采，F.W（1844～1900）—哲学思想—研究 Ⅳ.①B516.47

　　中国版本图书馆 CIP 数据核字（2011）第 257337 号

现代中国的尼采阐释与思想启蒙

黄怀军　著

出版发行	知识产权出版社		
社　　址：北京市海淀区马甸南村 1 号	邮　　编：100088
网　　址：http://www.ipph.cn	邮　　箱：bjb@cnipr.com
发行电话：010-82000860 转 8101/8102	传　　真：010-82005070/82000893
责编电话：010-82000860 转 8324	责编邮箱：caihong@cnipr.com
印　　刷：保定市中画美凯印刷有限公司	经　　销：新华书店及相关销售网点
开　　本：787mm×1092mm　1/16	印　　张：19.5
版　　次：2011 年 12 月第 1 版	印　　次：2011 年 12 月第 1 次印刷
字　　数：380 千字	定　　价：49.00 元

ISBN 978-7-5130-1006-1/B · 047（3881）

本书为

2009 年度湖南省社科基金项目"尼采阐释与百年'立人'"

2009 年度湖南省科技计划项目"尼采阐释与百年启蒙"

2009 年度湖南省高等学校科学研究项目"走向现代性"的成果形式

本书获

第三批中国博士后科学基金会特别资助

第四十六批中国博士后科学基金会面上资助

序：除了立人，还是立人

谭桂林

  2011 年 11 月下旬，应朱寿桐教授之邀到澳门参加由澳门基金会、中国鲁迅研究会和澳门大学联袂举办的"鲁迅与汉语新文学"国际学术研讨会，会上见到了新加坡南洋理工学院的张钊贻先生。张先生是海外著名的鲁迅研究专家，在鲁迅与尼采的关系研究方面做出了杰出的成就。席间与张先生闲聊，谈到 20 世纪 80 年代后期我在读硕士学位的时候，曾经对尼采的著作十分着迷，特别想以尼采与中国现代文学为题来做学位论文，但动手收集材料时，看到了张先生所写的鲁迅与尼采的系列论文，十分钦佩，尤其是看到张先生在版本考据上所下的细致工夫，觉得自己无论是外语还是理论素养都不可能达到张先生的程度，所以就不得不知难而退，很不情愿地放弃了。张先生听了哈哈大笑，连说遗憾。不过我也对张先生说，最近国内有位青年学者倒是了却了我的这个心愿，在尼采与中国现代文学乃至现代文化的关系方面出了不少的研究成果。张先生忙问是谁，我告诉他是我过去的一位青年同事、湖南师范大学文学院的黄怀军博士，张先生听后点点头，说知道此人，读过他的不少论文。

  怀军博士和我大概前后不久来到湖南师范大学工作，后来他去四川大学攻读博士学位，做的论文题目就是《中国现代作家与尼采》，毕业答辩时我曾经为他的论文写过鉴定评语。大概是由于前面所述的因缘吧，我对这个题目特别敏感，也特别有兴趣。当时仔细拜读了这篇博士论文，印象确实很深刻。我知道，在国内这种文化语境中作尼采影响研究，是一件比较艰辛的事情，这不仅是说有些思想观念上的禁忌需要去准确地拿捏，而且尼采思想在国内传播的驳杂、尼采在中国思想文化界地位的高峰低谷、现代作家对自我所受的尼采影响的避讳等，其程度在中国现代文学研究中都是无可比拟的。以致在很长的一段时间内，学界只是辩证地谈谈鲁迅对尼采的接受，因为鲁迅很欣赏刘半农送给他的"托尼学说，魏晋文章"评语，尼采对鲁迅的影响是鲁迅研究一个绕不开的话题。20 世纪 80 年代后期，周国平先生的著作《尼采：在世纪的转折点上》将诗思与哲学结合起来，从生命和诗的角度重新诠释了尼采的超人哲学，高度地评价了尼采的超人哲学对人类思想史的贡献，出版后在青年学生中风靡一时，引发了现代文学界对尼采思想的重新认知，而乐黛云先生的一篇题为《尼采与中国现代文学》的重要论文可以说开启了整体研究尼采与中国现代文学关系的先河，此后这方面的研究成果不断涌现，蔚为盛观。就我的印象而言，怀军博士的学位论文应该是这类成果中的佼佼者之一，它的特色不仅在于深入研究了陈铨等战国策派作家与尼采的关系，从而拓宽了这一课题的研究畛域，而且在于或者说更重要的是在于它从版本校勘出发，仔细地逐一梳理了有关作家对尼采接受的事实，力图还原这一思想接受的历史现场，把握具体情境下作家接受尼采思想的主体特点，而且其中依据的不少资料直接来之于德语的尼采原版著作。怀军博士对于版本比对、史料考据的重视，不知是否受到张钊贻先生研究方法的影响，但一个选题确定之后，方法的运用往往是课题研究成败的关键。尤其是在这种影响比较的研究中，版本的校勘、史料的发掘和整理，无疑是研究结论的基础。没有这个基础，义理的讨论、思想的论辩无论怎样高明，恐怕也落不到实处。所以，听到怀军博士的研究成果得到了国外专家的关注，我也很为他感到高兴。

博士毕业后，怀军向我表示想进湖南范大学中国语言文学博士后流动站，集中精力和时间拓展一下尼采与中国的课题研究。当时我正承担国家社科基金课题20世纪中西诗学关系研究，也在做一些中外现代文学比较的研究工作，怀军博士便邀请我做他的联系导师。在进站的开题报告会上，怀军博士提出他想从"立人"的角度来梳理尼采阐释与现代中国启蒙主义的关系，这一计划可谓雄心勃勃，它不仅将尼采与中国的课题从现代上溯到了清末，而且从文学领域推进到了思想文化领域。专家组成员对此表示了高度的肯定，当然对在短暂的两年时间内能否完成这一计划也不无担心。在站期间，怀军博士不仅以此课题申报成功省部级项目，而且获得了国家博士后基金委的特别资助，充分显示出了自己的研究实力。现在怀军博士已经顺利出站，而且出站成果也即将付梓出版以飨读者，这是非常值得高兴的事情。这一研究成果是否实现了作者自己的设想，有多少学术创新之处，它在研究方法上有哪些值得借鉴和称道的地方，这些当然是应该由读者和学术界来做出评判的，我作为作者的联系导师不便在此置喙。在此，我只想就这个课题本身的价值谈谈自己的看法。

尼采是德语思想界体系与逻辑传统的尖锐的叛逆者，他的思想也因其驳杂、矛盾、悖论而被各种不同乃至完全对立的主义所诠释、所承袭。但是，尼采思想中有一个核心的理念或者说一个根本的旨归却是被大家都认可的，这就是他的"立人"主张。他对基督教道德的奴隶性的诅咒，他对庸众的批判，对真的人的呼唤，对超人的向往，可以说始终贯穿在他对人类生命轮回与发展的思考中。中国的现代启蒙思想从一开始就与尼采联系在一起，其实也是缘之于深刻的现实教训的。甲午战争失败以后，洋务运动走向了末路，一批民族的先觉者终于认识到中国的改革不是输入洋货，也不是师夷长技，而是首在立人，人立而后凡事举。所以，从20世纪初王国维、章太炎和他的弟子们极力宣扬尼采精神，到五四新文化运动一批现代知识分子大力介绍和诠释尼采的思想来进行国民启蒙，甚至到抗战时期陈铨等人引进尼采"超人"说的"强力意志"理论来张扬民族精神，培养"战士型人格"，其基本意图都是要弘扬尼采的"立人"思想，改造国民性格，重铸民族灵魂。现在，一个世纪弹指而过了，尼采在中国的思想土地上也翻来覆去，不断地上演着不同的命运悲喜剧。但是人立得如何了呢？看看当下国人的精神状态，确实难以不让人感到沮丧。在市场经济的大潮中，一切在成为商品。激情在冷却，理想在失落，心肠在僵硬，想象力没有了翅膀，道德好像丧失了底线，文化好像找不到自己的灵魂，良知也似乎被捆绑在金钱的战车上昏昏欲睡。如果说当年被鲁迅他们批判过的庸众最多不过是以沉默的无物之阵来消解启蒙者的呼喊，而现在还是那些庸众，却在兴高采烈地以世俗的聪明，肆无忌惮地嘲弄着先觉者们甚至以生命与鲜血坚守着的理念。改革开放之初，著名作家戴厚英曾以"人啊人"这一呼吁为她的一部小说命名，这也许代表了那个时代里人们刚从左的桎梏下解放出来获得自我精神主体性自由时的一种欢欣鼓舞情绪的表达，但现在当这种发自内心的欢呼逐渐演变成人们面对国人精神状况一种无可奈何的叹息时，我们尤其感觉到了尼采立人思想与启蒙精神的可贵，尤其感觉到了由五四一代先觉者发起的以立人为中心的启蒙运动的重要性和艰巨性。在中国的现代化道路上，还是鲁迅那句名言，首在立人。除了立人，还是立人，人既不立，再多的高楼大厦，再快的高铁飞船，也不过是一个空空洞洞的形式。正是在这个意义上，全面梳理、深入解读尼采阐释与现代中国启蒙主义之间的关系，寻找其中的经验与教训，其学术价值和现实意义也就不言而喻了。

从20岁出头读上尼采到现在，30年转瞬即逝，自己虽然没有像尼采所说的由负重的骆驼上升到自由自在的狮子，但是这些年来，尼采的《查拉图斯特拉如是说》却是我人生的行囊中时时相伴的一本书。有时我竟这样想，历史上那些深受尼采影响的作家往往是些苦难意识很深重的作家，他们似乎注定要像尼采那样背负着人类的十字架独自前行。但是，能够研究尼采却是一件很幸福的事情。因为尼采不仅是思想家，而且是美学家，是修辞家，是那个时代顶尖的诗人。研究尼采，亲近尼采，哪怕你不愿接受他的思想的启示，你也能够时常沉浸在他的诗性的朝露中，保持自己心田的湿润与丰盈，你也能够穿梭在他的繁复而灵动的意象的迷宫中，享受一份精神的愉悦与智慧的欢喜。所以，看了怀军博士的著作，要说还有什么不满足的话，那就是他的著作注重的是揭示尼采的思想家的一面，而对尼采思想的载体也就是那无与伦比的诗性形式却切入得还不够深刻，不够细致。当然，这本来就是著作的论题所限，我的意思是希望怀军博士或者其他的尼采研究者将来能够倾力深入研究尼采言说的诗性形式对中国文学乃至对中国文化表述方式的影响及其潜在的意义，或许这也是尼采研究中一个值得期待和颇有价值的拓展呢。

2011年12月1日写于秦淮河畔半空居

目　录

1

引　言

有一个外国思想家，他在现代中国的思想界、文学界和学术界受到了广泛的关注，但得到的误解最多；他对现代中国的思想界、文学界和学术界产生了持久的影响，但获得的争议最大。这个外国思想家就是德国哲学家、美学家及诗人尼采（F. W. Nietzsche，1844～1900）！

一、冰火两重天的遭遇

同样来自中国的知识界，一些人把尼采捧上了天。早在 20 世纪初，王国维就奉尼采为"旷世之天才"，认为他"以极强烈之意志，而辅以极伟大之知力，其高掌远蹠于精神界，固秦皇、汉武之所北面，而成吉思汗、拿破仑之所望而却走者也"。❶鲁迅称尼采为"个人主义之至雄桀者"❷。五四前后，守常（李大钊）称尼采为匡救"人性之弱点与文明之缺陷"的"近代思想大家"。❸郭沫若在《匪徒颂》一诗里封"欺神灭像"的尼采为"学说革命的匪徒"，向其三呼"万岁"。另一些人则将尼采打入地狱。五四时期，梁启超称尼采倡导的"自己本位的个人主义"是一种"怪论"，它使"军国主义帝国主义变了最时髦的政治方针"，甚至成了第一次世界大战（以下简称一战）的"起原"。❹蔡元培声称尼采的"强权主义"是一战中德国政策的行动指南，并预言"专用尼采主义的德人"必将失败。❺抗战时期，"左"派人士将尼采钉在人类思想界的耻辱柱上，如张子斋断言"尼采的著作，不是为最大多数被压迫被剥削者写的，而是为极少数压迫者剥削者写的，为法西斯主义者写的"；❻曹和仁声称尼采不仅是"大地主大资本家阶级代言人"，而且已"被奉为法西斯军队底战神"。❼

与此相连，中国现代知识分子对尼采在中国的影响的评价也是两极化的。茅

---

❶　王国维："叔本华与尼采"，载谢维扬、房鑫亮主编：《王国维全集》（第 1 卷），浙江教育出版社、广东教育出版社 2010 年版，第 93 页。

❷　鲁迅："文化偏至论"，载《鲁迅全集》（第 1 卷），人民文学出版社 2005 年版，第 53 页。

❸　守常（李大钊）："介绍哲人尼杰"，载《晨钟》1916 年 8 月 22 日。

❹　梁启超："欧游心影录节录"，载《饮冰室合集·饮冰室专集之二十三》，中华书局 1936 年版，第 9 页。

❺　蔡元培："大战与哲学"，载《蔡元培全集》（第 3 卷），中华书局 1984 年版，第 203 页。

❻　张子斋："从尼采主义谈到英雄崇拜与优生学"，载郜元宝编：《尼采在中国》，上海三联书店 2001 年版，第 304 页。

❼　曹和仁："权力意志的流毒"，载郜元宝编：《尼采在中国》，上海三联书店 2001 年版，第 332 页、第 330 页。

1

盾早在 1920 年就认为尼采思想对五四时期中国的思想界与文学界产生了重大影响：

> 尼采主义的精神，却流行得很。我们随便举几个例，如"精神自由"，如"知慧的勇气"，如"独立无惧"，如"寻真理的勇猛"等等词头儿，都是新思想的滋养品，然而就是尼采主义的结晶体。❶

而"战国策派"领袖林同济在 1939 年却断定尼采思想对中国影响甚微：

> 尼采学说在五四时代曾遇鲁迅、郭沫若等一度零星的介绍。可惜那些初步又初步的工作，从来就未经继续努力下去，遂使这位"铁锥讲道"的哲人，以及他那种健康、坚强、勇迈、高大的人生观，对我们二十年来的思潮，不论正面、反面，都不有丝毫的影响！❷

面对尼采所遭受的冰火两重天待遇，当时就有人表示费解，并替他鸣不平。中国现代的尼采研究名家李石岑 1920 年就对中国尼采阐释活动中的反常现象提出了质疑："尼采之思想，本合柏格森之唯美说，与席勒、詹姆士之实用说一炉而冶之。今一面高倡柏格森、詹姆士、杜威之学说，一面力斥尼采之学说，是何异于知二五而不知一十耶？"❸ 散文家丽尼 1934 年翻译了法国尼采研究专家 Henri Lichtenberger 的《尼采的性格》一文，在译前"小引"里指出：

> 尼采无疑地是近代一个最伟大的"人"，是极品的诗人，是最深微的心理学家，是炯眼的先知，是新时代的立法者。近代从没有谁影响人世如他那样的深澈，惜乎对他的误解亦多，尤其在我们中国，到现在只有假借对他糟蹋的宣传。❹

诗人、学者冯至对尼采思想被"冒渎"的现象感叹不已："尼采自己也说过：'最坏的读者像是掠人财物的兵：他们拿去一些他们所能用的，污毁了、搅乱了那些剩余的，冒渎了整体。'而偏偏是尼采遭遇这样的'兵士'最多。"❺ 林同济说得更干脆：

> 尼采自己有句话，竟已成了痛心的预言："伟大的思想家要靠其被误解的程度以成其伟大。"千古思想家，尼采可算为当代最被误解的一人。诅咒者误解，

❶ 茅盾："尼采的学说"，载郜元宝编：《尼采在中国》，上海三联书店 2001 年版，第 102 页。

❷ 林同济："尼采《萨拉图斯达》的两种译本"，载郜元宝编：《尼采在中国》，上海三联书店 2001 年版，第 284 页。

❸ 李石岑："尼采思想之批判"，载成芳编：《我看尼采》，南京大学出版社 2000 年版，第 62～63 页。

❹ ［法］Henri Lichtenberger《尼采底性格》，载丽尼译，成芳编：《我看尼采》，南京大学出版社 2000 年版，第 272 页。

❺ 冯至："谈读尼采"，载《冯至全集》（第 8 卷），河北教育出版社 1999 年版，第 281 页。

崇拜者一样误解。❶

二、现代中国的尼采阐释概要

尼采在中国所遭受的冰火两重天待遇几乎贯穿着整个现代中国的尼采接受与阐释史。1902 年，即尼采辞世后的第二年，中国"舆论界之骄子"梁启超就在《进化论革命者颉德之学说》一文里提到尼采，并将他的"个人主义"与后来在中国产生巨大影响的马克思"社会主义"并提。❷ 此后，学术界巨擘王国维、文学界巨人鲁迅等一大批中国知识分子开始关注尼采，并着手阐释和传播他的思想。据不完全统计，中国思想界、文学界和学术界先后参与尼采思想的阐释与传播的有梁启超、王国维、章太炎、鲁迅、蔡元培、李大钊、陈独秀、胡适、傅斯年、朱执信、谢无量、茅盾、李石岑、郭沫若、徐志摩、S. T. W.、朱侣云、范寿康、朱枕眉、包寿眉、黄魂、刘宏谟、沈伯展、育群、黄素秋、高明、朱光潜、贺麟、徐梵澄、阮真、楚图南、陈铨、林同济、冯至、方东美、常苏波、杨业治、杨白萍、华林、姚可昆、刘恩久和姜蕴刚等。在这些列举出来的知识分子以及其他更多没有列举出来的知识分子那里，似乎总是或明或暗地分为两大阵营：一部分人赞美尼采，另一部分人诅咒尼采。

中国思想界、文学界和学术界在五四时期和抗战时期先后出现过两次"尼采热"。1920 年 8 月 15 日，李石岑在《民铎》杂志第 2 卷第 1 号上主办"尼采号"，发表了一系列尼采研究成果，将中国第一次"尼采热"推向高潮。1940～1941 年间，林同济、陈铨、雷海宗等人创办了《战国策》、《大公报·战国副刊》等期刊，大力宣传尼采思想，将中国第二次"尼采热"推向高潮。

根据这些史实，同时也为了叙述的方便，笔者将整个 20 世纪上半叶中国知识分子接受与阐释尼采思想的进程划分为三个阶段：第一阶段为萌芽期，大致从 1902 年到新文化运动发轫之前的 1914 年；第二阶段为第一高潮期，大致从新文化运动开始的 1915 年到李石岑出版中国第一部尼采研究专著《超人学说浅说》的 1931 年，中间历经第一次"尼采热"；第三阶段是第二高潮期，大致从 1931 年到 1949 年，中间历经第二次"尼采热"。

总体而言，现代中国知识界接受与阐释尼采思想有着鲜明的立场与价值取向。中国当代尼采研究专家周国平认为，20 世纪（尤其是上半叶）中国知识分子接受与阐释尼采思想的立场有两种：一是王国维式"哲学的和学术的立场"，二是鲁迅式"社会的和文学的立场"，但以后者为主。所谓"社会的和文学的立场"，是指"注意力放在用尼采的自强说改造中国国民性"以及"被尼采的文采

---

❶ 林同济："我看尼采"，载陈铨：《从叔本华到尼采》，上海大东书局 1946 年版，第 7 页。

❷ 梁启超："进化论革命者颉德之学说"，载《饮冰室合集·饮冰室文集之十二》，中华书局 1936 年版，第 86 页。

所吸引"。❶ 周国平还断言，现代中国"没有真正的尼采研究"，因为"就尼采而言，中国人从来没有把他作为一个哲学家来接受，而只是接受了他的一部分道德学说，并且是与他的整个哲学割裂开来孤立地接受的"，所以，"中国有尼采爱好者，却没有尼采研究者"。❷ 如果在此基础上进一步勾勒现代中国知识分子接受与阐释尼采思想的价值取向与基本特征，笔者认为可以用如下两句话来概括：按需择取，不求甚解。

所谓按需择取，是指中国知识分子的尼采阐释秉持强烈的功利化价值取向，对尼采思想体系里与中国现实社会有联系或有潜在联系的论题予以关注，而对那些与中国现实生活联系不大或暂时没有联系的论题视若无睹。如同为尼采哲学本体论组成部分的"永恒轮回"（Die ewige Wiederkunft）说就远未获得"强力意志"（Der Wille zur Macht，又译权力意志、冲创意志——笔者注）说那样的待遇。此期真正将"永恒轮回"说视为尼采哲学体系重要命题的只有哲学史家刘恩久一人，他在专著《尼采哲学之主干思想》（1947 年）中明确指出："永劫回归"（通译永恒轮回——笔者注）说"于尼采整个哲学之体系上，为一最重要之问题"；"此永劫回归思想，于其（即尼采）哲学系统上，可认之为以后各思想之导火索，于素朴之立场言之，亦即其哲学发号司令之大本营也"。❸ 再如尼采震古烁今的"上帝死了！"这一口号，也几乎没有赢得现代中国知识分子的关注。原因之一是中国人对基督教比较陌生，尼采的论断无法激活中国人的学术敏感。更深层的原因恐怕如周国平所言，是因为中国哲学缺乏形而上学传统："西方哲学的精神始终是形而上学，即使像尼采这样反对传统形而上学，也仍然是走在形而上学这条路上的。正因为这样，'上帝死了'于他才会成为一个严重的问题，虚无主义才会成为西方人的精神困境。中国人从来没有上帝，所以也根本不会觉得'上帝死了'是一个问题。中国没有形而上学，所以也不会有虚无主义。"❹ 由此可以看出，现代中国的尼采阐释者之所以关注尼采思想，是想借助它来解决中国社会中的现实问题，或将它转换为现代中国思想启蒙的理论资源。正如周国平所言："自从清末民初西方哲学传入中国以来，中国人之接受西方哲学，都不是把它们当做哲学来接受的，而是试图用它们来解决中国的具体的社会问题，结果是用中国的社会问题取代了西方哲学本身的问题。"❺ 周国平所说的"西方哲学"自然包括尼采的哲学思想。

---

　❶ 周国平："二十世纪中国知识分子对尼采和欧洲哲学的接受"，载《周国平人文讲演录》，上海文艺出版社 2006 年版，第 128～130 页。
　❷ 周国平："中国没有真正的尼采研究"，载《周国平人文讲演录》，上海文艺出版社 2006 年版，第 353～354 页。
　❸ 刘恩久："尼采哲学之主干思想"，载成芳编《我看尼采》，南京大学出版社 2000 年版，第 596 页。
　❹ 周国平："中国没有真正的尼采研究"，载《周国平人文讲演录》，上海文艺出版社 2006 年版，第 353 页。
　❺ 周国平："中国没有真正的尼采研究"，载《周国平人文讲演录》，上海文艺出版社 2006 年版，第 353 页。

　　所谓不求其解，是指现代中国知识分子大都不把尼采哲学当做一个完整的思想体系来对待，对尼采的思想主张理解不透，甚至出现明显的歧义与错误。如他们对尼采的"超人"（Der Übermensch）说津津乐道，但大多数人的理解与尼采的本意相去甚远。尼采心目中的"超人"只是一种理想的人类或人格，他曾说："超人"是"我的沉睡在石头里的一个图像，是我的一切图像中最美的图像"。❶国人却多将"超人"置换成"天才"、"伟人"、"英雄"、"强者"：鲁迅称之为"大士天才"或"意力绝世、几近神明"之人（《文化偏至论》），陈独秀称之为"天才"、"大艺术家"和"大事业家"（《人生真义》），郭沫若称之为"伟大高迈之士"，陈铨称之为"天才"、"人类的领袖"、"社会上的改革家"与"勇敢的战士"（《尼采的思想》），等等。再如尼采的"强力意志"概念，国人不仅径直将其中的"强力"（der Macht）翻译为"权力"，而且将它等同于征服欲、支配欲或追求政治权力的意志。胡适就说"尼采说的意志，是求权力的意志"，"生命的大法是：各争权力，优胜劣败"。❷陈铨也指出："人类不但要求生存，他还要求权力。"❸

三、尼采阐释与现代中国的思想启蒙

　　为什么尼采思想能够被现代中国的知识分子视为中国思想启蒙的理论资源呢？根本原因有两个：第一，尼采本人就是一个启蒙者；第二，尼采哲学的本质是生命哲学或文化哲学，因而天然地具有启蒙的素质或潜质。

　　关于尼采的启蒙者特性，有两位英国学者说得非常清楚。尼采研究专家 T. M. 凯特 1911 年给《尼采传》的英译本作序时曾经指出："他（即尼采）的天性是一种哲人、启蒙者的天性。"❹另一位英国学者阿伦·布洛克也说："尼采所以有异乎寻常的震撼力，是由于他能够把十九世纪末期许多知识分子和作家心中要与那个过分有组织和过分理性化的文明决裂的冲动，要让本能和感性超越理智的冲动，用言词表达出来。"❺用言词表达别人内心确实存在但又没有形诸文字的某种冲动，正是启蒙者的嗜好和天职。

　　关于尼采哲学的生命哲学或文化哲学本质，尼采本人以及不少中国知识分子都明确指出了这一点。尼采晚年在自传《看哪，这人！》（Ecce Homo）中声称："从自身要求健康、渴求生命的愿望出发，我创立了我的哲学。"❻中国现代教育家、哲学家范寿康曾经反复申明："尼采的中心思想，就是生活的肯定及意力的主张。""意志是创造生活的意义及价值的唯一的力。意志强毅，人生的真意义及

---

❶ F. Nietzsche. *Also Sprach Zarathustra*. Karl Schlechta. *Friedrich Nietzsche Werke*：Band 2. München：Carl Hanser Verlag，1955，p345.

❷ 胡适："五十年来之世界哲学"，载《胡适文存》（第 2 集），上海亚东图书馆 1924 年版，第 230 页。

❸ 陈铨："指环与正义"，载《大公报·战国》，1941 年 12 月 17 日。

❹ ［英］凯特：《尼采传》英译本序"，［法］哈列维《尼采传》，谈蓓芳译，百花洲文艺出版社 1995 年版，第 9 页。

❺ ［英］布洛克："西方人文主义传统"，董乐山译，生活·读书·新知三联书店 1997 年版，198 页。

❻ ［德］尼采："看哪，这人！"，《权力意志》，张念东、凌素心译，商务印书馆 1998 年版，第 11 页。

真价值自然表露出来了。""肯定现实生活，发展意志力量，是尼采的根本思想。"❶ 林同济明确指出："尼采有个基本的概念：对生命的肯定。"❷ 哲学家刘恩久也宣称："因其（即尼采）提倡'人生哲学'，故近世皆称其为'人生哲学之父'，彼实可当之而无愧。"❸

的确，尼采的"超人"说、"强力意志"说、"价值重估"说与"酒神精神"说等，都是在告诉人们如何扯断缠绕在自己身上的种种羁绊，如何激扬个体生命的活力，如何让自己的人生变得辉煌灿烂，所以尼采哲学本质上是一种生命哲学。从另一个角度来讲，尼采哲学也是传统的中国人讳莫如深但又为新一代知识分子渴慕至极的个人主义哲学。中国当代学者章培恒认为，尼采"狂热的个人主义强烈地打动了他们（指文中所说的'中国的先进文化人'）的心"，"在中国的先进文化人接触尼采哲学以前，重个体而轻群体的观念在他们中间始终是朴素的、自发的东西，而且在沉重的封建压力下，这些东西也不可能大张旗鼓地宣传。所以，到了20世纪初，他们中的一些人一接触到尼采哲学，立即为'超人'说——强烈的个人主义——所紧紧吸引。这一方面是由于当时中国先进的文化人本来就在期待个人主义；另一方面是由于尼采除了对个人主义进行理论阐发外，作为文艺性的哲学家，他的阐发富于激情和诗意，很容易打动读者的心，更何况他所宣扬的是一种进攻型的个人主义，却又伴随着深沉的悲剧精神，这就更能引起当时那些处于孤军作战的困境，却仍坚持着绝望的抗争的中国先进文化人的共鸣"。❹

那么，什么是启蒙？现代中国知识分子为什么要提倡思想启蒙呢？

德国哲学家康德早在1784年就针对"什么是启蒙？"的问题回答道："启蒙就是人类脱离自我招致的不成熟。不成熟就是不经别人的引导就不能运用自己的理智。如果不成熟的原因不在于缺乏理智，而在于不经别人引导就缺乏运用自己理智的决心和勇气，那么这种不成熟就是自我招致的。敢于知道！要有勇气运用你自己的理智！这就是启蒙的座右铭。"❺ 康德将启蒙理解为"理性的使用"，并把"理性的使用"分为"公共使用"与"私人使用"两种，然后指出："理性的公共使用必须一直是自由的，只有这种使用能够给人类带来启蒙；然而，理性的私人使用经常可以被狭隘地加以限制，而不致特别妨碍启蒙的进步。按照我的理解，理性的公共使用就是任何人作为一个学者在整个阅读世界的公众面前对理性的运用。所谓私人的运用，我指的则是一个人在委托给他的公民岗位或职务上对

---

❶ 范寿康："最近哲学之趋势"，载郜元宝编：《尼采在中国》，上海三联书店2001年版，第117页、第118页、第119页。

❷ 林同济："尼采《萨拉图斯达》的两种译本"，载郜元宝编：《尼采在中国》，上海三联书店2001年版，第285页。

❸ 刘恩久："尼采哲学之主干思想"，载成芳编：《我看尼采》，南京大学出版社2000年版，第594页。

❹ 章培恒："《尼采传》中译本序"，[法]丹·哈列维：《尼采传》，谈蓓芳译，百花洲文艺出版社1995年版，第4页。

❺ [德]康德："什么是启蒙？"，[美]施密特编：《启蒙运动与现代性》，徐向东、卢华萍译，上海人民出版社2005年版，第61页。

其理性的运用。"他特别关注理性的公共使用，认为："作为一位学者，一位通过他的著作向自己的公众亦即这个世界讲话的人，这个牧师，在他的理性的公共使用中，便享有使用他的理性、以他自己的人格发表言论的无限自由。"❶ 法国思想史家福柯在近一个世纪之后的 1978 年再次论及了"启蒙"（即"批判"）问题。他指出："批判就是这样一种运动，通过这种运动被统治者向自己提供了一个权利，以便就真理的权力影响来质疑真理，就权力对真理的述说来质疑权力。批判的本质功能就是在人们称为'真理的政治学'的那种游戏中来消除服从。"❷ 他还将"批判"的内容概括为三个方面：一是"对教会教权的一种拒绝、挑战和限制"；二是"不接受这些法律"；三是"面对权威而要求确实性"。❸

从康德和福柯的论断可以看出，启蒙或批判就是要求人们运用自己的理智对事物的性质或对错与否作出明确的判断，不屈服权力或权威，不盲从时俗成见。它包括两个方面：一是自我启蒙，包括自我意识的苏醒、自我觉悟的提高、自我理性的运用等，所谓"敢于知道！要有勇气运用你自己的理智！"，所谓"质疑真理"、"质疑权力"就是这个意思。二是启蒙他人，包括教育他人正确认识事物、引导他人树立正确的人生观等，所谓"理性的公共使用必须一直是自由的，只有这种使用能够给人类带来启蒙"，所谓"在人们称为'真理的政治学'的那种游戏中来消除服从"主要是指这层意思。

中国现代知识分子之所以要提倡思想启蒙，则与他们作为知识分子的本性和他们所处的历史境遇密切相关。美籍巴勒斯坦裔学者萨义德（E. W. Said）在一部论知识分子操守的书里宣称："知识分子的责任之一就是努力破除限制人类思想和沟通的刻板印象和化约式类别。""他或她全身投注于批评意识，不愿接受简单的处方、现成的陈腔滥调，或迎合讨好、与人方便地肯定权势者或传统者的说法或做法。"❹ 在萨义德看来，保持清醒、克己自律、坚守批判意识就是知识分子的操守。他甚至主张知识分子在任何时候都不能忘记启蒙的诺言："虽然在民族危亡的紧要关头，知识分子为了确保社群生存的所作所为具有无可估量的价值，但忠于团体的生存之战并不能因而使得知识分子失去其批判意识或减低批评意识的必要性，因为这些都该超越生存的问题，而达到政治解放的层次，批判领导阶级，提供另类选择。"❺ 而中国古代知识分子即"士"一直有一个启蒙者的传统。美籍华人学者余英时指出，中国的"士"有两大特点。一是秉持一定的原

❶ ［德］康德："什么是启蒙？"，［美］施密特编：《启蒙运动与现代性》，徐向东、卢华萍译，上海人民出版社 2005 年版，第 62 页。

❷ ［法］福柯："什么是批判？"，［美］施密特编：《启蒙运动与现代性》，徐向东、卢华萍译，上海人民出版社 2005 年版，第 391 页。

❸ ［法］福柯："什么是批判？"，［美］施密特编：《启蒙运动与现代性》，徐向东、卢华萍译，上海人民出版社 2005 年版，第 390～391 页。

❹ ［美］萨义德："知识分子论"，单德兴译，生活·读书·新知三联书店 2002 年版，第 2 页、第 25 页。

❺ ［美］萨义德："知识分子论"，单德兴译，生活·读书·新知三联书店 2002 年版，第 39 页。

则处理世事，充满"救世"或"经世"的热情："中国知识人自始便以超世间的精神来过问世间的事。换句话说，他们要用'道'来'改变世界'。""'救世'、'经世'都是'改变世界'的事。这一精神上起先秦下及清代，实在贯穿在中国知识人的传统之中。"❶ 第二个特点是重视个人的精神修养，即"求道"："中国知识人是'志'于道的，现在'道理'既是'得之于天而具于心'，则任何有志于'求道'、'得道'的知识人，自然都不能不首先反求诸自己的内心。""中国知识人特别注重精神修养，主要是为了保证'道'的庄严和纯一。"❷

不过，近现代中国的知识分子与传统的"士"有了许多区别。中国学者许纪霖指出，两者之间最大的区别就是前者那种"与国家的制度化联系随着科举制度的废除被切断"，后者地位日趋边缘化，"他们不仅疏离了国家，而且也游离了社会，成为无所依附的自由漂浮者"；但他们也因此拥有了更多的自由空间，"虽然失去了土地，却获得了天空，那就是现代社会中属于知识分子的知识空间：学术社群和文化传媒"。在自己的空间里，他们尽量以话语的形式、秉承批判意识发挥他们的作用，"以知识的符号形态影响社会，通过抽象的话语方式启蒙民众"。❸ 此时中国知识分子最宝贵的品质就是坚守信念和节操，尽自己最大努力去唤醒民众。自身地位被边缘化的同时，中国近现代知识分子还生活在中华民族面临亡国灭种的危急时刻。正如战国策派主要成员、历史学家雷海宗 1936 年在一篇文章中所言，虽然中国在历史上屡次被外族征服，但始终未曾被消灭，因为那些侵略者的文化程度远低于中国，入主中国后都相继被汉化，而鸦片战争以后，以英国为首的西方列强对中国的侵略则导致了一个完全不同的局面，因为"新外族是一个高等文化民族，不只不肯汉化，并且要同化中国。这是中国有史以来所未曾遭遇过的紧急关头……今日民族的自信力已经丧失殆尽，对传统中国的一切都根本发生怀疑"。❹ 面对这一重大历史变局，中国的有识之士呕呕向外寻求强国富民的良方与途径。在历经 19 世纪后期的洋务运动、维新变法运动以及 20 世纪初期辛亥革命的探寻之后，这些先知先觉者终于在五四前后醒悟到思想启蒙、思想革命的重要性与紧迫性。中国现代知识分子正是在这种焦虑与亢奋、危机意识与创新冲动相交织的历史境遇中遭遇尼采思想的。

于是，20 世纪前半期的中国思想界、文学界与学术界开始上演了中国知识分子借助尼采思想这一异域理论资源来推动中国思想启蒙运动的大戏。

---

❶ 余英时："士与中国文化"，上海人民出版社 2003 年版，第 608 页、第 609 页。

❷ 余英时："士与中国文化"，上海人民出版社 2003 年版，第 617 页、第 618 页。

❸ 许纪霖："'断裂社会'中的知识分子"，载《20 世纪中国知识分子史论》，新星出版社 2005 年版，第 3 页。

❹ 雷海宗："无兵的文化"，载温儒敏、丁晓萍编：《时代之波》，中国广播电视出版社 1995 年版，第 127 页。

第一章　萌芽期的尼采阐释与中国思想启蒙

中国知识界的尼采阐释活动始于 1902 年。这一年直到新文化运动兴起之前的 1914 年，属于中国现代阶段尼采阐释的萌芽期。在这一时期里，简单提及或详细阐释过尼采学说的有 4 位，即梁启超、王国维、章太炎和鲁迅。其中，王国维和鲁迅的尼采阐释对中国现代思想界、文学界与学术界产生了重大影响。

第一节　萌芽期的尼采阐释概述

一、尼采阐释概况

清末民初"舆论界之骄子"梁启超（1873～1929 年）最早在自己的著述里提及了尼采及其学说。他在《新民丛报》1902 年 10 月 16 日第 18 期上发表了《进化论革命者颉德之学说》一文。梁启超在文中介绍了英国学者颉德（B. Kidd）的进化论思想，多次引用颉德代表作《人群进化论》（*Social Evolution*）里的原话。在梁氏所引的颉德原话里边，有一段评价尼采及其学说的文字：

> 今之德国有最占势力之二大思想，一曰麦喀士（即马克思）之社会主义，一曰尼志埃（即尼采）之个人主义。麦喀士谓今日社会之弊，在多数之弱者为少数之强者所压伏；尼志埃谓今日社会之弊，在少数之优者为多数之劣者所钳制。二者虽皆持之有故，言之成理，要之其目的皆在现在，而未尝有所谓未来者存也。❶

从这段话可知，颉德认为尼采的"个人主义"和马克思的"社会主义"是当时德国最有影响的两种思想主张。梁启超本人对尼采的评价则以括号的方式注明：

> 尼志埃为极端之强权论者，前年以狂疾死。其势力披靡全欧，世称为十九世纪末之新宗教。❷

梁氏虽然没有明说自己对尼采学说的态度，但称尼采鼓吹"极端的强权论"，

---

❶ 梁启超："进化论革命者颉德之学说"，载《饮冰室合集·饮冰室文集之十二》，中华书局 1936 年版，第 86 页。

❷ 梁启超："进化论革命者颉德之学说"，载《饮冰室合集·饮冰室文集之十二》，中华书局 1936 年版，第 86 页。

否定之意不言自明。

王国维（1877～1927 年）是中国知识界阐释尼采学说的真正始作俑者。他在 1904 年共发表了 4 篇与尼采其人其说有关的文章，均刊登在他主事的《教育世界》杂志上。4 篇文章依次是：《尼采氏之教育观》（载《教育世界》1904 年第 71 期）、《德国文化大改革家尼采传》（载《教育世界》1904 年第 76 期）、《尼采氏之学说》（载《教育世界》1904 年第 78～79 期）和《叔本华与尼采》（载《教育世界》1904 年第 84～85 期）。其中，《尼采氏之教育观》、《尼采氏之学说》和《德国文化大改革家尼采传》等 3 篇均未署名，属编译之作：第一篇是根据外国学者赫奈（王国维未注明国籍）的著述编译而成，后面两篇是根据日本学者桑木严翼的著述编译而成。《叔本华与尼采》是王国维研究尼采最重要的成果，虽然不是研究尼采的专文，但通过辨析尼采学说与叔本华思想的关系而对尼采思想作了一次总体扫描。

资产阶级革命家、思想家章炳麟（号太炎，1869～1936 年）在 1907 年 6 月 8 日的《民报》第 14 号上发表了《答铁铮》一信。该信在讨论佛学与中国古代儒学的异同时提及了尼采的"超人"思想。章氏说：

> 要之，仆所奉持以"依自不依他"为枭极，佛学王学，虽有殊形，若以楞加五乘分教之说约之，自可铸熔为一。王学深者，往往涉及大乘，岂特天人诸教而已。及其失也，或不免偏于我见。然所谓我见者，是自信而非利己（宋儒皆同，不独王学），犹有厚自尊贵之风，尼采所谓超人，庶几相近（但不可取尼采贵族之说）。排除生死，旁若无人，布衣麻鞋，径行独往。上无政党猥贱之操，下无惴夫奋矜之气。以此揭櫫，庶于中国前途有益。❶

从上文可以看出，章太炎是用尼采"超人"说来比附王阳明心学所提倡的"自信而非利己，犹有厚自尊贵之风"的"我见"之说。章氏对尼采的"超人"说总体上赞同，但对其"贵族"气持反对态度。

中国现代文学家、思想家鲁迅（1881～1936 年）在留日期间开始接触尼采著作，并对尼采学说产生了浓厚的兴趣。他对尼采学说的理解凝结在发表于 1908 年的 3 篇思想与学术论文中。3 篇文章依次是：《摩罗诗力说》（载《河南》1908 年第 2～3 号）、《文化偏至论》（载《河南》1908 年第 7 号）和《破恶声论》（未完，载《河南》1908 年第 8 号）。在这些文章里，鲁迅多次引用尼采的语句或阐发他的观点。从这些文字可以看出，鲁迅最感兴趣的是"超人"说；此外，他对尼采批判欧洲物质主义倾向的主张也很关注。

二、尼采阐释的基本特点

总体来看，萌芽期中国知识分子最关注尼采的"超人"说。王国维在《叔本

---

❶ 章太炎："答铁铮"，载马勇编：《章太炎书信集》，河北人民出版社 2003 年版，第 183 页。

华与尼采》一文里就着重辨析了尼采的"超人"说与叔本华的"天才"观之间的关系。章太炎认为尼采的"超人"具有王阳明心学所标举的"自信而非利己"、"厚自尊贵"的精神品格（《答铁铮》）。青年鲁迅在《文化偏至论》里多次提及尼采的"超人"说，还在《破恶声论》里认定尼采的"超人"说是"刺取达尔文进化之说，掊击景教（即基督教）"的产物。❶

　　与此相关，这一时期中国知识分子眼中的尼采形象主要是两种：一是天才式个人主义者。梁启超不仅引述了英国学者颉德认定尼采思想为"个人主义"的话，自己也认定尼采是"极端之强权论者"。王国维称尼采为"以极强烈之意志，而辅以极伟大之知力"的"旷世之天才"（《叔本华与尼采》）。鲁迅则明确指认尼采"斯个人主义之至雄桀者矣"（《文化偏至论》）。二是近代欧洲文化批评家。王国维在《德国文化大改革家尼采传》一文的标题中称尼采为"文化大改革家"。他还反复提到尼采"欲破坏旧文化而创造新文化"；❷尼采"欲破坏现代之文明而倡一最崭新最活泼最合自然之新文化"。❸鲁迅则在《文化偏至论》一文中详细引述了尼采借察罗图斯德罗（通译查拉图斯特拉）之口对"今之世"进行谴责的一段文字，抨击"文明之邦国"的虚伪。❹在鲁迅看来，尼采是西方近现代社会物质文明畸形繁荣、精神文明严重空虚现象的深刻揭发者与尖锐批评者。在这两种尼采形象中，比较而言，"天才式个人主义者"的尼采形象更为突出。

　　萌芽期中国知识界接受与阐释尼采思想的活动表现出两个鲜明的特点。第一，多是引用或编译他国学者对尼采思想的研究成果。如梁启超引用英国学者颉德《人群进化论》里的原话来定位尼采思想。再如王国维的《尼采氏之教育观》、《德国文化大改革家尼采传》和《尼采氏之学说》都是编译之作。引用或编译他国学者对尼采思想的研究成果，也就是通过第二手资料来接受尼采思想，往往难免人云亦云、鹦鹉学舌的毛病，这同时也表明了这一阶段中国知识分子对尼采学说的理解还是浅层次的。第二，学理化解读与功利化解读同时发生，以功利化解读为主。总体来看，在萌芽期提及并解读过尼采思想的四人中，王国维的态度最为客观，从一开始就表现出学理化的解读取向；鲁迅的功利化取向最为明显，他特别期望借用尼采的学说来解答和解决当时中国社会所面临的问题。中国当代尼采研究专家周国平就指出："王国维和鲁迅代表了对西方哲学的不同的接受立场：王国维是哲学的和学术的立场；鲁迅是社会的和文学的立场。""王国维不但是把德国哲学引入中国的第一人，而且是二十世纪早期中国学者中唯一真正能够进入欧洲哲学传统之思路的人。……王国维之于德国哲学，所感兴趣的内容是哲学性

---

❶　鲁迅："破恶声论"，载《鲁迅全集》（第8卷），人民文学出版社2005年版，第31页。

❷　王国维："叔本华与尼采"，载谢维扬、房鑫亮主编：《王国维全集》第1卷，浙江教育出版社、广东教育出版社2010年版，第90页。

❸　佚名（王国维）译述："尼采氏之教育观"，载成芳编：《我看尼采》，南京大学出版社2000年版，第2页。

❹　鲁迅："文化偏至论"，《鲁迅全集》（第1卷），人民文学出版社2005年版，第50页。

质的，而接近此内容的方式又是严格学术性质的……他的这种态度，与当时'新学'（章太炎、梁启超等）之道听途说、信口开河、牵强附会的学风适成对照……""鲁迅之于尼采，在内容的接受上具有强烈的社会关切，在接近的方式上多半是文学性质的。"❶

第二节　王国维的尼采阐释与现代性"慰藉"

王国维（1877～1927 年），字静庵、静安，近现代中国历史学、哲学、美学、教育学、文字学等学科奠基者之一，也是将西方哲学与美学思想移植到中国的最早实践者。他对西方哲学与美学思想的引介，以叔本华为中心，上起康德，下迄尼采。中国学界就王国维对叔本华思想的引介一事研究颇多，而对王国维和尼采思想之间的关系有所忽略。这种忽略导致了对王国维现代意识的复杂性认识不足。

一、王国维的尼采译介

王国维于 1898 年进入罗振玉所创办的东文学社开始学习日语、英语。1901～1907 年，他一边主持《教育世界》杂志，一边从事西方尤其是德国哲学的研究。王国维对尼采哲学的关注以及对尼采著作的翻译同东文学社的日本教习藤田丰八和田冈佐代治密切相关。原来明治三十年代日本知识界流行"尼采热"，藤田丰八和田冈佐代治都毕业于"尼采热"的中心东京帝国大学，且与日本"尼采热"的主要推动者桑木严翼、高山樗牛、姊崎嘲风、登张竹风等几乎同时入校，受到后者的影响。

王国维编译或撰写的有关尼采及其思想的系列文章出现在 1904 年，均发表在《教育世界》杂志上。根据王国维研究专家（谭）佛雏的整理与考证，王氏发表在《教育世界》上的有关尼采的论文与译作共 4 篇，分别是：《尼采氏之教育观》（佚名，编译，《教育世界》1904 年第 71 期）、《德国文化大改革家尼采传》（佚名，编译，《教育世界》1904 年第 76 期）、《尼采氏之学说》（佚名，编译，《教育世界》1904 年第 78～79 期）与《叔本华与尼采》（《教育世界》1904 年第 84～85 期）。❷ 其中只有《叔本华与尼采》一文署名"王国维"，其他均为佚名。根据上述文章的内容和引文可以推知，王国维接受尼采学说的途径有两条：一是直接阅读尼采著作的英译本，二是间接取道日本或西方学者的尼采研究成果。具体来说，《尼采氏之学说》和《德国文化大改革家尼采传》两篇译自日本文学批评家、尼采研究专家桑木严翼的《尼采伦理说一斑》一书，前者篇末"译者识"

---

❶　周国平："二十世纪中国知识分子对尼采和欧洲哲学的接受"，载《周国平人文讲演录》，上海文艺出版社 2006 年版，第 128 页、第 129 页。

❷　散见佛雏编选的《王国维哲学美学论文辑佚》（华东师范大学出版社 1993 年）、《王国维学术文化随笔》（中国青年出版社 1996 年）、《王国维哲学译稿研究》（社会科学文献出版社 2006 年）等 3 种著作。

明确说明："此篇载在日本文学博士桑木严翼所著《尼采伦理说一斑》中。是一篇以外，尚有察拉图斯德拉之梗概及批评二篇，以限于篇幅，姑从割爱。然尼采学说之大要，已尽于此。"❶《德国文化大改革家尼采传》的出处也是此书。❷《尼采氏之教育观》一文出自西方学者之手，文章第一段交代："兹编就赫奈氏（未注明国籍与身份，待考）所著，点窜而叙述之。"❸

除了上述 4 篇文章之外，王国维还在《叔本华之哲学及其教育学说》（1904年）、《人间词话》（1908年）等文章中提到了尼采。他在《叔本华之哲学及其教育学说》一文里透露："至十九世纪之末，腓力特尼采始公一著述曰《教育家之叔本华》。然尼采之学说，为世人所诟病，亦无异于昔日之叔本华，故其说于普通之学界中，亦非有伟大之势力也。"❹ 他在《人间词话》里引用过尼采论写作的名言："一切文学，余爱以血书者。"❺ 此句出自尼采《查拉图斯特拉如是说》第 7 章《读书与写作》。这些都说明了王国维对尼采著作非常熟稔。

王国维还是中国翻译尼采著作的第一人。1904 年，他从尼采的代表作《查拉图斯特拉如是说》的英译本转译该著第 1 章和第 49 章，作为例证引用于《尼采与叔本华》一文中。第 1 章题名《三种变形》，王氏全文照译，并在译文前简要说明："《察拉图斯德拉》（通译《查拉图斯特拉如是说》）第一篇中之首章，述灵魂三变之说"；译文后还标明了出处："英译《察拉图斯德拉》二十五至二十八页"。第 49 章题为《小人之德》，王国维只翻译了该章部分内容，译文后也标明了出处："《察拉图斯德拉》第二百四十八页至二百四十九页"。

从王国维的译介与阐释文字里很容易感觉到他对尼采的推崇。如他在编译《尼采氏之教育观》一文时特别在开头和末尾两段文字里表达了对尼采其人其说的高度评价："呜呼！十九世纪之思潮，以画一为尊，以平等为贵，拘繁缛之末节，泥虚饰之惯习，遂令今日元气屏息，天才凋零，殆将举世界与人类化为一索然无味之木石。当是之时，忽有攘臂而起，大声疾呼，欲破坏现代之文明而倡一最崭新最活泼最合自然之新文化，以振荡世人，以摇撼学界者，翳何人斯？则弗礼特力尼采也。……要之，谓今日欧洲之文艺学术，下至人民生活，无不略受影响于尼氏者，非过论也。""尼采之于格代（即歌德）、卢骚（即卢梭），皆一代天才之士。……如尼氏者，其观察敏锐，其用语新颖，其立想奇拔，其行文痛快，

❶ 佚名（王国维）编译："尼采氏之学说"，载成芳编：《我看尼采》，南京大学出版社 2000 年版，第 24 页。
❷ 此据旅日学者钱鸥之说。钱鸥："王国维与《教育世界》未署名文章"，载《华东师范大学学报（哲社版）》，2000 年第 4 期，第 121～123 页。
❸ 佚名（王国维）编译："尼采氏之教育观"，载成芳编：《我看尼采》，南京大学出版社 2000 年版，第 2 页。
❹ 王国维："叔本华之哲学及其教育学说"，载谢维扬、房鑫亮主编：《王国维全集》（第 1 卷），浙江教育出版社、广东教育出版社 2010 年版，第 34～35 页。
❺ 王国维："人间词话"，载谢维扬、房鑫亮主编：《王国维全集》（第 1 卷），浙江教育出版社、广东教育出版社 2010 年版，第 466 页。

实足以发挥其天才而有余。吾曹对此十九世纪末叶之思想家，宁赞扬之，倾心而崇拜之。"❶ 奉尼采为"天才之士"并明确表示"宁赞扬之，倾心而崇拜之"，王国维对尼采的评价之高从中可见一斑。

《尼采氏之教育观》是王国维编译并刊登在《教育世界》上的第一篇介绍尼采思想的文章。文章分为"尼氏在学界之位置"、"教化之范围"、"新自然主义"、"自然人"、"新文化国"和"新教化"等6个部分。关于尼采在学界的位置，作者明确定位尼采为"文化之哲学家"、"教育的哲学者"，因为尼采终生关注"近代之文化当若何改造乎？"或"近代之人类当若何教育乎？"等问题。❷ 关于"教化的范围"，尼采以为"不在凡民，而在一二天才卓越之人物"，❸ 即接受教育是少数人的特权，只有天才人物才有资格接受教育。何谓尼采的"新自然主义"？作者通过比较尼采与卢梭的自然观指出，两人虽然都崇尚"自然主义"，都认为"今日之文化……徒紊自然"，但"尼氏之所谓自然状态，恰与卢氏相反。卢氏……以为人类之在自然状态也，皆平等，皆自由，无贵贱之差，无贫富之别，故其教育主义，一在返诸自然。至尼氏之所谓自然状态，乃绝不平等者。彼谓大地之上，惟有少数之君主与多数之奴隶生活其间而已。而两者之间，自根本而差异"。❹ 关于"自然人"，作者指出：尼采"特就所谓自然人之根本问题，求其刚强之特色，以描出人类之新性状，欲宏其自然的价值，更精练之而进于精神的，乃因之以作高尚人类之模型也"。❺ 尼采认为在"新文化国"里存在着两种对立的人类，即"少数之伟人（或曰君主）"与多数之"众庶"或"兽人"，以及两种对立的道德与宗教：即"君主道德"与"奴隶道德"、"支配之宗教"与"苦乐之宗教"。❻ 由此可以看出，尼采关于新文化国的构想具有浓厚的精英主义和贵族主义倾向。

文章的主体是介绍尼采的"新教化观"。尼采的教化或教育观建立在精英主义原则之上。作者指出："尼氏（即尼采）谓真正之教化，限于最少数之人之身，至一般庶民，则为欲生可受真正教化之人物，而后施之以教化。"❼ 尼采认为现

---

❶ 佚名（王国维）编译："尼采氏之教育观"，载成芳编：《我看尼采》，南京大学出版社 2000 年版，第 2 页、第 9 页。

❷ 佚名（王国维）编译："尼采氏之教育观"，载成芳编：《我看尼采》，南京大学出版社 2000 年版，第 3 页。

❸ 佚名（王国维）编译："尼采氏之教育观"，载成芳编：《我看尼采》，南京大学出版社 2000 年版，第 3 页。

❹ 佚名（王国维）编译："尼采氏之教育观"，载成芳编：《我看尼采》，南京大学出版社 2000 年版，第 3 页。

❺ 佚名（王国维）编译："尼采氏之教育观"，载成芳编：《我看尼采》，南京大学出版社 2000 年版，第 4 页。

❻ 佚名（王国维）编译："尼采氏之教育观"，载成芳编：《我看尼采》，南京大学出版社 2000 年版，第 4～5 页。

❼ 佚名（王国维）编译："尼采氏之教育观"，载成芳编：《我看尼采》，南京大学出版社 2000 年版，第 5 页。

代教育的结果是钳制人性、削弱人的活力，因为"今日之教化，则是导人类于迷途，非改良也，恶化也，所以驱生性刚烈之兽人，柔弱无能，等于家畜也，所以使支配众庶之自然人沉沦堕落"。❶ 基于此，尼采从教育目标、教育者素质、教育内容与教育方法等几个方面对欧洲近现代教育尤其是高等教育的现状进行了猛烈抨击。他对近现代欧洲教育的教条化和功利化倾向表示不满，认为："受今世之教化者，不过能为活字典或为关涉国家教会艺术之博言家与博物家耳。""今日之教育，惟以实利为目的，教人能储蓄资财而已矣。""今世高等学校……以求名利谋生计为宗旨之教化，非真正之教化，而第为生存竞争之准备耳。"❷ 他对欧洲近现代施教者的素质提出了质疑："今日中学大学之教师，人所仰以造就青年者，犹粗谙学问之农夫耳，实不足以当教育之任。"❸ 此外，他还认为当时的教育方法大成问题，并提出了自己关于教育内容改革方面的设想："谓宜令生徒先知三事，曰视，曰思，曰言与写。"❹ 文章最后，编译者王国维对尼采的教育思想进行了总体评价："尼氏谓教化之施，专在伟人，而不在众庶，得非偏矫之见乎？至其论现代教化，多属名言。"❺ 其态度公允而辩证。

《德国文化大改革家尼采传》一文扼要地介绍了尼采的生平遭遇与思想著述。文章叙述了尼采生平时特别提到三件事：一是厌恶女人的倾向，二是中学时代即萌发哲学思想的雏形，三是初次接触叔本华著作的感受。文章还比较详细地介绍了尼采最初两部著作即《由音乐之精神所产之悲剧》（通译《悲剧的诞生》）、《非时势的观察》（通译《不合时宜的思考》）的内容，认为"二论皆识见警拔，笔锋锐利"。❻ 文章特别提到了关于尼采精神病形成原因的各种说法："尼采之罹精神病，其原因如何，颇有异说。据诺尔陶之说，则尼采之著述皆在精神病室时之所作也，即谓尼采素有精神病。此实与事实相反。据崔尔克之说，则其著述不必限有精神病时之作，然其思想之内已有精神病之原质。萨禄美之说则反是，谓尼采旷世之天才，彼愤世人之不能解彼，遂退隐而发精神病。公平论之，则尼采之病当在此两极端说之中，即尼采虽久病，然精神如故，此明白之事实。"❼ 显然，

---

❶　佚名（王国维）编译："尼采氏之教育观"，载成芳编：《我看尼采》，南京大学出版社 2000 年版，第 5 页。

❷　佚名（王国维）编译："尼采氏之教育观"，载成芳编：《我看尼采》，南京大学出版社 2000 年版，第 6～7 页。

❸　佚名（王国维）编译："尼采氏之教育观"，载成芳编：《我看尼采》，南京大学出版社 2000 年版，第 6 页。

❹　佚名（王国维）编译："尼采氏之教育观，载成芳编：《我看尼采》，南京大学出版社 2000 年版，第 8 页。

❺　佚名（王国维）编译："尼采氏之教育观"，载成芳编：《我看尼采》，南京大学出版社 2000 年版，第 9 页。

❻　佚名（王国维）编译："德国文化大改革家尼采传"，载佛雏校辑：《王国维哲学美学论文辑佚》，华东师范大学出版社 1993 年版，第 241 页。

❼　佚名（王国维）编译："德国文化大改革家尼采传"，载佛雏校辑：《王国维哲学美学论文辑佚》，华东师范大学出版社 1993 年版，第 242 页。

作者倾向于尼采晚年的精神病是后天原因所致的说法。

《尼采氏之学说》全面介绍了尼采学说。文章开篇指出了尼采学说的内在矛盾:"尼采之学说,含种种思想,又含种种矛盾,故欲综括其一生之学说而明示之,颇非易易,且亦必不可能之事也。尼采之思想,实彷徨于种种问题、种种见解之中,最足以代表现代思想之浑沌之状态。"❶ 文章接着指出了哲学史家通常将尼采学说演变历程分为"美学时代"、"知力的时代"与"伦理的时代"等三个阶段。

文章主体是结合具体著作介绍尼采三个阶段的思想主张。第一期,尼采思想主要是悲剧论,其次是历史观。作者指出:"最足以窥尼采第一期之说者,《自音乐之精灵所产之悲剧》(通译《悲剧的诞生》)一书也。……元来希腊所尊之神,有性质反对者二。一名亚波罗(通译阿波罗),一名地哇尼琐斯(通译狄奥尼索斯)。亚波罗者,审美之神,以其优美之形体,示美术家以美之模型。又美之守护神也。地哇尼琐斯者,酒神,使人酗酒沉湎者也。此二神之精神,存于希腊人思想之根柢。……易言以明之,亚波罗之思想,乐天的;而地哇尼琐斯之思想,厌世的也。……希腊之悲剧中,亚波罗之思想流于表面,而地哇尼琐斯之思想横于根柢。"❷ 作者结合《历史对人生之功过论》(通译《历史对于人生的利弊》)一书介绍了尼采的历史观,既指出了"历史之三益",又罗列了 5 种"历史之弊"。在概括尼采悲剧论与历史观的基础上,作者揭示了此期尼采重艺术轻科学的思想倾向:"盖由尼采之见,凡不以美术思想为第一之文化者,非真文化。故彼于当时之科学的研究,攻击不遗余力。"❸ 第二期,尼采关注科学与宗教、道德等问题。作者结合《人生观》(通译《人性的,太人性的》)一书介绍了尼采这一时期的思想。作者认为尼采的知识论具有经验主义色彩和不可知论两个特点。尼采进而根据科学原则抨击当时的宗教观与道德观,认为:"宗教生于人之忧患,固由感情而生,非由正当之知识而生。""今日道德甚重同情,同情者,吾人微弱之符号也。……此实无根据之谈。"❹ 第三期,尼采提出"超人"说、"强力意志"说。作者结合《察拉图斯德拉》(通译《查拉图斯特拉如是说》)和《道德发生论》(通译《道德的谱系》)展开论述,指出:"尼采以十分发展人之本性者为人生之理想,故其所谓超人者,即贵人之义。"❺ "尼采此说(即强力意志论),

❶ 佚名(王国维)编译:"尼采氏之学说",载成芳编:《我看尼采》,南京大学出版社 2000 年版,第 10 页。

❷ 佚名(王国维)编译:"尼采氏之学说",载成芳编:《我看尼采》,南京大学出版社 2000 年版,第 11 页。

❸ 佚名(王国维)编译:"尼采氏之学说",载成芳编:《我看尼采》,南京大学出版社 2000 年版,第 12 页。

❹ 佚名(王国维)编译:"尼采氏之学说",载成芳编:《我看尼采》,南京大学出版社 2000 年版,第 17 页、第 18 页。

❺ 佚名(王国维)编译:"尼采氏之学说",载成芳编:《我看尼采》,南京大学出版社 2000 年版,第 22 页。

其根柢存于自然之状态，即生理上之原则。由生物界之现象观之，人生实欲势力之意志也。"❶ 在此基础上，作者指出尼采对欧洲"近世之文明"进行了抨击，认为"近世之文明与道德，实使人微弱耳"。❷

二、王国维的尼采阐释

《叔本华与尼采》一文代表了王国维阐释尼采思想的最高水平。此文的基本观点是：尼采学说表面上与叔本华思想相左，实际上既源于后者，又与后者有本质上的契合。王国维在开篇就指出：

十九世纪中，德意志之哲学界有二大伟人焉，曰叔本华、曰尼采。二人者，以旷世之文才鼓吹其说也同；其说之风靡一世而毁誉各半也同；就其学说言之，则其以意志为人性之根本也同；然一则以意志之灭绝为其伦理学上之理想，一则反是；一则由意志同一之假说而唱绝对之博爱主义，一则唱绝对之个人主义。夫尼采之学说，本自叔本华出，曷为而其终乃反对若是？岂尼采之背师固若是其甚欤？抑叔本华之学说中自有以启之者欤？自吾人观之，尼采之学说全本于叔氏。❸

在文章中间，王国维又两次揭示了叔、尼思想的内在联系：

其（指叔本华）与尼采异者，一专以知力言，一推而论之于意志，然其为贵族主义则一也。又叔本华亦力攻基督教……其所以与尼采异者，一则攻击其乐天主义，一则并其厌世主义而亦攻之，然其为无神论则一也。叔本华说涅槃，尼采则说转灭。一则欲一灭而不复生，一则以灭为生超人之手段。其说之所归虽不同，然其欲破坏旧文化而创造新文化则一也。况其超人说之于天才说，又历历有模仿之迹乎。然则吾人之视尼采，与其视为叔氏之反对者，宁视为叔氏之后继者也。❹

彼二人者，其执无神论同也，其唱意志自由论同也。譬之一树，叔本华之说，其根柢之盘错于地下，而尼采之说，则其枝叶之干青云而直上者也。尼采之说，如太华三峰，高与天际，而叔本华之说，则其山麓之花岗石也：其所趋虽殊，而性质则一。❺

---

❶ 佚名（王国维）编译："尼采氏之学说"，载成芳编：《我看尼采》，南京大学出版社 2000 年版，第 22 页。

❷ 佚名（王国维）编译："尼采氏之学说"，载成芳编：《我看尼采》，南京大学出版社 2000 年版，第 21 页。

❸ 王国维："叔本华与尼采"，载谢维扬、房鑫亮主编：《王国维全集》（第 1 卷），浙江教育出版社、广东教育出版社 2010 年版，第 81 页。

❹ 王国维："叔本华与尼采"，载谢维扬、房鑫亮主编：《王国维全集》（第 1 卷），浙江教育出版社、广东教育出版社 2010 年版，第 89～90 页。

❺ 王国维："叔本华与尼采"，载谢维扬、房鑫亮主编：《王国维全集》（第 1 卷），浙江教育出版社、广东教育出版社 2010 年版，第 94 页。

在上引第一段文字里，王国维认为两人都"以意志为人性之根本"，但叔本华鼓吹"意志之灭绝"、"唱绝对之博爱主义"；而尼采鼓吹意志之强盛、"唱绝对之个人主义"。在第二段文字里，王国维从三个方面概括了尼采与叔本华思想上的异同：第一，叔本华"专以知力言"，尼采则"推而论之于意志"，但两人都遵循"贵族主义"；第二，叔本华攻击基督教的"乐天主义"，尼采则"并其厌世主义而亦攻之"，但两人都信奉"无神论"；第三，"叔本华说涅槃，尼采则说转灭"，叔本华"欲一灭而不复生"，尼采"则以灭为生超人之手段"，但两人都"欲破坏旧文化而创造新文化"。在第三段文字里，作者以树之根柢与枝叶的关系为喻揭示了两人思想的内在关联。

王国维认为，尼采思想与叔本华思想最重要的关联体现在"超人说"与"天才论与知力的贵族主义"之间的渊源关系上：尼采"于叔氏之伦理学上所不满足者，于其美学中发见其可模仿之点，即其天才论与知力的贵族主义，实可为超人说之标本者也。要之，尼采之说乃彻头彻尾发展其美学上之见解，而应用之于伦理学"。❶王国维在文章中提到的叔本华"美学上之见解"包括"天才论"与"知力上之贵族主义"两个方面，与之相对应，尼采"应用之于伦理学"的分别是"超人说"和"君主道德"。

关于叔本华"天才论"与尼采"超人说"之间的联系，王国维首先指出，叔本华将人的知识分为"科学"与"美术"两类，前者遵循充足理由律，后者则远离这一原则。他引用叔本华《意志及观念之世界》（通译《作为意志和表象的世界》）英译本里的原话论证道："一切科学，无不从充足理由原则之某形式者。科学之题目但现象耳，现象之变化及关系耳。今有一物焉，超乎一切变化关系之外，而为现象之内容，无以名之，名之曰实念。问此实念之知识为何？曰美术是已。夫美术者，实以静观中所得之实念，寓诸一物焉而再现之。……一切科学，皆从充足理由之形式。……美术者，离充足理由之原则，而观物之道也。"❷王国维进而指出，叔本华认定最大的知识在于超越与脱离充足理由的法则，"天才"就是远离充足理由原则的人，尼采化用叔本华这一看法，认定最大的道德在于超绝道德的法则，"超人"就是摆脱意志限制的人，换言之，尼采仿效叔本华"天才"论而创造了"超人"说。王国维写道：

夫充足理由之原则，吾人知力最普遍之形式也。而天才之观美也，乃不沾沾于此。此说虽本于希尔列尔（通译席勒）之游戏冲动说，然其为叔氏美学上重要之思想，无可疑也。尼采乃推之于实践上，而以道德律之于超人，与充足理由原则之与天才一也。由叔本华之说，则充足理由之原则非徒无益于天才，其所以为

❶ 王国维："叔本华与尼采"，载谢维扬、房鑫亮主编：《王国维全集》（第1卷），浙江教育出版社、广东教育出版社2010年版，第81～82页。

❷ 王国维："叔本华与尼采"，载谢维扬、房鑫亮主编：《王国维全集》（第1卷），浙江教育出版社、广东教育出版社2010年版，第82～83页。

天才也，正在离之而观物也。由尼采之说，则道德律非徒无益于超人，超道德而行动，超人之特质也。由叔本华之说，最大之知识，在超绝知识之法则。由尼采之说，最大之道德，在超绝道德之法则。天才存于知之无所限制，而超人存于意之无所限制。❶

王国维接着引用了《察拉图斯德拉》（通译《查拉图斯特拉如是说》）"述灵魂三变之说"一章里的文字来论证"尼采由知之无限制说，转而唱意之无限制说"的具体表现与内涵。尼采主张人的灵魂要经过三个阶段的变化，即首先成为能够载重的骆驼，然后变为抗争的狮子，最后变为游戏的赤子，其中"赤子"阶段最能体现"意之无限制"的特征。在此基础上，王国维进一步指出：尼采"赤子之说，又使吾人回想叔本华之天才论"。一方面，在尼采看来，"赤子若狂也，若忘也，万事之源泉也，游戏之状态也，自转之轮也，第一之运动也，神圣之自尊也"；另一方面，在叔本华那里，"天才者，不失其赤子之心者也。……赤子能感也，能思也，能教也。其爱知识也，较成人为深，而其受知识也，亦视成人为易。……故自某方面观之，凡赤子皆天才也；又凡天才，自某点观之，皆赤子也"。❷

关于叔本华"知力上之贵族主义"与尼采"君主道德"之间的关系，王国维首先揭示了尼采伦理学意义上的等级观与叔本华知识论与美学意义上的等级观之间的似非而是的关系：

至尼采之说超人与众生之别，君主道德与奴隶道德之别，读者未有不惊其与叔氏伦理学上之平等博爱主义相反对者。然叔氏于其伦理学及形而上学所视为同一意志之发现者，于知识论及美学上，则分之为种种之阶级，故古今之崇拜天才者，殆未有如叔氏之甚者也。❸

王国维引用《意志及观念之世界》英译本里的原话依次论证了叔本华的"知力上之贵族主义"、"知力的贵族与平民之区别"、"大人与小人之区别"等论题，并指出：

叔氏之崇拜天才也如是。由是对一切非天才而加以种种之恶谥：曰俗子，曰庸夫，曰庶民，曰舆台，曰合死者。尼采则更进而谓之曰众生，曰众庶。其所以异者，惟叔本华谓知力上之阶级惟由道德联结之，尼采则谓此阶级于知力道德皆

---

❶ 王国维："叔本华与尼采"，载谢维扬、房鑫亮主编：《王国维全集》（第1卷），浙江教育出版社、广东教育出版社2010年版，第83页。

❷ 王国维："叔本华与尼采"，载谢维扬、房鑫亮主编：《王国维全集》（第1卷），浙江教育出版社、广东教育出版社2010年版，第85页、第84页、第85页。

❸ 王国维："叔本华与尼采"，载谢维扬、房鑫亮主编：《王国维全集》（第1卷），浙江教育出版社、广东教育出版社2010年版，第85页。

绝对的，而不可调和者也。❶

接着，王国维指出了叔本华、尼采在抨击"谦逊"这一欧洲传统道德信条方面的联系。他先引述《意志及观念之世界》里的原话论证了"叔氏以持知力的贵族主义，故于其伦理学上虽奖卑屈之行，而于其美学上大非谦逊之德"，然后又引述《察拉图斯德拉》里的原话概括了尼采所抨击的"小人之德"，论证了"尼采之恶谦逊也亦若此，其应用叔氏美学之说于伦理学上昭然可见"。❷

总体来看，王国维的尼采阐释呈现出一种客观、理性的态度和学理化取向。这种学理化取向的表现之一是他能够将尼采的哲学思想当做纯粹的学术问题来看待。在《叔本华与尼采》一文里，王国维大量翻译和征引了叔本华《作为意志与表象的世界》和尼采《查拉图斯特拉如是说》英译本里的原话来论证两人的观点，使论证有根有据、确凿可信。王国维也明确指出了自己写作此文的目的是探讨学术问题，并给有兴趣的研究者提供参考："兹比较二人（即叔本华与尼采）之说，好学之君子以览观焉。"❸ 王国维阐释尼采思想秉持学理化取向的表现之二是他能够关注尼采对西方理性主义、人道主义传统的批判这一方面。在《尼采氏之教育观》一文中，编译者王国维劈头就指出了尼采要打破19世纪欧洲开始兴起的以民主、平等思潮为核心的现代文明，转而倡导"最合自然之新文化"的事实：

> 十九世纪之思潮，以画一为尊，以平等为贵，拘繁缛之末节，泥虚饰之惯习，遂令今日元气屏息，天才凋零，殆将举世界与人类化为一索然无味之木石。当是之时，忽有攘臂而起，大声疾呼，欲破坏现代之文明而倡一最崭新最活泼最合自然之新文化，以振荡世人，以摇撼学界者，翳何人斯？则弗礼特力尼采也。❹

民主、平等、自由正是18世纪欧洲启蒙运动标举的人道主义的核心内涵，也是1789年法国大革命高举的思想大旗，尼采却对这种"以画一为尊，以平等为贵"的思想主张与"现代之文明"大加挞伐，"倡一最崭新最活泼最合自然之新文化"。

事实上，王国维从最初涉猎西方哲学直到后来从事史学研究，一直能够坚持学理化取向。如针对20世纪初期学术界的中学西学之争、新学旧学之争，他完全采取了独立的态度，在《〈国学丛刊〉序》（1911年）一文里指出："学无新旧

❶ 王国维："叔本华与尼采"，载谢维扬、房鑫亮主编：《王国维全集》（第1卷），浙江教育出版社、广东教育出版社2010年版，第87页。

❷ 王国维："叔本华与尼采"，载谢维扬、房鑫亮主编：《王国维全集》（第1卷），浙江教育出版社、广东教育出版社2010年版，第87页、第89页。

❸ 王国维："叔本华与尼采"，载谢维扬、房鑫亮主编：《王国维全集》（第1卷），浙江教育出版社、广东教育出版社2010年版，第81页。

❹ 佚名（王国维）编译："尼采氏之教育观"，载成芳编：《我看尼采》，南京大学出版社2000年版，第2页。

也，无中西也，无有用无用也。""中、西二学，盛则俱盛，衰则俱衰，风气既开，互相推助。且居今日之世，讲今日之学，未有西学不兴，而中学能兴者；亦未有中学不兴，而西学能兴者。"❶ 正因为能够认识到出自不同民族和国家的学问与思想之间唇齿相依、互为助益的关系，王国维才能对来自异域的尼采思想采取客观与理性的态度，从总体上作出学理性阐释。

由于王国维能够将尼采思想还原到它得以产生的具体语境，并透视尼采思想的本来面貌与特质，所以当代中国尼采研究专家周国平认为，与鲁迅"社会的和文学的立场"完全不同，王国维的尼采阐释采取了"哲学的和学术的立场"，"王国维不但是把德国哲学引入中国的第一人，而且是二十世纪早期中国学者中唯一真正能够进入欧洲哲学传统之思路的人。……他对形而上学和知识论怀有极其浓厚的兴趣，他的思路的确进入了欧洲哲学所探讨的基本问题之中。也就是说，他是把德国哲学当做哲学来理解，而非当做一般的文化现象或者社会思潮来理解，所重视的是其整体的哲学内涵。""王国维之于德国哲学，所感兴趣的内容是哲学性质的，而接近此内容的方式又是严格学术性质的，他努力要把握所读哲学著作的原义。"❷ "把德国哲学当做哲学来理解"、重视"整体的哲学内涵"、"努力要把握所读哲学著作的原义"，就是哲学的和学术的立场。

需要指出的是，王国维对尼采思想的阐释秉持学理化取向并不妨碍他对尼采学说作出"本土化"或"中国化"处置。他在《论近年之学术界》（1905 年）一文里将包括尼采学说在内的"西洋之思想"称为"第二之佛教"，认为它必须与我国思想相融并化合才能生根、开花与结果，"即令一时输入，非与我中国固有之思想相化，决不能保其势力"。❸

三、王国维的尼采阐释与现代性"慰藉"

通观王国维的尼采阐释，可以发现他从尼采那里接受了两种思想资源：一是"天才式痛苦"，二是哲学的"慰藉"性质。不过王国维从尼采那里获得的思想资源都是与他从叔本华等人那里获得的思想资源纠缠在一起的。

先看王国维对尼采"天才式痛苦"的关注。

王国维似乎对尼采的"天才"意识与精英主义倾向情有独钟。如在《尼采氏之教育观》一文中，编译者王国维虽然认为"尼氏谓教化之施，专在伟人，而不在众庶，得非偏矫之见乎"，但又对尼采的精英教育观津津乐道，反复提及："氏（指尼采）以为教化范围，不在凡民，而在一二天才卓越之人物。""尼氏谓真正

---

❶ 王国维："国学丛刊序"，载谢维扬、房鑫亮主编：《王国维全集》（第 14 卷），浙江教育出版社、广东教育出版社 2010 年版，第 129 页、第 131 页。

❷ 周国平："二十世纪中国知识分子对尼采和欧洲哲学的接受"，载《周国平人文讲演录》，上海文艺出版社 2006 年版，第 129 页。

❸ 王国维："论近年之学术界"，载谢维扬、房鑫亮主编：《王国维全集》（第 14 卷），浙江教育出版社、广东教育出版社 2010 年版，第 121 页、第 125 页。

之教化，限于最少数之人之身，至一般庶民，则为欲生可受真正教化之人物，而后施之以教化。"❶ 王国维多次将尼采本人与天才联系起来。他所编译的《德国文化大改革家尼采传》反复提到了尼采从中学时代起就表现出的"天才"品性，如："尼采于中学校时代已现文学上之天才者也"；"二论（指《悲剧的诞生》与《不合时宜的思考》两书）皆识见警拔，笔锋锐利，昔之攻击之声，渐变而为赞颂。于是尼采始自觉自己之天才"。❷ 他在《叔本华与尼采》一文中对尼采以及叔本华的"天才"品质更是赞不绝口：

> 叔本华与尼采，所谓旷世之天才，非欤？二人者，知力之伟大相似，意志之强烈相似。以极强烈之意志，而辅以极伟大之知力，其高掌远蹠于精神界，固秦皇、汉武之所北面，而成吉思汗、拿破仑之所望而却走者也。九万里之地球与六千年之文化，举不足以厌其无疆之欲。❸

与之相应，王国维对尼采的"天才式痛苦"特别关注。他之所以对尼采的"天才式痛苦"产生兴趣，出发点还是他对人的生命或生活本质的思考。实际上，王国维对西方哲学的主要关注点是人生哲学。他在《静安文集续编·自序》（1907 年）一文里就承认自己从事哲学研究的出发点是对身体和人生问题的关注："体素羸弱，性复忧郁，人生之问题，日往复于吾前。自是始决从事于哲学。"❹ 那么王国维对生命或生活的本质持什么样的看法呢？简言之，由于受到叔本华人生哲学的影响在前，王国维认定生命或生活的本质就是"痛苦"。他在《红楼梦评论》（1904 年）一文里称：

> 生活之本质何？"欲"而已矣。欲之为性无厌，而其原生于不足。不足之状态，苦痛是也。既偿一欲，则此欲以终。……一欲既终，他欲随之。故究竟之慰藉，终不可得也。即使吾人之欲悉偿，而更无所欲之对象，倦厌之情即起而乘之。……故人生者，如钟表之摆，实往复于苦痛与倦厌之间者也，夫倦厌固可视为苦痛之一种。……文化愈进，其知识弥广，其所欲弥多，又其感苦痛亦弥甚，故也。然则人生之所欲，既无以逾于生活，而生活之性质又不外乎苦痛，故欲与生活、与苦痛，三者一而已矣。❺

---

❶ 佚名（王国维）编译："尼采氏之教育观"，载成芳编：《我看尼采》，南京大学出版社 2000 年版，第 9 页、第 3 页、第 5 页。

❷ 佚名（王国维）编译："德国文化大改革家尼采传"，载佛雏校辑：《王国维哲学美学论文辑佚》，华东师范大学出版社 1993 年版，第 240 页、第 241 页。

❸ 王国维："叔本华与尼采"，载谢维扬、房鑫亮主编：《王国维全集》（第 1 卷），浙江教育出版社、广东教育出版社 2010 年版，第 93 页。

❹ 王国维："静安文集续编·自序"，载谢维扬、房鑫亮主编：《王国维全集》（第 1 卷），浙江教育出版社、广东教育出版社 2010 年版，第 119 页。

❺ 王国维："《红楼梦》评论"，载谢维扬、房鑫亮主编：《王国维全集》（第 1 卷），浙江教育出版社、广东教育出版社 2010 年版，第 55 页。

在王国维看来，一般人的生命或生活尚且如此痛苦，天才的生命或生活就更加痛苦。这也是尼采思想给他的直接启发。《叔本华与尼采》里有一段文字非常醒目。在这段文字里，王国维完全脱离了"叔本华与尼采的关系"这一主题，大谈"天才"所感受到的迥异于常人的痛苦：

> 鸣呼！天才者，天之所靳，而人之不幸也。蚩蚩之民，饥而食，渴而饮，老身长子，以遂其生活之欲，斯已耳。彼之苦痛，生活之苦痛而已；彼之快乐，生活之快乐而已。过此以往，虽有大疑大患，不足以撄其心。人之永保此蚩蚩之状态者，固其人之福祉，而天之所独厚者也。若夫天才，彼之所缺陷者与人同，而独能洞见其缺陷之处。彼与蚩蚩者俱生，而独疑其所以生。一言以蔽之：彼之生活也与人同，而其以生活为一问题也与人异；彼之生于世界也与人同，而其以世界为一问题也与人异。然使此等问题，彼自命之，而自解之，则亦何不幸之有。然彼亦一人耳，志驰乎六合之外，而身局乎七尺之内，因果之法则与空间时间之形式束缚其知力于外，无限之动机与民族之道德压迫其意志于内，而彼之知力意志非犹夫人之知力意志也？彼知人之所不能知，而欲人之所不敢欲，然其被束缚压迫也与人同。夫天才之大小，与其知力意志之大小为比例，故苦痛之大小亦与天才之大小为比例。❶

在这里，王国维认为天才的痛苦源于他超出常人的自觉或问题意识，以及他所受到的各种限制。普通人追求基本欲望的满足，沉迷于生活现状，"饥而食，渴而饮，老身长子，以遂其生活之欲"，很少思考人生的义之类的问题。而天才常常拷问人生的意义，常常"以生活为一问题"、"以世界为一问题"；但这种问题意识和人生自觉往往受到各种限制，"志驰乎六合之外，而身局乎七尺之内"，"因果之法则与空间时间之形式束缚其知力于外，无限之动机与民族之道德压迫其意志于内"，所以，天分越高，痛苦便越大，"苦痛之大小亦与天才之大小为比例"。

当然，王国维之所以对"天才式痛苦"这么敏感，与他一向自视甚高有关。他曾在《静安文集续编·自序（二）》（1907 年）里对自己的词作称赞不已："余之于词，虽所作尚不及百阕，然自南宋以后，除一二人外，尚未有能及余者，则平日之所自信也。"❷

再看王国维受尼采思想启发而感受到的哲学"慰藉"性质，以及寻求到的人生"慰藉"之道。

首先，王国维认为哲学思想具有一种"慰藉"的性质，这种认识正是源于尼

---

❶ 王国维："叔本华与尼采"，载谢维扬、房鑫亮主编：《王国维全集》（第 1 卷），浙江教育出版社、广东教育出版社 2010 年版，第 92～93 页。

❷ 王国维："静安文集续编·自序（二）"，载谢维扬、房鑫亮主编：《王国维全集》（第 14 卷），浙江教育出版社、广东教育出版社 2010 年版，第 122 页。

采哲学的启发，因为他认定尼采的哲学思想具有"慰藉"或"自慰"的特征。王国维曾经借鉴叔本华的悲剧哲学解读《红楼梦》，但又对叔本华哲学提出了疑问："叔本华之言一人之解脱，而未言世界之解脱，实与其意志同一之说，不能两立者也。""叔氏之说，徒引经据典，非有理论的根据也。试问释迦示寂以后，基督尸十字架以来，人类及万物之欲生奚若？其痛苦又奚若？"❶ 显然，王国维不仅看到了叔本华"解脱"说与其意志说的矛盾，也看出了其"解脱"说的不彻底性。叔本华留下的问题在尼采那里得到了解决。王国维指出：

> 叔本华……证吾人之本质为意志。而其伦理学上之理想，则又在意志之寂灭。然意志之寂灭之可能与否，一不可解之疑问也。尼采亦以意志为人之本质，而独疑叔氏伦理学之寂灭说。为欲寂灭此意志者，亦一意志也，于是由叔氏之伦理学出，而趋于其反对之方向；又幸而于叔氏之伦理学上所不满足者，于其美学中发见其可模仿之点，即其天才论与知力的贵族主义，实可为超人说之标本者也。❷

在王国维看来，尼采以叔本华的"天才论与知力的贵族主义"为标本创立的"超人说"具有强烈的"自慰"特征："夫尼采体躯极衰弱，有妇人之性质，然所以称道强力猛恶者，譬如小儿之模仿武士，自此极端，向彼极端，实不足怪也。"❸

事实上，尼采治学的确也有追求"慰藉"的一面。他在 1866 年给好友写信表示："我有三件足以慰藉的事情——绝妙的慰藉啊！——我底叔本华，肖曼（Schomann）底音乐以及最后一项，孤独的散步。"❹ 王国维在《德国文化大改革家尼采传》一文里也提及过此事，称尼采"偶于旧书肆，得叔本华之《意志及观念之世界》一书，灯下读之，大叫绝，遂为叔本华之崇拜家。此时有致德意生书，谓虽大苦痛之中，读叔氏之书，亦得慰藉云云"。❺ 尼采初读叔本华著作而兴奋的情形未尝不是王国维本人的写照。王国维曾谈到自己研读康德哲学不通达而转读叔本华著作的豁然开朗："癸卯春，始读汗德（通译康德）之《纯理批

---

❶ 王国维："《红楼梦》评论"，载谢维扬、房鑫亮主编：《王国维全集》（第 1 卷），浙江教育出版社、广东教育出版社 2010 年版，第 73～74 页。

❷ 王国维："叔本华与尼采"，载谢维扬、房鑫亮主编：《王国维全集》（第 1 卷），浙江教育出版社、广东教育出版社 2010 年版，第 81～82 页。

❸ 佚名（王国维）编译："尼采氏之学说"，载成芳编：《我看尼采》，南京大学出版社 2000 年版，第 21 页。

❹ 杨白苹："《教育家之叔本华》译序"，载成芳编：《我看尼采》，南京大学出版社 2000 年版，第 661 页。

❺ 佚名（王国维）编译："德国文化大改革家尼采传"，载佛雏校辑：《王国维哲学美学论文辑佚》，华东师范大学出版社 1993 年版，第 240 页。

评》，苦其不可解，读几半而辍。嗣读叔本华之书而大好之。"❶ 从都受益于叔本华这一点来讲，王国维对尼采别有一种亲近感。

在王国维看来，尼采哲学以及叔本华哲学具有非常明显的"慰藉"特征。他在《叔本华与尼采》一文的结尾写道：

　　要之，叔本华之自慰藉之道，不独存于其美学，而亦存于其形而上学。彼于此学中，发见其意志之无乎不在，而不惜以其七尺之我，殉其宇宙之我，故与古代之道德尚无矛盾之处。而其个人主义之失之于枝叶者，于根柢取偿之。何则？以世界之意志，皆彼之意志故也。若推意志同一之说，而谓世界之知力皆彼之知力，则反以俗人知力上之缺点加诸天才，则非彼之光荣，而宁彼之耻辱也，非彼之慰藉，而宁彼之苦痛也。其于知力上所以持贵族主义，而与其伦理学相矛盾者以此。《列子》曰："周之尹氏大治产，其下趣役者侵晨昏而弗息。有老役夫筋力竭矣，而使之弥勤，昼则呻吟而即事，夜则昏惫而熟寐，昔昔梦为国君，居人民之上，总一国之事，有燕宫观，恣意所为，觉则复役。"（《周穆王》篇——原注）

　　叔氏之天才之苦痛，其役夫之昼也；美学上之贵族主义，与形而上学之意志同一论，其国君之夜也。尼采则不然。彼有叔本华之天才，而无其形而上学之信仰，昼亦一役夫，夜亦一役夫，醒亦一役夫，梦亦一役夫，于是不得不弛其负担，而图一切价值之颠覆。举叔氏梦中所以自慰者，而欲于昼日实现之，此叔本华之说所以尚不反于普遍之道德，而尼采则肆其叛逆而不惮者也。此无他，彼之自慰藉之道，固不得不出于此也。❷

引文中 4 次出现"自慰藉"、"慰藉"、"自慰"等字眼，叔、尼哲学的"慰藉"性质得到彰显。

其次，王国维从具有"慰藉"或"自慰"性质的尼采哲学那里寻找人生痛苦的"慰藉"之道。正如章培恒所指出的，"王氏是因尼采在'九万里之地球与六千年之文化不足以厌其无疆之欲'的情况下，指出了解决矛盾的道路，使人生获得某种根本的慰藉，所以对他的学说顶礼致敬"。❸

王国维认为人的生命或生活的本质是痛苦，人们必须寻求解脱。如何解脱人生的痛苦？王国维认为："解脱之道，存于出世，而不存于自杀。出世者，拒绝一切生活之欲者也。彼知生活之无所逃于苦痛，而求入于无生之域。"❹ 解脱之

---

❶　王国维："静安文集·自序"，载谢维扬、房鑫亮主编：《王国维全集》（第1卷），浙江教育出版社、广东教育出版社2010年版，第3页。

❷　王国维："叔本华与尼采"，载谢维扬、房鑫亮主编：《王国维全集》（第1卷），浙江教育出版社、广东教育出版社2010年版，第94～95页。

❸　章培恒："《尼采传》中译本序"，［法］丹·哈列维《尼采传》，谈蓓芳译，百花洲文艺出版社1995年版，第3页。

❹　王国维：《红楼梦》评论，载谢维扬、房鑫亮主编：《王国维全集》（第1卷），浙江教育出版社、广东教育出版社2010年版，第62页。

道分为"通常之人"的解脱与"非常之人"的解脱两种。王国维指出：

> 解脱之中，又自有二种之别：一存于观他人之苦痛，一存于觉自己之苦痛。然前者之解脱，唯非常之人为能，其高百倍于后者，而其难亦百倍。……通常之人，其解脱由于苦痛之阅历，而不由于苦痛之知识。唯非常之人，由非常之知力，而洞观宇宙人生之本质，始知生活与苦痛之不能相离，由是求绝其生活之欲，而得解脱之道。然于解脱之途中，彼之生活之欲，犹时时起而与之相抗，而生种种之幻影。……故通常之解脱，存于自己之苦痛，彼之生活之欲，因不得其满足而愈烈，又因愈烈而愈不得其满足，如此循环而陷于失望之境遇，遂悟宇宙人生之真相，遽而求其息肩之所。彼全变其气质，而超出乎苦乐之外，举昔之所执著者，一旦而舍之。彼以生活为炉、苦痛为炭，而铸其解脱之道。彼以疲于生活之欲故，故其生活之欲，不能复起而为之幻影。❶

在王国维看来，"非常之人"的解脱与"通常之人"的解脱的区别在于：前者的"生活之欲，犹时时起而与之相抗，而生种种之幻影"，后者的"生活之欲，不能复起而为之幻影"；即"非常之人"能够通过制造"幻影"求得解脱，"通常之人"却不会制造"幻影"来求得解脱。这不仅仅是解脱途径的差异，更是解脱境界之高下的差别。

顺便指出的是，王国维设想的"非常之人"靠"幻影"求得解脱的做法跟尼采发现的古希腊人通过虚构奥林匹斯神话而摆脱人生痛苦的做法非常接近。尼采在《悲剧的诞生》里说："希腊人知道并且感觉到生存的恐怖与可怕，为了能够活下去，他们必须在前面安排奥林匹斯众神的光辉梦境之诞生。……这个民族如此敏感，其欲望如此热烈，如此特别容易痛苦，如果人生不是被一种更高的光辉所普照，在他们的众神身上显示给他们，他们能有什么旁的办法忍受这人生呢？"❷

从本质上讲，王国维所说的"幻影"是指一种精神寄托、精神安慰，即他常常提及的"慰藉"。王国维一直对人们尤其是天才寻求"慰藉"的问题特别关注。他曾指出：

> 彼（指天才）之痛苦既深，必求所以慰藉之道，而人世有限之快乐其不足慰藉彼也明矣。于是彼之慰藉，不得不反而求诸自己。其视自己也，如君王，如帝天；其视他人也，如蝼蚁，如粪土。彼故自然之子也，而常欲为其母，又自然之奴隶也，而常欲为其主。举自然所以束缚彼之知意者，毁之、裂之、焚之、弃之、草薙而兽獠之。彼非能行之也，姑妄言之而已；亦非欲言诸人也，聊以自娱

---

❶ 王国维：《红楼梦》评论，载谢维扬、房鑫亮主编：《王国维全集》（第1卷），浙江教育出版社、广东教育出版社2010年版，第62～63页。

❷ F. Nietzsche. *Die Geburt der Tragödie*. Karl Schlechta. *Friedrich Nietzsche Werke*：Band 1. München：Carl Hanser Verlag，1954，p30.

而已。何则？以彼知意之如此而苦痛之如彼，其所以自慰藉之道，固不得不出于此也。❶

　　这段文字讲了三层意思：第一，"慰藉"是天才对付"痛苦"以及"人世有限之快乐"的手段与途径；第二，"慰藉"只能"返而求诸自己"；第三，"慰藉"是一种类似于"精神胜利法"的"幻影"，所以"非能行之也，姑妄言之而已；亦非欲言诸人也，聊以自娱而已"。王国维在介绍尼采以及叔本华的思想时特别关心"慰藉"问题，这就透露出了王氏对待痛苦的特殊态度：既然真正、彻底的解脱不可能，那么能够使痛苦得以暂时的缓解或"慰藉"也不失为一种明智的选择。

　　如果进一步推究，就会发现王国维的信仰与实践之间的矛盾。从信仰和感情上讲，王国维对叔本华思想的态度只能算是亲近，但对尼采思想的态度则是景仰。这从上面所引的文字中可以看出：他认为叔本华的哲学思想存在断裂或自相矛盾之处，即"天才之苦痛"同"美学上之贵族主义"无法统一，因为"天才之苦痛"如同《列子·周穆王》篇里的老役夫白昼的"筋力竭"之实，"美学上之贵族主义"如同老役夫夜晚的"为国君"之梦，两者是决然相对的；尼采的思想没有脱节之嫌，"昼亦一役夫，夜亦一役夫，醒亦一役夫，梦亦一役夫"，所以，"叔本华之说所以尚不反于普遍之道德，而尼采则肆其叛逆而不惮者也"。但在现实生活与实践中，王国维选择的是叔本华。即是说，他虽然欣赏尼采"肆其叛逆而不惮"的主张，但缺乏这一思想所要求于个体生命的担当意识和勇气。王国维虽然翻译了尼采《查拉图斯特拉如是说》第 1 章《三种变形》，并于《叔本华与尼采》一文中整章引用，但显然还没有历练出这样一颗初变为骆驼、再变为狮子、最终变为赤子，因而能够忍受巨变的灵魂。

　　事实上，王国维并未自始至终认同哲学具有"慰藉"特征。他后来之所以舍弃哲学与文学而转向经史考据之学，就是对哲学"慰藉"特征的怀疑与否定。早在 1907 年，王国维就透露：

　　余疲于哲学有日矣。哲学上之说，大都可爱者不可信，可信者不可爱。余知真理，而余又爱其谬误。伟大之形而上学，高严之伦理学，与纯粹之美学，此吾人所酷嗜也。然求其可信者，则宁在知识论上之实证论，伦理学上之快乐论，与美学上之经验论。知其可信而不能爱，觉其可爱而不能信，此近二三年中最大之烦恼。而近日之嗜好所以渐由哲学而移于文学，而欲于其中求直接之慰藉者也。❷

　　王国维本想从"可爱"的哲学那里求得人生的"慰藉"，却不料会发生"可

---

❶　王国维："叔本华与尼采"，载谢维扬、房鑫亮主编：《王国维全集》（第 1 卷），浙江教育出版社、广东教育出版社 2010 年版，第 93 页。
❷　王国维："静安文集续编·自序（二）"，载谢维扬、房鑫亮主编：《王国维全集》（第 14 卷），浙江教育出版社、广东教育出版社 2010 年版，第 121 页。

爱"与"可信"的冲突,便决定"由哲学而移于文学,而欲于其中求直接之慰藉"。事实证明,文学没有成为王国维的避难所,因为它诚然能够暂时缓解思想的紧张和意识的痛苦,并能够对人生体验进行审美升华,但同时也会使人对紧张和苦痛的感觉更加敏锐。唯其如此,王国维最终转向了经史考据之学。

应该说,在王国维介绍西方哲学的活动以及接受西方哲学的影响中,尼采学说只占很小的份额,但这不大的份额产生了强大的感染力。具体到王国维对尼采哲学思想的研究,他主要是通过尼采哲学感受到一种"天才式痛苦"与哲学的"慰藉"性质。那么如何看待王国维对"天才式痛苦"与哲学"慰藉"性质的敏感?笔者认为,这种痛苦感以及寻求慰藉的冲动表明了王国维对个体生命和生存本质的体验非常深刻。这一体验正是作为个体的人的觉醒,是人的现代意识。王国维的现代意识有两个方面的内涵:一是其关注点不是传统知识分子修身齐家治国平天下之类的功名利禄,而是作为活生生的个体的人的内心痛苦甚至精神分裂等,追逐功名利禄是群体的人的精神现象,内心痛苦与精神分裂则是作为个体的人的精神现象;二是其思想意识是受西方现代哲学与文学的影响或启迪而产生的,具有强烈的现代性特征。周国平曾经这样评价王国维:"在个人与社会的关系上,他更倾向于把哲学看做个人精神的事情,而非社会的事业。对于他来说,研究哲学主要是为了自救,而非救世。"❶ "自救"就是解决自己的人生观问题,寻求"个人精神"的慰藉。按照康德对"启蒙"的界定,王国维受尼采思想启发而敏于感受"天才式痛苦"与哲学"慰藉"性质,属于自我启蒙。王国维的"自救"的价值取向实际上也是一种自我觉醒和自我发现。

第三节 鲁迅的尼采阐释与"立人"诉求

鲁迅(1881～1936年),中国现代文学家、思想家,中国现代文学重要奠基人。他是中国接受与阐释尼采萌芽期里的另一位代表。与王国维用专文阐释尼采思想的做法不同,鲁迅常常零散征引尼采语句,点评尼采思想。

1925年鲁迅的杂文集《热风》出版,由于其中多次引用尼采语句或点评尼采思想,时人送给鲁迅"中国的尼采"称号。这一称呼究竟由谁最早提出,今天已无从查考。不过,曾任《新青年》编辑且与鲁迅颇有交情的刘半农赠给了鲁迅一副"托尼学说,魏晋文章"❷ 的联语则是有据可查的事实。稍后何凝(瞿秋白)在《鲁迅杂感选集序言》(1933年)一文里比较详细地讨论了鲁迅早期的"个性主义"与"尼采主义"的密切关联,认定"鲁迅当时(指留日时期)的思想基础是尼采的'重个人非物质'的学说"。❸ 张震欧在《鲁迅与尼采》(1938

---

❶ 周国平:"二十世纪中国知识分子对尼采和欧洲哲学的接受",载《周国平人文讲演录》,上海文艺出版社2006年版,第129页。

❷ 孙伏园:"托尼学说,魏晋文章",载《新华日报》,1941年10月21日。

❸ 何凝(瞿秋白):"鲁迅杂感选集序言",载《鲁迅杂感选集》,上海青光书局1933年版,第6页。

年）一文中也反复申明："鲁迅是受过尼采超人说的影响的"；"鲁迅的思想脱胎自尼采是无疑问了"。❶ 鲁迅接受与阐释尼采思想的活动持续了他的一生，纵贯了现代中国尼采接受与阐释史的三个阶段。为了论述的方便和连贯，本节将萌芽期、第一高潮期和第二高潮期里鲁迅接受与阐释尼采的活动作为一个整体加以讨论。

一、鲁迅的尼采情结

据统计，鲁迅一生在自己的创作中直接或间接提及尼采的名字、观点或引用尼采的语句至少有 22 次，还在 10 余封书信中提及了尼采。❷ 鲁迅从青年时期开始接触尼采著作并接受尼采思想的影响，一直到晚年，始终没有忘怀早年的"精神导师"尼采。

鲁迅在留日时期（1902～1909 年）撰写了一批思想与学术论文。其中提到尼采及其思想的文章有《摩罗诗力说》（1908 年）、《文化偏至论》（1908 年）和《破恶声论》（未完，1908 年）等 3 篇。在这 3 篇文章中，鲁迅一共 8 次引述尼采语句或讨论尼采思想。鲁迅之所以会在留日期间接受与阐释尼采思想，是因为当时日本思想界、文学界与学术界正蓬勃形成第一次"尼采热"。据日本学者伊藤虎丸考证，"尼采主义"第一次在日本流行是在甲午中日战争与日俄战争之间（1894～1905 年）；明治三十四年（1901 年）爆发的"美的生活"论争事件以及次年登张竹风、桑木严翼出版的尼采研究专著（分别为《尼采与两位诗人》、《尼采伦理学简介》）将日本第一次"尼采热"推向高潮。❸ 日本知识界热衷于研究与传播尼采思想的氛围为 1902 年来到日本的鲁迅同尼采的"神交"提供了条件。事实上，早在东京弘文学院学习日语期间，鲁迅便接触到尼采著作的日译本。鲁迅的同乡、留日时的同学许寿裳后来回忆说："鲁迅在弘文学院时已经购有不少的日本文书籍，藏在书桌抽屉内，如拜伦的诗、尼采的传、希腊神话、罗马神话等。"❹ 鲁迅的弟弟周作人（周遐寿）在回忆录中也提到了鲁迅留日时期对尼采著作的偏爱："鲁迅学了德文，可是对于德国文学没有什么兴趣……这里尼采可以算是一个例外，《察拉图斯忒拉如是说》（通译《查拉图斯特拉如是说》）一册多年保存在他书橱里，到了一九二〇年左右，他还把那第一篇译出，发表在《新潮》杂志上面。"❺

那么鲁迅在留日期间究竟接触了尼采哪些著作呢？通过周作人的介绍以及鲁

---

❶ 张震欧："鲁迅与尼采"，载成芳编：《我看尼采》，南京大学出版社 2000 年版，第 404 页、第 406 页。

❷ 张正吾："鲁迅早期尼采观探索"，载《中山大学学报》，1981 年第 3 期，第 81～88 页。

❸ ［日］伊藤虎丸："鲁迅早期的尼采观与明治文学"，徐江译，载《文学评论》，1990 年第 1 期，第 136 页。

❹ 许寿裳："亡友鲁迅印象记"，人民文学出版社 1953 年版，第 4 页。

❺ 周遐寿："鲁迅的故家"，上海出版公司 1953 年版，第 390 页。

迅 1918 年和 1920 年翻译《查拉图斯特拉如是说》序言的事实，可以推断鲁迅直接阅读过尼采的《查拉图斯特拉如是说》一书的德文版。此外，鲁迅还通过阅读日本学者登张竹风的《尼采与二诗人》一书间接掌握了尼采《不合时宜的思考》一书的部分内容。许寿裳提及鲁迅拥有的那本日文"尼采的传"，据澳籍华人学者张钊贻考证与推断，乃是登张竹风 1902 年出版的《尼采与二诗人》。该书中收有登张竹风翻译的《尼采自传》一文，这篇自传是尼采应丹麦文学史家勃兰兑斯（G. Brandes）之约而写的一段自我介绍文字，附在尼采 1888 年 4 月 10 日致勃兰兑斯的信的末尾。❶ 可以作为上述论断的辅助证明材料的是，鲁迅一生中所征引的尼采语句或所讨论的尼采思想始终没有超出《查拉图斯特拉如是说》和《不合时宜的思考》两书的范围。

1925 年，鲁迅出版了为他赢得"中国的尼采"名声的杂文集《热风》。该书收集了他在五四前后至 1924 年所写的众多文章。其中《随感录三十八》、《随感录四十一》、《随感录四十六》、《生命之路》等篇章多次引述尼采语句、讨论尼采思想。除《热风》外，鲁迅 1927 年以前所写的其他杂文中也多次提及尼采思想或征引尼采语句。他在致钱玄同的信《渡河与引路》（1918 年）中说："耶稣说，见车要翻了，扶它一下。Nietzsche 说，见车要翻了，推它一下。我自然是赞成耶稣的话；但以为倘不愿你扶，便不必硬扶，听他罢了。"尼采并未直接说过"车要翻了，推它一下"之类的话，鲁迅在这里是化用了尼采的主张。尼采在《查拉图斯特拉如是说》里借查拉图斯特拉宣称："噢，弟兄们，我残酷吗？可我还是要说：墙倒众人推，就是要推！当今的一切都坍塌了，衰败了，谁想维持它呢？我却要推它！"❷ 后来丹麦文学史家勃兰兑斯在《尼采》一书中将这句话转述为：

扎拉斯图拉（通译查拉图斯特拉）是不讲仁慈的。有人告戒我们：不要去推一辆快要翻倒的货车。但扎拉图斯特拉却说：那辆车反正是要坠毁的，就让我们再推一把吧。我们时代的一切都在下坠和腐烂，谁也别想改变这种趋势。扎拉图斯特拉只是力图加快这种下坠的速度。❸

鲁迅对这段话作了变通。据周作人回忆，鲁迅早在东京时期就"常称述尼采的一句话道：'你看见车子要倒了，不要去扶它，还是去推它一把吧'"。❹ 鲁迅在《译了〈工人绥惠略夫〉之后》（1921 年）一文中特别指出："阿尔志跋绥夫却确乎显出尼采式的强者的色彩来。他用了力量和意志的全副，终身战争，就是

❶ ［澳］张钊贻："早期鲁迅的尼采考"，载郜元宝编：《尼采在中国》，上海三联书店 2001 年版，第 851 页。

❷ F. Nietzsche. *Also Sprach Zarathustra*. Karl Schlechta. *Friedrich Nietzsche Werke*；Band 2. München：Carl Hanser Verlag，1955，p455.

❸ ［丹］勃兰兑斯："尼采"，安延明译，工人出版社 1985 年版，第 105～106 页。

❹ 周遐寿："鲁迅的故家"，上海出版公司 1953 年版，第 390～391 页。

用了炸弹和手枪，反抗而且沦灭。"他在《论照相之类》（1925年）中提到自己所见过的外国名人的照相，其中，"尼采一脸凶相，叔本华尔一脸苦相，淮尔特（通译王尔德）穿上他那审美的衣装时，已经有点呆相了，而罗曼罗兰似乎带点怪气，戈尔基（通译高尔基）又简直像一个流氓"，从这些照相中，"都可以看出悲哀和苦斗的痕迹来"。鲁迅虽然说"尼采一脸凶相"，但更是对尼采等人"悲哀和苦斗的痕迹"表示敬意。

1927年以后直至病逝，鲁迅仍多次阐发了尼采观点或引用了尼采语句。他在《新的世故》（1927年）中化用了尼采的话："这也近乎蝎子撩尾，不多谈；但也不要紧。尼采先生说过，大毒使人死，小毒是使人舒服的。"尼采"大毒使人死，小毒是使人舒服的"一语出自《查拉图斯特拉如是说》序言第5节，原话是：在"末人"看来，"一点点毒素会制造安逸的梦；但过多的毒素则会导致安逸的死"。❶鲁迅曾将这句翻译为："加减一点毒：会做舒服的梦。终于许多毒：便是舒服的死。"❷鲁迅此处借用尼采的话是对高长虹攻击自己"蝎子撩尾以中伤青年作者的豪兴"❸的回敬。鲁迅在《怎么写》（1927年）中说："尼采爱看血写的书。但我想，血写的文字，怕未必有罢。文章总是墨写，血写的倒不过是血迹。它比文章自然更惊心动魄，更直接分明，然而容易变色，容易消磨。"后来鲁迅在《祝〈涛声〉》（1933年）里再次提到了尼采这句话。尼采此语出自《查拉图斯特拉如是说》："在所有的著作中，我只喜爱用作者的鲜血写成的著作。用鲜血写成的著作，将使你体会到：鲜血即思想。"❹尼采本意是用"血"（das Blut）来比喻精神上的"心血"与"思想"，鲁迅此处的理解显得过于坐实。鲁迅在《我和〈语丝〉的始终》（1930年）中提到自己支持《语丝》社的原因时说："我的'彷徨'并不用多时，因为那时还有一点读过尼采的《Zarathustra》的余波，从我这里只要能挤出——虽然不过是挤出——文章来，就挤了去罢，从我这里只要能做出一点'炸药'来，就拿去做了罢，于是也就决定，还是照旧投稿了。"显然，尼采著作成了鲁迅积极参与文学活动、支持青年文学工作者的动力之源。他在《由聋而哑》（1933年）一文中借用了尼采的"末人"形象来类比当时中国文坛的萧条景象。他说："精神上的'聋'，那结果，就也招致了'哑'来。……用秕谷来养青年，是决不会壮大，将来的成就，且要更渺小，那模样可看尼采所描写的'末人'。"1934年，鲁迅在《拿来主义》一文中说："尼采就自诩过他是太阳，光热无穷，只是给与，不想取得。然而尼采究竟不是太阳，他发

---

❶ F. Nietzsche. *Also Sprach Zarathustra*. Karl Schlechta. *Friedrich Nietzsche Werke*：Band 2. München：Carl Hanser Verlag，1955，p284.

❷ ［德］尼采："查拉图斯特拉的序言"，唐俟（鲁迅）译，载《新潮》合订本第2册，上海书店1986年影印本，第963页。

❸ 高长虹："琐记两则"，载《走到出版界》，上海泰东图书局1929年，第160页。

❹ F. Nietzsche. *Also Sprach Zarathustra*. Karl Schlechta. *Friedrich Nietzsche Werke*：Band 2. München：Carl Hanser Verlag，1955，p305.

了疯。"同年，鲁迅在《"寻开心"》一文中提到"古里古怪的诗和尼采式的短句，以及几年前的所谓未来派的作品"读起来是让人难受的事。鲁迅在《〈中国新文学大系·小说二集〉导言》（1935 年）里 4 次提到尼采：谈论《狂人日记》的主题和向培良《我离开十字街头》的主人公形象时两次提到"超人"说；另外两次，一是指出浅草社与沉钟社摄取的"'世纪末'的果汁"中包括尼采的思想，二是提及高长虹与尼采的关系。鲁迅生平最后一次提及尼采是在 1935 年 12 月 30 日所写的《且介亭杂文·序言》一文中。他引用了尼采的"死之说教者"一词，此语是《查拉图斯特拉如是说》第 9 章的标题"Von den Predigern des Todes"的中译。受到鲁迅帮助的青年翻译家（徐）梵澄在《苏鲁支语录》（通译《查拉图斯特拉如是说》）里就将这一标题译为"死的说教者"。

鲁迅不仅征引尼采语句、点评尼采思想，而且还翻译过尼采的著作。他曾经两次翻译尼采的主要代表作《查拉图斯特拉如是说》（鲁迅译为《察罗堵斯德罗》）。第一次是在 1918 年，他用文言文翻译了该书序言的前 3 节。该译文没有正式刊发，后来唐弢编《鲁迅全集补遗续编》时将它作为"文艺复兴丛书第二辑"收录（载唐弢编《鲁迅全集补遗续编》（上），上海出版公司 1952 年版）。第二次是在 1920 年，鲁迅用白话文完整译出该书序言的 10 节，题名《查拉图斯特拉的序言》，以"唐俟"为笔名发表在《新潮》1920 年 9 月 1 日第 2 卷第 5 期上。在第二次翻译《查拉图斯特拉如是说》的序言时，鲁迅还特意写了一个"附记"。这篇"附记"是鲁迅一生中解读尼采学说最集中、篇幅最长的文字。在文中，鲁迅首先指出了《查拉图斯特拉如是说》"并不能包括尼采思想的全体"，内容"免不了矛盾和参差"，文体"又用箴言（Sprueche）集成，外观上常见矛盾，所以不容易了解"。"附记"的主体部分是从第 1 节到第 10 节逐节归纳它们的思想主题，对其中一些"含有意思的名词和隐晦的句子"作了简明的解释与辨析，并揭示了"走索者"、"游魂"、"小丑"、"坟匠"、"鹰与蛇"等形象的象征性内涵。❶

鲁迅在上述"附记"中曾经明确表示："译文不妥当的处所很多，待将来译下去之后，再回上来改定。"❷ 但鲁迅后来并未因为早年曾经决心翻译《查拉图斯特拉如是说》而最终"译下去"，也没有"再回上来改定"译稿。也许是为了完成这一未了心愿，鲁迅在逝世的前一年即 1935 年还在为青年翻译家（徐）梵澄翻译和出版尼采《苏鲁支语录》一事奔波。

从上述鲁迅征引尼采语句、点评尼采思想以及翻译尼采著作的情况可知，鲁迅终其一生关注着尼采，保持着浓得化不开的"尼采情结"。

---

❶ 唐俟（鲁迅）："《查拉图斯特拉的序言》译者附记"，载《新潮》合订本第 2 册，上海书店影印本 1986 年，第 972～973 页。

❷ 唐俟（鲁迅）："《查拉图斯特拉的序言》译者附记"，载《新潮》合订本第 2 册，上海书店影印本 1986 年，第 972 页。

二、鲁迅的尼采阐释

鲁迅留日时期在《摩罗诗力说》（载《河南》1908 年 2～3 月第 2～3 号）、《文化偏至论》（载《河南》1908 年 8 月第 7 号）和《破恶声论》（未完，载《河南》1908 年 12 月第 8 号）等 3 篇文章中多次引用尼采语句或点评尼采思想。

《摩罗诗力说》的主旨是介绍以英国诗人拜伦为"宗主"的一批极具反抗性和叛逆性的欧洲浪漫主义诗人，以期用他们的反抗精神与斗争意志来振作国人精神、激发民族斗志。文章有三处引用了尼采的语句或讨论了尼采的思想。

第一处是引用了尼采《查拉图斯特拉如是说》的一段话作为该文题词："求古源尽者将求方来之泉，将求新源。嗟我昆弟，新生之作，新泉之涌于深渊，其非远矣。"❶

第二处是引述了尼采的"野人"观：

尼佉（通译尼采）不恶野人，谓中有新力，言亦确凿不可移。盖文明之朕，固孕于蛮荒，野人狂獉其形，而隐曜即伏于内。❷

第三处是比较了拜伦笔下的魔鬼卢希飞勒的善恶观与尼采的道德观：

尼佉意谓强胜弱故，弱者乃字其所为曰恶，故恶实强之代名；此（指卢希飞勒的观点）则以恶为弱之冤谥。故尼佉欲自强，而并颂强者；此则亦欲自强，而力抗强者，好恶至不同，特图强则一而已。❸

文章题词所引"求古源尽者将求方来之泉"一段，出自《查拉图斯特拉如是说》的第 56 章《新榜与旧榜》。原文说：

看吧，那些因理解古代源头的实质而变得聪明的人肯定要去寻找未来的水源和新的源头。哦，我的兄弟们啦，不需多少时日就会有新的民族（neue Völker）兴起，也会有流进新的深渊的新的泉水出现。❹

鲁迅几乎是直译，仅将"新兴民族"（neue Völker）译为"新生"。第二处对尼采"野人"观的引述则比较复杂。据查，这段文字的源头是尼采《不合时宜的思考》一书第 1 篇《作为自白者的大卫·斯特劳斯》第 2 节中的一段话。这段话谈论的是当时德国"文化市侩"（des gebildeten Philisters）极力突出自己"野

---

❶ 鲁迅："摩罗诗力说"，载《鲁迅全集》（第 1 卷），人民文学出版社 2005 年版，第 65 页。
❷ 鲁迅："摩罗诗力说"，载《鲁迅全集》（第 1 卷），人民文学出版社 2005 年版，第 66 页。
❸ 鲁迅："摩罗诗力说"，载《鲁迅全集》（第 1 卷），人民文学出版社 2005 年版，第 80 页。
❹ F. Nietzsche. *Also Sprach Zarathustra. Friedrich Nietzsche Werke*. Band 2. Hg. von Karl Schlechta. Carl Hanser Verlag München，1955，p457.

蛮性"（Barbarei）的问题。❶ 后来丹麦文学史家勃兰兑斯（G. Brandes）将这段话引申为："尼采认为，这种东西（指文化市侩主义）甚至称不上是一种坏的文化，它是一种竭力强化自身的原始风尚，却又完全缺乏真正的原始风尚那种蓬勃的生机和野性的力量。"❷ 勃兰兑斯的文章传入日本后，登张竹风在《尼采与二诗人》中将勃氏的话转述为："（伪学者）连野蛮民族的清新威力都没有。""野性"被登张改为"野蛮民族"。鲁迅正是引用了登张的转述。❸

《文化偏至论》以剖析 19 世纪末 20 世纪初西方文化的"偏至"现象、探讨西方文化的发展规律为出发点，落脚点则是探讨中国文化革新应取的策略与方针。文中有四处涉及尼采。第一处是征引尼采的原话：

> 德人尼佉氏，则假察罗图斯德罗（通译查拉图斯特拉）之言曰，吾行太远，孑然失其侣，返而观夫今之世，文明之邦国矣，斑斓之社会矣。特其为社会也，无确固之崇信；众庶之于知识也，无作始之性质。邦国如是，奚能淹留？吾见放于父母之邦矣！聊可望者，独苗裔耳。❹

第二处是述评尼采的"超人"说，并据此为尼采定位：

> 若夫尼佉，斯个人主义之至雄桀者矣，希望所寄，惟在大士天才；而以愚民为本位，则恶之不殊蛇蝎。意谓治任多数，则社会元气，一旦可隳，不若用庸众为牺牲，以冀一二天才之出世，递天才出而社会之活动亦以萌，即所谓超人之说，尝震惊欧洲之思想界者也。……惟超人出，世乃太平。苟不能然，则在英哲。❺

第三处、第四处是将尼采与易卜生并提，称他们为时俗的反抗者："如尼佉伊勃生（通译易卜生）诸人，皆据其所信，力抗时俗，示主观倾向之极致"；❻"尼佉之所希冀，则意力绝世，几近神明之超人也；伊勃生之所描写，则以更革为生命，多力善斗，即迕万众不慑之强者也"。❼

文中所引尼采语句并不是直接翻译，而是对《查拉图斯特拉如是说》第36

❶　F. Nietzsche, *Unzeitgemäße Betrachtungen. Friedrich Nietzsche Werke*. Band 1. Hg. von Karl Schlechta. Carl Hanser Verlag München. ,1954,p143.

❷　［丹］勃兰兑斯："尼采"，安延明译，工人出版社 1985 年版，第 34～35 页。

❸　据澳大利亚汉学家张钊贻考证，鲁迅留学日本时看过登张竹风的《尼采与二诗人》，并引用了他对尼采的一些评论。可以作为佐证的是，早年曾留学日本的教育家、哲学家范寿康 1920 年也说过，尼采"很尊重那种原人——'自然人'"，因为"原始时代的原人有强毅的意力"。参见［澳］张钊贻："早期鲁迅的尼采考"，载郜元宝编：《尼采在中国》，上海三联书店 2001 年版，第 859～860 页；范寿康："最近哲学之趋势"，载郜元宝编：《尼采在中国》，上海三联书店 2001 年版，第 117～120 页。

❹　鲁迅："文化偏至论"，载《鲁迅全集》（第 1 卷），人民文学出版社 2005 年版，第 50 页。

❺　鲁迅："文化偏至论"，载《鲁迅全集》（第 1 卷），人民文学出版社 2005 年版，第 53 页。

❻　鲁迅："文化偏至论"，载《鲁迅全集》（第 1 卷），人民文学出版社 2005 年版，第 55 页。

❼　鲁迅："文化偏至论"，载《鲁迅全集》（第 1 卷），人民文学出版社 2005 年版，第 56 页。

章《文明的国度》里下列一些句子的连缀和剪辑："我飞进未来，由于飞得过于遥远，一种恐惧感向我袭来"；"于是我飞回故园——立即匆忙地飞回：我就这样来到你们现代人身边，进入文明的国度"；"我从来没有看见过如此斑驳多彩的人类"；"你们这些被涂得斑驳多彩的人怎么可能信奉什么呢?"；"你们缺乏创新力，因而也就缺乏信仰。必须是具有创造性的人才会有能够实现的愿望和目标，并且信奉他所信仰的"；"我觉得我与现代人形同陌路；我被逐出了父母之邦"；"我只喜爱我的孩子们的国度"。❶

《破恶声论》（未完）有 1 处提到尼采的"超人"说：

> 至尼佉，则刺取达尔文进化之说，掊击景教（即基督教），别说超人。虽云据科学为根，而宗教与幻想之臭味不脱，则其张主，特为易信仰，而非灭信仰昭然矣。❷

归纳起来，鲁迅在上述 3 篇文章中 8 处涉及尼采的文字里谈论了两个观点：一是尼采的"超人"说。上述 8 处文字中有 5 处是讨论这一问题。《摩罗诗力说》第三处讲的是尼采的新善恶论（"欲自强"而"颂强者"），属于"超人"道德观。鲁迅认为，在尼采那里，"恶"只不过是弱者对强者的称呼或诬蔑，"恶实强之代名"，尼采是"恶"的赞美者，他确立新善恶观的目的在于"颂强者"和"图强"。《文化偏至论》第二处和第四处谈论了"超人"说的具体内涵，称"超人"是与"愚民"和"庸众"截然对立的"大士天才"或"意力绝世，几近神明"的非凡人物，并据此称尼采是"个人主义之至雄桀者矣"。《文化偏至论》第三处赞美了尼采、易卜生等人反抗传统和盲从倾向（"据其所信，力抗时俗"）、张扬个性、发挥主观意志（"示主观倾向之极致"）的品格与风貌。《破恶声论》中的一处则论及了"超人"说的根据、特点和目的。鲁迅认为，"超人"说是在有所保留的前提下吸取达尔文进化论（"刺取达尔文进化之说"）和批判基督教（"掊击景教"）的基础上总结、提炼而成的，尼采创立这一学说的目的只是为了改变人们的传统信仰、宣扬一种新的信仰（"特为易信仰，而非灭信仰"），因此"超人"说最大特点就是"宗教与幻想之臭味不脱"。二是尼采对西方传统与现代文明即"物质主义"的批判。《摩罗诗力说》第一处引文、第二处述评均涉及这一问题。"求古源尽者将求方来之泉，将求新源"一句，是对"古源"即西方文化传统的否定；尼采"不恶野人"，是因为其中潜藏"新力"与"隐曜"，反过来就是对现代文明的批判。《文化偏至论》第一处引文是尼采对片面追求物质财富而缺乏精神追求与创新意识的现代文明的批判。尼采通过查拉图斯特拉之口披露了他对"今之世"即 19 世纪后期欧洲社会的看法：虽然是"文明之邦国"，但人们全都

---

❶ F. Nietzsche. *Also Sprach Zarathustra. Friedrich Nietzsche Werke*. Band 2. Hg. von Karl Schlechta. Carl Hanser Verlag München. 1955，pp375～377.

❷ 鲁迅："破恶声论"，载《鲁迅全集》（第 8 卷），人民文学出版社 2005 年版，第 31 页。

缺乏创新意识和创新能力（"无作始之性质"）、缺乏坚定而崇高的信仰（"无确固之崇信"），所以只能算是一个丧失了生机和希望的"父母之邦"。在鲁迅看来，尼采既是抨击西方思想文化传统与近现代社会的文化批评家，又是标举"超人"理想的个人主义者与主观主义者。

在此要指出的是，鲁迅对尼采的"超人"说与文化批判主张均存在明显的误读。先看鲁迅对"超人"说的误读。表现之一是鲁迅把"超人"解读为"大士天才"或"意力绝世，几近神明"之人，这不符合尼采的本意。实际上，尼采心目中的"超人"仅仅是一种理想人格，用他自己的话说，"超人"是"石头中沉睡着的我的一个影像，是我的一切图像中最美的图像"，是"万物中最宁静、最轻盈者"，是"一个影子"。❶ 正如当代德国尼采研究专家彼珀（A. Pieper）所说："超人被理解为有活力的结构导致了人类和西方人物典型形象的终结：人类被超越了。"❷ 即是说，"超人"象征传统人类、人格和人性的终结，是一种新的完美的人类、人格和人性的象征。尼采晚年曾埋怨人们对"超人"说的误解："几乎人人都……硬说超人是一种高等的'理想主义'典型，是半为'圣徒'、半为'天才'之人……甚至有人在这方面重新发现了那个违背知识和意志的大骗子卡莱尔的'英雄崇拜'，可这是我深恶痛绝的东西。"❸ 在尼采那里，"超人"与"天才"是完全不同的两个概念。事实上，尼采也明确谈论过天才，称"天才人物是推动人类前进的首要功臣，他们一再点燃人们那昏睡的激情……他们一再唤醒人们的比较意识、矛盾意识，唤醒人们尝试新事物"。❹ 显然，尼采心目中的"天才"是历史或现实中存在的伟大人物，鲁迅把尼采理想的、虚拟的"超人"降格为"天才"，或历史上或现实中已经出现或将会出现的英雄人物、先知先觉者，是一种误读。鲁迅误读"超人"说的表现之二，是认为"超人"说立基于进化论。如前所述，鲁迅认为"超人"说"刺取达尔文进化之说"，而事实上尼采是极力反对进化论的。他曾多次用"反达尔文"作小标题来表明自己对进化论的反对态度："关于著名的'生存竞争'，我目前认为，与其说它已被证明，不如说它是一种武断"；"假定真有生存竞争……那么，可惜其结果和达尔文学派的愿望相反……物种并不走向完善：弱者总是统治强者——因为他们是多数，他们也更精明"。❺ 鲁迅之所以将"超人"说与进化论挂钩，是因为他早在南京求学期间就已接触了严复翻译的赫胥黎《天演论》，去日本留学后又进一步理解了进化论。周作人记述其事说："鲁迅看了赫胥黎的《天演论》是在南京，但是一直到了东

---

❶ F. Nietzsche. *Also Sprach Zarathustra*. Karl Schlechta. *Friedrich Nietzsche Werke*：Band 2. München：Carl Hanser Verlag，1955，p345.

❷ ［德］彼珀："动物与超人之维"，李洁译，华夏出版社 2001 年版，第 49 页。

❸ ［德］尼采："看哪这人！"，张念东、凌素心译，《权力意志》，商务印书馆 1998 年版，第 42～43 页。

❹ ［德］尼采："快乐的科学"，黄明嘉译，漓江出版社 2000 年版，第 47 页。

❺ ［德］尼采："偶像的黄昏"，周国平译，光明日报出版社 2000 年，第 63 页、第 64 页。

京，学了日本文之后，这才懂得达尔文的进化论。因为鲁迅看到丘浅治郎的《进化论》讲话，于是明白进化学说到底是怎么一回事。"❶

再看鲁迅对尼采文化批判主张的误读。在《文化偏至论》中，鲁迅认为以尼采为代表的"新神思宗"是对 19 世纪欧洲尚"物质"、重"众数"这两大"文化偏至"现象的反驳，认为尼采对欧洲社会与文化的批判集中在物质主义和平等思想两个方面。尼采的确曾经借查拉图斯特拉之口称物欲横流、喧嚣不堪的近现代社会为"市场"，称近现代社会中的人们为"市场的苍蝇"（die Fliege des Marktes）；❷ 但总体来看，尼采抨击最有力的是基督教与以基督教伦理为核心的传统道德观。他最为人侧目的口号是"上帝死了"，他还在自传中称自己为"非道德论者"，并表示："一方面，我否定以往称之为最高尚的人，即好人、善人、慈悲的人；另一方面，我否定那种作为自在的、流行的、普遍认可的道德——颓废的道德，更确切地说，基督教道德。"❸ 可见，鲁迅关于尼采文化批判主张的重心的定位是有偏差的。同时，尼采对近现代欧洲文化的批判涉及面比鲁迅认定的要宽泛。除了基督教与传统道德之外，尼采还抨击苏格拉底肇端的理性主义、欧洲以及德国的教育制度、国家专制制度等。此外，鲁迅对理性、科学的态度也不同于尼采。尼采认为"科学活动方式""侵蚀和毒害了生命的因素"，导致"工人的'非人格化'"。❹ 而鲁迅认为科学昌明不仅可以增加社会的物质成果，使"人间生活之幸福，悉以增进"；而且还是"遇末流而生感动"、推动人类思想进步的"神圣之光"。❺

鲁迅中晚年的尼采阐释主要散见于五四期间与之后创作的杂文、散文和小说等文学作品中。

为鲁迅赢得"中国的尼采"这一名号的杂文集《热风》是由 1918～1924 年间所写的部分文章结集而成的。文集里不少篇章引述了尼采语句，阐释与发挥了尼采的思想，有着明显的"尼采痕迹"。《随感录三十八》（1918 年）借用尼采的"超人"与"末人"说提倡"个人的自大"，反对"合群的爱国的自大"。何谓"个人的自大"？鲁迅解释说：

> "个人的自大"，就是独异，是对庸众宣战。除精神病学上的夸大狂外，这种自大的人，大抵有几分天才……他们必定自己觉得思想见识高出庸众之上，又为庸众所不懂，所以愤世嫉俗，渐渐变成厌世家，或"国民之敌"。❻

---

❶　周作人："鲁迅的青年时代"，中国青年出版社 1956 年版，第 50 页。

❷　F. Nietzsche. *Also Sprach Zarathustra*. Karl Schlechta. *Friedrich Nietzsche Werke*：Band 2. München：Carl Hanser Verlag,1955,p316.

❸　［德］尼采："看哪这人！"，张念东、凌素心译，《权力意志》，商务印书馆 1998 年版，第 101 页。

❹　［德］尼采："看哪这人！"，张念东、凌素心译，《权力意志》，商务印书馆 1998 年版，第 56 页。

❺　鲁迅："科学史教篇"，载《鲁迅全集》（第 1 卷），人民文学出版社 2005 年版，第 25 页、第 35 页。

❻　鲁迅："随感录三十八"，载《鲁迅全集》（第 1 卷），人民文学出版社 2005 年版，第 327 页。

"独异"、"对庸众宣战"、"有几分天才"、"自己觉得思想见识高出庸众之上",这与鲁迅心仪的"据其所信,力抗时俗"、"示主观倾向之极致"的"超人"品格完全一致(《文化偏至论》)。何谓"合群的自大"?鲁迅写道:

> "合群的自大","爱国的自大",是党同伐异,是对少数的天才宣战;——至于对别国文明宣战,却尚在其次。他们自己毫无特别才能,可以夸示于人,所以把这国拿来做个影子;他们把国里的习惯制度抬得很高,赞美的了不得;他们的国粹,既然这样有荣光,他们自然也有荣光了!倘若遇见攻击,他们也不必自去应战,因为这种蹲在影子里张目摇舌的人,数目极多,只须用 mob 的长技,一阵乱噪,便可制胜。❶

"合群的自大"其实就是盲从、随大流的心理。这种心理正是尼采的"末人"(der letzte Mensch)性格。鲁迅翻译过《查拉图斯特拉如是说》序言第 5 节里描写"末人"的文字:"'甚么是爱?甚么是创造?甚么是热望?甚么是星?'——末人这样问,眯着眼。""他们离开了那些地方,凡是难于生活的:因为人要些温暖。人也还爱邻人而且大家挤擦着:因为人要些温暖。生病和怀疑的,在他们算有罪:大家小心着走。"❷ 显然,"末人"循规蹈矩、缺乏创新的愿望与能力,是一群没有头脑、丧失了人格的人,与鲁迅所说"合群的自大"相差无几。

在《随感录四十一》(1919 年)里,针对当时社会上一些人不图改进、不思进化的现象,鲁迅引述了尼采"超人"说来阐发人类必然进化也必须进化的主张:"尼采式的超人,虽然太觉渺茫,但就世界现有人种的事实来看,却可以确信将来总有尤为高尚尤近圆满的人类出现。到那时侯,类人猿上面,怕要添出'类猿人'这一个名词。"❸ 为了鼓励"中国的青年都只是向上走,不必理会这冷笑和暗箭",鲁迅特别征引了尼采《查拉图斯特拉如是说》序言第 3 节塑造"超人"形象的语句:"真的,人是一个浊流。应该是海了,能容这浊流使它干净。咄,我教你们超人,这便是海,在他这里,能容下你们的大侮蔑。"❹ 鲁迅还化用了尼采的比喻,劝中国的青年不要自卑和自惭形秽:"纵令不过一洼浅水,也可以学学大海,横竖都是水,可以相通。几粒石子,任他们暗地里掷来;几滴秽水,任他们从背后泼来就是了。"❺

《随感录四十六》(1919 年)针对《时事新报》上一幅攻击"提倡新文艺的人"都崇拜"外国的偶像"的漫画指出:"不论中外,诚然都有偶像。但外国是破坏偶像的人多……达尔文易卜生托尔斯泰尼采诸人,便都是这近来偶像破坏的

❶ 鲁迅:"随感录三十八",载《鲁迅全集》(第 1 卷),人民文学出版社 2005 年版,第 327 页。
❷ [德]尼采:"查拉图斯特拉的序言",唐俟(鲁迅)译,载《新潮》合订本第 2 册,上海书店 1986 年影印本,第 963 页。
❸ 鲁迅:"随感录四十一",载《鲁迅全集》(第 1 卷),人民文学出版社 2005 年版,第 341 页。
❹ 鲁迅:"随感录四十一",载《鲁迅全集》(第 1 卷),人民文学出版社 2005 年版,第 341 页。
❺ 鲁迅:"随感录四十一",载《鲁迅全集》(第 1 卷),人民文学出版社 2005 年版,第 342 页。

大人物",他们"都有确固不拔的自信,所以决不理会偶像保护者的嘲骂","也不理会偶像保护者的恭维"。鲁迅在文中还引用了尼采的语句来揭露"偶像保护者的恭维"背后所隐藏的险恶用心:"尼采说——'他们又拿着称赞,围住你嗡嗡的叫:他们的称赞是厚脸皮。他们要接近你的皮肤和你的血。'"❶ 鲁迅所征引的尼采语句出自《查拉图斯特拉如是说》的《市场之蝇》一章,该章强烈的批判性使得现代中国不少作家如茅盾、郭沫若、林语堂等都对其爱不释手。

鲁迅在《生命的路》(1919 年)里写道:"生命不怕死,在死的面前笑着跳着,跨过了灭亡的人们向前进。""人类总不会寂寞,因为生命是进步的,是乐天的。"鲁迅还写道:"生命的路是进步的,总是沿着无限的精神三角形的斜面向上走,什么都阻止他不得。""什么是路?就是从没路的地方践踏出来的,从只有荆棘的地方开辟出来的。以前早有路了,以后也该永远有路。"❷ 文中所表述的生命观与"路"论,有着浓郁的"尼采痕迹"。首先,鲁迅对生命的达观看法与尼采对生命的礼赞几乎如出一辙。在尼采看来,生命的本质是快乐,"世界的痛苦是深沉的;快乐——仍比心灵的痛苦更深沉";"一切欢乐希望永恒——欢乐希望深沉的、深沉的永恒"!因此,生命的本质也是舞蹈、欢笑,查拉图斯特拉自豪地宣布:"人必须跳舞——为超越你们自己而跳舞",人们"也别忘记大声朗笑"!❸ 其次,鲁迅此处的"路"论也是尼采"路"论的翻版。尼采曾说:"有一千条道路无人走过;有一千种健康和一千个隐蔽的生命之岛,同样还不曾被人践踏过。""我以不同的方式、走不同的道路而到达我的真理;我并非只从一个梯子登上了那个使我能游目骋望的高处。我常常不愿向别人打听我的道路,——问路总是不合乎我的口味!我宁愿去探索各种道路。……因为路并不存在!"❹

通观鲁迅中晚期的杂文,可以发现他提到的尼采思想主要有三个方面:一是"超人"说。《随感录三十八》、《随感录四十一》两篇都谈论了"超人"说。此外,鲁迅在《〈中国新文学大系·小说二集〉导言》(1935 年)一文里两次提到"超人"说。在谈论《狂人日记》时,鲁迅说:"一八三四年顷,俄国的果戈理就已经写了《狂人日记》;一八八三年顷,尼采也早借了苏鲁支(通译查拉图斯特拉)的嘴,说过'你们已经走了从虫豸到人的路,在你们里面还有许多份是虫豸。你们做过猴子,到了现在,人还尤其猴子,无论比那一个猴子'的。……后起的《狂人日记》意在于暴露家族制度和礼教的弊害,却比果戈理的忧愤深广,也不如尼采的超人的渺茫。"文章所引的尼采语句出自《查拉图斯特拉如是说》序言第 3 节。鲁迅此处借用来批判人类"进化"的不彻底,以致现在还到处存在

---

❶ 鲁迅:"随感录四十六",载《鲁迅全集》(第 1 卷),人民文学出版社 2005 年版,第 348~349 页。

❷ 鲁迅:"生命的路",载《鲁迅全集》(第 1 卷),人民文学出版社 2005 年版,第 386 页。

❸ F. Nietzsche. *Also Sprach Zarathustra*. Karl Schlechta. *Friedrich Nietzsche Werke*:Band 2. München:Carl Hanser Verlag,1955,p473,p531.

❹ F. Nietzsche. *Also Sprach Zarathustra*. Karl Schlechta. *Friedrich Nietzsche Werke*:Band 2. München:Carl Hanser Verlag,1955,p339,pp442~443.

"吃人"的人。在引述狂飙社成员向培良长篇小说《我离开十字街头》中那位"不知名的反抗者的自述的憎恶"一段文字之后，鲁迅紧接着指出："在这里听到了尼采声，正是狂飙社进军的鼓角。尼采教人们准备着'超人'的出现，倘不出现，那准备便是空虚。但尼采却自有其下场之法的：发狂和死。否则，就不免安于空虚，或者反抗这空虚，即使在孤独中毫无'末人'的希求温暖之心，也不过蔑视一切权威，收缩而为虚无主义者。"鲁迅提到了尼采的"下场之法"，并揭示了尼采"超人"说潜藏着"空虚"或"虚无主义"的危险，有人认为这显示出鲁迅对"超人"说以及尼采命运的诅咒。笔者认为，鲁迅在这里仅仅是指出事实，无所谓褒贬。日本学者川上哲正则认为鲁迅此话不仅不是对尼采的否定，反而是对尼采的认同，因为从这段话"只能看出这仅仅是鲁迅面对肩负自己的哲学命题而了此悲惨一生的尼采所作的自我觉醒的认识，仅仅是对走着与尼采不同道路的自我的叙述而已"。❶ 川上哲正的说法不仅客观，而且深刻。

二是"偶像破坏"说。《随感录四十六》谈论了尼采的"偶像破坏"主张。此外，鲁迅在《再论雷峰塔的倒掉》（1925 年）一文中也说：

卢梭，斯谛纳尔，尼采，托尔斯泰，伊孛生（通译易卜生）等辈，若用勃兰兑斯的话来说，乃是"轨道破坏者"。其实他们不单是破坏，而且是扫除，是大呼猛进，将碍脚的旧轨道，不论整条或碎片，一扫而空……❷

"轨道破坏者"与"偶像破坏者"一样，都是在做"价值重估"的工作。

三是"路"论与生命观。《生命之路》涉及尼采的"路"论与生命观。鲁迅后来在小说《故乡》（1921 年）中也说："希望是本无所谓有，无所谓无的。这正如地上的路，其实地上本没有路，走的人多了，也便成了路。"❸ 鲁迅和尼采一样，都是借"路"的意象表达一种充满活力、勇于探索的人生观。至于《生命之路》所提及的快乐生命观，鲁迅后来也阐发过。他在《复仇》（1924 年）中两次提到"生命的沉酣的大欢喜"、"生命的飞扬的极致的大欢喜"。❹ 他在《野草·题辞》（1927 年）中说：

"过去的生命已经死亡。我对于这死亡有大欢喜，因为我借此知道它曾经存活。死亡的生命已经朽腐。我对于这朽腐有大欢喜，因为我借此知道它还非空虚。"其还两次声明："我坦然，欣然。我将大笑，我将歌唱。"❺

鲁迅对生命（及其毁灭）的赞颂乃是尼采讴歌生命的回响。不同的是，鲁迅

---

❶ ［日］川上哲正："鲁迅尼采初探"，高鹏译，载《鲁迅研究》（第 10 辑），中国社会科学出版社 1987 年版，第 412 页。

❷ 鲁迅："再论雷峰塔的倒掉"，载《鲁迅全集》（第 1 卷），人民文学出版社 2005 年版，第 202 页。

❸ 鲁迅："故乡"，载《鲁迅全集》（第 1 卷），人民文学出版社 2005 年版，第 510 页。

❹ 鲁迅："复仇"，载《鲁迅全集》（第 2 卷），人民文学出版社 2005 年版，第 176 页。

❺ 鲁迅："野草·题辞"，载《鲁迅全集》（第 2 卷），人民文学出版社 2005 年版，第 163 页。

对生命及其存在形态的感受是个体性的、情绪化的，他没有像尼采那样赋予生命本体的地位。

通观鲁迅对尼采思想的阐释活动，很容易发现它的两个明显特征，即选择性和功利性。之所以说鲁迅的尼采阐释具有选择性，是因为鲁迅并不是将尼采思想作为一个完整的体系来对待，而是仅仅关注其中的部分内容。正如中国当代尼采研究专家周国平所指出的：

（鲁迅）关注的重点是尼采对现代文明的批评，包括：（1）批判物质主义，重视精神生活；（2）批判群氓，提倡个人的优异。前者涉及尼采的文化理论，后者涉及尼采的道德学说。他在两者之中又更侧重于后者。在后来的作品中……其关注的重点愈加放在后者，试图用尼采的"个人的自大"（主人道德）之道德学说来改造中国人的"合群的爱国的自大"（奴隶道德）之国民性。❶

与选择性密切相关，鲁迅的尼采阐释具有强烈的功利性。即是说，鲁迅只选择了尼采思想体系中对当时的中国社会有启发意义的部分，或者不惜对这些部分进行改造，使之对中国社会具有启发功能。所以周国平深有感触地说："鲁迅之于尼采，在内容的接受上具有强烈的社会关切，在接近的方式上多半是文学性质的。"鲁迅之所以特别关注尼采的道德学说，是因为他"试图用尼采的'个人的自大'（主人道德）之道德学说来改造中国人的'合群的爱国的自大'（奴隶道德）之国民性"。❷ 的确，鲁迅对待尼采学说远不像一位严谨的学者或哲学家，他只从中择取自以为"有用"的部分，然后对其进行改造。从他早年的尼采阐释可以看出，为了呼唤和催生"先觉善斗之士"、"勇猛奋斗之士"和"精神界之战士"，鲁迅不惜将尼采树为人类理想与目标的"超人"降格为人间的天才与英雄；为了否定当时流行的"振兵兴业"和"立宪国会"之说，他认定"物质"和"众数"是西方近代文明的两大"偏至"以及尼采是两大"偏至"现象的抨击者。所以，与其称鲁迅对尼采学说的偏差性理解为误读，还不如借用法国文学社会学家埃斯卡皮（R. Escarpit）的说法，将这种偏差性理解称为"创造性叛逆"。

鲁迅对尼采思想的阐释秉持功利化取向有着深刻的历史必然性。首先，这种取向与鲁迅接受尼采学说的历史境遇相关。鲁迅接触尼采学说是在 20 世纪初期。此时中华民族正面临内忧外患交迫、"内密既发，四邻竞集而迫拶"（《文化偏至论》）的险恶境遇。"求变"是时代的主旋律。当时国人普遍视日本为仅次于欧美的二等强国，都希望通过留日既学习日本，又输入西学、学习西方，为积贫积弱的中国探寻一条求发展、求强大的道路，于是出现了一股留日热潮。时人也对留

---

❶　周国平："二十世纪中国知识分子对尼采和欧洲哲学的接受"，载《周国平人文讲演录》，上海文艺出版社 2006 年版，第 129 页。

❷　周国平："二十世纪中国知识分子对尼采和欧洲哲学的接受"，载《周国平人文讲演录》，上海文艺出版社 2006 年版，第 129 页。

学生期望甚高。梁启超在《敬告留学生诸君》（1902 年）一文中称留学生为"最敬最爱之中国将来主人翁"，期盼他们担当"维新救国"这一"最高最重之天职"。❶ 在这一背景下留学日本的鲁迅，其首要目标与其说是求学求知，不如说为了寻求一条拯救贫弱祖国与愚弱国民的路径。尼采思想正是他期望从西方择取来救国救民的众多异域思想资源中的一种，不过是他最为看重的一种。鲁迅引自尼采《查拉图斯特拉如是说》来用做《摩罗诗力说》题词的那段话披露了他此时的心态与认识："求古源尽者将求方来之泉，将求新源。嗟我昆弟，新生之作，新泉之涌于深渊，其非远矣。"当无法从中国思想文化传统这一"古源"中找到救亡图存、富国强民的路径时，鲁迅便决定去异域寻找"方来之泉"与"新源"。处在这种境遇中的青年鲁迅，接触到任何一种思想之后最先考虑的往往是它对中国社会的功用。正是这种险恶的历史境遇最终决定了鲁迅在接受与阐释尼采思想时表现出强烈的功利化取向。

其次，这种功利性取向与鲁迅的志趣密切相关。鲁迅从青年时期开始就乐意做一个敏锐的思考者和激越的社会改革家。据许寿裳回忆，鲁迅早在东京弘文学院学习期间就开始关注国民性问题。他常常和许寿裳等人讨论"中国民族性的缺点"问题并追问："（一）怎样才是理想的人性？（二）中国民族性中最缺乏的是什么？（三）它的病根何在？"后来他们认识到要改变中国民族性的缺点，"唯一的救济方法是革命"。❷ 这里所说的"革命"并非暴力革命，而是思想革命。鲁迅早年选择学医而稍后又弃医从文一事，最能证明鲁迅喜欢以现实的需要为尺度去决定自己要做的事，去取舍他接触的学说与思想。当他"知道了日本维新是大半发端于西方医学的事实"，便决定学医，"促进了国人对于维新的信仰"。❸ 当他"以为文艺是可以转移性情，改造社会的"❹ 并认识到"我们的第一要著，是在改变他们的精神，而善于改变精神的是，我那时因为当然要推文艺"，❺ 便决定从事文学工作、提倡文艺运动。换言之，鲁迅认为要改变人最重要的是改变他的精神面貌，而"善于改变精神的"最佳手段就是"文艺"，所以他要弃医从文。同样，当鲁迅觉得尼采的思想有助于推动长期受封建思想禁锢的中华民族苏醒时，便决定借这把利剑为积贫积弱的中国开辟一条生路。

三、鲁迅的尼采阐释与"立人"诉求

鲁迅阐释尼采思想的功利化取向的突出表现就是他根据尼采"超人"思想和文化批判主张提出了"立人"说。

从鲁迅对"中国民族性的缺点"以及"救济的方法"的思考，我们不难发现

---

❶ 梁启超："敬告留学生诸君"，载《饮冰室合集》（第 2 册），中华书局 1989 年影印本，第 21 页。
❷ 许寿裳："我所认识的鲁迅，人民文学出版社 1952 年版，第 59～60 页。
❸ 鲁迅："呐喊·自序"，载《鲁迅全集》（第 1 卷），人民文学出版社 2005 年版，第 438 页。
❹ 鲁迅："域外小说集序"，载《鲁迅全集》（第 10 卷），人民文学出版社 2005 年版，第 176 页。
❺ 鲁迅："呐喊·自序"，载《鲁迅全集》（第 1 卷），人民文学出版社 2005 年版，第 439 页。

他对人的思想或精神因素特别重视。在鲁迅看来，改变中国积贫积弱现状的根本途径在于改变中国国民的精神面貌，促进他们的思想觉悟。这一思路在《摩罗诗力说》、《文化偏至论》、《破恶声论》（未完）等文章里得到了系统阐述。鲁迅在这些文章里设计了一套拯救中国、开启民智、发动思想启蒙运动的纲领。而他关于思想启蒙的思考，似乎一直离不开尼采思想的启发；换言之，鲁迅把尼采思想当做了批判中国文化传统、改造中国民族劣根性的理论资源。在鲁迅"改造国民劣根性"或思想启蒙的计划中，"立人"思想是最早形成的，也是最为重要的。

鲁迅借用尼采思想设计思想启蒙纲领的努力体现在如下三个相互关联的方面。一是借助尼采的"超人"思想和文化批判观抨击洋务派、维新派的错误主张；二是提倡"立人"主张；三是提倡浪漫主义诗学。其中最重要的是第二个方面。

首先，鲁迅借助尼采对欧洲尚"物质"、重"众数"的文化"偏至"现象的批判，极力抨击了洋务派的"竞言武事"以及维新派的"制造商估"、"立宪国会"等错误主张。

鲁迅在《文化偏至论》里指出，尼采是洞察并批判西方现代社会"文化偏至"现象的先知先觉者。19世纪后期西方社会有两种"文化偏至"现象：一是"物质"凌驾于"精神"之上，以致"诸凡事物，无不质化，灵明日益亏蚀，旨趣流于平庸，人唯客观之物质世界是趋，而主观之内面精神，乃舍置不之一省"❶ 的尚"物质"现象，这是典型的物质主义倾向；二是"众数"凌驾于"个人"之上，以致"同是者是，独是者非，以多数临天下而暴独特者"的崇"众数"现象，它是资产阶级革命引起的"平等自由之念，社会民主之思，弥漫于人心"❷ 的结果。鲁迅指出，面对此情此景，"明者微睇，察逾众凡，大士哲人，乃蚤识其弊而生愤叹"，而尼采正是这些"明者"和"大士哲人"中最杰出的一个，因为他"假察罗图斯德罗（通译查拉图斯特拉）之言"对"今之世"即西方近现代社会进行了揭露与批判，以其"深思遐瞩，见近世文明之伪与偏"：他认为西方近现代社会里一方面是物质文明极为发达，算得上是"文明之邦国"、"斑斓之社会"；另一方面人们却"无确固之崇信"、"无作始之性质"，❸ 既没有崇高而坚定的精神追求，也没有创新意识。据此，鲁迅称以尼采等人所代表的"十九世纪末叶思潮"为"神思宗之至新者"，并将这股思潮的本质概括为"以反动破坏充其精神，以获新生为其希望，专向旧有之文明，而加之掊击扫荡"。❹ 接着，鲁迅根据尼采等"神思宗之至新者"的"反动破坏"、"掊击扫荡"精神向中国洋务派和维新改良派的各种主张发动了攻击。他认为洋务派"竞言武事"、"谓钩爪锯牙，为国家首事"等主张以及维新派"制造商估"之说是拾欧美之"尘芥"，

---

❶　鲁迅："文化偏至论"，载《鲁迅全集》（第1卷），人民文学出版社2005年版，第54页。
❷　鲁迅："文化偏至论"，载《鲁迅全集》（第1卷），人民文学出版社2005年版，第49页。
❸　鲁迅："文化偏至论"，载《鲁迅全集》（第1卷），人民文学出版社2005年版，第50页。
❹　鲁迅："文化偏至论"，载《鲁迅全集》（第1卷），人民文学出版社2005年版，第50页。

属"抱枝拾叶"之举，而维新派的"立宪国会之说"必然导致"借众以陵寡，托言众治，压制乃尤烈于暴君"❶ 的"假民主"局面。鲁迅不无愤激地感慨："此迁流偏至之物，已陈旧于殊方者，馨香顶礼……横取而施之中国则非也。"❷ 可见，尼采对西方进现代工业社会里物质进步导致文化精神的衰败、资产阶级民主平等观念导致人类平庸猥琐等"偏至"现象的激烈批判，启发青年鲁迅形成了批判意识。

第二，鲁迅借助尼采的"超人"说提倡了"尊个性而张精神"的"立人"主张。

鲁迅认为尼采等"新神思宗徒"提倡的是"个人主义"和"主观与意力主义"。在鲁迅看来，尼采的"超人"说是肯定"天才"、轻视"愚民"或"庸众"的个人主义思想。所以他说："若夫尼佉（通译尼采），斯个人主义之至雄桀者矣，希望所寄，惟在大士天才；而以愚民为本位，则恶之不殊蛇蝎。意谓治任多数，则社会元气，一旦可隳，不若用庸众为牺牲，以冀一二天才之出世，递天才出而社会之活动亦以萌。"鲁迅还认为，"超人"说及其提倡者尼采不仅反对欧洲现代社会重"众数"的"偏至"现象、积极强调个性之尊严、自我之价值，而且抨击重"物质"的"偏至"现象，大力提倡重视"主观与意力主义"。他说："尼佉……诸人，皆据其所信，力抗时俗，示主观倾向之极致"；"尼佉之所希冀，则意力绝世，几近神明之超人也"。鲁迅对尼采等人标举的"主观与意力主义"由衷赞佩：

> 或崇奉主观，或张皇意力，匡纠流俗，厉如电霆，使天下群伦，为闻声而摇荡。即其他评骘之士，以至学者文家，虽意主和平，不与世连，而见此唯物极端，且杀精神生活，则亦悲观愤叹，知主观与意力主义之兴，功有伟于洪水之有方舟焉。❸

在此基础上，鲁迅借助"超人"说提出了"掊物质而张灵明，任个人而排众数"❹ 或"尊个性而张精神"❺ 的"立人"思想。"尊个性"、"张精神"的实质就是重视个体意识和人格观念，就是重视精神的巨大力量。

具体来说，"张精神"分为"掊物质"和"张灵明"两个方面。所谓"掊物质"，就是抨击只追求物质满足、只求发展物质文化和实用技术的物质主义。从鲁迅文章的内容来看，"掊物质"包括三个方面的内容：一是赞同尼采对 19 世纪西方物质主义的批判。鲁迅认为，西方近现代崇尚"物质"的风尚是宗教衰微、

---

❶ 鲁迅："文化偏至论"，载《鲁迅全集》（第 1 卷），人民文学出版社 2005 年版，第 45～47 页。
❷ 鲁迅："文化偏至论"，载《鲁迅全集》（第 1 卷），人民文学出版社 2005 年版，第 47 页。
❸ 鲁迅："文化偏至论"，载《鲁迅全集》（第 1 卷），人民文学出版社 2005 年版，第 54 页。
❹ 鲁迅："文化偏至论"，载《鲁迅全集》（第 1 卷），人民文学出版社 2005 年版，第 47 页。
❺ 鲁迅："文化偏至论"，载《鲁迅全集》（第 1 卷），人民文学出版社 2005 年版，第 58 页。

实用科学勃兴的产物，导致"物欲来蔽，社会憔悴，进步以停"。[❶] 二是抨击中国洋务派"竞言武事"和维新派"制造商估"的主张。三是批评中国人的物质追求："人人之心，无不泳二字曰实利，不获则劳，即获便睡"；"劳劳独躯壳之事是图，而精神日就于荒落"。[❷] 所谓"张灵明"，就是发挥人的主观精神和意志力量。在鲁迅那里，"张灵明"既包括对西方科学家、诗人、思想家重视主观精神和意志力量的主张与行为的认同，也包括对精神力量、信仰的肯定，还包括对中国早日诞生"先觉善斗之士"、"精神界之战士"的期盼。鲁迅特别赞美"科学家精神"，不仅铭记他们的"勤劬艰苦之影"，而且欣赏他们不讲实利、"仅以知真理为惟一之仪的，扩脑海之波澜，扫学区之荒秽"[❸] 的高洁品格。鲁迅也佩服以拜伦为代表的"摩罗"诗人"贵力而尚强，尊己而好战"、"好战崇力"、"如狂涛如厉风，举一切伪饰陋习，悉与荡涤"[❹] 的精神气质与非凡品格；更服膺以尼采为代表的"神思新宗""以反动破坏充其精神，以获新生为其希望，专向旧有之文明，而加之掊击扫荡焉"的精神与气势。[❺] 鲁迅甚至认为所有的精神活动包括宗教信仰、迷信等都是值得肯定的，因为它们满足了人类的"形上之需求"、"足充人心向上之需要"。[❻] 鲁迅特别勾画了一副张扬精神的人类生活蓝图：

新生一作，虚伪道消，内部之生活，其将愈深且强欤？精神生活之光耀，将愈兴起而发扬欤？成然以觉，出客观梦幻之世界，而主观与自觉之生活，将由是而益张欤？内部之生活强，则人生之意义亦愈邃，个人尊严之旨趣亦愈明，二十世纪之新精神，殆将立狂风怒浪之间，恃意力以辟生路者也。[❼]

"尊个性"分为"排众数"和"任个人"两个方面。所谓"排众数"，就是反对多数人仗着数量上的优势而压制少数人的意见或真理。从鲁迅的文章来看，它包括三个方面的内容：一是揭示重"众数"的弊端。鲁迅认为"众数"观念是西方资产阶级革命"扫荡门第，平一尊卑"的结果，其后果是"同是者是，独是者非，以多数临天下而暴独特者"。[❽] 他认为群众往往不辨是非，可以随意地处死苏格拉底和耶稣，缺乏操守和定见，"誉之者众数也，逐之者又众数也，一瞬息中，变易反复"。[❾] 二是批评中国名流的相关主张。如前述批评改良派的"立宪国会之说"。他也质疑梁启超的"国民"说、"世界人"说会"火人之自我，使之

❶　鲁迅："文化偏至论"，载《鲁迅全集》（第1卷），人民文学出版社2005年版，第54页。
❷　鲁迅："摩罗诗力说"，载《鲁迅全集》（第1卷），人民文学出版社2005年版，第71页、第102页。
❸　鲁迅："科学史教篇"，载《鲁迅全集》（第1卷），人民文学出版社2005年版，第25页、第32页。
❹　鲁迅："摩罗诗力说"，载《鲁迅全集》（第1卷），人民文学出版社2005年版，第84页。
❺　鲁迅："文化偏至论"，载《鲁迅全集》（第1卷），人民文学出版社2005年版，第50页。
❻　鲁迅："破恶声论"，载《鲁迅全集》（第8卷），人民文学出版社2005年版，第29页、第30页。
❼　鲁迅："文化偏至论"，载《鲁迅全集》（第1卷），人民文学出版社2005年版，第56～57页。
❽　鲁迅："文化偏至论"，载《鲁迅全集》（第1卷），人民文学出版社2005年版，第49页。
❾　鲁迅："文化偏至论"，载《鲁迅全集》（第1卷），人民文学出版社2005年版，第53页。

混然不敢自别异，泯于大群"、"灭裂个性"。● 三是反对中国国民的从众心理与行为。他批评由于时人"言议波涌"使当时的中国成了"扰攘世"，而表面的喧器却使"心声也，内曜也，不可见也"。❷ 所谓"任个人"，就是张扬个体意识、尊重个体价值。鲁迅不满"识时之士"视"个人"为"民贼"、视"个人主义"为"害人利己"之类的肤浅或错误看法，声明"任个人"的真正含义是"知自我"、"识个性之价值"。❸ 鲁迅呼吁国人早日"自觉"与"立人"，鼓励国人勇敢地发出自己的"心声"："盖惟声发自心，朕归于我，而人始自有己；人各有己，而群之大觉近矣。"❹

鲁迅在《文化偏至论》中多次明确申述了自己借助尼采等"新神思宗"的思想主张提倡"立人"的目的："诚若为今立计，所当稽求既往，相度方来，掊物质而张灵明，任个人而排众数。人既发扬踔厉矣，则邦国亦以兴起。"❺ "外之既不后于世界之思潮，内之则仍弗失固有之血脉，取今复古，别立新宗，人生意义，致之深邃，则国人之自觉至，个性张，沙聚之邦，由是转为人国。"❻ "是故将生存两间，角逐列国是务，其首在立人，人立而后凡事举；若其道术，乃必尊个性而张精神。假不如是，槁丧且不俟夫一世。"❼ 也就是说，鲁迅借助尼采等"新神思宗"的思想观点提倡"立人"主张的最终目的乃在于使国人"发扬踔厉"、使"沙聚之邦，由是转为人国"，从而"角逐列国"，屹立于世界之林。

如果说鲁迅借助尼采对欧洲"文化偏至"现象的批判以抨击洋务派、维新派"竞言武事"、"制造商估"与"立宪国会"的主张是为了凸显精神革命或思想革命的必要性，那么他借助尼采"超人"说的"个人主义"、"主观与意力主义"以提倡"尊个性而张精神"的"立人"思想则是直接为现代中国的思想启蒙设计路径与纲领。鲁迅希望借助尼采思想宣传个性主义，以改造中华民族的劣根性，增强国人的个人意识、人格观念，最终为国家的独立与强大奠定基础。

第三，借助尼采等"新神思宗"的"主观与意力主义"提倡浪漫主义诗学，以期为国民性改造和思想启蒙助力。

从其哲学思想与美学思想来看，尼采是一位十足的理想主义者与浪漫主义者。鲁迅认为，以尼采为代表的"新神思宗"提倡的"主观与意力主义"功劳巨大：

> 时乃有新神思宗徒出，或崇奉主观，或张皇意力，匡纠流俗，厉如电霆，使天下群伦，为闻声而摇荡。即其他评骘之士，以至学者文家，虽意主和平，不与

---

❶ 鲁迅："破恶声论"，载《鲁迅全集》（第8卷），人民文学出版社2005年版，第28页。
❷ 鲁迅："破恶声论"，载《鲁迅全集》（第8卷），人民文学出版社2005年版，第26～27页。
❸ 鲁迅："文化偏至论"，载《鲁迅全集》（第1卷），人民文学出版社2005年版，第51页。
❹ 鲁迅："破恶声论"，载《鲁迅全集》（第8卷），人民文学出版社2005年版，第26页。
❺ 鲁迅："文化偏至论"，载《鲁迅全集》（第1卷），人民文学出版社2005年版，第47页。
❻ 鲁迅："文化偏至论"，载《鲁迅全集》（第1卷），人民文学出版社2005年版，第57页。
❼ 鲁迅："文化偏至论"，载《鲁迅全集》（第1卷），人民文学出版社2005年版，第58页。

世近，而见此唯物极端，且杀精神生活，则亦悲观愤叹，知主观与意力主义之兴，功有伟于洪水之有方舟者焉。❶

　　具体来说，"新神思宗"的主张对当时以及后世欧洲的思想与文学产生的影响集中体现在："其说出世，和者日多，于是思潮为之更张，骛外者渐转而趣内，渊思冥想之风作，自省抒情之意苏，去现实物质与自然之樊，以就其本有心灵之域；知精神现象实人类生活之极颠，非发挥其辉光，于人生为无当。"❷ 在鲁迅看来，以尼采为代表的"新神思宗"使思想界与文学界开始关注"精神生活"、"精神现象"，认为它才是人类"本有心灵之域"、"人类生活之极颠"。

　　正是在这一认识的基础上，鲁迅提出了全新的"诗"与"诗人"观。他认为可以"以诗移人性情，使即于诚善美伟强力敢为之域"。❸ 他认为诗人是"撄人心者"，具有反抗世俗传统、敢作敢为的品格。所以他说：

　　盖诗人者，撄人心者也。凡人之心，无不有诗，如诗人作诗，诗不为诗人独有，凡一读其诗，心即会解者，即无不自有诗人之诗。无之何以能解？惟有而未能言，诗人为之语，则握拨一弹，心弦立应，其声激于灵府，令有情皆举其首，如睹晓日，益为之美伟强力高尚发扬，而污浊之平和，以之将破。❹

　　鲁迅还以德国诗人开纳（T. Körner）创作诗集《竖琴长剑》鼓励国民打败拿破仑入侵一事为例指出："败拿破仑者，不为国家，不为皇帝，不为兵刃，国民而已。国民皆诗，亦皆诗人之具，而德卒以不亡。"❺ "国民皆诗"，是说国民心中都有"诗"；说国民"皆诗人之具"，是说国民能感受诗人的心灵与精神。总之，在鲁迅看来，"诗"即文学的实质就是精神尤其是反抗性精神，诗的功用在于通过精神而感召、化育众人；而诗人则是精神琴弦的拨弄者，是反抗精神的宣示者，他可以鼓动众人的情绪尤其众人的反抗与抗争精神。

　　不过，鲁迅凸显"诗"即文学的精神品格尤其是反抗精神的品格有更高远的目标。鲁迅的浪漫主义"诗"论与"诗人"论是一种全新的文艺观，它与此前中国传统文学热衷于为统治者歌功颂德、诠释儒家伦理的价值取向完全相反。鲁迅借用尼采思想提出的新"诗"论，不仅是为了推动中国文学由传统的、古典的形态向现代的形态转变，而且是要呼唤中国"文家"大胆地"作至诚之声，致吾人于善美刚健"，"作温煦之声，出吾人于荒寒者"，呼唤"破中国之萧条"的"先觉之声"和振奋国人之精神、激发民族之斗志的"精神界之战士"早日出现。❻

---

❶　鲁迅："文化偏至论"，载《鲁迅全集》（第1卷），人民文学出版社2005年版，第54页。
❷　鲁迅："文化偏至论"，载《鲁迅全集》（第1卷），人民文学出版社2005年版，第55页。
❸　鲁迅："摩罗诗力说"，载《鲁迅全集》（第1卷），人民文学出版社2005年版，第71页。
❹　鲁迅："摩罗诗力说"，载《鲁迅全集》（第1卷），人民文学出版社2005年版，第70页。
❺　鲁迅："摩罗诗力说"，载《鲁迅全集》（第1卷），人民文学出版社2005年版，第72页。
❻　鲁迅："摩罗诗力说"，载《鲁迅全集》（第1卷），人民文学出版社2005年版，第102页。

这正是鲁迅认为文艺可以"转移性情，改造社会"的具体体现。

章培恒曾经对王国维和鲁迅接受尼采思想的出发点作过比较："王氏是因尼采在'九万里之地球与六千年之文化不足以厌其无疆之欲'的情况下，指出了解决矛盾的道路，使人生获得某种根本的慰藉，所以对他的学说顶礼致敬；鲁迅当年则正在艰难地探索着中国向何处去的问题，从尼采的学说中看到了人类前进的方向，因而深受启发。"[1] 周国平也指出，鲁迅"作为个人，他对尼采的共鸣主要在一种深刻的孤独感，但这种孤独感仍是偏于社会性质的，是一个精神战士面对社会的孤独感，而非一个哲人面对宇宙的孤独感"。[2] 如果说王国维接受与研究尼采思想的目的是为了"使人生获得某种根本的慰藉"，那么鲁迅研究尼采哲学的动机主要是"探索着中国向何处去的问题"。周国平认为王国维"研究哲学主要是为了自救，而非救世"；如果说王国维接受与阐释尼采思想的目的是为了"自救"，那么鲁迅接受与阐释尼采思想的目的则是为了"救世"。按照康德对"启蒙"的界定，鲁迅借助尼采思想致力于"探索着中国向何处去的问题"以及"救世"的做法，乃是一种启蒙他人、启蒙社会之举。

---

[1] 章培恒："《尼采传》中译本序"，［法］丹·哈列维："尼采传"，谈蓓芳译，百花洲文艺出版社1995年版，第3页。

[2] 周国平："二十世纪中国知识分子对尼采和欧洲哲学的接受"，载《周国平人文讲演录》，上海文艺出版社2006年版，第129页。

第二章　第一高潮期的尼采阐释与中国思想启蒙

从 1909 年到 1914 年，中国思想界、文学界与学术界对尼采学说的阐释和传播几乎是一片空白。直到 1915 年历史学家和文学批评家谢无量在《大中华杂志》上连载《德国大哲学者尼采之略传及学说》一文，中国知识界才重新开启了阐释与传播尼采思想的大幕。随着新文化运动的开始，尤其是文学革命（1917 年）和五四运动（1919 年）的蓬勃兴起，中国思想界、文学界与学术界第一次"尼采热"悄然来临。1920 年 8 月，留日归来的湖南青年李石岑在自己主编的《民铎》杂志上开办"尼采号"，推出 3 篇专论、2 篇尼采著作译文以及 4 篇国外尼采研究成果的中译文章，还刊发了一份"尼采之著述及关于尼采研究之参考书"，将中国第一次"尼采热"推向高潮。

现代中国尼采阐释的第一高潮期，随着 1915 年新文化运动的开展而开始，至 1931 年李石岑专著《超人哲学浅说》出版而结束，历时大约 16 年。

第一节　第一高潮期的尼采阐释概述

在中国知识界阐释与传播的第一高潮期里，新文化运动将帅陈独秀、胡适、李大钊、傅斯年、鲁迅、朱执信、茅盾、郭沫若、徐志摩等，思想界、教育界元老梁启超、蔡元培等，以及哲学研究者谢无量、李石岑、S. T. W.、朱侣云、范寿康、朱枕眉、包寿眉等，都加入了阐释与传播尼采学说的行列。

一、尼采阐释概况

第一高潮期的尼采阐释者可以分为两大类：一类是思想家、社会活动家、政治活动家，一类是研究者和翻译者。

1. 思想家、活动家的尼采阐释

新文化运动领袖是第一高潮期最早参与引介尼采思想的群体。1915 年，陈独秀在《青年杂志》（后改名《新青年》）创刊号上发表《敬告青年》一文，文中提及了尼采的道德观。次年，他又在《人生真义》一文中引述了尼采的"超人"说。李大钊 1916 年发表《介绍哲人尼杰》一文，对尼采及其学说进行了扼要而全面的介绍。胡适 1919 年发表了《新思潮的意义》一文，用尼采"重新估定一切价值"的主张来界定五四"新思潮的意义"。1922 年，胡适在《五十年来之世界哲学》一文里全面而扼要地介绍了尼采的思想主张。

五四时期，不少青年学生也是尼采思想的积极研究与传播者。1919 年 1 月，

北大学生傅斯年在《新潮》创刊号上发表《人生问题发端》，文章提到了尼采的
"超人"说。同年 5 月，他又在《随感录》一文里多次提到尼采。复旦学子、时
任上海学生联合会会长的程天放（1899～1967 年）1919 年 8 月在《新中国》上
发表了《新国民的新觉悟》一文。文章将尼采的"强力惟我主义"视为引领"新
国民的新觉悟"的理论资源。作者认为，为了推动"新国民的新觉悟"，"我们不
能不用克鲁泡特金的互助主义。但必须先崇拜尼采的强力惟我主义。这就是拥护
公理的法宝，发扬国光的利器，为将来奉行互助主义的张本。"❶

当时部分文学界人士也热衷于尼采思想的研究与传播。茅盾 1917 年在《学
生与社会》一文里提到了尼采的道德观。1920 年，他撰写了长篇专论《尼采的
学说》，分 4 次刊发在《学生杂志》上。此文是 20 世纪 20 年代以前中国知识界
阐释尼采思想的代表性成果之一。1923 年 6 月，诗人郭沫若（1892～1978 年）
在《创造周报》上发表了《论中德文化书》。这是作者给留德友人宗白华的一封
回信。信中两次提到尼采的观点。

一是论及中国传统思想与古希腊思想的特点一致时，郭沫若认为：

我国的传统思想，与希腊文明之起源正是两相契合。希腊文明之静态，正如
尼采所说：乃是一种动的 Dionysos 的精神祈求的一种静的 Apollo 式的表现。❷

二是对老子与尼采的思想进行比较。郭沫若指出：

我于老子与尼采的思想之中，并发见不出有甚么根本的差别。老子的思想绝
非静观，我于前面已稍有溯述，而老子与尼采相同之处，是他们两人同是反抗有
神论的宗教思想，同是反抗藩篱个性的既成道德，同是以个人为本位而力求积极
的发展。❸

诗人徐志摩（1897～1931 年）在讲课时曾经提到尼采思想。他的学生赵景
深根据徐志摩的讲课记录整理出《近代英文文学十讲》（收入《近代文学丛谈》，
新文化社 1923 年版）。徐志摩这样介绍尼采的思想："尼采以为人类总要求社会
改善，是由于不满足宇宙和生命的本体和所在的社会以及文化的状况。""尼采觉
得全欧没有一些儿活气，全都在睡。他又以为德行便是懦弱。怜悯是妇人之仁，
助弱者为恶，这是奴隶的道德。"❹

当时还有一些思想界和教育界的元老也对尼采思想表示了关注。1916 年底，
旅欧考察欧战归来的蔡元培（1868～1940 年）应北京政学会之邀在欢迎会上发

❶ 程天放："新国民的新觉悟"，载《新中国》1919 年第 1 卷第 4 期。
❷ 郭沫若："论中德文化书"，载《创造周报》1923 年第 5 号，第 12 页。
❸ 郭沫若："论中德文化书"，载《创造周报》1923 年第 5 号，第 16 页。
❹ 徐志摩："On Reading Nietzsche"，载成芳编：《我看尼采》，南京大学出版社 2000 年版，第 159 页。

表了演说。在演讲中，蔡元培提及了尼采的学说："迨至尼塞（德国之大文学家——原注）（通译尼采），复发明强存弱亡之理，以世界之上须强者吞灭弱者，再以最强者吞灭次强者，而后弱者恐不能保存，亦积极进行，以与强者抵抗。如此世界始能日趋进化，否则即有保护弱者之意，世界必趋于退化矣。"● 1918 年 10 月，蔡元培在北京大学"国际研究"第三次演讲会上发表的《大战与哲学》演说中，则对尼采主张进行了更严厉的批评。他在指出"尼采的强权主义"是"德国的政策"的指导方针之后，对尼采学说作了这样的介绍：

> 到了十九世纪的后半纪，尼采始渐渐发布他的个性强权论……他把人类行为分作两类：凡阴柔的，如谦逊、怜爱等，都叫作奴隶的道德；凡阳刚的，如勇敢、矜贵、活泼等，都叫作主人的道德。他最反对的是怜爱小弱，所以说："怜爱是大愚"，"上帝死了，因为他怜爱人，所以死了"。他的理论，以为进化的例，在乎汰弱留强。强的中间，有更弱的，也被淘汰。逐层淘汰，便能进步。若强的要保护弱的，弱的就分了强的生活力，强的便变了弱的。弱的愈多，强的愈少，便渐渐的退化了。他提出"超人"的名目。又举出模范的人物，如雅典的亚尔西巴德、罗马的恺撒、意大利的恺撒·波尔惹亚、德国的鞠台与毕斯麦克。他又说：此等超人，必在主人的民族中发生，这是属于雅利安人种的。他所说的超人，既然是强中的强，所以主张奋斗。他又说："没有工作，只有战斗；没有和平，只有胜利。"他的世界观，所以完全是个意志，又完全是个向着威权的意志。所以他说："没有法律，没有秩序。"他的主义，是贵族的，不是平民的，所以为德国贵族的政府所利用，实做军国主义。又大唱"德意志超越一切"，就是超人的主义。侵略比利时，勒索巨款；杀戮妇女，防她生育；断男儿的左手，防他执军器；于退兵时拔尽地力，叫它不易恢复。就是不怜爱的主义。条约就是废纸，便是没有法律的主义。●

蔡元培对尼采的"个性强权论"、"主人道德"说和"超人"说完全持否定态度。基于此，他在演讲的最后这样断言："专用尼采主义的德人也要失败了。"● 梁启超（1873～1929 年）在连载于 1920 年 3 月至 6 月北京《晨报》与上海《时事新报》上的《欧游心影录》一文中指出：近代欧洲社会流行"自由放任主义"，而"到十九世纪中叶，更发生两种极有力的学说来推波助澜，一个就是生物进化论，一个就是自己本位的个人主义"，后者的典型就是尼采学说。● 梁氏还认为，尼采学说最终成为德国以及世界上的军国主义和一战的指导理论：

● 蔡元培："我之欧战观"，载《新青年》，1917 年第 2 卷第 5 期，第 4 页。
● 蔡元培："大战与哲学"，载《蔡元培全集》（第 3 卷），中华书局 1984 年版，第 201～202 页。
● 蔡元培："大战与哲学"，载《蔡元培全集》（第 3 卷），中华书局 1984 年版，第 203 页。
● 梁启超："欧游心影录节录"，载《饮冰室合集·饮冰室专集之二十三》，上海中华书局 1936 年版，第 9 页。

其（指"自己本位的个人主义"）敝极于德之尼采，谓爱他主义为奴隶的道德，谓剿绝弱者为强者之天职，且为世运进化所必要。这种怪论，就是借达尔文的生物学做个基础，恰好投合当代人的心理，所以就私人方面论、崇拜势力、崇拜黄金，成了天经地义；就国家方面论，军国主义帝国主义变了最时髦的政治方针。这回全世界国际大战，其起原实由于此。将来各国内阶级大战争，其起原也实由于此。❶

近代资产阶级革命家、思想家朱执信（1885～1920 年）于 1919 年发表了《不可分的公理》一文，对程天放肯定尼采学说的说法提出了质疑。文章有多处涉及尼采思想。

一是对程氏认为"尼采的强力惟我主义"是"拥护公理的法宝，发扬国光的利器"的观点提出了怀疑："尼采劝人超越人间，还要超越自己。他对于国光的主张，未必同天放先生一样。"❷ 在朱执信看来，程天放执著于发扬作为"一国文化"的"国光"，而尼采不仅主张打破国界，而且还主张突破"人间"利益，故其眼光之狭窄与开阔判若鸿沟。

二是对程氏顶礼膜拜的"尼采的强力惟我主义"提出了批判：

提起尼采的惟我主义（照天放先生的译法），就要晓得我们只可以取尼采的向上的奋斗的精神，万不可以取他贵族的不平等的精神。尼采希望从少数人里头产出超人来，是大错的。如果把这民众的精神去了，把这同情去了，就是一个僵死的贵族。❸

三是对尼采视怜悯、互助为"侮蔑"的观点进行了调侃和批判：

我们如果适用起尼采的话来，把'我'的界限推广到中国全部，那时候有了强力，才去讲互助，行不行呢？当然不行的。因为他已经把同情的要素，民众的精神抛去了。他那个时候讲互助，就是尼采所讲的侮蔑，就是弄到人家强不过你，才说我还用公理来待你罢。人家就算相信你是真心，也万不能就受你的侮蔑的怜悯。所以互助是究竟办不到的，公理的生命也从此呜呼哀哉尚飨去了。❹

总体来看，朱执信不仅否定了程天放的说法，也否定了尼采的学说。

2. 研究者与译者的尼采阐释

第一高潮期阐释与传播尼采学说的主力军是一批从事哲学或文学、历史研究的学者、专家，以及翻译尼采著作或国外尼采研究成果的译者。

---

❶ 梁启超："欧游心影录节录"，载《饮冰室合集·饮冰室专集之二十三》，上海中华书局 1936 年版，第 9 页。
❷ 朱执信："不可分的公理"，载《朱执信集》（下集），中华书局 1979 年版，第 466 页。
❸ 朱执信："不可分的公理"，载《朱执信集》（下集），中华书局 1979 年版，第 467 页。
❹ 朱执信："不可分的公理"，载《朱执信集》（下集），中华书局 1979 年版，第 467～468 页。

　　历史学家、文学批评家谢无量（1884～1964 年）于 1915 年撰写了长文《德国大哲学家尼采之略传及学说》，连载于《大中华》月刊第 1 卷第 7～8 期上。文章在介绍尼采生平之后，系统地介绍了尼采思想。全文分"绪论"、"传略"、"学说"和"结论"四大部分。"绪论"首先定位尼采为"狂者"，并大加赞颂："尼采近于狂，托尔斯泰近于狷，皆疾夫当世不仁不义，发为奋迅激烈之辞，大声疾呼，以自暴其志，而不顾人之是非。真特立独行，豪杰非常之士，非今之地上所恒有，而不可以无述焉者也。""所谓推倒一世之豪杰，开拓万古之心胸者，以谥尼采，殆无愧色。""夫就哲学上之术语，以论哲学家之定义，尼采非哲学家也。若用尼采所自下之定义，则尼采固哲学家也。尼采之言曰：所谓哲学家者，当为世之大君，为法律之制作者也，而划然与一世之庸俗战者也。"❶ 然后作者扼要介绍了尼采的学说，既指出尼采是"改制学（Eugenics，通译优生学）之先师"，又认为尼采学说包括"圣人"（通译超人）说、道德观和社会政治观等三个方面；❷ 最后指出了尼采学说对中国社会的作用。"传略"部分叙述了尼采的生平遭遇，介绍了其主要著作的内容。其中对《权力意志》一书的介绍以及对尼采一生怀才不遇、知音难求遭遇的介绍最为详细。"结论"部分是对尼采及其学说的评价。内容包括：第一，再次赞美尼采这一"有大人之志"的"狂"者："尼采横睨古今，一无所可，凡一切宗教、一切政治、一切道德，莫不欲一举而摧弃之，断然决然，无所瞻顾，尤可为狂恣绝伦者欤"；"呜呼！尼采为人类预计旷代一遇之事，覃精殚虑，至发愤狂易以死。其言虽不甚有伦，而其志深可哀也。吾嘉其有大人之志"。❸ 第二，肯定尼采学说尤其是"超人"思想的功用：

　　尼采乃以人之智愚贵贱，划然不同，而见世之盛衰之原，无不在人者。故欲改良人格，以期其进化。……于是立君子圣人为渐进之等，其合于生物进化之序与否，良不可知。……然使封于旧俗之士，得其说而存之，则可以振厉其精神，而立志于远大，固不必咋舌惊顾而却走也。❹

　　第三部分"学说"是该文的主体与重点。作者将尼采学说归纳为"超善恶论"、"罪耶教论"、"圣人论"等三个方面。"超善恶论"是尼采的道德观。谢无量认为，尼采反对当时流行的传统道德，因为它不仅打压个性，而且违背人性，与道德的起源相反：

---

❶ 谢无量："德国大哲学者尼采之略传及学说"，载成芳编：《我看尼采》，南京大学出版社 2000 年版，第 37 页、第 38 页。

❷ 谢无量："德国大哲学者尼采之略传及学说"，载成芳编：《我看尼采》，南京大学出版社 2000 年版，第 38 页、第 39 页。

❸ 谢无量："德国大哲学者尼采之略传及学说"，载成芳编：《我看尼采》，南京大学出版社 2000 年版，第 52 页、第 53 页。

❹ 谢无量："德国大哲学者尼采之略传及学说"，载成芳编：《我看尼采》，南京大学出版社 2000 年版，第 53 页。

推之善恶之意义，则得其力者为善，失其力者为恶，有益其力者为善，有损其力者为恶。……此谓之为善，彼谓之为恶，昔谓之为善，今谓之为恶……于是尼采悉抨击世之所谓德者，而复自建其所谓德。其抨击世之德者，奈何？曰今所谓德者，是其群所遗传之法耳。曰某为德人，为正人者，是能从此遗传之法者耳。从之则有利，不从则有害，惧夫其害而有冀夫其利，则从之也熟御焉。……庸庸而和同于众，于是乎有德之名。❶

尼采反对"小人之德"，要树立"大人之德"，因为"大人之德，以可贵者为善，可贱者为恶；小人之德，以有利者为善，有害者为恶"。尼采期许"尚战"之德，对此作者特别指出：

尼采以未来所谓德，在无畏而尚战。天下至善，莫过于勇。战而能勇，其效视慈善之业，万倍不啻。……故未来之人，将与人争，与神争，与诸星争，而无所不用其战也。战之为义大矣。❷

"罪耶教论"概述了尼采对基督教的批判。谢无量指出：

尼采笃守生物学家劣种淘汰之义，以为能阻此淘汰之大法者，莫如耶教。其教好言慈善，煦煦为仁，孑孑为义，一切反乎天择之常。视劣者犹优者也，病者犹健者也。自然之法废，而以非自然者为法，驯致人类日退而不自知。故耶教者殆劣者之教而已，劣者恃耶教互相保也。其利他主义，劣者之利己主义也。将禁高明豪杰之士，使不得生，而以能自强者为罪。……故虽谓耶教徒与无政府论无异，亦不为过，盖其志皆欲以毁灭人类而已。❸

"圣人论"概述了尼采的"超人"思想。作者首先交代了"圣人"名称的来历和"超人"说的理论源头，特别提到了尼采"超人"说的变动不居与内涵的不确定性：

尼采之忽致思于圣人，其间殆经数变。始则慕豪杰非常之士，故其书尝称拿破仑，又以萧本浩（通译叔本华）为当世一人，又谓瓦格勒尔，人类之师也，又以卢梭、萧本浩、格泰（通译歌德）三人并称，以为皆可为后世仪表。……然究如何而后可以为圣人，尼采亦未确信，不过以圣人乃能为斯民立极耳。❹

---

❶ 谢无量："德国大哲学者尼采之略传及学说"，载成芳编：《我看尼采》，南京大学出版社 2000 年版，第 44～45 页。
❷ 谢无量："德国大哲学者尼采之略传及学说"，载成芳编：《我看尼采》，南京大学出版社 2000 年版，第 46～47 页。
❸ 谢无量："德国大哲学者尼采之略传及学说"，载成芳编：《我看尼采》，南京大学出版社 2000 年版，第 47 页。
❹ 谢无量："德国大哲学者尼采之略传及学说"，载成芳编：《我看尼采》，南京大学出版社 2000 年版，第 50 页。

　　然后，谢无量将"超人"说与优生学挂钩，明确指出："尼采之圣人论，改制之学也。尼采书中，虽未用改制之名，然其大旨，则未尝相异。"❶ 值得指出的是，谢无量提到了尼采的"流行之说"（通译永恒轮回说），认为它与"超人"思想存在矛盾：

　　　囊者尼采观于宇宙，以为如一有定量之力，而力之所集中者乎……或集于此，或集于彼，自古至今，尽于未来。盖相为循环而未始有异乎，此力之流行不息者也。尼采流行之说如此。虽然，信斯言也，则使宇宙间果尝有其极以赴之，亦达于其极久矣，宁待今日更为立极者。故论者谓尼采流行之说，与所谓圣人论者抵牾。❷

　　这是中国学者首次论及尼采的永恒轮回说。
　　1920 年可以称为中国的"尼采年"。这一年，茅盾发表了长篇大论《尼采的学说》，李石岑在《民铎》杂志上开辟"尼采号"，发表了《尼采思想之批判》等3 篇专论以及多篇与尼采有关的译介文章。《尼采的学说》和《尼采思想之批判》代表了 20 世纪 20 年代以前中国学界阐释尼采学说的最高水平。
　　李石岑是五四前后研究尼采用力最勤、成果最丰的学者。他在这一阶段阐释尼采学说的成果有论文《尼采思想之批判》（《民铎》1920 年第 2 卷第 1 号"尼采号"）、《爵尼索斯之皈依》（《时事新报·学灯》1921 年 1 月 23 日）、《尼采思想与吾人之生活》（《李石岑讲演集》，商务印书馆 1924 年版）、《美神与酒神》（《一般》1926 年第 1 卷第 2 号）和专著《超人哲学浅说》（*Philosophy of Superman*，商务印书馆 1931 年版）。其中《超人哲学浅说》是中国知识界与思想界阐释尼采学说的第一部专著。
　　S. T. W.（有人推测为吴子垣）的《尼采学说之真价》发表在《民铎》1920 年 8 月 15 日"尼采号"上。文章特别点明了尼采哲学的价值。在开头，作者说：

　　　现在哲学之新倾向与往代之哲学有一判若鸿沟之点，即往代之哲学可概括之为理性派或理论派或抽象派，而现代之哲学则可称之为生命派或行为派或具体派。……为后派之代表者，人固群推哲姆士之实验主义、柏格森之直觉主义、倭铿之精神生活主义，而溯其源流，旷世狂才之尼采殆有最深密之因果关系焉。❸

　　在结尾，作者又指出："尼采学说之真价，实开晚近哲学之先河。"❹ 文章主体部分讨论了尼采的权力意志说、超人说、道德观、虚无主义、等级观和艺术人

---

❶ 谢无量："德国大哲学者尼采之略传及学说"，载成芳编：《我看尼采》，南京大学出版社 2000 年版，第 50 页。
❷ 谢无量："德国大哲学者尼采之略传及学说"，载成芳编：《我看尼采》，南京大学出版社 2000 年版，第 49 页。
❸ S. T. W.："尼采学说之真价"，载成芳编：《我看尼采》，南京大学出版社 2000 年版，第 84 页。
❹ S. T. W.："尼采学说之真价"，载成芳编：《我看尼采》，南京大学出版社 2000 年版，第 89 页。

生观等思想主张。作者解释了"权力意志"的含义，并指出它的本体地位：

> 权力意志云者，自吾人之内部涌出，含有战斗、征服之性质，乃一生长、成熟、创造之活力也。此力刻刻进化，刻刻创造，自觉环境之敌而征服之，较人间之知能尤为复杂，尤为完全。直言之，一神秘的知能也。宇宙间多种多样之活动，非导源于人间之知能，纯由此最复杂最浑然之权力意志之发现。❶

在尼采看来，"世界者，本能之世界也，权力意志之世界也"。❷ 关于"超人"说，作者这样介绍："所谓超人者，应超政治，超国家，超时代而独立。""超人为新道德之创造者，为最高自由之立法者。"❸ S. T. W. 还进一步讨论了"超人"说与达尔文进化论的关系，既认为"超人之假设，则受达尔文进化论之影响皎然可见"，又指出"超人之说与进化论者有二个相违之点"。❹ 关于尼采的道德观，作者指出：

> 尼采视从来之宗教、哲学、道德所定之善恶真伪，毕竟价值之问题。而道德之有价值与否，唯以是否有碍权力意志为衡。能使人生更强盛、更伟大、更高华壮美者，则为真理，为善，为最高价值。反之，使人生愈巽懦、愈颓废、愈低落不已者，则为虚伪，为恶，为最低价值。❺

关于尼采的文化批判思想，作者认为"尼采自属能动的皆空主义（通称虚无主义）之人，以颓废为进化必经之径路，以牺牲为进化必带之条件"，它是"权力意志之征候，不认从前之本体界与旧法则，而再创造现实界与新法则"。❻ 作者认为尼采的"等级"或"阶级"说有本体论根据：

> 宇宙间固有不断之进化，同时亦必产生阶级。……流动与生成，必然引起无数之不平等，就强弱之意味而分阶级，必然产生无数之阶级。故阶级者，为宇宙不断之进化之必然的条件也。❼

文章最后概括了尼采的艺术人生观，认为尼采"谓道德与知识所支配之生活，为凝滞之生活，艺术所支配之生活，为活动与向上之生活"。❽
朱侣云的《超人和伟人》也发表在《民铎》"尼采号"上。文章将尼采的

---

❶ S. T. W.："尼采学说之真价"，载成芳编：《我看尼采》，南京大学出版社 2000 年版，第 84~85 页。

❷ S. T. W.："尼采学说之真价"，载成芳编：《我看尼采》，南京大学出版社 2000 年版，第 87 页。

❸ S. T. W.："尼采学说之真价"，载成芳编：《我看尼采》，南京大学出版社 2000 年版，第 87 页。

❹ S. T. W.："尼采学说之真价"，载成芳编：《我看尼采》，南京大学出版社 2000 年版，第 85 页、第 86 页。

❺ S. T. W.："尼采学说之真价"，载成芳编：《我看尼采》，南京大学出版社 2000 年版，第 87 页。

❻ S. T. W.："尼采学说之真价"，载成芳编：《我看尼采》，南京大学出版社 2000 年版，第 89 页。

❼ S. T. W.："尼采学说之真价"，载成芳编：《我看尼采》，南京大学出版社 2000 年版，第 88 页。

❽ S. T. W.："尼采学说之真价"，载成芳编：《我看尼采》，南京大学出版社 2000 年版，第 88 页。

"超人"说和英国学者马洛克的"伟人"说作了比较。作者在指出尼采"超人"说受到达尔文进化论影响之后这样概括"超人"的特征：

> 超人是一切闲事不管，只晓得把自己弄到最强的地位，最胜利的地位。换一句话说，超人只是以自己为目的，以自己的长成和向上为中心的思想的，自己是自由的，是不受那一方面的支配的，是不为那一个人，或那一件事，或那一种学说而生的，你要他利用民众去为他自己做事却可，你要他代表社会的意志去做事，他却不干。若是你必要他与社会发生一种关系，他却可以答应你做个社会的立法者和支配者。❶

然后作者介绍了尼采的"主人道德"观。作者认为：

> 尼采的道德说，主张强者的道德。……这种道德，用尼采的话来表明，就叫做主人的道德。若不这样，只把同情看得极重，像历来的宗教所主张的道德，那是弱者的道德，用尼采的话来表明，就叫做奴隶的道德。提倡强者的道德，打破弱者的道德，那就是超人主义的真精神。❷

在比较"超人"说与"伟人"说之后，作者表明了自己的态度：

> 我对于尼采的超人说，因为只顾自己一个人，毫不顾及社会，并且专为生物的生存竞争的主张，不想到人类有特别不同之点，所以我对于尼采的超人说，是不赞成的。我对于马洛克的伟人说，又因为他把影响力看作伟人的专有物，好像是天生的，全不想伟人也是从一般人类里面培植出来的，所以我对于马洛克的伟人说，也是不赞成的。❸

早年留学日本的教育家、哲学家范寿康（1896～1983 年）1920 年在《民铎》第 2 卷第 3 号上发表了《最近哲学之趋势》一文。文章比较详细地介绍了尼采哲学思想。作者首先高屋建瓴地概括了尼采哲学的主观主义或"新浪漫主义"特质：

> 尼采的哲学叫做新浪漫主义的哲学。他注重现实生活，与现实思潮相同。但是他的对于现实生活的解释，是完全与当时的现实思潮相反。当时的现实思潮，都以现实为外部的，物质的，机械的。尼采则不然。他以为现实为内部的，精神的，意力的。对于生活的否定他主张肯定；对于外部的物力他主张内部的精神；对于社会国家民众的力量他主张个人的意力。他以为我们应该使内部的活力充

---

❶　朱侣云："超人和伟人"，载成芳编：《我看尼采》，南京大学出版社 2000 年版，第 90 页。
❷　朱侣云："超人和伟人"，载成芳编：《我看尼采》，南京大学出版社 2000 年版，第 91 页。
❸　朱侣云："超人和伟人"，载成芳编：《我看尼采》，南京大学出版社 2000 年版，第 95 页。

足，来打破人生的悲痛。❶

然后，作者依次介绍了尼采的哲学思想。通过与叔本华"生存意志"的比较，作者这样概括尼采"强力意志"的内涵：

强毅的意志是他的理想，他叫他的理想上的意志做"要想获取力量的意志"。这个名词当然是与叔本华的"要想生活的意志"相对的。叔本华的意志，是单想保存生活的意志，所以是消极的。尼采的意志是以生活的向上、现实的肯定、自我的主张为目的的意志，所以是积极的。❷

作者提到了尼采的"宇宙轮回"思想，既揭示了它的含义是"万象都有终结，终结以后又有还原"，又指出它是"人生悲痛的里边最甚者"。❸ 关于"超人"说，作者这样介绍：

（尼采）肯定人生发展人生的只有少数的勇者，为少数的勇者起见，虽牺牲大多数的奴隶的弱者也无足惜。……尼采叫这种人做"超人"。超人云者，就是具绝大意力者；最彻底的现实肯定者；最高尚的人格者；最自由者。❹

文章最后概述了尼采"痛骂现代的文明"、"反对基督教"、抨击"现代的道德"的种种表现。

朱枕梅（1897～1976年）1923年发表了《权力意志说》（未完）一文。在这篇文章里，作者首先指出了尼采的"强力意志"（又译权力意志、冲创意志）说对叔本华"生活意志"说的继承与突破：

权力意志的学说，肇端于叔本华，而完成于尼采。不过他们二人所抱的人生观不同，因而他们的结论，也就各异。叔本华的人生观是悲观的，消极的，所以他主张以较高的智力的直觉，而打破自己本质的生活意志，尼采就不是这样的了。他的人生观是积极的，主张进取的，所以他以为人的生活，应当受意志活力的指挥，养成高超的艺术的人格，而深入进化的腹地，与大自然搏战。❺

然后作者详细地介绍了尼采的"强力意志"的内涵与特点：

尼采以为权力意志者，乃是我人内部涌出一种精神，含有战斗的性质，亦即一种生长，成熟，创造的活力。此种活力，时时创新，刻刻进化，差不多始终站

---

❶ 范寿康："最近哲学之趋势"，载郜元宝编：《尼采在中国》，上海三联书店2001年版，第117页。
❷ 范寿康："最近哲学之趋势"，载郜元宝编：《尼采在中国》，上海三联书店2001年版，第118页。
❸ 范寿康："最近哲学之趋势"，载郜元宝编：《尼采在中国》，上海三联书店2001年版，第118页。
❹ 范寿康："最近哲学之趋势"，载郜元宝编：《尼采在中国》，上海三联书店2001年版，第118～119页。
❺ 朱枕梅："权力意志说"，载《时事新报·学灯》1923年5月8日。

在进展不已的创新路上。如遇逆他的仇敌时，他必努力征服。较之人类的智能，更为复杂，更为完全。换言之，亦可称谓一种神秘的智力。宇宙间一切纷然杂出的诸种活动者，莫不由此最复杂最浑然的权力意志而产生。所以权力意志，也即生生不已，自强不息的活力，犹之心之欲求，常表示不厌不倦的状态。不过尼采不用意志，而兼用权力意志，就是一面表示自内部涌的力，一面又含有自治与征服的元素。❶

最后，作者从进化论的角度比较了尼采"强力意志"与柏格森"生之冲动"，认为它们都是"时刻创新与进化"的"活力"，都是"不受理性与论理的拘束，及自然之支配"的"自身固有之力"，它们的目标都是"进展之自我"和"发展之自身"。❷

包寿眉在 1925 年 8 月 19～20 日的《时事新报·学灯》上连载了《尼采知识论浅测》一文。此文是现代中国知识界唯一一篇专论尼采知识论的文章。作者讨论了有关尼采知识论的如下问题：一是对知识起源的看法。作者认为："尼采脑中起初最疑惑的问题，就是：'宇宙间也有所谓人的知识那样东西么？'……他以为人们的了解，实是知识唯一的工具，只有这个工具，才可以得到知识。"❸ 二是知识与真理的实用性。作者认为，在尼采看来，"所有知识与科学，都包括人类化的方法与结果；所谓方法与结果，意思就是说治理事物真理的方法，使适合于人的意志和方便。"❹ 三是知识与真理的真实性。作者概括说："所谓知识，只不过是一种特别门径，有了这种门径，宇宙就可在人类配景法——观察法——中表示出来，而人类观察法自己也变做真实可靠的东西了。因此，人类知识，只要它是属于人的，虽然不是全部都是真实的，但至少总有点真实的地方。"❺ 文章重心是讨论尼采对人类获得知识和真理能力的质疑。作者指出："尼采……以为人们是不易得到真理或真实的知识的，所谓人的知识那样东西，是否可靠，还在不可知之数。"❻ 人们为什么不容易获得知识与真理呢？第一，人类的认知能力有限，"要解决人的知识这个问题……这就要几种高等动物，有事物的见解，然后可以将自己对于事物的信仰，和事物的本身比较一下，以判是非，但是，现在有否那种富于思想的高等动物，我们还不敢说"；第二，人类认知事物时必然会带有偏见，"我们在了解事物时，已为我们的偏见所支配"。❼ 人类认知事物的偏见突出表现为人们"不能使自己从人类看事物的配景法中解放出来"：

❶　朱枕梅："权力意志说"，载《时事新报·学灯》1923 年 5 月 8 日。
❷　朱枕梅："权力意志说"，载《时事新报·学灯》1923 年 5 月 8 日。
❸　包寿眉："尼采知识论浅测"，载《时事新报·学灯》1925 年 8 月 19～20 日。
❹　包寿眉："尼采知识论浅测"，载《时事新报·学灯》1925 年 8 月 19～20 日。
❺　包寿眉："尼采知识论浅测"，载《时事新报·学灯》1925 年 8 月 19～20 日。
❻　包寿眉："尼采知识论浅测"，载《时事新报·学灯》1925 年 8 月 19～20 日。
❼　包寿眉："尼采知识论浅测"，载《时事新报·学灯》1925 年 8 月 19～20 日。

我们也许知道眼前的图像是扁的，仅是在一个平面上才可以看出来，但是要看三方面主体的东西，就不能够了。我们只能这样看法，要真确的观察，就做不到了。而且人们以为这样子以看平面东西的方法，来看立体的东西，是可以满足，不必再去多探索了。同样的道理，人们只看到了知识一部分中的有利信仰，以为这已足够，不必再去寻找实在的真理了。❶

尽管人类认知知识和真理的能力有限，但尼采还是劝人们不要放弃寻求真理的努力："他总是主张：未证明的真理，并非是不可证明的；所以他一方面批评人们的观察不对，一方面还指示人们寻真理的路径。"❷

这一阶段有部分学者和留学生积极翻译了尼采著作或国外研究尼采成果。他们常常在译者"前言"或"附记"里扼要交代自己对尼采学说的理解。这些译文与说明性文字也是研究者据以了解当时尼采阐释情况的重要文献。

1918年，北大学生、无政府主义者（黄）凌霜翻译了刊登在美国1918年1月23日 The Outlook 周刊上的《尼采的宗教》一文，题为《德意志哲学家尼采的宗教》，刊登在《新青年》1918年第4卷第5期上。据介绍，此文实际上是英国学者 W. M. Salter《思想家尼采之研究》一书的撮要。译文正文的第一部分概括了尼采的"超人"说、战争观与道德观，第二部分则从"科学的与实际的"即理论和实践两个方面逐一批驳了尼采的种种主张。首先，作者揭露了尼采思想的理论基础"进化之道，乃由竞争"一说的谬误：

如弱者全数灭亡，则强者将奚由而发展？强者与弱者竞，则强者必须扩张其武力……推而言之，设尼采之父若母，依彼之哲理而行，则其子必不能生存；盖人类之至弱者，莫婴孩若，设为之父若母者，于其初生时，而不提携之，抚育之，其能长成者，抑亦几希矣。❸

其次，作者对尼采学说的实践或可行性表示了怀疑：

尼采公然于诚信智慧仁慈之平民之前，倡导其"惟我之哲学"，以为人类无道德性之遗传，人生之公例，惟有强者之自利及弱者之灭绝。其试验之结果如何，此次战争（指一战），已显扬于世界矣。❹

这篇译文显然明确表达了西方学者将尼采学说与一战捆绑的看法。凌霜本人在译文前的"译者志"里也明确交代了这一用意：

❶ 包寿眉："尼采知识论浅测"，载《时事新报·学灯》1925年8月19～20日。
❷ 包寿眉："尼采知识论浅测"，载《时事新报·学灯》1925年8月19～20日。
❸ ［英］W. M. Salter："德意志哲学家尼采的宗教"，凌霜译，载成芳编：《我看尼采》，南京大学出版社2000年版，第58页。
❹ ［英］W. M. Salter："德意志哲学家尼采的宗教"，凌霜译，载成芳编：《我看尼采》，南京大学出版社2000年版，第58页。

德意志学者，群以此次大战（即一战），为"生存竞争"不免之结果，且借 Darwin 之说，以文其非。Kropotkin（通译克鲁泡特金）反对之，以生物及社会之进化，由互助而不由残杀，由诚正而不由骗诈。英国学者多然其说，于是将其所著之《互助为进化之一要素论》重印而广播之。……顷见本年一月二十三日美国 *The Outlook* 周刊，有《尼采的宗教》一篇，执其说而驳其谬，爰为之述译。一方面既可以增进国内青年反对帝国主义之热潮；一方面又可以见人道主义之不容已，吾人所当合全世界人类而经营之也。❶

田汉（1898～1968 年）于 1919 年翻译了西方学者（作者及国籍不明）的《说尼采的〈悲剧之发生〉》一文，刊发在《少年中国》1919 年第 1 卷第 3 期上。文章扼要介绍了《悲剧的诞生》一书的内容，包括希腊人的艺术人生观、古希腊悲剧诞生的背景、悲剧的形而上内涵等。最后作者这样归纳尼采艺术人生观的本质：

> 他的哲学是艺术的人生观，在他以为人生这个东西，是亚波罗（通译阿波罗，古希腊日神）的世界，是笛阿尼琐丝（通译狄奥尼索斯，古希腊酒神）的世界，就是美的世界，高（意志力与本能）的世界。亚波罗的美，由笛阿尼琐丝的高，越发发挥了高，就是美。人生就是高，力，美。❷

符 1920 年翻译了英国学者 M. A. Mügge 的《尼采之一生及其思想》与《尼采的超人思想》两篇文章。前者刊载在《民铎》1920 年第 2 卷第 1 号"尼采号"上，是尼采小传。《尼采的超人思想》刊载在 1920 年 11 月 4～8 日的《晨报》上，全文分为七个部分。其中第一部分"要旨"最为重要。原作者 M. A. Mügge 指出：

> 尼采的最有力的一点，是在他对于消极的优生学的态度。……照科学的讲起来，尼采对于积极的优生学上，并没有尽多大的力……但是有几条对于改良现在婚姻制度的建议，不是没有价值的。超人——一个可以从教养达到的理想标准——归入'积极的优生学'的项下。只因尼采没有一处详论到他的性质，所以照科学的讲起来，"超人"的观念，现在是没有用处，虽然确有一个极大的精神上的影响，可以刺激人类的行动。❸

同时，作者还特别揭示了"超人"说所包含的进化论内涵：

---

❶ ［英］W. M. Salter："德意志哲学家尼采的宗教"，凌霜译，载成芳编：《我看尼采》，南京大学出版社 2000 年版，第 56 页。

❷ 田汉编译："说尼采的《悲剧之发生》"，载成芳编：《我看尼采》，南京大学出版社 2000 年版，第 61 页。

❸ ［英］M. A. Mügge："尼采的超人思想"，符译，载成芳编：《我看尼采》，南京大学出版社 2000 年版，第 131 页。

论起全体来，尼采主张以一个缓而且渐的变迁为正轨，因为在超人出现以前，一段长时间必须经过的，自然他想出几个中间过渡的阶级来了，从现在人类的大基础上将要起来而且正在起来一种变种，一种身心都强健而能统治欧洲群众的贵族。从这个新的变种人中，将生出一个新的种族，纯粹的欧罗巴种族，尼采的所谓"高人"。从这些"高人"中，又将生出一个新的种族，就是"超人"。❶

1923 年初开始，郭沫若着手翻译尼采《查拉图斯特拉如是说》的前 26 章，分 26 次刊登在 1923 年 5 月 13 日至 1924 年 1 月 20 日的《创造周报》上。在翻译中途，针对不少读者来信说译作难以理解的情况，他发表了《雅言与自力——告我爱读〈查拉图司屈拉〉的友人》一文，就有关问题作出了解释。郭沫若特别介绍了尼采《查拉图斯特拉如是说》的创作背景与遭遇：

> 《查拉图司屈拉》（通译《查拉图斯特拉如是说》）一书正是心血和雅言的著作。尼采的性格是有一种天才崇拜癖的人，爱以一己的理想输入于个体之中，以满足其崇拜的欲望。……一生渴求知己，而知己渺不可得。于孤独的悲哀与疾病的困厄中乃凝集其心血于雅言，求知己于"离去人类与时代的六千英尺以外"。然在他第一部出书时便多方受人误解，他自己曾叹息说："我所思想的对于许多人尚没有一人成熟；不怕诲者谆谆，而听者终是邈邈，《查拉图司屈拉》便是一个证据。"……他的第四部书（指《查拉图斯特拉如是说》第 4 卷）成时，他便没有公开的勇气了。他只印了四十部，想送给"这样的人，能够值得领受的"。但结果他的四十部书也只送了七部。❷

> 我们根据以上的事实，我们可以知道尼采的心虑是如何的孤苦，《查拉图司屈拉》一书便在他的当时，便在他的本国，便在他的亲近者中也是如何难解的一部书了。我们现在要来理解他，要来参与他的权威，恐怕连我自己也是使他寒栗的全无资格者的一个。❸

1930 年，郁达夫（1896～1945 年）从 Peter Gast 和 Dr. Arthur Seidl 编印的《尼采书简》全集里挑选出尼采写给 Madame O. Luise 的 7 封信进行了翻译，以《超人的一面》为题刊登在《北新》半月刊第 4 卷第 1～2 号上。郁达夫特别在译文后的"译者附记"里就尼采所写的书信对其性格作出这样的评价：

> 这一位冷酷孤傲的哲学者的一面，原也有象这样的柔情蕴蓄在那里。……尼采的妹妹 Elizabeth Förster Nietzsche 说："哥哥在给她的信里表示出了对于寻常的友人信里所没有的热情，但这是一种多么纤丽婉转的柔情啊！"洁身自好的尼

---

❶ ［英］M. A. Mügge："尼采的超人思想"，符译，载成芳编：《我看尼采》，南京大学出版社 2000 年版，第 132 页。
❷ 郭沫若："雅言与自力"，载《创造周报》1923 年第 30 号，第 2 页。
❸ 郭沫若："雅言与自力"，载《创造周报》1923 年第 30 号，第 3 页。

采，孤独倔强的尼采，在这里居然也留下了一篇宋广平的梅花之赋。❶

二、尼采阐释的基本特点

通观第一高潮期中国知识分子的尼采接受与阐释活动，可以从中概括出选择性、因袭性和功利性等基本特点。下面分而述之。

第一，选择性。所谓选择性，是指未把尼采学说当做一个完整而连贯的哲学思想体系来接受和阐释，而是选择其中的某些思想主张详加阐述，对另外的思想主张视若无睹、弃之不顾。

相对于现代中国尼采阐释的萌芽期而言，第一高潮期中国知识分子对尼采学说的关注范围明显扩大。这一阶段，既出现了一批或详或略的全方位介绍尼采学说的著述，如谢无量的《德国大哲学家尼采之略传及学说》、茅盾的《尼采的学说》、李石岑的《尼采思想之批判》和《超人哲学浅说》、S. T. W. 的《尼采学说之真价》、范寿康《最近哲学之趋势》等；也产生了一批专题讨论尼采某一思想主张的著述，如朱侣云的《超人和伟人》、朱枕梅的《权力意志说》（未完）、包寿眉的《尼采知识论浅测》等。但是，中国知识分子对构成尼采哲学体系的各思想元素还是有所侧重。概括起来，这一阶段中国学界对尼采学说的接受与阐释重点有三个：一是"超人"说；二是"价值重估"（die Umwertung aller Werte，也可译为"重新估定一切价值"）说；三是道德观。

可以说，这一阶段每一位讨论尼采思想的中国知识人都或多或少地涉及了"超人"说。其中特别关注尼采"超人"说的有谢无量、陈独秀、李石岑、S. T. W. 、朱侣云等。谢无量在《德国大哲学家尼采之略传及学说》一文里将尼采的学说归纳为三大方面，其中之一就是"圣人论"即"超人说"。陈独秀在《人生真义》（1916 年）一文中特别指出，尼采的"超人"是指"大艺术家，大事业家"等"寻常以上"的人，其特点是充分"尊重个人的意志，发挥个人的天才"。❷ 李石岑在论文《尼采思想之批判》和专著《超人哲学浅说》里都详细论及了尼采的"超人"说；尤其是后者，作为中国知识界阐释尼采学说的第一部专著，作者甚至把尼采的整个思想体系称做"超人哲学"。S. T. W. 在《尼采学说之真价》一文中不仅揭示了"超人"的含义，而且详细分辨了"超人"概念与权力意志论、进化论等的关联。朱侣云的《超人和伟人》不仅直接阐释了尼采的"超人"说，还将它和英国进化论学者马洛克的"伟人"概念作了详细比较。

这一阶段关注尼采"价值重估"主张的中国知识人有李大钊、胡适、茅盾、李石岑、郭沫若等。李大钊在《介绍哲人尼杰（通译尼采）》一文里指出，尼采"外对当时社会之实状，为深刻之批判，以根究人性之弱点与文明之缺陷，而以匡救其弱点与缺陷为自己天职"，并"极力攻击十九世纪凡俗主义、物质主义之

---

❶　郁达夫："超人的一面·译者附记"，载《郁达夫译文集》，浙江文艺出版社 1984 年版，第 383 页。

❷　陈独秀："人生真义"，载郜元宝编：《尼采在中国》，上海三联书店 2001 年版，第 54 页。

文明"。❶ 胡适不仅扼要阐释了尼采的"价值重估"主张，而且用它来概括五四精神即"新思潮的意义"。他说：

> 新思潮的根本意义只是一种新态度。这种新态度可叫做"评判的态度"。……而"重新估定一切价值"八个字便是评判的态度的最好解释。❷

稍后胡适还在《五十年来之世界哲学》一文中明确指出：尼采"'重新估定一切价值'，确有很大的破坏功劳。"❸ 茅盾在《尼采的学说》一文中多次提及尼采"重新估定一切价值"的主张。他认为这一主张是尼采学说的精髓，而尼采凭此主张足以跻身世界一流哲学家的行列："尼采最大的——也就是最好的见识，是要把哲学上一切学说，社会上一切信条，一切人生观道德观，重新称量过，重新把他们的价值估定。""单就尼采这种'重新估定一切的价值'的思想看来……我们简直可以把尼采放在第一等的哲学家林内。"❹ 李石岑在《尼采思想之批判》一文中指出：

> 尼采之"价值之破坏"，为其学说之特彩。尼采以为意志否定即为最大之意志肯定而发，故旧价值、旧理想、旧文明之破坏，即为新价值、新理想、新文明之建设之张本。❺

他在专著《超人哲学浅说》中则将尼采的"价值重估"主张和"超人"说联系在一起进行讨论。郭沫若在给友人的信中也指出：尼采的哲学如同中国老子的思想一样，其精髓就是"反抗有神论"、"反抗藩篱个性的既成道德"。❻

第一高潮期特别关注尼采的道德思想的有梁启超、蔡元培、朱执信、谢无量、陈独秀、茅盾、李石岑等人。尼采的道德论的中心内容是鼓吹战斗精神和反叛意识，反对怜悯、慈善等传统美德，提倡个人主义道德观。中国学者对尼采道德论的态度分为截然对立的两派。谢无量、陈独秀、茅盾、李石岑等总体上持肯定态度。谢无量说："尼采以未来所谓德，在无畏而尚战。天下至善，莫过于勇。战而能勇，其效视慈善之业，万倍不啻。……战之为义大矣。"❼ 陈独秀在《敬告青年》一文中不仅引述了尼采的"贵族道德"和"奴隶道德"概念，还根据尼采对它们的态度来抨击中国的封建道德。❽ 茅盾不仅研究尼采思想始于道德论，

---

❶ 守常（李大钊）："介绍哲人尼杰"，载《晨钟》1916 年 8 月 22 日。

❷ 胡适："新思潮的意义"，载《胡适文存》（第 1 集），上海亚东图书馆 1921 年版，第 1023 页。

❸ 胡适："五十年来之世界哲学"，载《胡适文存》（第 2 集），上海亚东图书馆 1924 年版，第 230 页。

❹ 茅盾："尼采的学说"，载郜元宝编：《尼采在中国》，上海三联书店 2001 年，第 70～71 页。

❺ 李石岑："尼采思想之批判"，载成芳编：《我看尼采》，南京大学出版社 2000 年版，第 81 页。

❻ 郭沫若："论中德文化书（信札）"，载《创造周报》1923 年第 5 号，第 16 页。

❼ 谢无量："德国大哲学者尼采之略传与学说"，载成芳编：《我看尼采》，南京大学出版社 2000 年版，第 47 页。

❽ 陈独秀："敬告青年"，载《青年杂志》1915 年第 1 卷第 1 期，第 3 页。

而且在其代表作《尼采的学说》中将尼采的道德思想作为第一考察重点，用了整整两节的篇幅来讨论它，并称"尼采的道德论是极有革命性的"。❶ 李石岑在《尼采思想之批判》里不仅结合《善恶之彼岸》分析揭示了尼采"伟人道德"与"奴隶道德"的内涵，而且认为"尼采为新道德之创造者，对于前此道德上之价值，一律坏破之，转倒之"。❷ 他在专著《超人哲学浅说》里将尼采的哲学思想分为六个部分，"尼采的道德观"是其中一个部分。作者不仅详细介绍了尼采的道德思想，而且认为它"实为伦理学上空前之发见"。❸ 而梁启超、蔡元培、朱执信等则对尼采的道德观持否定态度。梁启超早在 1902 年就称尼采的观点为"极端的强权论"；后来他在《欧游心影录》一书中又断定尼采的学说是"自己本位的个人主义"的极端形式，是一种会引发战争的"怪论"。❹ 蔡元培在 1918 年的一次演讲中声称：尼采的道德观是"强权主义"和"个性强权论"。❺ 朱执信在《不可分的公理》一文中对"尼采的强力惟我主义"大为不满，认为它包含"贵族的不平等的精神"。❻

第二，因袭性。所谓因袭性，是指这一阶段中国知识人对尼采学说的理解受国外尼采研究动向与成果的影响非常明显，有些人完全是鹦鹉学舌、人云亦云。即使作为这一阶段阐释尼采思想的代表性学者之一的茅盾，也受到国外尼采研究的影响。他曾经明确承认自己的《尼采的学说》受到多种外国文献的影响："依据 Professor Höffding 和 Ludovici 的很多"；"所取材料，事实一面，以尼采妹 Mrs Förster—Nietzsche 的 *Das Leben Friedrich Nietzsche* 为多"。❼

总体来看，第一高潮期中国学界对尼采思想的阐释主要受到 3 位西方学者的 3 篇文章的影响，他们的成果都被翻译成中文并在中国知识界广泛流传。这 3 篇文章，一是由英国学者 W. M. Salterd 的《思想家尼采之研究》（*Nietzsche the Thinker：A Study*）一书撮要而成、原刊于 1918 年 1 月 23 日美国 *The Outlook* 周刊上的《尼采的宗教》，由（黄）凌霜翻译，以《德意志哲学家尼采的宗教》为题发表在《新青年》1918 年第 4 卷第 5 期上；二是田汉翻译的西方学者所著的《说尼采的〈悲剧之发生〉》，译文刊登在《少年中国》1919 年第 1 卷第 3 期上；三是符翻译的英国学者 M. A. Mügge 的《尼采之一生及其思想》与《尼采的超人思想》，分别刊登在《民铎》1920 年第 2 卷第 1 号"尼采号"和 1920 年 11 月 4～8 日的《晨报》上。

凌霜翻译的《德意志哲学家尼采的宗教》对当时中国尼采阐释的最大影响体

❶ 茅盾："尼采的学说"，载郜元宝编：《尼采在中国》，上海三联书店 2001 年版，第 77 页。

❷ 李石岑："尼采思想之批判"，载成芳编：《我看尼采》，南京大学出版社 2000 年版，第 77 页。

❸ 李石岑："超人哲学浅说"，商务印书馆 1931 年版，第 76 页。

❹ 梁启超："欧游心影录节录"，载《饮冰室合集·饮冰室专集之二十三》，中华书局 1936 年版，第 9 页。

❺ 蔡元培："大战与哲学"，载《蔡元培全集》（第 3 卷），中华书局 1984 年版，第 202 页。

❻ 朱执信："不可分的公理"，《朱执信集》（下集），中华书局 1979 年版，第 467 页。

❼ 茅盾："尼采的学说"，载郜元宝编：《尼采在中国》，上海三联书店 2001 年版，第 71 页。

现在对尼采战争观的介绍与评价方面。原作者不仅在文章中彰显了尼采标举战争的杀气腾腾，如认定尼采主张"吾人以战争危险灾祸种种猛烈手段，施诸不能开化及毫无进步之民族，以速其灭亡；且由是以廓清之，使劣种不复能遗留于世界，此乃最适当之办法"；而且从"科学的与实际的"即理论与实践两个方面质疑了尼采的基本主张：

尼采公然于诚信智慧仁慈之平民之前，倡导其"惟我之哲学"，以为人类无道德性之遗传，人生之公例，惟有强者之自利及弱者之灭绝。其试验之结果如何，此次战争，已显扬于世界矣。……Salter 引美国某大学教授之言，谓德人抵抗文明之战为"尼采的宗教之试验"，且鄙夷之，其言诚当矣。❶

此外，译者还在译文前的"译者志"中特别申明了自己的翻译动机：

见本年一月二十三日美国 The Outlook 周刊，有尼采的宗教（Nietzsche's Religion）一篇，执其说而驳其谬，爰为之述译。一方面既可以增进国内青年反对帝国主义之热潮；一方面又可以见人道主义之不容已，吾人所当合全世界人类而经营之也。❷

此文的观点与倾向对蔡元培、梁启超等人形成将尼采思想与一战挂钩的看法有直接的启发。

田汉翻译的《说尼采的〈悲剧之发生〉》简明扼要地介绍了《悲剧的诞生》一书的内容，对日神精神与酒神精神、日神艺术与酒神艺术等概念，对尼采的悲剧理论以及艺术人生观进行了全面而系统的介绍。此文内容与倾向对这一阶段中国思想界与文学界关于尼采悲剧论与艺术论的看法起着明显的引领作用。

符翻译的《尼采的超人思想》集中介绍了尼采的"超人"说以及与之相关的"权力意志"、"永久轮回"思想。原作者不仅详细揭示了"超人"说的内涵与性质，而且还交代了"超人"（Übermensch）一词的来源。谢无量、李石岑等人受此文影响非常明显。以谢无量的《德国大哲学家尼采之略传及学说》为例可见一斑。英国 M. A. Mügge 将尼采的"超人"说与欧洲的优生学挂钩，称："超人——一个可以从教养达到的理想标准——归入'积极的优生学'的项下。"❸谢无量则说：尼采"其积极之改制说（通译优生学），则如革正婚姻，以造新人

---

❶ ［英］W. M. Salter："德意志哲学家尼采的宗教"，凌霜译，载成芳编：《我看尼采》，南京大学出版社 2000 年版，第 57～58 页。

❷ ［英］W. M. Salter："德意志哲学家尼采的宗教"，凌霜译，载成芳编：《我看尼采》，南京大学出版社 2000 年版，第 56 页。

❸ ［英］M. A. Mügge："尼采的超人思想"，符译，载成芳编：《我看尼采》，南京大学出版社 2000 年版，第 131 页。

种等"，"圣人（通译超人）尤为积极说之主脑焉"。❶ Mügge 对"超人"一词的来源这样交代："'超人'（Übermensch）这个字，在一六八八年早已看见了，那时候是在说教中用的。尼采用这个字，也许从鞠台（Geothe）（通译歌德）那里得来。著名的大哲学家杜林（E. G. Duhring）在他一八六五年出版的著作《人生之价值》中，指出人类的进化，向着一个较为优美，而且不同的种类变迁。尼采这个思想，是从杜林取来的，也许较为近理。"❷ 谢无量则说：　"圣人（Übermensch）之名，千六百八十八年始见于德人说教之书，格泰尝沿用之。尼采此字，当是取之格泰者也。千八百六十五年，哲学家窦林（During）（通译杜林）著《人生价值论》，以为人种可进而益善，其视今之人不啻别为一种。尼采大抵因其说以立圣人论云。"❸ 此外，李石岑在《尼采思想之批判》和《超人哲学浅说》等著述里对"超人"说的阐述也与 M. A. Mügge 的说法有诸多相似之处。

　　与受国外尼采研究动向与成果的影响密切相关，第一高潮期里中国知识人眼中的尼采有了两副面孔：一是正面的、积极的形象，二是反面的、否定的形象。前一种形象以"偶像破坏者"和"个人主义者"两种身份登场。如鲁迅在五四时期的杂文中多次称尼采是"近来偶像破坏的大人物"（《随感录四十六》），是"大呼猛进，将碍脚的旧轨道，不论整条或碎片，一扫而空"的"轨道破坏者"（《再论雷峰塔的倒掉》）。傅斯年称"尼采是位极端破坏偶像家"（《随感录》）。郭沫若称尼采为"倡导超人哲学的疯癫，欺神灭像"的"学说革命的匪徒"，并向他三呼"万岁"（《我是个偶像崇拜者》）。这种形象是中国尼采阐释萌芽期里的"文化/文明批评家"形象的延伸。关于尼采的个人主义者形象，陈独秀、李大钊等作了示范性的介绍。如陈独秀认为尼采设定的"超人"充分"尊重个人的意志，发挥个人的天才"，其落脚点是"个人"。他在《敬告青年》一文中为中国青年开列了六条思想和行为准则，其中第一条就是根据尼采"贵族道德"（Morality of Noble）所提倡的"有独立心而勇敢"的品格而提出的"自主的而非奴隶的"态度，并认为"不以自身为本位，则个人独立平等之人格，消灭无存"。❹ 李大钊也认为，尼采"乃欲于其自己要求与确信之上，建设真实生活之人也"，因为他"倡言超人哲学，鼓吹英雄主义，赞美力之享乐，高唱人格之权威"。❺

　　后一种尼采形象以"战争的鼓吹者与指导者"身份出现。这类形象是由梁启超、蔡元培等人受英美学者如英国学者 W. M. Salterd 的观点影响而确立的。梁

---

❶　谢无量："德国大哲学者尼采之略传及学说"，载成芳编：《我看尼采》，南京大学出版社 2000 年版，第 48 页。

❷　［英］M. A. Mügge："尼采的超人思想"，符译，载成芳编：《我看尼采》，南京大学出版社 2000 年版，第 131 页。

❸　谢无量："德国大哲学者尼采之略传及学说"，载成芳编：《我看尼采》，南京大学出版社 2000 年版，第 48 页。

❹　陈独秀："敬告青年"，载《青年杂志》1915 年第 1 卷第 1 期，第 3 页。

❺　守常（李大钊）："介绍哲人尼杰"，载《晨钟》1916 年 8 月 22 日。

启超认为尼采将"自己本位的个人主义"发展到极端，他的学说成了军国主义和一战甚至所有战争的指导理论："这种怪论（指尼采的道德论），就是借达尔文的生物学做个基础，恰好投合当代人的心理，所以就私人方面论，崇拜势力、崇拜黄金，成了天经地义；就国家方面论，军国主义、帝国主义变了最时髦的政治方针。这回全世界国际大战，其起原实由于此。将来各国内阶级大战争，其起原也实由于此。"❶ 蔡元培认为"尼采的强权主义""为德国贵族的政府所利用，实做军国主义"；"统观战争（指一战）时代的德国政策，几没有不与尼氏学说相应的"。❷ 不过梁启超、蔡元培等人将尼采思想与一战的指导原则挂钩、将尼采视为战争鼓吹者的看法与倾向在当时就受到了中国另一些知识分子的反驳。如李石岑指出："若指为最近新思潮之敌，甚且訾为前此欧洲大战之祸首罪魁，则未免厚诬矣。"❸ 其为之辩护说：

> 攻尼采思想最毒而最有力者，莫过于以尼采为前此欧洲大战之祸首罪魁，谓尼采思想为当今第一危险物；一若尼采不出，欧战即可不发生者，又若德意志敢与各国宣战，全出于尼采之暗示者。此则杜威于所著《德意志哲学与政治》一书，已详辩之矣。……由此可知德意志军国主义之形成，康德以下之国家绝对说实种其因，尼采决不任过也。❹

第三，功利性。所谓功利性，是指这一阶段的中国知识人往往把尼采思想视为对中国现实社会"有用"的理论资源，或者选取尼采思想体系中的"有用"成分加以介绍，有的则明确地谈论了尼采思想对中国的作用。功利性是一种价值取向。如茅盾在《尼采的学说》的"结论"部分明确指出，尼采学说和其他西方思想一样，是一种能够"帮助我们改良生活，求得真理"的工具。❺ 下面以谢无量、李大钊、李石岑等人的论述为例，说明他们对尼采思想影响中国社会与中国国民性改造的作用的强调。

谢无量以历史学家和文学批评家身份从事尼采学说阐释活动，但他也忍不住要强调了尼采学说对当时中国社会的作用。他在《德国大哲学者尼采之略传及学说》一文的开篇和结尾多次强调了尼采学说对中国社会和中国人的启迪作用：

> 吾曩见尼采之说，多偏宕横决，易使人震荡失守，异乎儒术，以为虽放而绝之不为过。今乃知当世之大患，不在言论之不平和，思想之不纯粹，与夫行为之不庸熟而已，乃在一世之人，群焉好同而恶异，慕势而贪利，随顺和同于流俗以

---

❶ 梁启超："欧游心影录节录"，载《饮冰室合集·饮冰室专集之二十三》，中华书局 1936 年版，第 9 页。

❷ 蔡元培："大战与哲学"，载《蔡元培全集》（第 3 卷），中华书局 1984 年版，第 202 页。

❸ 李石岑："尼采思想之批判"，载成芳编：《我看尼采》，南京大学出版社 2000 年版，第 83 页。

❹ 李石岑："尼采思想之批判"，载成芳编：《我看尼采》，南京大学出版社 2000 年版，第 63 页。

❺ 茅盾："尼采的学说"，载郜元宝编：《尼采在中国》，上海三联书店 2001 年版，第 102 页。

取容悦，心不敢念黑白，口不敢道是非。举世染于风痹麻木之疾而不可救，民智日益暗下，民气日益委靡，国族亦随之而沦胥以亡，则虽有智者，亦未如之何矣。……若尼采之说，其卓荦怪伟如此，或亦足以矫吾国之弊，使懦者自立，弱者自惧，岂徒小补者欤！❶

（尼采）于是立君子圣人为渐进之等，其合于生物进化之序与否，良不可知。且其事在遥遥不可知之代，尤为学者所难信。然使封于旧俗之士，得其说而存之，则可以振厉其精神，而立志于远大，固不必咋舌惊顾而却走也。❷

呜呼！尼采为人类预计旷代一遇之事，覃精殚虑，至发愤狂易以死。其言虽不甚有伦，而其志深可哀也。吾嘉其有大人之志，以继往世开来者为任，异夫规规较目前利害者。天下岂无聪明才智之士，一为流俗所锢，即嫣然自媚，不敢稍发其奇，举世暗涩无生气。故进尼采之说，使知人之所以为人，其任重道远若是，而不可自暴自弃者也。❸

显然，谢无量认为尼采思想"足以矫吾国之弊，使懦者自立，弱者自惧"；能够使"封于旧俗之士……振厉其精神，而立志于远大"；能够使"聪明才智之士……知人之所以为人"而"不可自暴自弃"。

李大钊这样评价尼采学说的作用："其说颇能起衰振敝，而于吾最拘形式、重因袭、囚锢于奴隶道德之国，尤足以鼓舞青年之精神，奋发国民之勇气。此则记者介绍其人之微意，幸勿泛漠置之也。"❹ 李大钊认为尼采思想"颇能起衰振敝"，特别对中国这样的"最拘形式、重因袭、囚锢于奴隶道德之国"，更加"足以鼓舞青年之精神，奋发国民之勇气"。

李石岑在《尼采思想之批判》中多次申明了尼采思想对改造中国国民劣根性的巨大作用：

愚虽非尼采之主张者，然细察尼采之思想，实未敢抹杀其真价。吾国人素以粘液质为他国人所轻觑，既乏进取之勇气，复少创造之能力，乃徒以卑屈之懦性，进而为习惯上之顺泯。此在国家言之，养此顺泯，为金钱之虚掷，若在种族言之，诞此顺泯，为精力之浪费。愚以为欲救济此种粘液质之顺泯，或即在国人所詈之骂之非议之之尼采思想欤？❺

李氏称中国人的懦弱、温顺、屈从等性格为"粘液质"，认为崇尚反叛意识、

❶ 谢无量："德国大哲学者尼采之略传及学说"，载成芳编：《我看尼采》，南京大学出版社2000年版，第38页。
❷ 谢无量："德国大哲学者尼采之略传及学说"，载成芳编：《我看尼采》，南京大学出版社2000年版，第53页。
❸ 谢无量："德国大哲学者尼采之略传及学说"，载成芳编：《我看尼采》，南京大学出版社2000年版，第53页。
❹ 守常（李大钊）："介绍哲人尼杰"，载《晨钟》1916年8月22日。
❺ 李石岑："尼采思想之批判"，载成芳编：《我看尼采》，南京大学出版社2000年版，第83页。

抗争意识和强力意志的尼采思想正可以"救济"或改变这些国民劣根性。

当然，说这一阶段的尼采阐释呈现出功利化取向，并非说所有的尼采阐释活动都是如此。事实上，这一阶段也出现了少量学理性很强的阐释成果。这类文本的代表是刊登在《时事新报·学灯》上的两篇文章，即朱枕梅的《权力意志说》和包寿眉的《尼采知识论浅测》。

第二节　五四领袖的尼采阐释与"伦理之觉悟"

这里所说的五四领袖是指陈独秀、胡适、李大钊以及傅斯年等四人。他们在五四前后都在自己的文章中征引过尼采语句，或详或略地阐发过尼采思想，并借尼采的思想主张来申述自己的主张。

一、五四领袖的尼采阐释

1915 年 9 月 15 日，五四运动领袖、中国共产党创始人之一陈独秀（1880～1942 年）在《青年杂志》（后改名《新青年》）创刊号上发表了《敬告青年》一文。文中在批评中国人尤其是中国青年缺乏青春激情的时候提到尼采的道德观。陈独秀认为中国人大多遵循尼采所批判的"奴隶道德"，而不敢追求尼采所颂扬的"贵族道德"。他不无痛心地指出："吾国之青年……吾见夫青年其年龄，而老年其身体者十之五焉；青年其年龄或身体，而老年其脑神经者十之九焉。……充塞社会之空气，无往而非陈腐朽败焉，求些少之新鲜活泼者，以慰吾人窒息之绝望，亦杳不可得。"他希望中国的青年真正成为朝气蓬勃的青年："予所欲涕泣陈词者，惟属望于新鲜活泼之青年，有以自觉而奋斗耳！"于是他为中国"新青年"开列了六条思想和行为准则。这些思想和行为准则的第一条就是"自主的而非奴隶的"。何谓"自主的而非奴隶的"行为准则？陈独秀借用了尼采道德观加以说明："德国大哲尼采（Nietzsche）别道德为二类：有独立心而勇敢者曰贵族道德（Morality of Noble），谦逊而服从者曰奴隶道德（Morality of Slave）。"言下之意，"有独立心而勇敢者"即为"自主的"，一味"谦逊而服从者"即为"奴隶的"。陈独秀随即指出：中国封建道德戒条"忠孝节义"就是尼采所批判的"奴隶之道德"。❶

1916 年 2 月 15 日，陈独秀在《新青年》第 2 卷第 2 号上发表了《人生真义》一文。文章的主旨是引用宗教家、哲学家和科学家的看法来探讨人生的意义或价值。在谈及哲学家的人生观时，作者引述了尼采的观点："德国人尼采也是主张尊重个人的意志，发挥个人的天才，成功一个大艺术家，大事业家，叫做寻常以上的'超人'，才算是人生目的；甚么仁义道德，都是骗人的说话。"❷ 虽然陈独

---

❶　陈独秀："敬告青年"，载《青年杂志》1915 年第 1 卷第 1 号，第 2～3 页。

❷　陈独秀："人生真义"，载郜元宝编：《尼采在中国》，2001 年版，第 54 页。

秀对尼采的观点和与它相似的中国古代哲学家杨朱的观点持保留态度，声称："杨朱和尼采的主张，虽然说破了人生的真相；但照此极端做去，这组织复杂的文明社会，又如何行得过去呢？"但在他所设计的"我们现在时代的人"应该坚守的"人生真义"九条准则中又有不少与尼采的主张相似：如第二条认为"社会的文明幸福，是个人造成的，也是个人应该享受的"，第三条认为"社会是个人集成的，除去个人，便没有社会；所以个人的意志和快乐，是应该尊重的"，第五条认为"执行意志，满足欲望（自食色以至道德的名誉，都是欲望），是个人生存的根本理由，始终不变的"，第六条认为"一切宗教，法律，道德，政治，不过是维持社会不得已的方法，非个人所以乐生的原意，可以随着时势变更的"等，或者强调对个人欲望、意志和意识的尊重，或者提倡对传统价值的评估与改变，都与尼采的主张大同小异。❶

1916 年 8 月 22 日，五四运动骁将、共产党创始人之一李大钊（1889～1927年）以"守常"为笔名在《晨钟》报上发表了《介绍哲人尼杰》一文。从文章的表述来看，作者对尼采学说的理解堪称精确、深刻，对它的态度也非常公允。此文言简意赅，字字珠玑，全文摘录如下：

尼杰（通译尼采）之名，久已宣嚣于世，而能理解其说者殆鲜。此皆由于宗教之徒，愿谨之士，牖于偷安之习，伪善之说，浸染既深，罔自解脱，一闻尼杰之名，辄以危险思想目之，而利其湮没弗彰，斯实最可痛惜者也。

尼氏为近代思想大家，欲稽其为人及其学说，非兹短幅所能尽，兹揭其要以饷读者。

尼杰者，乃欲于其自己要求与确信之上，建设真实生活之人也。对于弱而求强，缺而求完，悲惨而严肃深刻之生活，奋往突进，以薪人性之解放与向上，有虽犯百战而莫辞之勇，内对一己之自我与生活，为锐敏之省察，外对当时社会之实状，为深刻之批判，以根究人性之弱点与文明之缺陷，而以匡救其弱点与缺陷为自己天职。彼固爱自己、爱社会、爱文明，而又酷爱生命者也。

尼氏思潮凡三变，最初受叔本华、洼古聂（通译瓦格纳，德国戏剧家）之影响，以人生全为美而存在；次则因包尔雷之说而重视智力；又次则括美与智，而以意志与创造为中心要素，以立主我思想之基础，极力攻击十九世纪凡俗主义、物质主义之文明，以谓人生之真意义，皆隐于宗教、道德、博爱、人道是等美名之下，戴虚伪之假面，以求调和，求苟安，如堕疾病丑恶之窟中，无能振拔，而倡言超人哲学，鼓吹英雄主义，赞美力之享乐，高唱人格之权威，宣传战争之福音，而欲导现代文明于新理想主义之域。其说颇能起衰振敝，而于吾最拘形式、重因袭、囚锢于奴隶道德之国，尤足以鼓舞青年之精神，奋发国民之勇气。此则记者介绍其人之微意，幸勿泛漠置之也。❷

---

❶　陈独秀："人生真义"，载郜元宝编：《尼采在中国》，2001 年版，第 55～56 页。
❷　守常（李大钊）："介绍哲人尼杰"，载《晨钟》1916 年 8 月 22 日。

此文内容可概括为如下四个方面：第一，点明尼采学说遭人误解的原因。李大钊认为，尼采学说虽然"久已宣噪于世，而能理解其说者殆鲜"，原因在于"宗教之徒，愿谨之士，牖于偷安之习，伪善之说"，根本丧失了独立思辨的能力，因而对尼采反对传统道德、宗教的主张不加分辨地一味反对，以致"一闻尼杰之名，辄以危险思想目之"。第二，定位尼采为"爱自己、爱社会、爱文明，而又酷爱生命"的"近代思想大家"。作者认为尼采哲学的出发点与落脚点是"欲于其自己要求与确信之上，建设真实生活之人"，他强调"奋往突进，以蕲人性之解放与向上"，"内对一己之自我与生活，为锐敏之省察，外对当时社会之实状，为深刻之批判，以根究人性之弱点与文明之缺陷，而以匡救其弱点与缺陷为自己天职"。第三，勾勒尼采学说的三个演变过程，并着重概括其成熟阶段的思想主张。尼采的思想主张包括两个方面：一是"破"，即"攻击十九世纪凡俗主义、物质主义之文明，以谓人生之真意义，皆隐于宗教、道德、博爱、人道是等美名之下，戴虚伪之假面，以求调和，求苟安，如堕疾病丑恶之窟中，无能振拔"；二是"立"，即"以意志与创造为中心要素，以立主我思想之基础"，"倡言超人哲学，鼓吹英雄主义，赞美力之享乐，高唱人格之权威，宣传战争之福音，而欲导现代文明于新理想主义之域"。第四，申述尼采学说对中国社会的作用："其说颇能起衰振敝，而于吾最拘形式、重因袭、囚锢于奴隶道德之国，尤足以鼓舞青年之精神，奋发国民之勇气。""鼓舞青年之精神，奋发国民之勇气"突出了尼采思想对中国人的精神品质的冲击作用。值得指出的是，李大钊将中国传统道德称为"奴隶道德"，并认为尼采思想对中国的青年具有鼓舞作用的提法，与陈独秀的见解惊人的一致。

新文化运动和文学革命的另一位领袖胡适（1891～1962年）在五四之后多次提到尼采的学说。在五四运动的领袖群中，胡适对尼采思想的评价是最高的。1919年12月1日，他在《新青年》第7卷第1号上发表了《新思潮的意义》一文，在解释五四新文化运动的精神实质即"新思潮的意义"时提到了尼采的观点。作者指出："据我个人的观察，新思潮的根本意义只是一种新态度。这种新态度可叫做'评判的态度'。评判的态度，简单说来，只是凡事要重新分别一个好与不好。""尼采说现今时代是一个'重新估定一切价值'（Transvaluation of all Values）的时代。'重新估定一切价值'八个字便是评判的态度的最好解释。"❶ 胡适随即强调：

我以为现在所谓"新思潮"，无论怎样不一致，根本上同有这公共的一点——评判的态度。孔教的讨论只是要重新估定孔教的价值。文学的评论只是要重新估定旧文学的价值。贞操的讨论只是要重新估定贞操的道德在现代社会的价值。旧戏的评论只是要重新估定旧戏在今日文学上的价值。礼教的讨论只是要重

---

❶ 胡适："新思潮的意义"，载《胡适文存》（第1集），上海亚东图书馆1921年版，第1022～1023页。

新估定古代的纲常礼教在今日还有什么价值。女子的问题只是要重新估定女子在社会上的价值。❶

他还明确表示："我们既然主张'重新估定一切价值'，自然要反对盲从。"❷显然，胡适在文章中表现出的态度与尼采对基督教及其道德观、西方理性主义、西方尤其是德国教育制度以及西方近现代物质文明的抨击如出一辙，可谓深得尼采学说之精髓。

1922 年，胡适为《申报》50 周年纪念册《最近之五十年》写了《五十年来之世界哲学》一文，该纪念册由申报馆于 1923 年出版。文中两次提到尼采及其学说。第一次是在该文的"引论"中，胡适说：

这一年（指 1872 年）忽然出了一个怪杰，叫做尼采（Nietzsche）。他的少年作品，《悲剧的诞生》（*Die Geburt der Tragodie*）就出在这一年。这部书提出一种新的人生观。他用希腊的酒神刁尼修斯（Dionysius）（通译狄奥尼索斯）代表他的理想的人生观；他说刁尼修斯胜于阿婆罗（Apollo，希腊的乐神——原注）（通译阿波罗），而阿婆罗远胜于梭格拉底（Socrates）（通译苏格拉底），这就是说，生命重于美术，而美术重于智识。这就是尼采'重新估定一切价值'的第一步。❸

第二次提到尼采思想是在该文的"尼采"一节。该节扼要地介绍了尼采学说。首先，作者从尼采思想与叔本华哲学关联的角度认定尼采哲学本质上是生命哲学。胡适指出：

尼采也是浪漫主义的产儿。他接受了叔本华的意志论，而抛弃了他的悲观主义。叔本华说的意志，是求生的意志；尼采说的意志，是求权力的意志，生命乃是一出争权力的大戏；在这戏里，意志唱的是正角，知识等等都是配角。真理所以有用，只是因为他能帮助生命，提高生命的权力。生命的大法是：各争权力，优胜劣败。生命的最高目的是造成一种更高等的人，造成"超人"。战争是自然的，是不可免的；和平是无生气的表示。为求超人社会的实现，我们应该打破一切慈悲爱人的教训。叔本华最推崇慈悲，尼采说慈悲可以容纵弱者而压抑强者，是社会进步的最大仇敌。❹

这里涉及尼采对生命意志的本质的认识（"求权力的意志"、"生命乃是一出争权力的大戏"、"生命的大法是：各争权力，优胜劣败"）、对生命的最高目的的

---

❶ 胡适："新思潮的意义"，载《胡适文存》（第 1 集），上海亚东图书馆 1921 年版，第 1024 页。

❷ 胡适："新思潮的意义"，载《胡适文存》（第 1 集），上海亚东图书馆 1921 年版，第 1031 页。

❸ 胡适："五十年来之世界哲学"，载《胡适文存》（第 2 集），上海亚东图书馆 1924 年版，第 219～220 页。

❹ 胡适："五十年来之世界哲学"，载《胡适文存》（第 2 集），上海亚东图书馆 1924 年版，第 229 页。

认识（"造成一种更高等的人，造成'超人'"）以及对真理的认识（"能帮助生命，提高生命的权力"）、对战争的认识（"战争是自然的，是不可免的；和平是无生气的表示"）、对慈悲的态度（"慈悲可以容纵弱者而压抑强者，是社会进步的最大仇敌"）。

其次，概括尼采"重新估定一切价值"的主张，指出尼采哲学的反传统性质。胡适认为：

> 尼采反对当时最时髦的一切民治主义的学说。生命是竞争的，竞争的结果自然是强者的胜利。强者贤者的统治是自然的，一切平民政治的主张：民权，社会主义，共产主义，无政府主义，都是反自然的。不平等是大法，争平等是时人妄想。尼采大声疾呼的反对古代遗传下来的道德与宗教。传统的道德是奴隶的道德，基督教是奴隶的宗教。传统的道德要人爱人，保障弱者劣者，束缚强者优者，岂不是奴隶的道德吗？基督教及一切宗教也是如此。基督教提倡谦卑，提倡无抵抗，提倡悲观的人生观，更是尼采所痛恨的。❶

可见，尼采哲学主要是反对平等即"民治主义"、反对传统的道德、反对传统的宗教尤其是基督教。最后，胡适对尼采哲学思想作出了总体而又别出心裁的评价：

> 尼采……一身多病，他也是"弱者"之一！他的超人哲学虽然带着一点"过屠门而大嚼"的酸味，但他对于传统的道德宗教，下了很无忌惮的批评，"重新估定一切价值"，确有很大的破坏功劳。❷

胡适认为尼采作为一身多病的"弱者"，却标举战争和"求权力的意志"，乃是自我安慰之举。而胡适对尼采"重新估定一切价值"主张的推崇，与他在《新思潮的意义》一文里的态度完全一致。

五四运动爆发前夕，当时尚为北京大学学生的傅斯年（1896～1950 年）也在自己的文章中多次提到尼采学说。1919 年 1 月 1 日，他在《新潮》创刊号上发表了《人生问题发端》一文，文中提到尼采的"超人"学说。傅斯年指出，当时思想界根据自然界规律来解释人生价值的"生物学派"人生观一共有五种，尼采的"超人"说是其中之一。他这样阐述尼采"超人"说的产生背景与内涵："看见人类所由来的历史是那样，就可以断定人类所向往的形迹必定是那样。所以有了尼采的'超人'观。"❸

1919 年 5 月 1 日，傅斯年又在《新潮》第 1 卷第 5 号上发表了《随感录》一

---

❶　胡适："五十年来之世界哲学"，载《胡适文存》（第 2 集），上海亚东图书馆 1924 年版，第 229～230 页。

❷　胡适："五十年来之世界哲学"，载《胡适文存》（第 2 集），上海亚东图书馆 1924 年版，第 230 页。

❸　傅斯年："人生问题发端"，载《新潮》1919 年第 1 卷第 1 号，第 9 页。

文，文中多次提及尼采。在该文第一节的结尾，作者模仿尼采的口吻呼吁："我们须提着灯笼沿街寻'超人'，拿着棍子沿街打魔鬼。"❶ 这一呼吁不仅提到了尼采的"超人"概念，而且化用了尼采《快乐的科学》所描写的"疯子"故事：在一个大白天，"疯子"手提灯笼，大声呼喊："上帝在哪儿呢？我来告诉你。我们，你和我！已经把他杀死了，我们都是他的凶手！……难道我们不应当在正午点起我们的灯笼吗？不是已经听见掘坟墓人的声音，他们正在埋葬上帝吗？你已经嗅着全能上帝腐烂的气味吗？因为上帝也要腐烂的！上帝死了！"❷ 在第四节里，傅斯年在赞美鲁迅的文笔的同时也赞美了"尼采的调头"："《新青年》里有一位鲁迅先生和一位唐俟（鲁迅曾用过的笔名）先生是能做内涵的文章的。我固不能说他们的文章就是逼真托尔斯泰、尼采的调头，北欧中欧式的文学，然而实在是《新青年》里一位健者。"❸ 作者还提到了尼采反基督教和"价值重估"的主张："基督教劝人不要拜偶像，而尼采说基督教就是偶像。尼采是位极端破坏偶像家。""尼采说——'让每件东西的价值都被你重新决定。'或者更过几世纪，尼采这话又成偶像，也未可知。果真成偶像，成得很快，尼采死而有灵，必是不怒而喜。"❹ 在文章末尾，傅斯年又化用尼采关于古希腊太阳神阿波罗文化内涵的认识说：

Apollo 诚然也是个偶像；但是从这偶像生出希腊人自由尚美的精神，到了现在，这精神在人世上还正发扬，我们就不妨用这偶像打破专门制造生殖器崇拜的五通。更清楚着说，我们拿人道的偶像，打礼教的偶像，是应该的。❺

即是说，在傅斯年看来，古希腊太阳神阿波罗体现着"希腊人自由尚美的精神"，体现着"人道"精神，用它可以来"打礼教的偶像"。

二、五四领袖的尼采阐释与"伦理之觉悟"

五四新文化运动主要有两项任务：一个是思想革命或思想启蒙，另一个是文学革命。新文化运动的领袖们在这两个方面都借助了尼采思想。这里着重"思想革命"或思想启蒙对尼采思想的借重情况。

陈独秀在《吾人之最后觉悟》一文里把人们的"觉悟"过程概括为三个阶段：

自西洋文明输入吾国，最初之觉悟者为学术，相形见绌，举国所知矣；其次

❶ 傅斯年："随感录"，载《新潮》1919年第1卷第5号，第198页。
❷ F. Nietzsche. *Die fröhliche Wissenschaft*. Karl Schlechta. *Friedrich Nietzsche Werke*；Band 2. München：Carl Hanser Verlag，1955，p126.
❸ 傅斯年："随感录"，载《新潮》1919年第1卷第5号，第201页。
❹ 傅斯年："随感录"，载《新潮》1919年第1卷第5号，第203页。
❺ 傅斯年："随感录"，载《新潮》1919年第1卷第5号，第203页。

为政治,年来政象所证明,已有不克守缺抱残之势。继今以往,国人所怀疑莫决者,当为伦理问题。此而不能觉悟,则前之所谓觉悟,非彻底之觉悟,盖犹在倘恍迷离之境。吾敢断言曰:伦理的觉悟,为吾人最后觉悟之最后觉悟。❶

在陈独秀看来,"学术"即科学知识与技术方面的觉悟、"政治"即政治和法律制度方面的觉悟、"伦理"即思想与道德观念方面的觉悟等三个阶段构成了一个逐渐深化的过程。

陈独秀为什么如此看重"伦理的觉悟"呢?这是因为他标举的"革命",其重点和目标乃是新人格的确立。这种"新人格"以追求个人自由、平等和独立自主为内涵。所以他说:

尊重个人独立自主之人格,勿为他人之附属品。……若以一人而附属一人,即丧其自由自尊之人格,立沦于被征服之女子奴隶捕虏家畜之地位。此白皙人种所以就就于独立自主之人格,平等自由之人权也。❷

这种"新人格"与尊重"人权"也密切相关。陈独秀在《青年杂志》发刊词中将"自主的而非奴隶的"人权作为人生追求的第一要义:"等一人也,各有自主之权,绝无奴隶他人之权利,亦绝无以奴自处之义务";"盖自认为独立自主之人格以上,一切操行,一切权利,一切信仰,唯有听命各自固有之智能,断无盲从隶属他人之理"。❸ 在陈独秀看来,中国封建伦理道德有四大弊端,正是它们导致了了中国封建社会的种种乱象:"一曰损坏个人独立自尊之人格;一曰窒碍个人意思之自由;一曰剥夺个人法律上平等之权利;一曰养成依赖性戕贼个人之生产力。东洋民族社会中种种卑劣不法惨酷衰微之象,皆以此四者为之因。"❹

与此同时,新文化运动领袖们大力提倡"民主"与"科学"两大理念,呼吁请进西方的"德先生"(Democracy)和"赛先生"(Science)。而这样做的前提乃是"反对孔教"。所以,陈独秀在《本志罪案之答辩书》一文里明确提出:"要拥护那德先生,便不得不反对孔教,礼法,贞节,旧伦理,旧政治。要拥护那赛先生,便不得不反对旧艺术和旧宗教。我们现在认定只有这两位先生,可以救治中国政治上道德上学术上思想上一切的黑暗。"❺ 李大钊在《孔子与宪法》(1917年)一文里称孔子是"数千年前之残骸枯骨",是"历代帝王专制之护符"。❻ 他在《自然的伦理观与孔子》(1917年)一文中申明:"余之掊击孔子,非掊击孔

❶ 陈独秀:"吾人之最后觉悟",载《青年杂志》1916年第1卷第6号。
❷ 陈独秀:"一九一六年",载《陈独秀著作选》(第1卷),上海人民出版社1993年版,第172页。
❸ 陈独秀:"敬告青年",载《青年杂志》1915年第1卷第1号,第3页。
❹ 陈独秀:"东西民族根本思想之差异",载《陈独秀著作选》(第1卷),上海人民出版社1993年版,第167页。
❺ 陈独秀:"本志罪案之答辩书",载《新青年》1918年第6卷第1号,第10页。
❻ 李大钊:"孔子与宪法",载《李大钊全集》(第1卷),人民出版社2006年版,第242页。

子之本身，乃掊击孔子为历代君主所雕塑之偶像之权威也；非掊击孔子，乃掊击专制政治之灵魂也。"❶ 吴虞则致力于揭露儒家伦理观念与封建专制制度狼狈为奸的本质。他在《家族制度为专制主义之根据论》（1917 年）一文里指出："孝之范围，无所不包，家族制度之与专制制度，遂胶固而不可以分析。"❷ 他在《礼论》（1917 年）一文里指出中国封建礼教的目的在于"使人柔顺屈从"，并维护"以尊卑贵贱上下之阶级为其根本"的封建秩序。❸

那么如何推动国人"伦理的觉悟"？如何"反对孔教"、反对"旧伦理"与"旧政治"、"反对旧艺术和旧宗教"呢？新文化运动领袖们祭出了尼采思想这面旗帜。

从陈独秀的尼采阐释情况可以看出，他对尼采的"贵族道德"观与"超人"说表现出了浓厚的兴趣。尽管他认为尼采的主张有"极端"的一面，但更承认尼采的理论"说破了人生的真相"，对抨击中国传统的"奴隶之道德"有所启迪，对阐述"人生真义"或设计新道德有所助益。他在《道德之概念及其学说派别》、《一九一六年》等文章中指出，中国传统的以"三纲"为中心的旧道德"皆非推己及人之主人道德，而为以己属人之奴隶道德也"。❹ 他在《敬告青年》里进一步用尼采的"奴隶道德"、"贵族道德"等观念来抨击中国人缺乏青春、中国社会缺少青年的现象，并将由尼采道德观改造成的"自主的而非奴隶的"态度作为中国青年遵守的第一条行为准则。在文中，陈独秀鼓励中国人尤其是中国青年接受尼采的"贵族道德"观念，不要盲从他人，而要培养成"自主自由之人格"。他告诫说：

> 解放云者，脱离夫奴隶之羁绊，以完其自主自由之人格之谓也。我有手足，自谋温饱；我有口舌，自陈好恶；我有心思，自崇所信；绝不认他人之越俎，亦不应主我而奴他人；盖自认为独立自主之人格以上，一切操行，一切权利，一切信仰，唯有听命各自固有之智能，断无盲从隶属他人之理。❺

他在《人生真义》里鼓励中国"现在时代的人"参照尼采的"超人"思想，反对传统的伦理观与价值观，充分发挥自己的个人意志和个体意识，以真正实现"人生真义"。

胡适则特别推重尼采"重新估定一切价值"的思想。如前所述，他在《新思潮的意义》一文中将五四新文化运动的精神即"新思潮的意义"概括为尼采的"重新估定一切价值"主张，并据此反思中国的文化传统，指出：

---

❶ 李大钊："自然的伦理观与孔子"，载《李大钊全集》（第 1 卷），人民出版社 2006 年版，第 247 页。

❷ 吴虞："家族制度为专制主义之根据论"，载《吴虞集》，四川人民出版社 1985 年版，第 63 页。

❸ 吴虞："礼论"，载《吴虞集》，四川人民出版社 1985 年版，第 135～136 页。

❹ 陈独秀："一九一六年"，载《陈独秀著作选》（第 1 卷），上海人民出版社 1993 年版，第 172 页。

❺ 陈独秀："敬告青年"，载《青年杂志》1915 年第 1 卷第 1 号，第 3 页。

评判的态度，简单说来，只是凡事要重新分别一个好与不好。仔细说来，评判的态度含有几种特别的要求：（1）对于习俗相传下来的制度风俗，要问："这种制度现在还有存在的价值吗？"（2）对于古代遗传下来的圣贤教训，要问："这句话在今日还是不错吗？"（3）对于社会上糊涂公认的行为与信仰，都要问："大家公认的，就不会错了吗？人家这样做，我也该这样做吗？难道没有别样做法比这个更好，更有理，更有益的吗？"❶

显然，胡适把尼采"重新估定一切价值"的主张当做了他重新评判中国封建传统伦理、制度、风俗、圣贤教训、信仰等的标尺。

李大钊从总体上揭示了尼采学说对现代中国思想启蒙主张与活动的推动作用。他在《介绍哲人尼杰》里指出尼采的思想"颇能起衰振敝，而于吾最拘形式、重因袭、囚锢于奴隶道德之国，尤足以鼓舞青年之精神，奋发国民之勇气"。也就是说，因为尼采学说能够鼓舞国人精神、奋发国民勇气，正好借用来作为现代中国思想启蒙的助推器。他还在《青春》（1916年）一文里借助尼采"重新估定一切价值"的主张呼吁："青年之自觉，一在冲决过去历史之网罗，破坏陈腐学说之囹圄，勿令僵尸枯骨，束缚现在活泼泼地之自我。"❷

傅斯年也借助了尼采的思想来阐发人生真义。他在《人生问题发端》一文里针对尼采的"超人"说指出："尼采的话虽然说的太过了，但是人类不止于现在的景况，却是天经地义。从此知道天地之间是'虚而不屈，动而愈出'。人生的真义，就在于力求这个'更多'，永不把'更多'当做'最多'。"❸换言之，尼采"超人"说可以启示国人不断追求、永不停歇、永不满足。

第三节　茅盾的尼采阐释与"创造新道德"

茅盾（1896~1982年）是小说家、文学批评家，中国现代文学重要奠基人之一。他在五四新文化运动时期开始接触、阐释与传播尼采学说。他的《尼采的学说》是20世纪20年代以前中国学界尼采阐释的代表作之一。茅盾阐释尼采思想的主要目的是想寻求"创造新道德"的异域资源。

一、茅盾的尼采阐释

茅盾最早提及尼采学说是在1917年。他在这一年12月5日的《学生杂志》第4卷第12号上发表了《学生与社会》一文。文中提到尼采的"贵族道德"和"奴隶道德"观念："德国大哲尼采，别道德为二类：有独立心而勇敢者，曰贵族

---

❶ 胡适："新思潮的意义"，载《胡适文存》（第1集），上海亚东图书馆1921年版，第1023页。
❷ 李大钊："青春"，载《李大钊全集》（第1卷），河北教育出版社1999年版，第191页。
❸ 傅斯年："人生问题发端"，载《新潮》1919年第1卷第1号，第9页。

道德；谦逊而服从者，曰奴隶道德。"❶ 不过茅盾没有对此展开进一步的讨论。1920 年，茅盾在《学生杂志》第 7 卷第 1～4 号上连载了《尼采的学说》一文。此文是他深入研究尼采学说的成果，也是自 1902 年梁启超首次提到尼采以来至 20 世纪 20 年代中国学界研究尼采思想的最高水平的成果之一。1922 年，茅盾还特地翻译了西方学者（国籍不明）A. 海里曼（Anon Helimann）的《霍甫德曼与尼采哲学》一文，刊登在该年 6 月 10 日《小说月报》第 13 卷第 6 号上。海里曼此文的主旨是讨论德国戏剧家、小说家霍甫德曼的创作与尼采思想的关系。

　　1919 年，茅盾根据英国翻译家列维（Oscar Levy）的英译本翻译了尼采《查拉图斯特拉如是说》中的《新偶像》与《市场之蝇》两章，刊登在该年 11 月 15 日、12 月 1 日的《解放与改造》杂志第 1 卷第 6 期、第 7 期上。他在《查拉图斯特拉如是说》中的《新偶像》与《市场之蝇》两章的译文之前写了一个"小引"：

　　张东荪先生的双十节一文中，说："……有人只鼓吹托尔斯泰的人道主义而大反对尼采的超人主义。我以为不然。……尼采的学说若是真能领会，决不致发生流弊……"这话我很佩服。我于尼采的书，只看了 *Thus Spake Zarathustra*，*Beyond Good and Evil*，*Genealogy of Morals* 三本，对于尼采的知识很浅，他的最后最大的著作 *The Will to Power* 还没有看过，次一等的如 *The Twilight of The Idols* 也没有看过，原不配在这里开口说什么。不过在我这极狭的知识范围里看来，觉得尼采是主张强权这句话，实在是有些冤枉他。他说的只有聪明人强健人应该活，其余多该死，果然是立言之累；但柏拉图不是也有此等话么？即如在 Fabian Society 而又为新剧大家的 Shaw（即萧伯纳），不是也有这种论调么？何独苛责于尼采呢？A. M. Ludovici 说尼采是思想界的无政府党，哲学上一切学说，他都破坏；我以为这话还算公平。❷

　　茅盾最后满怀激情地说："尼采是大文豪，他的笔是锋快的，骇人的话，常见的。就他的 *Thus Spake Zarathustra* 看，可称是文学中少有的书。"❸ 茅盾对张东荪肯定"尼采的学说若是真能领会，决不致发生流弊"的说法"很佩服"，说明他对尼采学说也持肯定态度。茅盾"觉得尼采是主张强权这句话，实在是有些冤枉他"、"是立言之累"，并认为柏拉图和萧伯纳都发表过类似言论而众人却"独苛责于尼采"，显然是在为尼采鸣不平。茅盾认为美国学者 Ludovici 称"尼采是思想界的无政府党，哲学上一切学说，他都破坏"的说法"还算公平"，表明了他对尼采"重新估定一切价值"主张的认同。至于他称尼采为"大文豪"，称 *Thus Spake Zarathustra*（中译《查拉图斯特拉如是说》）是"文学中少有的书"，

---

❶ 茅盾："学生与社会"，载《茅盾全集》（第 14 卷），人民文学出版社 1987 年版，第 5 页。
❷ 茅盾："《新偶》、《市场之蝇》小引"，载许子铭、余斌编：《沈雁冰译文集》（下册），译林出版社 1999 年版，第 400～401 页。
❸ 茅盾："《新偶》、《市场之蝇》小引"，载许子铭、余斌编：《沈雁冰译文集》（下册），译林出版社 1999 年版，第 401 页。

则是对尼采及其文笔的赞美。

茅盾对尼采学说全面而深入的理解集中凝结在《尼采的学说》一文之中。全文共七章，依次为"引"、"尼采传略及著作"、"尼采的道德论（上）"、"尼采的道德论（下）"、"进化论者的尼采"、"社会学者的尼采"和"结论"。

在"引"里，茅盾首先指出尼采是 19 世纪末欧洲思想界的"三个大人物"之一，并特别提到他认为"人生是挣向光明"的人生观。❶ 这一部分主要讲了三项内容：一是对尼采的身份及其文笔特色的界定。作者说："尼采到底是大诗人呢，还是位大哲学家，这是久已聚讼纷纷。我们现在是将尼采放在哲学家队里的了。但是尼采当初，倘然拿剧体或是对话体来发表他的意见，恐怕称赞的人还要多。我们只将 *Thus Spoke Zarathustra* 一部书来看，便知尼采实在有诗的天才，与其说他是大哲学家，不如说他是大文豪。"❷ 二是点明尼采学说的精髓是"价值重估"思想。作者明确指出："尼采最大的——也就是最好的见识，是要：把哲学上一切学说，社会上一切信条，一切人生观道德观，重新称量过，重新把他们的价值估定。""这便是尼采思想卓绝的地方，所以有人说他是思想界上的无政府党；有人称他哲学的精神实在和实验主义有些相合；而且他虽然在实验主义之前，却扫荡一切古来传习的信条，把向来所认为绝对真理的，根本动摇；这正仿佛是做了实验主义的开路先锋。"❸ 三是表明对待尼采学说的态度。茅盾认为："我们读尼采的著作，应该处处留心，时常用批评的眼光去看他"；"我们读尼采的书，只要分别得出，那是极有用，极受益，决无流弊的"。❹

在"尼采传略及著作"这一部分里，作者先简要叙述了尼采的生平与尼采学说的渊源，指出尼采的学说受到希腊主义、叔本华等人的影响，然后逐篇介绍了尼采著作的内容。作者详细介绍了 *Unzeitgemässe Betrachtunge*（通译《不合时宜的思考》）和 *Thus Spake Zarathustra* 两部书。茅盾对后者的评价颇高，认为："这是一部离奇的道德的心理的评论的诗体小说（姑且称他为小说），算得是尼采的一大杰作。""这部书是部极奇的著作，不但讨论到许多问题，并且包括尼采的哲学思想。……我们不论哲学上的价值，单论文学上的价值，也就可以决定这是天地间一部杰作。"❺

尼采的道德思想是茅盾考察的重点。文章特别用了两节的篇幅来讨论这一问题。"尼采的道德论（上）"劈头就交代了道德论在尼采学说中的地位："尼采生平的著作，研究道德的占了一大半；他是抱定主意创造，实在是重新估定一切价值的，所以他的道德论是极有革命性的，是不顾这个名词好听不好听老老实实批

---

❶ 茅盾："尼采的学说"，载郜元宝编：《尼采在中国》，上海三联书店 2001 年版，第 69 页。
❷ 茅盾："尼采的学说"，载郜元宝编：《尼采在中国》，上海三联书店 2001 年版，第 69 页。
❸ 茅盾："尼采的学说"，载郜元宝编：《尼采在中国》，上海三联书店 2001 年版，第 70 页。
❹ 茅盾："尼采的学说"，载郜元宝编：《尼采在中国》，上海三联书店 2001 年版，第 70 页。
❺ 茅盾："尼采的学说"，载郜元宝编：《尼采在中国》，上海三联书店 2001 年版，第 75～76 页。

评的。"❶ 这一节主要讨论了三个问题：第一，分析尼采道德研究的特点。作者认为，尼采的道德研究有两个特点：一是从道德的起源着手，即"从原始人类的时代研究道德何以发生"；二是结合心理分析来展开，即探讨"现在所谓'善'的道德何以得大家的承认"。❷ 作者认为，尼采正是在此基础上提出了道德相对论："尼采告诉我们'善'和'恶'不是永久的绝对的价值；是相对的，可以变换的。""'强暴者'自认为善的，'柔弱者'视之是恶；'柔弱者'认为善的，'强暴者'视之是恶。'强暴者'和'柔弱者'决不能共一善恶，也决不能平分一善恶。"❸ 第二，剖析尼采对道德本质的认识。茅盾认为尼采揭示了道德的实用主义和强权本质，因为尼采觉得人类用道德"是为达到一个'目的'的——便是为'攫得权力'的方法"，换言之，"道德不过是人用来争权夺利的一种器械"。❹ 第三，揭示"超人"道德观的内涵。茅盾指出：

尼采从研究道德的历史起源上得了个原则道：凡是道德都是为一种特式人的生存与发展的。……尼采认他理想中的"超人"是将来最合式的一种人，所以他便以为合于这种"超人"的发展的，方是应有的道德，其余的都要不得；他又本着这种见解去批评世间的各式道德。❺

"尼采的道德论（下）"主要讨论了尼采的道德类型问题。茅盾首先指出：

尼采以为人类的历史是永远不绝的两类人的战争……这是有权力者与无权力者，强者与弱者，给与者与受取者，健者与弱者，有福者与苦命者中间的战争。道德既是战争的器械，所以便也跟着这两面的人分为两大类，尼采称这两大类为"主者道德"与"奴者道德"。❻

然后，作者依次揭示了"主者道德"与"奴者道德"的内涵。何谓"主者道德"？在尼采看来："主者所认为善的道德，都是从强，权力，健康，整齐，幸福，伟大……发出的行为。他的动机是一种兼求灵肉美丽富足的意志，是贵族的心理态度。"❼ "创造'主者道德'的人，是自己的灵魂很饱满的，他所见的闻的，都被这饱满的灵魂醇化，觉得都该比'奴者道德'的创作人所见得的，要好些，伟大些，美些。凡是大艺术家，大法律家，大战士，都是属于那'主者道德'的创造人的一类的。"❽ 何谓"奴者道德"？在尼采看来：""'奴者道德'的创

---

❶　茅盾："尼采的学说"，载郜元宝编：《尼采在中国》，上海三联书店 2001 年版，第 77 页。
❷　茅盾："尼采的学说"，载郜元宝编：《尼采在中国》，上海三联书店 2001 年版，第 78 页。
❸　茅盾："尼采的学说"，载郜元宝编：《尼采在中国》，上海三联书店 2001 年版，第 79~80 页。
❹　茅盾："尼采的学说"，载郜元宝编：《尼采在中国》，上海三联书店 2001 年版，第 80 页。
❺　茅盾："尼采的学说"，载郜元宝编：《尼采在中国》，上海三联书店 2001 年版，第 81 页。
❻　茅盾："尼采的学说"，载郜元宝编：《尼采在中国》，上海三联书店 2001 年版，第 83 页。
❼　茅盾："尼采的学说"，载郜元宝编：《尼采在中国》，上海三联书店 2001 年版，第 83 页。
❽　茅盾："尼采的学说"，载郜元宝编：《尼采在中国》，上海三联书店 2001 年版，第 84 页。

造人……原是生活争斗的失败者；他们所谓'善'的，尚限于保护自己生命的存在，所以他们的动机是'争存'，'求活'。……他们觉得但能略减些痛苦的，都是好的——都是'善'。所以'人怜''施惠''勤''人道''忍受'……是他们所认为'善'……"❶ "创造'奴者道德'的，是自己的灵魂很贫乏的……凡是大阴谋家，厌世自杀者，无所不攻击的政客，无味的艺术家，虚无党，好骂多憎人的著作家和戏曲家，以及愤世的智者，都是属于那'奴者道德'的创造人的一类的。"❷ 最后，茅盾扼要分析了尼采提倡"主者道德"的动机，指出：

尼采何以说"主者道德"更好呢？这也有他的理由。他以为"人类生活"面前，是有两条路放着：一条是"向上"的，一条是"趋下"的。他以为"向上路"的终点，便是灵肉一致的富足美丽；"趋下路"的终点，便是堕落，灵肉同受困乏，只是寄生虫的生活而已。他以为"主者道德"便是使"生活"上那"向上路"的，"奴者道德"便是上那"趋下路"的……❸

"进化论者的尼采"一节介绍了尼采的"超人"说。茅盾认为："'超人'主义，便可算是尼采的进化论。""从前达尔文说人是由动物进化而来，现在尼采也说，将来的人，也要从现代人进化而去，神是靠不住的。"❹ 这一节主要讨论了两个问题：一是"超人"说的历史意义和产生背景。谈及尼采"超人"说的历史意义，茅盾将"超人"说比喻为"晴天一个雷"。❺ 谈及尼采创立"超人"说的背景与原因，茅盾指出："欧洲那时正是精神病象的时候。一般人只知苟安，醉梦；人渐渐要变成一种极驯的家畜了，除了恭媚女人以外，没有聪明了。"❻ "尼采以为社会中种种的暮气衰象都是因为价值病象的缘故，所以第一欲重新估定价值……尼采又极力反对神。他说：神是死了，人是只靠自己去创造去开辟。人不必拿神做最终最好的准则，人类自有最好的准则，只待人发明……这种最好的，可为准则的人，和地上的极乐世界，都是人的能力可以办到的。……尼采说，这便是'超人'了。"❼ 二是尼采"超人"说与进化论的区别。茅盾从人类进化的动力、实质和结果等三个方面详细讨论了两者之间的差别。在这一节里，茅盾特别提到尼采对"高等人"期望一事：

尼采相信现在的人类尚不全然坏却，尚有转造为一切较高的式子的资格，只要将人类的权力或布置，经过一次合宜的堆积或增大，便可达到目的。他以为这

---

❶ 茅盾："尼采的学说"，载郜元宝编《尼采在中国》，上海三联书店 2001 年版，第 84 页。
❷ 茅盾："尼采的学说"，载郜元宝编《尼采在中国》，上海三联书店 2001 年版，第 84 页。
❸ 茅盾："尼采的学说"，载郜元宝编《尼采在中国》，上海三联书店 2001 年版，第 85 页。
❹ 茅盾："尼采的学说"，载郜元宝编《尼采在中国》，上海三联书店 2001 年版，第 89～90 页。
❺ 茅盾："尼采的学说"，载郜元宝编《尼采在中国》，上海三联书店 2001 年版，第 87 页。
❻ 茅盾："尼采的学说"，载郜元宝编《尼采在中国》，上海三联书店 2001 年版，第 87 页。
❼ 茅盾："尼采的学说"，载郜元宝编《尼采在中国》，上海三联书店 2001 年版，第 88 页。

世界上，原也有些神清气爽的人，计划最大的可能事；从前的"人式子"走到那神秘而可畏的两歧路口，便身不由主的被胡思乱想所驱策——或者是被那巨无霸的"运"所驱策——走入迷途了。……尼采这些话是欲说给高等一些的人听——就是引导群众入正途或邪途的人。……第一切要的事，还是感化这班做群众领袖的人，他说："你们几位现今寂寞的人呵，你现在站开一边，你将来总有一日要到'人'的一边；你若挑选了你自己，你便可以做个头挑的人，从这些头挑的人里，更可以生出超人。"❶

在尼采看来，高等人就是人类"较高的式子"或"人式子"，他们是最有可能成为"超人"的"头挑的人"。

在"社会学者的尼采"一节里，茅盾将尼采的"社会学"主张概括为三项内容。一是社会二元论或"阶级"论。茅盾指出："尼采是深信社会上有两个阶级存在，而且永久将存在，这两阶级是——治者的高贵的阶级和平民的被治者的卑贱的阶级。"❷尼采之所以这样主张，与他的理论基点和理想相关："尼采的社会哲学的出发点，是向上心的扩张，这是和那拿平等为基础的已然不同了。所以尼采主张进的社会，扶助高等的人，不必顾劣等的平凡的人。"❸"尼采又把他理想中的社会告诉我们……尼采取金字塔来比喻社会组织：金字塔的基础定欲大块而粗硬的石头，而且底盘要大，石数也要多；渐上，石数渐减，到顶上只剩一块。这是造成金字塔不得不然的法子。尼采说，社会也要如此，不可不把大多数平凡的人民来打底，做成社会的基础。"❹　二是反民主、反平等观。茅盾明确指出：尼采"是反对平等的，以为人类天生的不平等"。❺"尼采已然是认定贵族政体是正当的，而且是适当的政体了，所以他极看不起德谟克拉西和社会主义。他说，德谟克拉西和社会主义，是养成两种奴隶的组织，使无论智愚贤不肖都操绝大的权力罢了，这是多少危险！因此，他更断定德谟克拉西和社会主义，是毁灭一切高等目的的高等希望的。"❻　三是否定传统道德，提倡新道德。茅盾认为，尼采要"重新估定现在的道德价值"，反对"怜悯"。茅盾指出："尼采是极骂怜悯没意思的……他以为大创造家创造超人的社会，是不知有怜悯的；那些平庸愚笨的人，足为超人社会的累的，自然该一毫不怜悯的去之。欲好花生长，不得不去恶草。"❼"尼采是极称扬向权力的意志的；他说，由向权力的意志所出发的利人，怜人行为，方是有价值的行为了。"❽"尼采说，有一种利己主义比利他主义还好

---

❶　茅盾："尼采的学说"，载郜元宝编《尼采在中国》，上海三联书店 2001 年版，第 93 页。
❷　茅盾："尼采的学说"，载郜元宝编《尼采在中国》，上海三联书店 2001 年版，第 94 页。
❸　茅盾："尼采的学说"，载郜元宝编《尼采在中国》，上海三联书店 2001 年版，第 94 页。
❹　茅盾："尼采的学说"，载郜元宝编《尼采在中国》，上海三联书店 2001 年版，第 97～98 页。
❺　茅盾："尼采的学说"，载郜元宝编《尼采在中国》，上海三联书店 2001 年版，第 95 页。
❻　茅盾："尼采的学说"，载郜元宝编《尼采在中国》，上海三联书店 2001 年版，第 95 页。
❼　茅盾："尼采的学说"，载郜元宝编《尼采在中国》，上海三联书店 2001 年版，第 100 页。
❽　茅盾："尼采的学说"，载郜元宝编《尼采在中国》，上海三联书店 2001 年版，第 99 页。

还有价值。这是那等高贵人的利己主义；这等人积累起来，可以使全世界变好，更可欲，更幸福，更健全，精神肉体两方更超绝。"❶

"结论"部分在讨论对待尼采学说的态度之外，着重申述了尼采学说的价值与影响。作者认为，尼采对基督教的反对富有预见性，对"德谟克拉西"的攻击也有部分道理：

> 尼采最受人痛骂的地方，前二十年，是反对基督教和德谟克拉西。基督教在现社会，近十年前，已经大大受人攻击，不止尼采一个，所以此层可以不再说；至于德谟克拉西呢，我们欲知道尼采所深恶的德谟克拉西，已经和现在的有些不同。现在的德谟克拉西已经放大范围；Pure Democracy 有多少的 Limit，那是现在学者无人不谈的了。尼采反对，虽然也因他自己是主张二元的社会，却也因见到那时的德谟克拉西有种种缺憾的缘故。❷

茅盾还举例说明了尼采思想在现代中国思想界产生的重大影响："在最近十多年来，尼采主义虽然已经没人揭起大旗号呼了，然而尼采主义的精神，却流行得很。我们随便举几个例，如'精神自由'，如'知慧的勇气'，如'独立无惧'，如'寻真理的勇猛'等等词头儿，都是新思想的滋养品，然而就是尼采主义的结晶体。"❸

总体来看，茅盾对尼采学说的阐释体现出两个特点：一是大致能够坚持客观而公允的态度，表现一定的批判性和理性态度；二是又有些矛盾，对尼采学说的态度在赞扬、辩护与谴责、惋惜之间摇摆不定。

先说第一点。茅盾多次强调对尼采学说要坚持客观而公允的态度。他在《尼采的学说》的"引"和"结论"里反复表明了这一态度：

> 他（指尼采）对于道德上的新说——主性道德和奴性道德——他的"反基督"的宗教观念，和他的超人观，倘然只讲大体，实在都是绝精的。只要我们不把古人——尼采——当偶像，不把古人的话当"天经地义"，能怀疑，能批评，我是以为古人的书，都有一读的价值，古人的学说，都有一研究的必要的。❹

> 德国人一向是崇拜尼采学说的，但这次大战，人都归咎到尼采的学说；究竟是尼采的学说害人呢？还是德人误解了尼采学说的害处呢？我相信明白的读者多领悟得来。不过有一句话要说的，就是大战之后，德国人反更动了研究尼采学说的兴味，正和近年来研究马克思的兴味重振一般。我希望"自新"的德人，能够把尼采学说的价值重新估定。❺

---

❶ 茅盾："尼采的学说"，载郜元宝编：《尼采在中国》，上海三联书店 2001 年版，第 100 页。
❷ 茅盾："尼采的学说"，载郜元宝编：《尼采在中国》，上海三联书店 2001 年版，第 102 页。
❸ 茅盾："尼采的学说"，载郜元宝编：《尼采在中国》，上海三联书店 2001 年版，第 102 页。
❹ 茅盾："尼采的学说"，载郜元宝编：《尼采在中国》，上海三联书店 2001 年版，第 71 页。
❺ 茅盾："尼采的学说"，载郜元宝编：《尼采在中国》，上海三联书店 2001 年版，第 71～72 页。

我们现在平心静气一想，尼采这人，二十年来为大众恶视的，究竟是否一无价值。依我所见，尼采的学说，诚然是驳杂不醇，有些地方很危险；然尼采仍不失为大哲人。他的道德论超人说，那是本篇已经讲过的，多少含有几分真理；他的艺术论和科学将来问题，宗教将来问题，那是本篇无暇讨论的，更显得他有哲人的天才……在生物学上，尼采也有很大的地步，在心理学史学形上学等等，尼采也都可以插个脚，有卓越的思想，可以算是发明。❶

此外，茅盾在阐释尼采的具体主张时也往往是既肯定其合理内容，又否定其偏激成分。如他这样评判尼采的道德论：

我们要明白，人类固是求进步，但进步不一定从竞争——强吞弱——得来；愚的弱的，社会的龌龊面孔，固是进步的一个大障碍，固是消减"美"的和"善"的，但不一定去了弱的愚的就可以达到"善"和"美"——超人。所以尼采误人的地方不在他的理想，而在他提出达到这理想的方案！他对道德的批评是很不错的，他下在道德趋势上的断语却错了！所以我们处第三者地位来说句话，就是："跟了尼采走的人是完全错了；避了尼采不肯见面，或不肯和他一谭的，也不见得是完全不错！"❷

他赞美创造的主动的道德，毁谤卑怯自杀保守的道德，有什么错呢？不过倘若细论他的节目，便见得尼采是崇拜强权，惨酷无人道！所以我们要分别了去看，我们只取他的长处，不要看他的短处。❸

再如针对尼采反对德谟克拉西和社会主义一事，茅盾既指出了尼采的武断与错误："我们要晓得近世的纯粹或狭义的德谟克拉西，果然有许多缺点和限制，正统派或官化的社会主义，果然有许多地方是专制，阻止天才卓越的人向上的专制；但尼采所攻击的，全是不中要害，是一种武断的话。……尼采这话，是根据达尔文的种变说。达尔文说动物经过混种生殖，便降低了类种。这原是对某两种生物说的，不必定能应用到人类的阶级，然而尼采却取以为根据，反对德谟克拉西，这也是一个极大的谬误"❹，又指出了尼采的善良用意："他主张选拔贵族阶级，但仍是本着求人类进化的意思，他倾一腔的热忱呼唤高等的人出来，为将来的人——人的贵胄——计，播下种子。"❺ 茅盾对尼采"强力意志"说的评价也很辩证：

我们可说尼采过分称扬强权，以为强权是人类进化的阶段，未免错了；但他

❶ 茅盾："尼采的学说"，载郜元宝编：《尼采在中国》，上海三联书店2001年版，第102页。
❷ 茅盾："尼采的学说"，载郜元宝编：《尼采在中国》，上海三联书店2001年版，第78页。
❸ 茅盾："尼采的学说"，载郜元宝编：《尼采在中国》，上海三联书店2001年版，第85页。
❹ 茅盾："尼采的学说"，载郜元宝编：《尼采在中国》，上海三联书店2001年版，第96页。
❺ 茅盾："尼采的学说"，载郜元宝编：《尼采在中国》，上海三联书店2001年版，第96页。

说人类生活中最强的意志是"向权力",不是求生,实在有些意思。我们谁能说人类只是求能生活便心满意足呢?谁能说大战士、大艺术家、大殉道者、大英雄的视死如归的心理,不就是 Will to power("强力意志"的英译)心理呢?谁能说懦弱不能振作的民族,有正当的 Will to power 呢?❶

再看茅盾对待尼采学说的矛盾与摇摆态度。茅盾对尼采学说时而赞不绝口,敢于为尼采辩护;时而又表示惋惜,甚至谴责,态度模糊、暧昧。他在 1919 年翻译《查拉图斯特拉如是说》的《新偶像》与《市场之蝇》两章时所写的"小引"里对尼采思想的评价是完全肯定的。他认同张东荪肯定"尼采的学说若是真能领会,决不致发生流弊"的说法,并"觉得尼采是主张强权这句话,实在是有些冤枉他"、"是立言之累";但到了 1920 年,茅盾在《尼采的学说》一文里就对尼采学说表现出了批评甚至否定的态度。他说:"倘若细论他的节目,便见得尼采是崇拜强权,惨酷无人道!""我们可说尼采过分称扬强权,以为强权是人类进化的阶段,未免错了。""超于善恶的尼采,所重新估定的价值却只如此,却是这样的崇拜强力,真是'匪夷所思'的了。"❷另外,茅盾在这篇文章里对尼采"阶级"论的评价与一年前也明显不同。1919 年他为尼采的"阶级"论辩护道:"他说的只有聪明人强健人应该活,其余多该死,果然是立言之累;但柏拉图不是也有此等话么?即如在 Fabian Society 而又为新剧大家的 Shaw,不是也有这种论调么?何独苛责于尼采呢?"但其在《尼采的学说》里则指责说:"尼采这等分法,倒有些和柏拉图相近了;然而不及柏拉图的话尚有几分理,尼采的话便简直无理。"❸

茅盾对尼采学说为什么会表现出这种矛盾而摇摆的态度呢?笔者认为主要有两个原因。一是由于尼采学说本身自相矛盾。茅盾就曾多次指出这一点:"尼采学说的全部,很有许多自相矛盾的地方,便一部书中,也很有自相矛盾的话。我们只要看他 Thus Spoke Zarathustra 的十一十二两章的话,便知和他所说的什么人生是扩张权力什么战争是比和平好等等话头,气味完全不同,这是很著名的一个例。""尼采自己的话前后矛盾,自己的思想前后冲突的多得很。……他决不是主张国家主义的,他说:'国家是冷怪物中的最冷者,他又很冷的说谎;他说道,'我国家,就是人民……';但是他又说道:'你们围绕了你们的邻舍,对他们说好话。我可欲告诉你:你们爱邻舍,简直是你们的坏处。'是多少矛盾!""尼采于精神方面——思想学术方面——是极端的破毁,不信任;而于物质方面——社会组织习惯风俗方面——却是极端的保存,信赖。这是尼采学说中最矛盾的地

---

❶ 茅盾:"尼采的学说",载郜元宝编:《尼采在中国》,上海三联书店 2001 年版,第 90 页。

❷ 茅盾:"尼采的学说",载郜元宝编:《尼采在中国》,上海三联书店 2001 年版,第 85 页、第 90 页、第 99 页。

❸ 茅盾:"尼采的学说",载郜元宝编:《尼采在中国》,上海三联书店 2001 年版,第 98 页。

方，也就是尼采最受人痛骂的地方。"❶ 二是当时学术界风气的影响。美国尼采研究专家布林顿（C. Brinton）认为，第二次世界大战（以下简称二战）之前，欧美的尼采研究者与追随者大致可分为"温和与强横"（Gentle and Tough）两派。❷ 所谓"温和派"，是指重视尼采思想中崇尚个性独立自由、发扬文化、尊崇创造的研究者与追随者；所谓"强横派"，是指重视尼采思想中崇尚强权、强人、强暴的研究者与追随者。❸ 无论是"温和的尼采"形象还是"强横的尼采"形象，都是对尼采的一个侧面的把握，而不是整体的把握，因而实质上是一种误解。正如美国著名尼采研究专家考夫曼（W. Kaufmann）所言："当布林顿采纳詹姆斯（W. James）的区分而将'温和'式尼采研究者与'强横'式尼采研究者（"Gentle" and "Tough" Nietzschean）并列时，道德的色彩已经荡然无存，因为两者都是对尼采的几乎同样程度的误解（Misinterpret）。"❹ 借用布林顿、考夫曼等人的说法，茅盾对尼采学说的矛盾态度实际上摇摆于"温和派"与"强横派"之间。

至于茅盾摇摆于"温和派"与"强横派"之间的原因，则与他解读尼采学说时所凭借的资料有关。茅盾在《尼采的学说》的"引"里交代了自己解读尼采学说的根据："依据 Professor Höffding 和 Ludovici 的很多"；"所取材料，事实一面，以尼采妹 Mrs Förster—Nietzsche 的 *Das Leben Friedrich Nietzsche* 为多"。❺ 正是 Professor Höffding，Ludovici 和 Mrs Förster—Nietzsche 等人影响了茅盾对待尼采学说的态度。笔者没有找到 Professor Höffding 的资料，这里不加妄测。尼采的妹妹与美国学者 A. M. Ludovici，一个是将尼采学说与德国国社党指导思想挂钩，从而将尼采法西斯化的始作俑者❻；另一个是认为"尼采学说给予国社主义以强烈影响"并将尼采与希特勒捆绑在一起的典型的"强横"派。❼ 茅盾参考这两个"强横"派的资料来解读尼采学说，不可能完全做到客观、公允，想不"强横"恐怕也不可能。

二、茅盾的尼采阐释与"创造新道德"

从根本上讲，茅盾对尼采学说以及其他外来思想是一种功利化的态度。他本

---

❶　茅盾："尼采的学说"，载郜元宝编：《尼采在中国》，上海三联书店 2001 年版，第 70 页、第 86 页、第 94 页。

❷　Crane Brinton. *Nietzsche*. Cambridge, Mass.：Harvard University Press, 1941, p184.

❸　［澳］张钊贻："沉迷鲁迅、尼采二十年"，载《读书》2002 年第 7 期，第 139 页。

❹　Walter Kaufmann. *Nietzsche*：*Philosopher, Psychologist, Antichrist*. Princeton：Princeton University Press, 1974, pp79～80.

❺　茅盾："尼采的学说"，载郜元宝编：《尼采在中国》，上海三联书店 2001 年版，第 71 页。

❻　国内学者关于这一问题的研究情况可参见：仲持："尼采的妹子"，载《永生》1936 年第 1 卷第 1 期；张汝伦："一个被误解的哲学家"，载《书林》1985 年第 3 期；李洁："国外尼采研究的新动向"，载《国外社会科学》1995 年第 1 期。

❼　Walter Kaufmann. *Nietzsche*：*Philosopher, Psychologist, Antichrist*. Princeton：Princeton University Press, 1974, p504.

人就明确说过："我们无论对于那种学说，该有公平的眼光去看他；而且更要明白，这不过是一种学说，一种工具，帮助我们改良生活，求得真理的。"❶ 茅盾这话实际上是自相矛盾的：如果把一种学说（如尼采学说）当做一种"帮助我们改良生活，求得真理"的"工具"，那就不可能真正做到"无论对于那种学说，该有公平的眼光去看"。

那么茅盾接受、阐释与传播尼采学说的目的是什么呢？一言以蔽之，他是模仿陈独秀等人借助尼采思想推动"伦理的觉悟"的做法，将尼采学说视为抨击中国文化传统、推动现代中国思想启蒙的助推器。茅盾特别重视人的精神生活，甚至认为人的精神可以独立于社会组织之外。这从他分析尼采反对德谟克拉西和社会主义的错误时所说的一段文字中可以看出端倪。茅盾认为："尼采造成这错的原因，不外过分重视了社会的组织的能力。他以为人类的进化，向上，是和社会组织有大关系，组织平等，人类当然也都平等，不能进步；却不知组织是外的，不关于精神，而人类进步，却关于创造力，创造力是内的精神的，和社会组织之如何，当然不生关系。"❷ 茅盾认为外在的社会组织"不关于精神"，"内的精神的"和社会组织"不生关系"，就是强调精神的独立性；认为"人类进步"只涉及属于"内的精神"的人类的"创造力"，则表明了精神的巨大作用。

茅盾特别欣赏尼采的两个思想主张：一是新道德观，二是"价值重估"说。茅盾最早关注的就是尼采的道德观。他在《学生与社会》一文中根据尼采的道德观呼吁青年学生反对"谦逊而服从者"的"奴隶道德"，尊崇"有独立心而勇敢"的"贵族道德"，不要成为社会的"旁观者"而应成为生活的"自主者"❸。他在《尼采的学说》一文中则用整整两章的篇幅讨论了"尼采的道德论"。茅盾对尼采的"价值重估"主张评价更高。他曾经明确表示："尼采最大的——也就是最好的见识，是要：把哲学上一切学说，社会上一切信条，一切人生观道德观，重新称量过，重新把他们的价值估定。""单就尼采这种'重新估定一切的价值'的思想看来，照尼采自己所定的哲学的定义——哲学家的本务，是创造新价值，创造新原理，创造新标准——看来，我们简直可以把尼采放在第一等的哲学家林内。"❹ 他还详细论证了尼采这一主张的起因与实质："尼采以为社会中种种的暮气衰象都是因为价值病象的缘故，所以第一欲重新估定价值。"❺

茅盾对尼采新道德观和"价值重估"主张的关注，目的在于借助这些主张对中国传统的封建道德以及当时现实中的各种丑恶现象进行猛烈抨击。他在《尼采的学说》一文中就明确交代了自己的用意："我们对于尼采的道德的历史起源说是可以承认的，而且应当借重来做摧毁历史传说的，畸形的，桎梏的旧道德的利

❶ 茅盾："尼采的学说"，载郜元宝编：《尼采在中国》，上海三联书店2001年版，第102页。
❷ 茅盾："尼采的学说"，载郜元宝编：《尼采在中国》，上海三联书店2001年版，第96页。
❸ 茅盾："学生与社会"，载《茅盾全集》（第14卷），人民文学出版社1987年版，第5页。
❹ 茅盾："尼采的学说"，载郜元宝编：《尼采在中国》，上海三联书店2001年版，第70～71页。
❺ 茅盾："尼采的学说"，载郜元宝编：《尼采在中国》，上海三联书店2001年版，第87页。

器，重新估定价值，创造一种新道德出来。"❶ 尼采关于"道德的历史起源说"的探讨有两个特点：一是"从原始人类的时代研究道德何以发生"；二是挖掘道德形成中的心理因素，即探讨"现在所谓'善'的道德何以得大家的承认"。❷这种追根溯源式的研究让尼采发现了西方传统道德的本质乃是保护"柔弱者"、损害"强暴者"。❸ 因此，茅盾在此的意思是指，中国人可以循着尼采研究道德起源的思路去追踪中国封建道德形成的过程，去挖掘它的本质，这样肯定会发现中国封建道德颠倒黑白、混淆善恶的特征，也肯定会发现它的"吃人"本质；在此基础上，人们就自然会形成抨击它、抛弃它的立场与态度。不过遗憾的是，茅盾并没有具体说明他要创造的"新道德"究竟是一种什么样的道德。

关于五四时期自己欲借助尼采新道德观和"价值重估"主张来"创造新道德"的动机与设想，茅盾晚年曾经回忆说：1919 年前后学术界有一种意见，普遍认为尼采的思想是德国发动一战的哲学基础，不主张介绍，但自己还是介绍了，而且还翻译了尼采的两篇文章（即《查拉图斯特拉如是说》的《新偶像》与《市场之蝇》两章），并于 1920 年初写了《尼采的学说》登在《学生杂志》上；自己之所以翻译尼采的文章、接受并介绍尼采学说，既是"求真理欲的驱使"，更是"因为尼采用猛烈的笔触攻击传统思想，而当时我们正要攻击传统思想，要求思想解放；尼采也攻击市侩哲学，而当时的社会……市侩思想和作风就很严重"，所以中国人"应当吸收尼采的思想，把它当做一种锐利的武器，用以摧毁历史传统的畸形的桎梏的旧道德，从新估定价值，创造一种新道德出来"。❹ 从这些表述中不难看出，茅盾要借重尼采的"攻击传统思想"和"攻击市侩哲学"这一"锐利的武器"来"攻击传统思想"、"摧毁历史传统的畸形的桎梏的旧道德"，扫荡当时中国社会中"很严重"的"市侩思想和作风"，这样既可以实现"思想解放"的要求，又能够"从新估定价值，创造一种新道德"，为现代中国的思想启蒙运动鸣锣开道、添砖加瓦。

一言以蔽之，茅盾阐释尼采学说的主要目的就是为了瓦解中国封建旧道德、旧思想，"创造一种新道德"和新思想，改造国民性；一方面是警醒自己、实现自我启蒙，另一方面也是启蒙他人、启蒙社会。

第四节　李石岑的尼采阐释与"伦理思想的改造"

李石岑（1892～1934 年）是中国现代哲学史家、文学批评家。他于 1911 年赴日留学，1919 年回国，先后担任《民铎》、《时事新报·学灯》、《教育杂志》

---

❶ 茅盾："尼采的学说"，载郜元宝编：《尼采在中国》，上海三联书店 2001 年版，第 81 页。
❷ 茅盾："尼采的学说"，载郜元宝编：《尼采在中国》，上海三联书店 2001 年版，第 78～79 页。
❸ 茅盾："尼采的学说"，载郜元宝编：《尼采在中国》，上海三联书店 2001 年版，第 80 页。
❹ 茅盾："茅盾回忆录"，载孙中田、查国华编：《茅盾研究资料》（第 1 卷），人民文学出版社 1981 年版，第 204 页。

的主编以及上海商务印书馆的编辑，同时在好几所大学任教，研究与传播西方哲学。1921 年，李石岑加入文学研究会上海分会。1927～1930 年，李石岑赴欧洲考察，参加国际哲学会议。1934 年其病逝于上海。

李石岑在留日期间开始接触尼采著作，尼采思想日后成为他早期西方哲学研究的重点。他是现代中国研究尼采学说最有成就的两位学者之一（另一位是陈铨）。1920 年 8 月 15 日，他在《民铎》杂志上开办"尼采号"，将现代中国第一次"尼采热"推向了高潮。

一、李石岑的尼采阐释

李石岑研究尼采的成果，论文有《尼采思想之批判》（载《民铎》杂志 1920 年第 2 卷第 1 号）、《爵尼索斯之皈依》（载《时事新报·学灯》1921 年 1 月 23 日）、《尼采思想与吾人之生活》（载《李石岑讲演集》，商务印书馆 1924 年版）、《美神与酒神》（载《一般》1926 年第 1 卷第 2 号），专著有《超人哲学浅说》（上海商务印书馆 1931 年版）。他的《尼采思想之批判》与茅盾的《尼采的学说》（1920 年）代表了 20 世纪 20 年代以前中国知识界研究尼采学说的最高水平，而他的《超人哲学浅说》则是中国第一部研究尼采学说的专著。

《尼采思想之批判》分为七个部分。第一部分概括了尼采的"强力意志"（李石岑译为"权力意志"）说及其与叔本华"生存意志"说之间的关系。首先作者指出了尼采"强力意志"说对叔本华学说的依存与超越关系："尼采思想之出发点，为叔本华之生活意志说。惟尼采之意志，不视为生活意志，而视为'权力意志'。尼采以权力意志为至高无上之原则，吾人之直接与纯粹之内的经验，悉伴吾人一缕之权力意志而产生。""叔本华之意志否定，正尼采之意志之大肯定也。生成之幸福与创造之欢悦，仅存于美之假象与幻影之厌世的破坏之中。由此而尼采思想之立脚点，愈益了然矣。"❶ 然后作者揭示了尼采"强力意志"概念的具体内涵："尼采'意志'一语，用以表现'自内涌出之力'，其所以摈'精神'一语而不用者，以其伴有理性与灵魂之色彩。又'权力'一语，含有战斗与征服之性质。故权力意志者，为活力，为有生命之力，为自治之力，同时复为生长、征服、创造之力也。""权力意志为一种人类知能以上之直接的、复杂的、完全的知能。质言之，一种之神秘的知能也。"❷

第二部分辨析了尼采学说与达尔文进化论的关系。作者认为，两者表面相似，实质有别："有谓尼采之思想，全受达尔文之影响者。曰：其言似之，然有辨。尼采之内在生活，决不受生物学的说明。""尼采……谓生物之进化，乃权力意志通于生物而起之活用，非仅为机械的变化……达尔文之说，乃为生命保存而

---

❶ 李石岑："尼采思想之批判"，载成芳编：《我看尼采》，南京大学出版社 2000 年版，第 64 页、第 67 页。

❷ 李石岑："尼采思想之批判"，载成芳编：《我看尼采》，南京大学出版社 2000 年版，第 66～67 页。

进化。尼采进化说，乃为进化而进化，盖生命自身亦上之进化之途也。"❶ 作者从尼采对达尔文进化论三个要点的逐一否定方面详细说明了两人主张的差异：

> 达尔文以生存竞争、适者生存、自然淘汰为进化之要件，尼采则谓生存竞争仅图生命之保存，而吾人生活之理想的开展，乃在不断之征服与创造，以达力感之高潮；若仅图生命之保持，乃为无意义之尤者。至谓适者生存，此无异言强者征服弱者，然本吾人之经验，而知强者未必常居优胜之地位，弱者未必常居劣败之地位，事由偶发，或有狡谋，致弱者征服强者，往往有之。……至论自然淘汰，尤多可疑之点。达尔文过重外围之影响，以形成受动的生活，而忽视内部创造之潜力。❷

第三部分介绍了尼采的"超人"说。作者首先针对有人误将尼采的"超人"说当做达尔文的进化论这一现象指出：

> 乃有误解尼采进化之思想者，至谓尼采之超人说，乃与达尔文之种源说，后先辉映。达尔文说明人类之起源，由微虫而鱼类，而两栖类，而哺乳类，而猿猴类，而人类，尼采继之，而超人类。以为现今之人类，不过超人与动物间之通路。此种说明，非诬尼采，即属自诬。……尼采纵使用"由猿猴而人类之进化"之语，亦不过视为象征的表现。纵是认达尔文之进化论，亦仅以表现之材料而是认之，非以为原理而是认之也。此处暗示者，乃在进化时所起之距离之感也。超人并非由人类进化之新种类之动物，一如猿猴之进化为人类也者；超人乃进化之象征也。❸

然后，李石岑精准地揭示了"超人"的本质。

第四部分介绍了尼采的"本能"说与"身体"说。"本能"、"身体"的反义词是"理性"、"精神"，而同义词是"生命"、"（权力）意志"。李石岑指出：

> 尼采最重视"本能"者也。贵身体而贱理性，阐明高贵之生命，而洗去人类之浮夸，故视鸟兽草木，一若其生命含有最高贵最尊崇之质者。……人类优于万物之点，决非理性，乃个性或权力意志之最高最强之活动也。尼采务使一切内面化，故不严精神与物质二者之别，而一以统诸精神，谓物质的乃人类之精神所造出之凝固者也。❹

李氏还特别比较了尼采"本能"说与柏格森"绵延"说之间的异同，认为："尼采之本能说与精神的一元论，与柏格森哲学多有互相发明之处。……惟柏格

---

❶　李石岑："尼采思想之批判"，载成芳编：《我看尼采》，南京大学出版社 2000 年版，第 67～68 页。
❷　李石岑："尼采思想之批判"，载成芳编：《我看尼采》，南京大学出版社 2000 年版，第 67 页。
❸　李石岑："尼采思想之批判"，载成芳编：《我看尼采》，南京大学出版社 2000 年版，第 69 页。
❹　李石岑："尼采思想之批判"，载成芳编：《我看尼采》，南京大学出版社 2000 年版，第 70 页。

森力说'绵延'与'变化',而归源于'生之冲动';尼采则力说'征服'与'创造',而归源于'权力意志';一置重纵的扩张,一置重横的扩张。前者萃精于'生',后者凝神于'力'。"❶

第五部分介绍了尼采的认识论。这是中国学者对尼采认识论的最早阐释。李石岑认为尼采认识论的基础是"本能"说:"彼之认识论,全自本能出发。"❷ 然后,其指出了尼采认识论与美国哲学家詹姆士、法国哲学家柏格森认识论之间的关联及其对后二者的影响:"彼(尼采)以认识论欲从生活而出,认识机能之发达,乃立于生存与生长之条件之上,与詹姆士'精神生活以生存活动而表现,以适应外界而进步'之说,及'感由行为而产生'之说大体一致。又与柏格森'人类为行为而有省察'之说亦相吻合;其尤著者,则柏格森直觉的方法与科学的方法之融合,殆与尼采根本相通。"❸ 最后,李石岑介绍了尼采的真理观,认为尼采否定绝对真理,并揭示了真理的实用主义色彩:"尼采谓普遍的真理,世实无其物。凡前此以普遍的真理诵言于人者,皆陷于谬误也。""求真理之意志,即支配杂多感觉之意志也。然则论理与理性范畴,不过为求合于吾人之目的之世界之整理之一手段而已。"❹

第六部分介绍了尼采的新价值观与新道德观。这一项内容是作者阐发的重点。李石岑指出,尼采确立新价值表的前提是重新评价一切传统价值:

> 新价值表者,对于前此之宗教、道德、哲学、艺术所表现之价值,一切破坏之。故哲学之业,为一切价值之变形。尼采以为现今时代,为重新估定一切价值之时代。❺

李氏称尼采的"价值重估"主张为"皆空主义",即虚无主义,并认为尼采秉持的是"为精神高潮之权力之征候之能动的皆空主义",它"不满意于从来之目的与神与本体界,而欲以新目的与神与本体界代之",它崇尚"创造而破坏"。❻"皆空主义"的成因是"群集本能",后者的最大危害是"限制真之个人之出现"。李石岑指出:"群集本能者,以群众为最高之标的,申言之,以破灭自我欲为最尊之人类者也。群集本能既以自我主张为非,是不啻否定人类也,即不啻否定生活也。"❼ 尼采重视"真之个人"、提倡"贵族主义",对此李石岑指出:"世唯真之个人乃有价值,则贵族主义之所由成也。尼采对群众之失望,其所感

---

❶ 李石岑:"尼采思想之批判",载成芳编:《我看尼采》,南京大学出版社 2000 年版,第 70~71 页。
❷ 李石岑:"尼采思想之批判",载成芳编:《我看尼采》,南京大学出版社 2000 年版,第 71 页。
❸ 李石岑:"尼采思想之批判",载成芳编:《我看尼采》,南京大学出版社 2000 年版,第 71 页。
❹ 李石岑:"尼采思想之批判",载成芳编:《我看尼采》,南京大学出版社 2000 年版,第 72~73 页。
❺ 李石岑:"尼采思想之批判",载成芳编:《我看尼采》,南京大学出版社 2000 年版,第 73 页。
❻ 李石岑:"尼采思想之批判",载成芳编:《我看尼采》,南京大学出版社 2000 年版,第 73 页。
❼ 李石岑:"尼采思想之批判",载成芳编:《我看尼采》,南京大学出版社 2000 年版,第 74 页。

较常人为最切"。❶ 作者接着阐述了尼采的"阶级"说与反平等主张的内涵："高贵云、强烈云，非就外形言之，乃自内面的生命之本质言之也。"❷ 他进一步指出：

> 尼采以为人类之尊卑乃自内的性质见之，非于外的规定见之也。……夫尊卑之反面，有一种"阶级"之精神伏于其中。但"阶级"一语，骤闻之，莫不诧为蹂躏人格之利器。实则人格之强弱，究以人格之内的阶级而定，换言之，以内面的灵性之质而定。尼采以为人格之确立，在确立关于生活之内面的阶级，惟此阶级，全为流动的，毫无凝固之倾向。……如人类为本质的平等，则进化为不可能。若尼采者，既以进化为不过内面的生活，则预想生活凝固之灵魂之平等，尤绝对不可能也。流动与生成，当然引起不平等，不平等在强弱之意味乃成阶级。❸

尼采的道德观建立在新价值观的基础之上，对此李石岑指出：

> 尼采为新道德之创造者，对于前此道德上之价值，一律坏破之，转倒之，故群称尼采为不道德者，而非无道德者。尼采之道德观，全从本能出发，全从权力意志出发，故力破从来之价值判断，而为此极端之主张也。❹

具体而言，尼采"分道德为相异之二范型"："一为伟人道德，一为奴隶道德；前者以离被治者阶级之高贵的种族为标准，后者以一切之下层阶级、服从阶级、奴隶阶级为标准；前者以扶强助大为善，后者以怜弱让小为善，故前者之善，为后者之恶，后者之善，为前者之恶。究前后二者孰善而孰恶耶？尼采既以权力意志之发挥，为人类向上之标征，则强者大者之伟人道德，在尼采之眼视之，当然具有最高之价值；反之，小者弱者之奴隶道德，在尼采之眼视之，徒使人类日即于堕落，岂惟无价值可言，且竭全力以排斥之者也。"❺ 由此，作者进一步指出了尼采对基督教道德的抨击：

> 现代基督教之道德，即此奴隶道德之变形也。基督教之道德，以怜悯、博爱、牺牲为宗旨，所重者为天堂、为灵魂，与尼采特重"地"与"肉体"者不相容。尼采视基督教之道德为弱者之道德，为卑怯之道德，为妨害生之扩大，阻害本能发挥，使人类日即于萎缩与退化之道德，故欲建树新道德，非打破基督教之道德不为功。❻

---

❶ 李石岑："尼采思想之批判"，载成芳编：《我看尼采》，南京大学出版社 2000 年版，第 75 页。
❷ 李石岑："尼采思想之批判"，载成芳编：《我看尼采》，南京大学出版社 2000 年版，第 75 页。
❸ 李石岑："尼采思想之批判"，载成芳编：《我看尼采》，南京大学出版社 2000 年版，第 75 页。
❹ 李石岑："尼采思想之批判"，载成芳编：《我看尼采》，南京大学出版社 2000 年版，第 77 页。
❺ 李石岑："尼采思想之批判"，载成芳编：《我看尼采》，南京大学出版社 2000 年版，第 77 页。
❻ 李石岑："尼采思想之批判"，载成芳编：《我看尼采》，南京大学出版社 2000 年版，第 77 页。

第七部分阐述了尼采的艺术观。作者首先指出了艺术在尼采心目中的崇高地位："尼采之视艺术，较知识或道德重，至有艺术即生活之语。……艺术足以从知识或道德之毒害，救济吾人之生活。"❶ 李石岑接着指出了尼采对酒神艺术与日神艺术的认识过程，并揭示了两者的内涵与特点：

> 尼采最初受叔本华之影响，于爵尼索斯的艺术之外，兼及阿婆罗的艺术；其后乃以阿婆罗的态度，亦为爵尼索斯的态度之一种，而叔本华之影响，乃至消失。意谓阿婆罗之梦幻，不过为在爵尼索斯酣醉欢悦之极度时，风调稍缓之一态度而已；酣醉欢悦之感之静止、单化、集中，以幻影而现，于此乃有最高之力感。从梦与幻影所造出之阿林勃斯（通译奥林匹斯）之神之世界，在扩张生活之高潮之时空感觉之中，若将此置于急调之时空感觉之中，则成爵尼索斯之酣醉欢悦。故无论阿婆罗的与爵尼索斯的，皆可称为酣醉欢悦之种类，阿婆罗的欢悦，足以刺激视觉与想象力。而促起幻影，画家、雕刻家、叙事诗人，乃幻影家之最著者也。爵尼索斯的欢悦，足以兴奋感动系统之全部，故一切表现能力，同时并起，不仅视觉与想象力也，即听觉与运动能力暨其他之能力，皆杂然并兴，此可与音乐舞蹈时见之也。❷

显然，作者认为日神或美神态度可归于酒神态度，"爵尼索斯的欢悦"高于"阿婆罗的欢悦"。李石岑对尼采艺术观理解的深刻之处在于他揭示了艺术与强力意志之间的关联：

> 尼采权力意志之特殊之活动，即在认知美的态度之特性也。………酣醉欢悦所表现之生活之高潮，生活自身，常为不断之流动与创造，凡人类就本性言之，既自为艺术家，又为艺术品；酣醉欢悦之娱乐状态，为应于力之增进所起之力感，内部燃烧之强烈生命之征候。故酣醉欢悦之生活，既为不断之创造活动，又为不断之自我伸张，而皆以自我之表现，权力意志之表现为鹄。自我之表现，权力意志之表现者，乃真正之艺术也。最高之生活，最强之活动，以吾人之肉体为象征之权力意志之活动，实乃艺术之本根也。❸

在这一部分的最后，李石岑提到了尼采认为艺术"与者（即创造者）"高于"受者（即赏鉴者）"的观点。他说："艺术家者，具有支配生命之旺盛与象征之力，而努力以图自我表现者也。赏鉴家者，则仅由艺术品（自然物、人类或艺术家之创作品），以表现自我者也。尼采以美学多从受者（即赏鉴者）之侧以论人类之美的活动为不彻底，因谓赏鉴亦为间接之创作，故美学不可不从与者（即创

---

❶ 李石岑："尼采思想之批判"，载成芳编：《我看尼采》，南京大学出版社 2000 年版，第 78 页。
❷ 李石岑："尼采思想之批判"，载成芳编：《我看尼采》，南京大学出版社 2000 年版，第 79 页。
❸ 李石岑："尼采思想之批判"，载成芳编：《我看尼采》，南京大学出版社 2000 年版，第 78～79 页。

造者）之侧以出发也。"❶

《尼采思想与吾人之生活》是李石岑1921年陪同罗素旅游湖南之际在湖南省教育会所作的演讲，后来收入《李石岑讲演集》，由商务印书馆于1924年出版。文章的内容与上述《尼采思想之批判》大同小异，兹不赘述。

《爵尼索斯之皈依》专门讨论了尼采的艺术理论，具体讲了三项内容：一是归纳尼采的艺术论，内容同《尼采思想之批判》的相关部分；二是指出酒神（即爵尼索斯）精神、酒神运动对中国新文学、新文化运动的重大意义；三是概括出文艺和酒神精神的价值。

《美神与酒神》的主旨是借尼采悲剧美学中的两个核心概念来阐述人生观。作者详细讨论了美神与酒神的性质及各自所代表的人生观。关于美神与酒神的性质，李石岑指出："德国哲学家尼采研究希腊神话的结果，发见两个神：一个是美神阿婆罗（Apollo）（通译阿波罗），一个是酒神爵尼索斯（Dionysos）（通译狄奥尼索斯），他们的性质是相反对的。美神所代表的是观念的世界，是梦幻的，空想的，静美的世界；酒神所代表的世界是意志的世界，是酣醉的，兴奋的，冲动的世界。"❷ 关于日神和酒神所代表的人生观，作者指出：

　　尼采以为一般人因感着世界的苦恼，便藉美神以为安慰，换句话说，苦恼是想用观念去替换的，由是在观念里面希望幸福和安逸，不知这种思想完全错了；因为这种希望毕竟不过是镜花水月，那里有现实的时期？而且这样廉价的肯定人生，也不会叫人生朝着创造一条路去。尼采以为这个时候，便不能不提出酒神来，换句话说，这个时候只有强烈的意志才可以救济。……意志是一种填不尽的欲壑，所以常伏有破坏和创造的性质，与一味希望幸福和安逸者不同，这便是酒神的人生所以异于美神的人生之处。❸

在此基础上，作者概括了尼采理想的艺术观与人生观：

　　尼采以为真正的人生，要在脱去观念的世界而代以意志的世界，便是用最大的苦恼和努力以发见人生的究竟。结果虽不免产生人生的悲剧，而此种悲剧乃是在艺术中占有最高的地位的，所以最高的艺术便是悲剧的艺术。吾人应对于悲剧的艺术加以极端的赞美，由悲剧的艺术所成就的人生，方为最高贵的人生。❹

李石岑1931年出版了专著《超人哲学浅说》（*Philosophy of Superman*）。"超人哲学"就是尼采的整个思想体系。全书目次如下："一、绪言；二、尼采小传；三、尼采思想发展的程序；四、尼采与斯迪纳；五、尼采与叔本华；六、尼

---

❶ 李石岑："尼采思想之批判"，载成芳编：《我看尼采》，南京大学出版社2000年版，第80页。
❷ 李石岑："美神与酒神"，载成芳编：《我看尼采》，南京大学出版社2000年版，第179页。
❸ 李石岑："美神与酒神"，载成芳编：《我看尼采》，南京大学出版社2000年版，第179页。
❹ 李石岑："美神与酒神"，载成芳编：《我看尼采》，南京大学出版社2000年版，第179～180页。

采的人生观；七、尼采的宇宙观；八、尼采的价值观；九、尼采的进化论；十、尼采的道德观；十一、尼采的艺术观；十二、结论。"书后有"尼采研究书目"的附录。

"绪言"部分说明了作者"呕呕于介绍尼采思想"的目的。"尼采小传"扼要叙述了尼采的出身、生平及创作概况，其中对尼采的代表作《查拉图斯特拉如是说》和《权力意志》作了重点介绍。值得注意的是，作者揭示了尼采的身体状况、性格特征与思想主张之间的矛盾，认为尼采："虽力倡本能尊重之说，但对异性异常冷酷。……尼采的身体虽陷于病苦疲惫，但尼采必求堪忍之，战胜之。虽日与病魔为伍，但创造欲并不因而减杀。凡此皆足以窥见尼采性格之强烈。尼采的主我思想，并非从病苦、孤独和忧郁而来，乃从他的人格的本质而来。由他的人格的本质，遂产生他的'真实'与'伟大'。"❶ "尼采思想发展的程序"部分首先指出 20 世纪出现了"新浪漫派"哲学与文学思潮，它"标榜个人主义、主意主义、主观主义之点，与尊重天才反抗时势"，尼采作为"新浪漫派最伟大的思想家"，"把个人主义、主意主义、主观主义都发展达于最高度，以宣传超人之福音"；❷ 然后介绍了尼采思想的演变与发展的三个阶段，指出各个阶段思想的主要特征，并逐篇介绍了尼采著作的大致内容。

"尼采与斯迪讷"和"尼采与叔本华"两个部分分别探讨了尼采思想的两个理论源头。在前一部分里，作者首先指出尼采虽然受到多种思想的影响，但"就中叔本华和斯迪讷关系尤为密切。可以说叔本华启导他哲学的出发点，斯迪讷却启导他哲学的全部"。❸ 然后在介绍斯迪讷（M. ax Stirner）自我主义的具体内容之后，指出了尼采思想与它的关系："斯迪讷自我主义的思想，影响尼采的超人哲学极大"，但两人又有所区别："斯迪讷的理想社会是以自己的利益为行为的目标之自我主义者之组合，却没有想到超人；尼采则极力推崇超人之社会，以讴歌超人之产生为唯一的职责。……斯迪讷所讴歌的是'自我主义者之群'，尼采所讴歌的却是'超人之群'。"❹ 在后一部分里，作者讨论了尼采对叔本华之间既继承又剥离的关系。作者指出："尼采何以称叔本华做教育者，是因为现代人知道发见自身的真实，知道发见真我，完全是受了叔本华的教训之故，又尼采自己的思想的根柢，也是出发于叔本华的教理"；"叔本华的生活意志说，到了尼采的时候，便一变而为权力意志说；叔本华的静的艺术观，到了尼采的时候，便一变而为动的艺术观"。❺

"尼采的人生观"部分结合《悲剧的诞生》讨论了尼采的艺术人生观。作者指出，尼采"拿希腊两类神代表他的思想，一类是美神阿婆罗（通译阿波罗），

---

❶ 李石岑："超人哲学浅说"，上海商务印书馆 1931 年版，第 12 页。
❷ 李石岑："超人哲学浅说"，上海商务印书馆 1931 年版，第 13 页。
❸ 李石岑："超人哲学浅说"，上海商务印书馆 1931 年版，第 27 页。
❹ 李石岑："超人哲学浅说"，上海商务印书馆 1931 年版，第 31~32 页。
❺ 李石岑："超人哲学浅说"，上海商务印书馆 1931 年版，第 36 页。

一类是酒神爵尼索斯（通译狄奥尼索斯）。美神所代表的是观念的世界，是乐天的、幻想的、静美的世界；酒神所代表的是意志的世界，是醅醉的、兴奋的、冲动的世界"。❶ 古希腊人借前者"使恐怖与悲哀的世界艺术化，幻影化，美化，净化，因此有阿婆罗的艺术"，借"爵尼索斯"精神"随顺宇宙意志，使自己的意志与宇宙的意志融为一体"，"一面向上复向上、努力复努力以求得最后之满足，一面又感到自然的永远性与自身之不灭"，"此二类型交相开展，以促成艺术的人生观，便是古代希腊人之生活"。❷ 李石岑认为尼采偏爱酒神精神："爵尼索斯的精神与阿婆罗的精神之微妙的调和，是为希腊悲剧的骨子。不过其中仍以爵尼索斯的精神为根柢，所有悲剧中的人物，均以具现爵尼索斯的精神为其最大要件。"❸ 由此作者特别指出尼采的"悲剧的睿智"说："由阿婆罗的精神唤起美的幻像，由爵尼索斯的精神同化永远意志，吾人即可由此解脱厌世的思想，此即悲剧的睿智，为希腊文明之特色。"❹ 最后，作者归纳了尼采的艺术人生观，指出：

（尼采）以为真正的人生，要在脱去观念的世界而代以意志的世界。如果专在观念的世界里面讨生活，只不过是平凡的、颓废的、无勇气的人生之表示，只不过是对于人生加以一种廉价的肯定，其结果只有陷人类于堕落与灭亡。所以人生的第一要义，是在对于人生取挑战的态度，是在用最大的苦痛换取高贵的人生，是在本悲剧的精神成就人间的天国。❺

"尼采的宇宙观"部分包括两项内容：一是说明尼采反对哲学探讨宇宙观。作者反复指出："哲学总是探讨宇宙的根源的问题，这在尼采看来，是一宗极愚蠢极可笑之事。""哲学家好作本体之说，绝对之谈，亦只不过一种幻影崇拜病。"❻ 二是概括尼采的永远轮回说。李石岑认为：

尼采的永远轮回说即说明宇宙之真相者，谓宇宙之真相是必然的、决定的、宿命的、盲目的。构成宇宙之力之总计，为一定不变之物。由一定量之力之种种微分子或冲突或结合之结果，遂发生宇宙之一切现象。既已一度发生，即在无限的时间里面为无限回数之重演，是为永远轮回。❼

他还指出，在尼采看来，永远轮回的动力是权力意志，因为：

尼采以为权力意志在全体说起来，是永久同一的，但在变化流动方面说起

---

❶ 李石岑："超人哲学浅说"，上海商务印书馆 1931 年版，第 37 页。
❷ 李石岑："超人哲学浅说"，上海商务印书馆 1931 年版，第 37～39 页。
❸ 李石岑："超人哲学浅说"，上海商务印书馆 1931 年版，第 39 页。
❹ 李石岑："超人哲学浅说"，上海商务印书馆 1931 年版，第 40 页。
❺ 李石岑："超人哲学浅说"，上海商务印书馆 1931 年版，第 41 页。
❻ 李石岑："超人哲学浅说"，上海商务印书馆 1931 年版，第 47～48 页。
❼ 李石岑："超人哲学浅说"，上海商务印书馆 1931 年版，第 49 页。

来，却是永久推移的。换句话说：权力的量是确定的，而权力的质却是流动的。所以就全体说，宇宙只是一种权力的怪物。无始无终，不增不减，既非机械论的，亦非目的论的。只是不断的自己破坏、自己创造，为两种欲动相激荡相冲撞的世界。❶

作者还特别提到了尼采提倡永远轮回说的目的："尼采的着重点，却是要把宇宙说得极陈死极无意义，然后由超人把它一手挽回来；陈死的给它苏生过来，无意义的给它丰富一些意义。所以超人贵在与死神战，与运命战，与永远的轮回作永远之战。"❷

"尼采的价值观"部分从"超人"说来谈尼采的人生观。作者先讨论了"超人"的特点。李石岑边引用《查拉图斯特拉如是说》里的原话，边概括道：

"超人是地的意义"，"灵魂自身倒确是瘠弱，确是奄毙，确是饥饿的了。"这是尼采超人哲学的大前提。这是尼采价值观的主眼。尼采只看重地，不看重天，只看重肉，不看重灵。……超人之真髓，是一种反抗基督的精神，是一种反抗"天"和"灵"的精神。超人认为最大的罪业，是亵渎"地"和侮辱"肉体"。质言之，超人特重本能。❸

超人的生活是本能的生活。超人在本能里面找到真的自我。所谓自我主义便是本能主义。从本能发展出来的道德，便是超人的道德。"一切善是本能"，这便是超人所敬奉的箴言。超人的生活务为现实的。❹

李石岑接着讨论了尼采树立的新价值观，指出：

比较的能够使"生"美化的是善，否则为恶；比较的能够使"生"强化的是善，否则为恶；比较的能够使"生"充溢而扩大的是善，否则为恶。假如现在有一种道德，确实能够增进生的充溢和生的扩大，那就只管是残忍，是刻薄，是诈欺，是怪僻，都有所不顾。那就无论它是凶是吉，是快乐是苦痛，都一切不问。我们都可以大胆的断定是善。❺

总之，"尼采的价值观，是看重生命自身所具的价值，非对待的价值。所以极力推崇本能，赞扬地与肉体"。❻

"尼采的进化观"部分集中介绍了尼采"超人"说，内容包括揭示"超人"的内涵、辨析尼采超人说和达尔文进化论的区别、归纳尼采"贵族主义"主张的

---

❶ 李石岑："超人哲学浅说"，上海商务印书馆 1931 年版，第 50 页。
❷ 李石岑："超人哲学浅说"，上海商务印书馆 1931 年版，第 51～52 页。
❸ 李石岑："超人哲学浅说"，上海商务印书馆 1931 年版，第 54～55 页。
❹ 李石岑："超人哲学浅说"，上海商务印书馆 1931 年版，第 56 页。
❺ 李石岑："超人哲学浅说"，上海商务印书馆 1931 年版，第 58 页。
❻ 李石岑："超人哲学浅说"，上海商务印书馆 1931 年版，第 59 页。

内涵等，与《尼采思想之批判》中的相关部分大同小异，不再重复。

"尼采的道德观"部分，一是述说了尼采道德观的主要内容。作者指出，尼采分道德为"伟人道德"与"奴隶道德"两类，他尊崇包括"超人的道德"在内的"伟人道德"，反对包括基督教道德观在内的"奴隶道德"；提倡前者标举的"冷酷"、"战斗"等品性，反对后者标举的"怜悯"、"博爱"等美德。在尼采看来："怜悯博爱与牺牲，是一种无形的暗杀，在被杀者并不感到痛苦，只感到一种恩惠，这是何等可骇的活剧啊！""怜悯在表面看来，是极慈善的，骨子里却消灭对方的独立性、坚强性、忍耐性、战斗性。冷酷在表面看来，是极残忍的，骨子里却增长对方的独立性、坚强性、忍耐性、战斗性。"❶ "超人"信奉冷酷的准则："超人是尽量以'冷酷'二字对待人类的。""超人一面对他人冷酷，一面也对自己冷酷。超人是以痛苦为伟大的根源的。"❷ "超人"崇尚"战斗"，李石岑指出：

超人不知所谓牺牲，只知以最大努力之抗战。超人是把永远轮回做对象，想用战斗的手段把它挽转过来。所以超人的哲学即是战的哲学，超人的道德即是战的道德。❸

尼采极力讴歌战争，主张"战即是善"。为人类而战，为人生而战，为超人而战，这是尼采战的道德之标准。❹

二是对尼采新道德观的评价。作者认为，尼采既是"欧洲现代道德的破坏者"或"不道德者"，因为"欧洲现代的道德，在尼采看来，都是赞扬弱小、贫穷、悲哀、污秽的道德，都是咒诅强大、丰富、欢喜、壮丽的道德"；又是"新道德之创造者"，因为"他的伟人道德与奴隶道德之二种范型，实为伦理学上空前之发见"。❺

"尼采的艺术观"部分根据《悲剧的诞生》阐发了其艺术观。作者指出："尼采是特别看重生活的艺术的。他以为欲推论生活之开展，是不能不阐扬生活与艺术的关系的。"❻ 尼采开列出的"艺术家所不可缺的要素"包括："第一、带几分酣醉欢悦的性格。……第二、具有极度敏锐的感官，与极度深切的感动性。……第三、具有必然的想去模仿的心理状态。"❼ 尼采认定："真正的艺术家，就令医生断定他是个颓废者，可是骨子里他却仍然是个实力充溢心身两健的人。艺术家的性欲有时过于热烈……性欲之强，或即足表示权力意志之强。艺术家所蕴蓄的

❶　李石岑："超人哲学浅说"，上海商务印书馆 1931 年版，第 73 页。
❷　李石岑："超人哲学浅说"，上海商务印书馆 1931 年版，第 73～74 页。
❸　李石岑："超人哲学浅说"，上海商务印书馆 1931 年版，第 74 页。
❹　李石岑："超人哲学浅说"，上海商务印书馆 1931 年版，第 75 页。
❺　李石岑："超人哲学浅说"，上海商务印书馆 1931 年版，第 76 页。
❻　李石岑："超人哲学浅说"，上海商务印书馆 1931 年版，第 81 页。
❼　李石岑："超人哲学浅说"，上海商务印书馆 1931 年版，第 84 页。

支配的本能，常能集中一切力以从事于艺术之创作，故性欲常表现而为创作。……艺术家的酣醉欢悦比情热更是根本的，更是屏绝主客之见的。……艺术家之本性是感性的……所谓感性是包含着生命之微妙、精神之神秘、权力之充实这类倾向的。"❶

"结论"部分的主要内容包括：第一，指出尼采是 19 世纪三个著名的个人主义者之一，并认为尼采的超人主义和基尔克哥德（S. A. Kierkegaard）的"生命严肃主义"都"热烈的赞美生命、培植生命；用创造与征服的手段，使自己的真生活得以提高，由自己的真生活之提高，进而谋全人类生活之提高"。❷ 第二，申述尼采的强力意志说、艺术观和超人说等对现代人的影响。

李石岑的尼采阐释表现出两个相互对立又相互关联的特点：一是客观、公允，总体上能够坚持学理化立场；二是借取尼采的思想主张为国人"伦理思想的改造"提供资源和思路，表现出较明显的功利化特点。

先谈李石岑的尼采阐释的学理化特点。

李石岑从开始研究尼采思想就表现出客观而公允的立场。在《尼采思想之批判》一文的相当于"引言"的部分里，李石岑首先声明了自己是"尼采之说明者，而非尼采之主张者"，自己写作此文的目的是"解世人之惑"。❸ 然后其指出了中国知识界对待尼采学说的反常现象："国中年来非力倡实用主义耶？而尼采则实用主义之骁将也。……尼采之思想，本合柏格森之唯美说，与席勒、詹姆士之实用说一炉而冶之。今一面高倡柏格森、詹姆士、杜威之学说，一面力斥尼采之学说，是何异于知二五而不知一十耶？"❹ 他还揭露了诅咒尼采者的肤浅与自相矛盾：

攻尼采思想最毒而最有力者，莫过于以尼采为前此欧洲大战之祸首罪魁，谓尼采思想为当今第一危险物；一若尼采不出，欧战即可不发生者，又若德意志敢与各国宣战，全出于尼采之暗示者。此则杜威于所著《德意志哲学与政治》一书，已详辩之矣。杜威谓德意志人根本的思想与性向全出自康德一派之哲学，即"其国民的天职与运命之感想，亦罔不自康德形成之"。而菲希特（通译费希特）、黑智尔（通译黑格尔）诸辈，尤本康德之意旨，以发为国家无上命令之学说。……由此可知德意志军国主义之形成，康德以下之国家绝对说实种其因，尼采决不任过也。❺

在该文的"小结"部分，作者再次申明："愚虽非尼采之主张者，然细察尼采之思想，实未敢抹杀其真价。……愚但恨未能忠实介绍尼采之思想，使国人尽

---

❶ 李石岑："超人哲学浅说"，上海商务印书馆 1931 年版，第 85～86 页。

❷ 李石岑："超人哲学浅说"，上海商务印书馆 1931 年版，第 90 页。

❸ 李石岑："尼采思想之批判"，载成芳编：《我看尼采》，南京大学出版社 2000 年版，第 62 页。

❹ 李石岑："尼采思想之批判"，载成芳编：《我看尼采》，南京大学出版社 2000 年版，第 62～63 页。

❺ 李石岑："尼采思想之批判"，载成芳编：《我看尼采》，南京大学出版社 2000 年版，第 63 页。

白尼采之真相；尼采思想固有可议之处，若指为最近新思潮之敌，甚且訾为前此欧洲大战之祸首罪魁，则未免厚诬矣。"❶ 1921 年，李石岑在湖南省教育会作了题为《尼采思想与吾人之生活》的演讲。作者一开讲就谈到了自己对尼采思想的定位："我国自五四运动以来，学术界骤生了长足的进步，凡杜威、詹姆士、柏格森、倭伊铿一班人的学说，都有人出来介绍；独尼采的学说，没有一个人敢提一字，这也可怪。因为谈及尼采的学说，不仅是全国人反对，即全世界也必反对。但我个人觉得他的学说，在学术界实在占有重要的地位，便大胆在《民铎杂志》上出了一期'尼采号'。"❷ 作者在结尾还申明了对尼采学说应取的态度：

> 把他的学说合拢来看，无非是处处发挥他"力"的哲学，权力意志之哲学。我们陡然听到他的学说，必不免有些奇怪，但是平心静气，一毫不带过去的着色眼镜去细按起来，也未始不含真理，况且他求他学说的一致，自然不得不主张到这种地步。❸

李石岑对尼采思想阐释的客观、公允态度还体现在他注重学术性和深刻性这一点上。如他在专著《超人哲学浅说》的末尾提供了一个详细的附录，开列了自己撰写此文所根据的"尼采著作及参考书"：包括尼采 13 部著作的德文本和英译本，以及 17 部尼采研究参考书（5 部德文、7 部英文和 5 部法文）。他在《尼采思想之批判》等文章中常常长篇大段地引用尼采的原话来论证自己的观点。

因为能够采取客观、公允的态度和学理化的立场，李石岑对尼采思想的阐释往往精确、深刻，远远超越一般人的肤浅甚至错误的理解。如他对尼采"超人"概念的理解就很到位：

> 超人者，人类进化之象征也，超人为人类之解放，可以指示权力意志之自由之进化。唯超人非终极目的，不过生命进行——进化——之途上之指标而已。超人一度产生，换言之，生活一度归于自由，则人类之生活即发强烈之光辉，而一切美善强大悉由是涌出。故人类以超人而意义益明。是则超人者，又人类救济之象征也。❹

即是说，李石岑认为"超人"并非现实生活中的英雄人物，而仅仅是人类"进化之象征"、"救济之象征"，这符合尼采的本意。再如他对尼采"阶级"或"等级"论的认识也很准确。他在《尼采思想之批判》里指出："尼采以为人类之尊卑乃自内的性质见之，非于外的规定见之也。……'阶级'一语，骤闻之，莫

---

❶ 李石岑："尼采思想之批判"，载成芳编：《我看尼采》，南京大学出版社 2000 年版，第 83 页。

❷ 李石岑："尼采思想与吾人之生活"，载《李石岑讲演集》，广西师范大学出版社 2004 年版，第 113 页。

❸ 李石岑："尼采思想与吾人之生活"，载《李石岑讲演集》，广西师范大学出版社 2004 年版，第 118 页。

❹ 李石岑："尼采思想之批判"，载成芳编：《我看尼采》，南京大学出版社 2000 年版，第 70 页。

不诧为蹂躏人格之利器。实则人格之强弱，究以人格之内的阶级而定，换言之，以内面的灵性之质而定。尼采以为人格之确立，在确立关于生活之内面的阶级，惟此阶级，全为流动的，毫无凝固之倾向。"❶ 这些论断准确地揭示了尼采"阶级"观的真实内涵。此外，李石岑对尼采"个人主义"的理解也非常到位。他曾说："尼采的个人主义，特别置重人性的改造"；"尼采的个人主义，骨子里却是人类主义、人道主义、人格主义"。❷

难得的是，李石岑还以一个哲学史家的敏锐眼光看出了尼采学说自身的内在矛盾。如他认为"超人"说与"永远轮回"说之间存在冲突："尼采超人之理想之意义，在增进刚健不退转之生活。彼之所谓超人，不求之于来世，不求之于观念界，而求之于现世与事实。故其人生观为破坏的、反抗的、奋斗的、前进的。但彼力倡永远轮回说，不免减杀超人之意义。"❸ 遗憾的是，他并未就此展开进一步的分析。

二、李石岑的尼采阐释与"伦理思想的改造"

现在谈李石岑阐释尼采思想的功利化取向问题。可以说，李石岑阐释尼采思想时表现出的客观、公允态度或学理化取向只是一个次要的特点，主要的特点还是强烈的功利化取向。事实上，李石岑阐释尼采思想的真正动机乃是迫切希望借取尼采的思想主张为中国人"伦理思想的改造"提供资源和思路。

李石岑几乎在每一篇阐释尼采的文章中都会详细申述自己阐释与传播尼采学说的动机。他在《尼采思想之批判》的开头与结尾两次提到了自己向国人介绍尼采思想的目的。在开篇，他不无气愤地指出："尼采思想未入中国，而訾者，骂者，非议者，不只几何人；抑或知尼采思想之足以医粘液质之中国人欤？"❹ 在末尾，他又强调：

> 吾国人素以粘液质为他国人所轻觑，既乏进取之勇气，复少创造之能力，乃徒以卑屈之懦性，进而为习惯上之顺氓。此在国家言之，养此顺氓，为金钱之虚掷，若在种族言之，诞此顺氓，为精力之浪费。愚以为欲救济此种粘液质之顺氓，或即在国人所訾之骂之非议之之尼采思想欤？❺

所谓"粘液质"，就是妥协、驯顺、懦弱、微温等性格，它正是中国国民劣根性的集中表现。从这里可以知道，李石岑认为尼采思想是医治中华民族"粘液质"性格的良药。

他在湖南省教育会作题为《尼采思想与吾人之生活》的演讲时，一开始就谈

---

❶ 李石岑："尼采思想之批判"，载成芳编：《我看尼采》，南京大学出版社 2000 年版，第 75 页。

❷ 李石岑："超人哲学浅说"，上海商务印书馆 1931 年版，第 90～91 页。

❸ 李石岑："尼采思想之批判"，载成芳编：《我看尼采》，南京大学出版社 2000 年版，第 81 页。

❹ 李石岑："尼采思想之批判"，载成芳编：《我看尼采》，南京大学出版社 2000 年版，第 62 页。

❺ 李石岑："尼采思想之批判"，载成芳编：《我看尼采》，南京大学出版社 2000 年版，第 83 页。

到了自己热心介绍尼采学说的目的："今日兄弟所讲的题目，是尼采思想与吾人之生活。因为尼采现在受一般人的攻击，但我以为尼采的思想，倒很可以救我们中国人许多的毛病，所以提先讲演。"❶ 在演讲的中途，李石岑又多次提到尼采思想对改造国人生活方式与习惯的作用：

　　我们的生活，实在是很平凡的，我们的幸福，实在是很浅薄的。我们把过去的事，回头想想，就可以知道。今年如此，明年也如此，再过几年也是如此。我们个人生活平凡，一国生活也平凡，到底是什么缘故呢？就是因为我们没有创造的精神，没有改造生活的宏愿。我们要想有创造精神，有改造宏愿，不可不找那与改造生活有关系的学说，加以研究。尼采的思想便是教我们改造生活最有力的。❷

　　尼采看得最重的，便是本能说。……尼采说本能是征服环境，创造环境的，其用力有不同罢了。本能要使用才能发达，不用便渐渐失其功能。……我们固有的本能，不知道常常使用，所以终于甘心降伏在环境里，这也是提倡改造生活的人，不可不知道的。❸

　　他还说："我们想真正改造我们的生活，更不可不重视尼采的实用主义"。❹ 在演讲的结尾，李石岑再次强调尼采的学说"原是想冲撞我们日常不变的生活的，那就无怪乎他的学说含有兴奋剂了"。❺

　　李石岑在《美神与酒神》一文中提到了自己 1920 年在《民铎》杂志上开办"尼采号"的目的："我往日在《民铎》杂志上曾办过一期尼采专号，我那时候的用意，以为救济中国人的黏液质的头脑，只有提出尼采思想来；现在已经过了六七年了，我仍旧不愿改变我往日的主张，我觉得要鞭策不进步的中国人，仍只有拿尼采思想去作充先锋队。"❻

　　李石岑在专著《超人哲学浅说》的"绪言"部分集中申述了自己"亟亟于介绍尼采思想的"的原因或目的。他将自己引介尼采思想的原因或目的概括为五个方面："去年（1928 年）济南惨案发生之时，我正从日本返国，在这个紧急的当儿，我以为中国人应该要比较兴奋些，敏感些，谁知大谬不然，仍是悠闲地无感

　　❶ 李石岑："尼采思想与吾人之生活"，载《李石岑讲演集》，广西师范大学出版社 2004 年版，第113 页。

　　❷ 李石岑："尼采思想与吾人之生活"，载《李石岑讲演集》，广西师范大学出版社 2004 年版，第114 页。

　　❸ 李石岑："尼采思想与吾人之生活"，载《李石岑讲演集》，广西师范大学出版社 2004 年版，第116 页。

　　❹ 李石岑："尼采思想与吾人之生活"，载《李石岑讲演集》，广西师范大学出版社 2004 年版，第116 页。

　　❺ 李石岑："尼采思想与吾人之生活"，载《李石岑讲演集》，广西师范大学出版社 2004 年版，第118 页。

　　❻ 李石岑："美神与酒神"，载成芳编：《我看尼采》，南京大学出版社 2000 年版，第 180 页。

觉地活下去，这不是很怪异的一种现象么？我一看到这些情形，便立刻想到中国民族性非有一番根本的改造不可。讲到改造，我就联想到伦理思想的改造，因为伦理思想的改造，是对民族性影响极大的。讲到伦理思想的改造，我就不能不联想到尼采的超人哲学。这是我想介绍尼采思想的第一个原因。"❶ "中国民族的最大的弱点，是带有妥协，微温一类的性质，在表面上看来，这是中庸，这是平和，而在实际上看来，这只是乡愿和奴隶之劣根性之暴露。此种根性，相沿已久，非有一种绝大的刺激和彻底的觉悟，是不容易苏醒过来的。这是我想介绍尼采思想的第二个原因。"❷ "尼采的哲学是一种反抗的哲学，是一种反价值的哲学，尼采叫做'一切价值的重新估定'。但尼采反抗的目标是吃人的耶教，本书却是想抨击吃人的礼教。……这是我想介绍尼采思想的第三个原因。"❸ "中国民族表面上并不信奉任何宗教，骨子里却都信奉着多神教。……不把多神教的思想打破，则科学的威权是无法施展的。这是我想介绍尼采思想的第四个原因。"❹ "尚有一个显而易见的原因，便由于中国人人格观念之麻木。……尼采便给我们一个当头棒喝：要先把具体的个人立定脚，然后以次发展到国家到社会到人类。个人是世界唯一的立法者，个人是世界一切的征服者。凡尼采所给予我们的教训，在老大奄弱的中国人听来，至少要吃一大惊的，这便是医治中国人一副最好的兴奋剂。"❺

李石岑文中提到的"济南惨案"又称"五三惨案"，是指 1928 年 5 月 3 日日本军国政府借口保护日侨而进兵济南、造成中国军民伤亡近 8000 人的罪行。显然，李石岑阐释与介绍尼采思想的目的是为了摧毁中国人的封建道德即"礼教"和多神教崇拜，抨击中华民族的国民劣根性，激活国人的"人格观念"，推动国人"伦理思想的改造"。其中，"讲到伦理思想的改造，我就不能不联想到尼采的超人哲学"一句，清清楚楚地表明了李石岑欲借助尼采的哲学思想来推动国人伦理思想或国民性改造、推动现代中国思想启蒙的良苦用心。

那么李石岑受到尼采思想的启发，提出了哪些主张来推动国人"伦理思想的改造"呢？概括而言，李石岑提出了反对中国封建道德、反对幻想而消极的生活态度、反对国民劣根性，提倡奋斗的人生观、艺术的人生观等主张。

首先，李石岑受尼采"价值重估"主张的启迪，提出了反对中国封建礼教的主张。他曾指出：

尼采之"价值之破坏"，为其学说之特彩。尼采以为意志否定即为最大之意志肯定而发，故旧价值、旧理想、旧文明之破坏，即为新价值、新理想、新文明

❶ 李石岑："超人哲学浅说"，上海商务印书馆 1931 年版，第 2 页。
❷ 李石岑："超人哲学浅说"，上海商务印书馆 1931 年版，第 2 页。
❸ 李石岑："超人哲学浅说"，上海商务印书馆 1931 年版，第 2～3 页。
❹ 李石岑："超人哲学浅说"，上海商务印书馆 1931 年版，第 3 页。
❺ 李石岑："超人哲学浅说"，上海商务印书馆 1931 年版，第 3 页。

之建设之张本。吾人具有自由精神，即吾人自具有未来之立法者之资格；今日之法则、秩序、名教、道德，不必悉为我辈而设；今日所行之阶级，举为传习的阶级，非强弱的阶级。传习的阶级，足以汩没人类之能力，而日沦于堕落；强弱的阶级，足以促进人类之抗争，而日趋于进化。唯传习的阶级不易撤去，欲其撤去，必先举其在社会上所博得固有之价值而破坏之。❶

　　作者将"名教"这一中国特有的道德概念混入其中，表明了用尼采"重新估定一切价值"主张来否定中国封建道德的用意。

　　其次，李石岑受尼采美神精神与酒神精神概念的影响，提出了要反对中国人的"美神式"生活与性格，并用"酒神式"态度和性格来克服前者。李石岑在《美神与酒神》一文中提到"要鞭策不进步的中国人，仍只有拿尼采思想去作充先锋队"。如何拿尼采思想作为充鞭策国人的"先锋队"呢？他借用了尼采的美神（又称日神）精神和酒神精神这两个概念来阐述自己的观点。李石岑在分析美神精神与酒神精神这两个概念之后，指出了它们与人类生活的关系："人类的思想与生活，总逃不了这两个世界——美神与酒神的世界。而思想与生活的进程，又大抵是由美神的世界走向酒神的世界；生命表现与发展之所以可能，平等自由之所以现实，圆满的人格所以能发挥，高贵的人生所以能达到，这是一个总枢纽。"❷ 其又这样概括尼采的人生观："尼采以为真正的人生，要在脱去观念的世界而代以意志的世界，便是用最大的苦恼和努力以发见人生的究竟。……凡是美神式的人生，都应一律排斥，因为这不过是平凡的，颓废的，无勇气的人生之表示，不过对于人生加以一种廉价的肯定而已，其结果只有陷人类于堕落。"❸ 参照尼采的这两个概念，李石岑认为中国人的生活理想同印度人的一样，都类似于尼采的"美神精神"，并将他们的生活定性为"美神式"生活，主张以"酒神精神"和"酒神式"生活态度来克服这种生活态度。李石岑指出："我以为中国人的人生理想，充满着道德观念，印度人的人生理想，充满着宗教观念……中国人的道德思想和印度人的宗教思想，在意义和性质上，本来完全不同，不过有一点却是相同的，便是它们都是藉美神以图内心的慰安，都是藉幻想的世界以谋世间的苦恼之解脱。"❹ "换句话说：东方人（指中国人和印度人）的人生思想，倾向于美神。"❺ 稍后，李石岑明确将中国人的性格概括为"美神式"性格：

　　中国人永是在观念里面希望幸福和安逸，换句话说，中国人永是藉着美神的荫蔽以求内心的慰安。中国国民性的特征，论者虽不一其说，但我们至少可以拿住三点去说明，便是幻想的，妥协的和因袭的。孔子的安贫乐道，颜子的箪食瓢

❶ 李石岑："尼采思想之批判"，载成芳编：《我看尼采》，南京大学出版社 2000 年版，第 81 页。
❷ 李石岑："美神与酒神"，载成芳编：《我看尼采》，南京大学出版社 2000 年版，第 185 页。
❸ 李石岑："美神与酒神"，载成芳编：《我看尼采》，南京大学出版社 2000 年版，第 179～180 页。
❹ 李石岑："美神与酒神"，载成芳编：《我看尼采》，南京大学出版社 2000 年版，第 181～182 页。
❺ 李石岑："美神与酒神"，载成芳编：《我看尼采》，南京大学出版社 2000 年版，第 183 页。

饮，都是在幻想中讨生活，都是藉着幻想以解脱世间一切的苦痛。这种麻醉心灵的方法，虽然也可以获得一时的效果，但至少足以减弱中国人的"现实的欲求"。又中国人富于妥协的思想，自从古代所谓"允执厥中"，直到最近梁漱冥先生所谓"双的路子"，没有不是赞扬妥协的思想的。孔子的"无可无不可"，更其是妥协的精神之表现。……中国人富于因袭的性质，孔子说："述而不作，信而好古"，孟子说："诗云'不愆不忘，率由旧章'，遵先王之法而过者，未之有也。"这两段话增进中国人因袭的成分很不少。既富于因袭的性质，故一切无进步，无创造。从上述三点来看，可见中国人的生活完全是一种美神式的生活。老子赞美黄帝，孔子赞美尧舜，墨子赞美大禹。黄帝尧舜大禹实际上都是他们的美神，都是他们的观念的世界，梦幻的世界。质直的说，都是引导中国人朝着消极的解脱，廉价的肯定一条路子。❶

那么怎样克服这种"消极的解脱"、杜绝"廉价的肯定一条路子"呢？怎样战胜"美神式"性格和生活态度呢？李石岑端出了尼采的酒神精神和强力意志："现在我们要改变这种消极的廉价的生活，只有提出一个强烈的意志，只有捧出一个陶醉的酒神来。"❷ 具体讲，就是要"改变中国人的幻想性而代以现实性"、"改变中国人的妥协性而代以革命性"、"改变中国人的因袭性而代以创造性"，而"所谓现实性，革命性，创造性，固完全是酒神的思想，完全属于意志的世界。我们要在这个世界里面活动活动，才可以唤醒不进步的中国人，才可以救济带有黏液质的中国人，才可以根本改正中国人消极的解脱和廉价的肯定的人生"。❸"人生的第一要义，是对于人生取挑战的态度，结果非藉酒神的魔力不可。换句话说，非有赖于权力意志不可。"❹

李石岑还提到要用尼采的强力意志思想来打破传统习惯，征服和改变环境。他在解释强力意志（又译权力意志）这一概念时曾经发挥说："尼采的'权力意志'怎么解呢？他说：人是有潜伏力的，这力就是生生不已自强不息的一种活势力。人有这种力，所以理性智慧等才能发生。这力的功用有两种：一种是'征服环境'，一种是'创造环境'。人被环境征服，所以生活无趣味，要想生活高尚，就要征服环境，进一步就要创造环境。所以我们如要打破习惯，改造社会，就靠这种力，就靠这'权力意志'。"❺

最后，李石岑借助尼采的艺术观提倡积极的、奋斗的人生观。

李石岑认为尼采特别尊崇艺术，因为："尼采之视艺术，较知识或道德重，至有艺术即生活之语。……知识或道德支配生活之时，必不免使生活限于凝滞，

❶ 李石岑："美神与酒神"，载成芳编：《我看尼采》，南京大学出版社 2000 年版，第 180～181 页。
❷ 李石岑："美神与酒神"，载成芳编：《我看尼采》，南京大学出版社 2000 年版，第 181 页。
❸ 李石岑："美神与酒神"，载成芳编：《我看尼采》，南京大学出版社 2000 年版，第 181 页。
❹ 李石岑："美神与酒神"，载成芳编：《我看尼采》，南京大学出版社 2000 年版，第 179～180 页。
❺ 李石岑："尼采思想与吾人之生活"，载《李石岑讲演集》，广西师范大学出版社 2004 年版，第 115 页。

艺术为支配的活动时，则可使生活益加活动与向上。……艺术足以从知识或道德之毒害，救济吾人之生活。"❶ 在此基础上，李石岑明确主张用尼采的艺术观来确立一种健康的、积极的艺术人生观：

> 尼采主张艺术即生活，生活之艺术化，艺术之生活化。谓人类就本性言之，既自为艺术家，又为艺术品。中国人则对于艺术从不甚了了。中国人心目中只有宗法社会下的伦理的思想，而无表现生活高潮的艺术的思想。……中国人的污秽丑陋，固非用艺术的精神不能救济，中国人的瘠弱、奄恹和可怜的安逸，更非用艺术的精神无法苏生。中国人只会沉醉于阿婆罗的梦幻观想里面，却不知更有爵尼索斯的酣醉欢悦的世界，更不知从爵尼索斯的酣醉欢悦里面再淘出一个阿婆罗的世界来。所以中国人又非有一种艺术的陶冶不可。❷

即是说，李石岑希望借助尼采"艺术即生活，生活之艺术化，艺术之生活化"的主张来反对"从无表现生活高潮的艺术"、只知表现"宗法社会下的伦理的思想"的中国传统文艺，并借助尼采的"艺术的精神"或"爵尼索斯的酣醉欢悦"来陶冶、救济只会沉溺于"瘠弱、奄恹和可怜的安逸"之中的中国人。从这些申述里面不难体会出李石岑欲借助尼采的美学思想质疑、否定中国传统人生观，建立一种新的人生观的迫切愿望。

同时，李石岑希望借助尼采"悲剧精神"所体现的积极人生观来激励国人形成健康而积极的人生观。他多次指出：

> 尼采以为解脱生命之苦痛，即宜用苦痛自身；从苦痛以锻炼自己的意志，增高自己的人格。故认苦痛为美与力之源泉；苦痛愈多而美与力之发挥乃愈益扩大。质言之，苦痛乃是增进人生的价值的唯一的兴奋剂。❸
>
> （尼采）以为真正的人生，要在脱去观念的世界而代以意志的世界。如果专在观念的世界里面讨生活，只不过是平凡的、颓废的、无勇气的人生之表示，只不过是对于人生加以一种廉价的肯定，其结果只有陷人类于堕落与灭亡。所以人生的第一要义，是在对于人生取挑战的态度，是在用最大的苦痛换取高贵的人生，是在本悲剧的精神成就人间的天国。❹

因为"苦痛为美与力之源泉"，"苦痛乃是增进人生的价值的唯一的兴奋剂"，所以李石岑就呼吁国人"对于人生取挑战的态度"，"用最大的苦痛换取高贵的人生"，"本悲剧的精神成就人间的天国"。

值得指出的是，李石岑仿效陈独秀"伦理的觉悟"的说法提出了"伦理思想

---

❶ 李石岑："尼采思想之批判"，载成芳编：《我看尼采》，南京大学出版社 2000 年版，第 78 页。
❷ 李石岑："超人哲学浅说"，上海商务印书馆 1931 年版，第 93～94 页。
❸ 李石岑："超人哲学浅说"，上海商务印书馆 1931 年版，第 41 页。
❹ 李石岑："超人哲学浅说"，上海商务印书馆 1931 年版，第 41 页。

的改造"的观点，将"伦理思想的改造"当做改造国民劣根性的根本途径，这与现代中国思想启蒙的先驱鲁迅的"立人"思路是一脉相承的。

第五节　林语堂的尼采阐释与"生活艺术"的形成

林语堂（1895～1976 年），中国现代散文家、小说家，早年在上海圣约翰大学学习，后留学美国、德国，学贯中西，自称"两脚踏东西文化，一心评宇宙文章"。他曾是《语丝》的主要撰稿人，后又主编过《论语》、《宇宙风》。作为"两脚踏东西文化"的大家，林语堂特别注意吸收异域的思想资源。其中，德国哲学家、诗人尼采的思想主张就是深刻影响他的异域资源之一。

一、林语堂的尼采情结

林语堂在《〈四十自叙诗〉序》（1934 年）中曾自述"尼采，我少时所好"。[1]虽然难以弄清这"少时"所指的具体时间，但林氏对尼采其人其文其说非常熟悉却是不争的事实。林语堂与尼采两人的父亲都是教会人士，两人都曾被寄望于研习神学，而后都走上背叛基督教的道路（林语堂直到晚年才重新皈依基督教），所以家庭环境、人生经历的惊人相似很可能是林语堂倾心尼采的诱因。

在 20 世纪 20～30 年代的林语堂身上，有一股浓郁的"尼采情结"。这一"情结"主要体现在如下三个方面。

一是热心翻译尼采著作。林语堂曾经两次翻译尼采《查拉图斯特拉如是说》中的篇章。第一次是 1927 年初，时任厦门大学教授与文学院院长的林语堂翻译了《查拉图斯特拉如是说》第 51 章《离开》，以《译尼采〈走过去〉——送鲁迅先生离厦门大学》为题赠给应他之邀而来又为环境所迫而去的鲁迅。译文最初收录在上海北新书局 1928 年出版的《翦拂集》中。第二次是 1935 年，林语堂翻译了《查拉图斯特拉如是说》的第 12 章《市场之蝇》，发表在《论语》1935 年第 56 期上。

二是常常提及尼采的思想、文笔或生平故事。林语堂在《读邓肯自传》（1934 年）一文中就特别提到美国著名舞蹈家邓肯（I. Duucan）的"跳舞的教师"之一是尼采，她的艺术源泉之一是"尼采的文句与精神"，因为"尼采创造跳舞的精神"、"尼采是第一跳舞的哲学家"。为了说明尼采的"跳舞的哲学"与"跳舞的精神"，林语堂紧接着指出："她（指邓肯）的自传里封面引尼采的话说：'如果我的道德是跳舞家的道德，如果我常跳跃到青霄，如果我的道理始末是要使重浊的变为轻清，使所有的躯体变成跳舞家，所有的魂灵变为飞鸟；真正的，这是我道理的始末。'"[2] 在引述邓肯自传里的两段文字之后，林语堂又评论说：

---

[1]　林语堂："《四十自叙诗》序"，载《林语堂名著全集》（第 16 卷），东北师范大学出版社 1994 年版，第 500 页。

[2]　林语堂："有不为斋随笔·读邓肯自传"，载《大荒集》，上海生活书店 1934 年版，第 186 页。

"这简直是尼采的笔调了";它们"具有尼采的风味。"❶ 林语堂在讨论人生哲学的专著《生活的艺术》(*Importance of Life*,1937)里将中国人的人生哲学即"生活艺术"与尼采的"愉快哲学"相提并论。林语堂还特别描绘了尼采初读叔本华著作时的情形以及尼采的性格:"乔治·伊里沃(George Eliot)(通译乔治·艾略特)描摹他的第一次读卢梭,称之为一次触电。聂老齐(Nietzsche,通译尼采)于初读叔本华时也有同样的感觉。但叔本华是一位乖戾的先生,而聂老齐则是一个暴躁的学生,无怪后来这学生就背叛他的先生了。"❷ 这些信手拈来的引用与叙述表明了林语堂对尼采的学说、性格和文风了如指掌。

三是模仿尼采的《查拉图斯特拉如是说》创作了《萨天师语录》系列。林语堂在翻译《查拉图斯特拉如是说·市场之蝇》一章时特别说明:"译自萨天师语录,卷一,章十二。"❸ 由此可知,"萨天师语录"正是林语堂对《查拉图斯特拉如是说》一书的中文译名。他将"萨拉土斯脱拉"(Zarathustra,通译查拉图斯特拉)改称了"萨天师"。在该系列的首篇《Zarathustra 语录》的结尾,林语堂还特地用英文写道:"With apology to Nietzsche."(向尼采致歉)。为何向尼采致歉?其原因除了对后者《查拉图斯特拉如是说》标题的借用之外,还包括对其文体与语言风格的模仿。

林语堂曾赋《四十自叙诗》(1934 年)来概述自己的学习历程:"立志出身扬耶道,识得中奥废半途。尼溪(通译尼采)尚难樊笼我,何况西洋马克思。出入耶孔道缘浅,惟学孟丹我先师。总因勘破因明法,学张学李我皆辞。"❹ 他在诗前作序解释:"'尼溪'即尼采,我少时所好,犹不能为所笼络。"❺ 这里不论林语堂视尼采思想高于马克思学说(尼溪尚难樊笼我,何况西洋马克思)是否合理,这一诗一序清楚地表明了他虽然博采中西知识,却又不为这些知识所"樊笼"或"笼络",换言之,林语堂对所接触的知识采取的是既接受又疏离的态度。林语堂尽管受到欧风美雨的浸润,但始终未曾褪尽中国传统文化与思想的底色。

林语堂从尼采那里接受了哪些东西呢?概括来说,他从尼采那里接受了两个礼物:一是"骂德人"的"作战精神",二是"愉快哲学"即快乐人生观。

林语堂早年是语丝社的重要成员,他赞同该社致力于对国人进行"思想革命"的主张以及用文学作品进行社会批评的倾向,极力提倡"骂人"文学。他在《插论语丝的文体——稳健,骂人,及费厄泼赖》(1925 年)一文里为"骂"大

---

❶　林语堂:"有不为斋随笔·读邓肯自传",载《大荒集》,上海生活书店 1934 年版,第 186 页、第 180 页。

❷　林语堂:"生活的艺术",载越裔汉译:《林语堂名著全集》(第 21 卷),东北师范大学出版社 1994 年版,第 353 页。

❸　林语堂:"《市场之蝇》译者说明",载《论语》1935 年第 56 期。

❹　林语堂:"四十自叙诗",载《林语堂名著全集》(第 16 卷),东北师范大学出版社 1994 年版,第 502 页。

❺　林语堂:"《四十自叙诗》序",载《林语堂名著全集》(第 16 卷),东北师范大学出版社 1994 年版,第 500 页。

唱赞歌："骂本有相当的好处，世界绝没有人不承认奸臣是该骂的，或者不承认背信弃义忘恩负义的朋友，不贞之妇，不孝之子是该骂的"；"骂人"是一种"健全的作战精神"，"不可不积极地提倡"。❶ 显然，林语堂所说的"骂人"是指对坏人奸臣、败德恶行的揭露和批判。林语堂的"骂人"真经取自何处呢？细心追查才发现是取自尼采等人。他曾经明确说过："自有史以来，有重要影响于思想界的人都有骂人的本能及感觉其神圣……所以尼采不得不骂德人，肖伯纳不得不骂英人，鲁迅不得不骂东方文明。"❷

尼采确实有"骂人的本能"，而且骂了自己的祖国即德国的人。诚如茅盾所言，尼采在《不合时宜的思考》的第一篇里就"攻击德人的没有高超理想"，对"德国文化退步的现象"大骂了一通。❸ 茅盾对尼采骂德国人的情况尚语焉不详。具体情况是这样的：普法战争之后，获得胜利的德国人"竞相努力颂扬战争"，一致认为"德国文化也在那场斗争中获胜了"，尼采针对德国民众尤其是德国知识分子的盲目乐观，写下了著名的《不合时宜的思考》一书，对他们当头棒喝："一场巨大的胜利就是一种巨大的危险"，"它能够把我们的胜利转变为一种完全的失败，转变为德意志精神的失败"。❹ 尼采将那些盲目自信的德国作家与学者分别比喻为孤芳自赏的大公鸡与"知识庸人"，并讽刺道："还能够有什么比看到丑八怪像一只公鸡一般神气活现地站在镜子前面、与自己的镜像交换欣赏的目光更为难堪的事情呢？"那些"知识庸人"只会"盯住庸人的幸福……这是一种对自己的狭隘、对自己的不受干扰、甚至对自己的局限性的惬意"。❺ 尼采还针对德国人自诩拥有优秀文化一事一针见血地指出：所谓德意志文化，"甚至连糟糕的文化也不是，而一直是文化的对立面，亦即根深蒂固的野蛮"。❻ 尼采在晚年未刊遗稿（中译《权力意志》）中也多次痛骂过德国人。他说："精神的笨拙，不思改变的舒适懒散，对某种权力和服务乐趣的甘心屈服，对思想、愿望的湿热孵化——这一切都是德国式的"；德国人身上满是"市侩气和懒散气"。❼

不过，尼采"骂德人"并非如泼妇骂街，而是出于良苦用心。他曾这样解释自己"骂德人"的原因与目的："对我来说，民族性癫狂和祖国蠢笨气是毫无魅力的：'德国，德国，高于一切'，这话在我的耳朵听来是令人痛苦的，根本上是因为我对于德国人有更多的要求和愿望。"❽ "对于德国人有更多的要求和愿望"，

❶ 林语堂："插论语丝的文体"，载《文学运动史料选》（第1册），上海教育出版社1979年版，第243～245页。

❷ 林语堂："插论语丝的文体"，载《文学运动史料选》（第1册），上海教育出版社1979年版，第244页。

❸ 茅盾："尼采的学说"，载郜元宝：《尼采在中国》，上海三联书店2001年版，第74页。

❹ ［德］尼采："不合时宜的沉思"，李秋零译，华东师范大学出版社2007年版，第31～32页。

❺ ［德］尼采："不合时宜的沉思"，李秋零译，华东师范大学出版社2007年版，第35页、第42页。

❻ ［德］尼采："不合时宜的沉思"，李秋零译，华东师范大学出版社2007年版，第39页。

❼ ［德］尼采："权力意志"，孙周兴译，商务印书馆2007年版，第37～38页、第42页。

❽ ［德］尼采："不合时宜的沉思"，李秋零译，华东师范大学出版社2007年版，第80页。

正是作为"有重要影响于思想界的人"的尼采"骂德人"的"神圣"动机，也是"尼采不得不骂德人"的深刻用意。

　　林语堂从尼采等人那里取得"骂人"真经之后，就借助尼采文句来"骂"厦门大学的混浊，骂当时"市场"般的中国文学界。1927 年初，林语堂翻译了《查拉图斯拉如是说·走过去》，赠给应他之邀而来又为环境所迫而去的鲁迅。文中名为"萨君猴"的呆汉对萨拉土斯脱拉（通译查拉图斯特拉）说："这边是遁世思想的地狱：这边伟大的思想要活活的熬死，烹小。这边伟大的感情都要枯萎：这边只有僵瘦骷髅似的感触镳镳的磷响！"因此他劝查拉图斯特拉赶快离开这肮脏、庸俗而又恐怖的"大城"："以你一切的光辉，魁伟，良善为誓，啐这市侩的城而回去！"❶ 在这里，林语堂是借尼采描绘的"大城"隐射当时厦门大学的恶浊环境，并安慰快快离去的鲁迅的落寞心情。1935 年，林语堂又翻译了《查拉图斯拉如是说·市场之蝇》，并在译文前特别说明："按中国讨蝇檄，若张咏《骂蝇文》之类颇多，但少寓讽意如尼采此文者。"❷ 如果联系林语堂翻译此文之前不久因为在《论语》、《人间世》等杂志上鼓吹"性灵"文学、嘲笑"大众语"而受到文学界部分人士围攻的事实，则不难发现林语堂是在借尼采的"讽意"来回敬别人对他的攻伐。在这里，林语堂将尼采当做了自己的思想代言人。

　　当然，最能体现林语堂"骂人"水准，也最能揭示林语堂"骂"国人与尼采"骂德人"之间的关联的，还是他模仿尼采《查拉图斯特拉如是说》而创作的《萨天师语录》杂文系列。

　　关于《萨天师语录》的篇数与篇目有多种说法，有趣的是，似乎连林语堂本人对此事都有些迷糊。如，他明明在《春潮》杂志上发表了《萨天师语录（六）·丘八》，却又将《我的话——文字国》加上副题"萨天师语录——其六"。据笔者查证，林语堂以《萨天师语录》为总题所写的文章共有 9 篇，按发表的先后顺序，它们依次是：①《Zarathustra 语录》（载《语丝》1925 年 11 月 30 日第 55 期；有些选本加副题《东方病夫》）；②《萨天师语录（二）》（载《语丝》1928 年 3 月 19 日第 4 卷第 12 期；有些选本加副题《东方文明》）；③《萨天师语录（三）》（载《语丝》1928 年 4 月 9 日第 4 卷第 15 期；有些选本加副题《新时代女性》）；④《萨天师语录（四）》（载《语丝》1928 年 5 月 11 日第 4 卷第 24 期）；⑤《萨天师语录（五）·正名的思想律》（载《语丝》1928 年 8 月 8 日第 4 卷第 33 期）；⑥《萨天师语录（六）·丘八》（载《春潮》1929 年 3 月 15 日第 1 卷第 4 期）；⑦《萨天师语录·萨天师与东方朔》（载《论语》1933 年 4 月 16 日第 15 期）；⑧《上海之歌》（载《论语》1933 年 6 月 16 日第 19 期）；⑨《我的话　文字国·萨天师语录——其六》（载《论语》1933 年 12 月 16 日第 31 期）。其中《上海之歌》是唯一没有题名《萨天师语录》的篇章，但作者本人和后来的

---

❶ 林语堂："译尼采《走过去》"，载《语堂文存》（第 1 册），桂林林氏出版社 1941 年版，第 46 页、第 47 页。

❷ 林语堂："《市场的苍蝇》译者说明"，载《论语》1935 年第 56 期。

编者多把它归入该系列。

虽然这些文章的写作历时八年有余，内容也相当广泛，但思想倾向却是一致的，即借萨天师之口"骂"中国人，"骂"中国文明。具体来说，林氏所"骂"的对象主要包括三个方面：一是中国国民的劣根性；二是中国传统文明的缺陷；三是中国现实社会中的种种丑恶现象。

先看林语堂"骂"中国国民的劣根性情况。《Zarathustra 语录》揭露了中国人的老化、驯服、守旧与懦弱等性格。Zarathustra 在中国京城里接触各色中国人后不禁惊叹："你不看见他们多么稳重，多么识时务，多么驯养。……你不看见他们多么中庸，多么驯服，多么小心"；他对中国"小孩"与青年的"老化"性格感受最深："我听说在西欧小孩尚玩弄玻璃珠的年纪，中国的小孩已经会做救国策了"，"外国的青年血气未定，他们已经血气既衰"，"在外国青年激进革命的年纪，他们的青年已经会'卫道'了"；最后，Zarathustra 不无讽刺地写道："中国文化的特长的确不少，但是叩头与哭，绝对非他民族所可企及。"❶《萨天师语录（四）》集中讽刺了中国国民"和平忍辱"的性格。萨天师在"大城"郊外见一"猖狂自大者"宣称"吾民族，世界上最能忍辱负重之民族也"，不由反唇相讥："你民族之伟大，的确不可以言喻，单以忍辱而论"；萨天师不无悲愤地警告："我厌恶他们的和平忍辱，并且厌恶他们和平忍辱的圣训。我鄙恶这昏聩狂妄的市民……因为他们以文饰为美丽，以麻药为佳肴，以锣钹钟鼓之声为美乐。而且他们将要死亡于陶醉麻木，锣钹钟鼓之声中。"❷《萨天师语录（六）·丘八》揭露了中国士兵的驯服与懦弱性格。在萨天师的眼中，俗称"丘八"的中国士兵"不是怒吼如雷的虎豹"，"只是嗟来而食的家犬"，"不是奋翮凌风的鹰隼"，"只是栖埘栖桀的家禽"，总之是"一群驯养的家禽"，"是王者的顺民"。❸

再看林语堂"骂"中国传统文明的缺陷问题。《Zarathustra 语录》嘲讽了中国文明的"老大"即老化与自大特征。在此文的开头与结尾，Zarathustra 发出了几乎同样的感慨："中国的文明确是世界第一——以年数而论"；"这个民族的确是世界第一——以老大而论。"❹《萨天师语录（二）》通过拟人与象征手法揭露了中国传统文明僵化、病态与浅薄等特征。萨天师所见的东方文明（实为中国文明）女神，"是板面，无胸，无臀，无趾的动物——是一个无曲线的神偶"，她"整身封固不露"，她连"'肤浅'之美"都不够格，因为她只有"'衣浅'之美"。❺换言之，中国文明既毫无生机、形同僵尸，又完全封闭、极度浅薄。《萨天师语录（五）·正名的思想律》抨击了中国传统的纲常名教即"正名思想"。

---

❶ 林语堂："Zarathustra 语录"，载《语丝》1925 年第 55 期，第 1～2 页。

❷ 林语堂："萨天师语录（四）"，载《语丝》1928 年第 4 卷第 24 期，第 1～3 页。

❸ 林语堂："萨天师语录（六）·丘八"，载《林语堂名著全集》（第 13 卷），东北师范大学出版社 1994 年版，第 324 页。

❹ 林语堂："Zarathustra 语录"，载《语丝》1925 年第 55 期，第 1 页。

❺ 林语堂："萨天师语录（二）"，载《语丝》1928 年第 4 卷第 12 期，第 5～6 页。

萨天师发现中国人常常"南面正襟危坐，板起端肃的面孔，背着方正的神主，排他们的八字脚，抹他们的八字胡，诵他们的八股文"，因为他们信奉"君，君。臣，臣。父，父。子，子"以及"名正，言顺；分定，位安"的"正名哲学"。❶

最后看林语堂"骂"中国现实社会中诸恶的情形。《萨天师语录（四）》开篇写萨天师在"大城"郊外看见"文明之神"蹂躏"号呼奔溃的市民"，只留下一片"横尸遍野，哭声震天的荒郊"，❷ 这显然影射了中国连年不断的军阀混战。《萨天师语录（五）·正名的思想律》则对中国军阀们忙于"正名"、不断"变幻大王旗"的现象给予了顺手一击："粉饰太平：这是他们的能事。换招牌，刨匾额：这是他们的专长"；"他们天天忙着换旗帜，'革'城名"。❸ 《萨天师语录·萨天师与东方朔》虚构了"鹘突之国鲁钝之城"，这里的人们浑浑噩噩、混浊冥顽，只会"傻笑"度日；这里的执政者一手遮天，实行白色恐怖政策，以致"在这城中情感已经枯黄；思想也已捣成烂浆，上卷筒机，制成日报"，"裸体的真理，羞赧已无容身之地，所以须披上谐噱的轻纱"。❹ 《上海之歌》以查拉图斯特拉式语调调侃与嘲讽了旧上海物欲横流、畸形繁荣、鱼目混珠的风貌。在这里，有"搂的肉与舞的肉"、"吃的肉与睡的肉"，还有各种"行尸走肉"；"豪奢"与"贫乏"、"淫靡"与"颓丧"、"欢声"与"涕泪"交织，"蓬头画家、空头作家、滑头商人、尖头掮客"充斥，"卖身体下部的妓女与卖身体上部的文人"、"买空卖空的商业与买空卖空的政客"共处。❺ 《文字国》借萨天师之口揭露了中国文人玩弄文字游戏、借笔杀人的无聊与无耻："文章是他们耍弄玄虚的拳套，是使观众眼花缭乱的舞术"；他们名为"文坛巨子"，实际上"只成了卖膏药的江湖拳士，只成了富翁做寿请来的戏子"；他们"一面向武人送秋波，一面向百姓撒烟障"。❻

如果进一步考察就不难发现，林语堂对中国人、中国文明和中国现实社会的"骂"不仅袭取了尼采"骂德人"的形式，而且借用了尼采的思想主张。因此，《萨天师语录》洋溢着浓郁的"尼采味"。

先看《萨天师语录》批判中国国民劣根性主题中的"尼采味"。林语堂所批判的中国国民劣根性主要有老化、守旧、驯服、懦弱等。林氏所批判的这些性格与尼采所抨击的"精神的笨拙，不思改变的舒适懒散，对某种权力和服务乐趣的甘心屈服"以及"早衰"等"德国式"性格非常相似。实际上，无论是林语堂笔下的中国人还是尼采笔下的德国人，都属于尼采所抨击的"末人"。"末人"循规

---

❶　林语堂："萨天师语录（五）·正名的思想律"，载《语丝》1928 年第 4 卷第 33 期，第 18 页、第 20 页。

❷　林语堂："萨天师语录（四）"，载《语丝》1928 年第 4 卷第 24 期，第 1 页。

❸　林语堂："萨天师语录（五）·正名的思想律"，载《语丝》1928 年第 4 卷第 33 期，第 19 页。

❹　林语堂："萨天师语录·萨天师与东方朔"，载《论语》1933 年第 15 期。

❺　林语堂："上海之歌"，载《林语堂名著全集》（第 14 卷），东北师范大学出版社 1994 年版，第 24～26 页。

❻　林语堂："文字国·萨天师语录"，载《论语》1933 年 31 期。

蹈矩，弄不明白也懒于追问"爱是什么？创造是什么？渴望是什么？命运是什么"；他们委琐、知足，"在白天与黑夜只有小小的欲望"。❶ 其实尼采也曾多次提到中国人，似乎每次都是持否定态度。如他在《快乐的科学》里将中国人归为"从根本上讲是容易满足而最终总会获得安宁"的类型，例证之一就是"中国社会里求变的能力已经消失了好几个世纪"。❷ 尼采还在《道德的谱系》里称人类日渐变得"更瘦弱、更温和、更乖巧、更舒适、更平庸、更冷漠"的趋势为"中国化"（Chinesisch）。❸ 由此可见，林语堂对中国国民劣根性的揭示与批判，与尼采对德国国民劣根性的揭露与批评以及尼采对中国人性格的否定性评价不谋而合。

再看《萨天师语录》批判中国传统文明主题中的"尼采味"。林语堂认为中国传统文明是一种日趋衰落而老化的文明。从根本上讲，林语堂是反"文明"的，认为"文明"与"自然"相对，是人类离开"自然"、离开原始野性、生机与活力走向衰老的产物。他说："当文明失掉了它的简朴性，而浸染习俗，熟悉世故的人们不再回到天真纯朴的境地时，文明就会到处充满困扰，日益退化下去。"❹ 正因为如此，林语堂看见"少年老成"的中国人才会哀叹："我曾经看见文明人，但是不曾看见这样文明的人"，他们"不但已由自然进入文明"，"并且已经由文明进入他们自造的苍蝇柜子"。❺"自造的苍蝇柜子"象征自我束缚。林语堂的文明观以及对中国"老大"文明的批判态度，与尼采的"文明"观以及尼采对欧洲文明的批判态度非常接近。尼采认为："文明的趣味就在于把'人'这个野兽驯化成温顺的、有教养的动物，即家畜。"❻ 在尼采看来，"文明"就是去掉人身上的野性、活力与生机，使之成为驯服、老化、虚弱的高等动物。尼采还在《曙光》里称欧洲文明是一种"老化"的文明，它"在本土已开始退化为严重的不愉悦和恶劣的嗜好，因而需要获得境外的粗犷而优美的天然性"。❼

最后看《萨天师语录》批判中国社会现实各种丑恶现象这一主题中的"尼采味"。林语堂在《萨天师语录》中用虚构的"鲁钝城"与真实的上海城来影射中国的现实社会，而"鲁钝城"与上海城正是他曾经翻译过的尼采《走过去》一章

---

❶ F. Nietzsche, *Also Sprach Zarathustra. Friedrich Nietzsche Werke*. Band 2. Hg. von Karl Schlechta. Carl Hanser Verlag München. 1955, pp284—285.

❷ F. Nietzsche, *Die fröhliche Wissenschaft. Friedrich Nietzsche Werke*. Band 2. Hg. von Karl Schlechta. Carl Hanser Verlag München. 1955, p58.

❸ F. Nietzsche, *Zur Genealogie der Moral. Friedrich Nietzsche Werke*. Band 2. Hg. von Karl Schlechta. Carl Hanser Verlag München. 1955, pp788—789.

❹ 林语堂："生活的艺术"，载越裔汉译，《林语堂名著全集》第 21 卷，东北师范大学出版社 1994 年版，第 83 页。

❺ 林语堂："Zarathustra 语录"，载《语丝》1925 年第 55 期，第 1～2 页。

❻ F. Nietzsche, *Zur Genealogie der Moral. Friedrich Nietzsche Werke*. Band 2. Hg. von Karl Schlechta. Carl Hanser Verlag München. 1955, p787.

❼ F. Nietzsche. *Morgenröte*. Karl Schlechta. *Friedrich Nietzsche Werke*；Band 1. München：Carl Hanser Verlag, 1954, p1156.

里的"大城"的翻版：在"鲁钝城"里，"情感已经枯黄；思想也已捣成烂浆"，"裸体的真理，羞报已无容身之地"；而在尼采的"大城"里，"伟大的感情都要枯萎"，"伟大的思想要活活的熬死，烹小"。林语堂笔下的上海城是"著名铜臭的大城"，这里充斥着"油脸大腹青筋黏指的商贾"、"卖身体下部的妓女与卖身体上部的文人"、"买空卖空的商业与买空卖空的政客"以及"空头作家、滑头商人、尖头掮客"；而在尼采的"大城"里，人们"只闻见赝币的玲珑，及金银的玎铛"，"充满着压小的灵魂，褊狭的胸膛，尖斜的眼睛，粘黏的指头"，"充满着自炫者，厚颜者，刀笔吏，雄辩家，好大喜功者"。❶ 两者何其相似！此外，林语堂所描绘的"文字国"里的"文人"形象与尼采笔下"市场"里的"戏子"形象也颇有几分相似。前者乐于玩弄文字游戏，乐于充当"卖膏药的江湖拳士"与"富翁做寿请来的戏子"；而后者常常在"市场"里"放言高论"，他们"有心灵，但没有心灵的是非"，他们"有善看风势的聪明，及好恶无常的品性"。❷ 显然，无论是林语堂笔下的"文人"还是尼采笔下的"戏子"，都是为了利益而投机钻营、不惜出卖灵魂的人。

不过，林语堂"骂"国人、"骂"中国文明并不是为骂而骂，体现的乃是"哀其不幸，怒其不争"的焦虑以及他对国人的更高期许。林氏曾这样表达自己批判中国国民劣根性的动机："东方文明，余素抨击最烈，至今仍主张非根本改革国民懦弱萎顿之根性，优柔寡断之风度，敷衍透迤之哲学，而易以西方励进奋图之精神不可。"❸ 由此不难推断，林语堂借助尼采"骂德人"的态度就是借助尼采对德国人、德国文化以及欧洲文明的反省与批判，其目的在于揭示中国传统思想与文化的弊端，警示国人剔除民族劣根性，"易以西方励进奋图之精神"，用心不可谓不良苦。这一点与尼采"骂"德国人是出于他"对于德国人有更多的要求和愿望"如出一辙。

二、林语堂的尼采阐释与"生活艺术"的形成

林语堂曾经在思想论著《生活的艺术》里集中阐述过自己的人生哲学。他认为哲学的本质是追求人生的快乐与幸福："只有快乐的哲学，才是真正深湛的哲学；西方那些严肃的哲学理论，我想还不曾开始了解人生的真正意义哩。在我看来，哲学的唯一效用是叫我们对人生抱一种比一般商人较轻松较快乐的态度。""社会哲学的最高目标，也无非是希望每个人都可以过着幸福的生活。如果有一种社会哲学不把个人的生活幸福，认为文明的最后目标，那么这种哲学理论是一

---

❶　林语堂："译尼采《走过去》——送鲁迅先生离厦门大学"，载《语堂文存》（第1册），桂林林氏出版社1941年版，第47页。

❷　［德］尼采："市场的苍蝇"，林语堂译，载《论语》1935年第56期。

❸　林语堂："中国文化之精神"，载《大荒集》，上海生活书店1934年版，第17页。

个病态的，是不平衡的心智的产物。"❶

林语堂对哲学本质与目标的这种看法是怎么形成的呢？如果去考察，可以发现它离不开尼采思想的启发。林语堂自己曾一语道破天机：

> 我以为人类必须从知识的智慧，进步到无智的智慧，须变成一个欢乐的哲学家；也必须先感到人生的悲哀，然后感到人生的快乐，这样才可以称为有智慧的人类。我以为这个世界太严肃了，因为太严肃，所以必须有一种智慧和欢乐的哲学以为调剂。如果世间有东西可以用尼采所谓愉快哲学（Gay Science）这个名称的话，那么中国人生活艺术的哲学确实可以称为名副其实了。❷

林语堂反对"太严肃"的生活态度与"严肃的哲学"，提倡"欢乐的哲学"、"智慧和欢乐的哲学"，并认为后者是中国人所以向往的"生活艺术的哲学"或"生活的艺术"。而林语堂所期望的"智慧和欢乐的哲学"、"生活艺术的哲学"就等同于尼采所提倡的"愉快哲学"，换言之，林语堂所说的"快乐的哲学"、给人类带来"幸福的生活"的"社会哲学"，其实正是尼采的"愉快哲学"。

与"愉快哲学"的英文形式 Gay Science 对应的德文词汇是 Die fröhliche Wissenschaft。尼采有一部哲学著作的标题就是"Die fröhliche Wissenschaft"，中文通常翻译为"快乐的科学"。德文中的"Wissenschaft"跟英文中的"Science"意义相近，均含"科学"、"学问"等义项，偏重于科学思想、科学态度等含义，比"哲学"的含义要宽泛一些。

那么在尼采那里，"快乐的科学"指什么呢？尼采曾多次阐述这一概念的含义："'快乐的科学'意味着心灵的狂欢……全书表达的是经历长期痛苦与神智不清后康复的愉悦、恢复体力的狂喜、对未来信仰的苏醒带来的欢欣。"❸ 他认为"欢笑"、"快乐"是"科学"的本质："如果人们时时刻刻都会通过发出笑声以达到最终的解脱和轻松，那么这欢笑便与智慧相连了，便有了'快乐的科学'。"❹ 尼采认为"科学"具有"给人类创造尽量多的欢乐和尽量少的痛苦"的效用，并预言科学"必将照亮欢乐的新世界"。❺ 为此，尼采特别反对与"快乐的科学"相对的"严肃的沉思"。他说："一旦人这可爱的动物陷入沉思，似乎就没有不失去良好心绪的，他变得'严肃'了！'哪里有欢笑和愉悦，哪里思维就失灵'，这

---

❶ 林语堂："生活的艺术"，越裔汉译，载《林语堂名著全集》（第 21 卷），东北师范大学出版社 1994 年版，第 15 页、第 91 页。

❷ 林语堂："生活的艺术"，越裔汉译，载《林语堂名著全集》（第 21 卷），东北师范大学出版社 1994 年版，第 14～15 页。

❸ F. Nietzsche, *Die fröhliche Wissenschaft. Friedrich Nietzsche Werke in Drei Bänden*. Band 2. Hg. von Karl Schlechta. Carl Hanser Verlag München. 1955, p9.

❹ F. Nietzsche, *Die fröhliche Wissenschaft. Friedrich Nietzsche Werke in Drei Bänden*. Band 2. Hg. von Karl Schlechta. Carl Hanser Verlag München. 1955, p34.

❺ F. Nietzsche, *Die fröhliche Wissenschaft. Friedrich Nietzsche Werke in Drei Bänden*. Band 2. Hg. von Karl Schlechta. Carl Hanser Verlag München. 1955, p45.

严肃的动物居然对一切'快乐的科学'有如是的偏见！"❶ 概而言之，在尼采那里，所谓"快乐的科学"，意指以哲学为核心的"科学"的本质与目标在于减少人类的痛苦，给人类带来欢笑、愉悦与幸福。

进一步考察林语堂的人生哲学或"生活的艺术"的具体内涵，就不难发现它与尼采"愉快哲学"或"快乐的科学"有不少契合之处。林氏的人生哲学包括递进的两个部分：第一部分是对生命或人生的悲剧性质的认识。林语堂将生命的悲剧性视为本质的存在。他说："人类对于人生悲剧的意识，是从青春消逝的悲剧的感觉而来，而对于人生的那种微妙的深情，是从一种对昨开今谢的花朵的深情而产生的。"他举例说："希腊人承认人类是总有一死的，有时还要受残酷命运所支配。"❷ 在林语堂看来，"青春消逝"、"昨开今谢的花朵"以及"受残酷命运所支配"等现象或感觉是使人们形成"悲剧的意识"、"悲剧的感觉"的重要起因，而事实上，青春易逝、花开花落等现象永远不会消失，人类因为力量不够而感受到命运的存在的感觉也难以消除，因此，生命的本质自然就是一种持久的、深刻的悲剧性。

林氏人生哲学的第二部分是对快乐人生观的张扬。林语堂说："必须先感到人生的悲哀，然后感到人生的快乐，这样才可以称为有智慧的人类。因为我们必须先有哭，才有欢笑，有悲哀，而后有醒觉，有醒觉而后有哲学的欢笑。"❸ 由"悲哀"转为"快乐"与"欢笑"的契机是什么呢？林语堂认为是"爱"，即对生命的爱。他说：正是对"生命总有一日会灭绝"的省悟，"使那些深爱人生的人，在感觉上增添了悲哀的诗意情调"，所以他们决定"趁人生还未消逝的时候，尽情地把它享受"。❹ 在此基础上，林语堂强调人们应该执著于现世、执著于人生，不要侈谈天堂、天国等玄思邈想，他极力反对基督教认为"今生的享乐就是罪恶"的观念。他大声呼吁：

> 人类如要生活，依然须生活在这个世界上。什么生活在天上啊等问题，必须抛弃。人类的心神哟！别张起翅膀，飞到天神那边去，而忘掉这个尘世呀！❺

林语堂关于人生哲学的种种主张，几乎可以一一从尼采那里找到源头。林语堂对古希腊人人生观的概括与尼采在《悲剧的诞生》中对希腊人的人生观的看法

---

❶　F. Nietzsche, *Die fröhliche Wissenschaft. Friedrich Nietzsche Werke in Drei Bänden*. Band 2. Hg. von Karl Schlechta. Carl Hanser Verlag München. 1955, p189.

❷　林语堂："生活的艺术"，越裔汉译，载《林语堂名著全集》（第21卷），东北师范大学出版社1994年版，第11页、第19页。

❸　林语堂："生活的艺术"，越裔汉译，载《林语堂名著全集》（第21卷），东北师范大学出版社1994年版，第15页、第14页。

❹　林语堂："生活的艺术"，越裔汉译，载《林语堂名著全集》（第21卷），东北师范大学出版社1994年版，第160页。

❺　林语堂："生活的艺术"，越裔汉译，载《林语堂名著全集》（第21卷），东北师范大学出版社1994年版，第18页、第25页。

如出一辙。尼采说："希腊人深深地体会到生存的恐怖和可怕"，他们是"特别敏感、欲望特别强烈也特别能体验到痛苦的民族"。❶ 林语堂对"快乐"、"欢笑"的标举与尼采认为人生的意义在于"舞蹈"、"欢笑"的观点也相差无几。尼采多次借查拉图斯特拉之口宣称："我的道德是跳舞者的道德"，"我常常舞动双脚在狂喜中跳跃"，"我常常欢笑"，"一切的恶通过笑的极乐而被宣判为无罪与神圣"；"人必须跳舞——为超越你们自己而跳舞"，人们也"别忘记大声朗笑"！❷ 同样，林语堂认为人"须生活在这个世界上"的主张也受到了尼采"忠实于尘世"（bleibt der Erde treu，也可译为"忠于地"）这一主张的启发。尼采借查拉图斯特拉之口对他的追随者说："弟兄们，你们要忠实于尘世，不要相信那些向你们大谈超凡脱俗的希望的人！""弟兄们，跟随我听从健康的肉体的声音吧！"❸ 尼采呼吁"忠实于尘世"，也就是呼吁执著于现世，享受现世的快乐；尼采呼吁人们"听从健康的肉体的声音"，也就是要求人们满足自己一切的本能渴求与原始欲望。

　　需要指出的是，林语堂推崇的"生活的艺术"与尼采的"愉快哲学"虽然有许多契合之处，但并不完全一致，甚至从根本上讲，两人所秉持的人生哲学的基调是对立的。从总体上讲，林语堂标举一种温和、中庸与静态的人生观。他服膺中国诗人李密庵《半半歌》中所宣扬的"半半哲学"与子思的"中庸"思想。他曾经宣称："我以为半玩世者是最优越的玩世者。生活的最高典型终究应属子思所倡导的中庸生活。"❹ 他这样描述自己的理想人生：

　　最快乐的人还是那个中等阶级者，所赚的钱足以维持独立的生活，曾替人群做过一点点事情，可是不多；在社会上稍具名誉，可是不太显著。只有在这种环境之下，名字半隐半显，经济适度宽裕，生活逍遥自在，而不完全无忧无虑的那个时候，人类的精神才是最为快乐的，才是最成功的。❺

　　可见，林语堂的人生哲学强调人类生命与生活的原生态，显得平淡、朴实，也拒绝崇高。而尼采提倡一种激烈、超越和追求崇高的人生态度。尼采认为人生的根本价值在于追求"强力意志"的实现，而所谓"强力意志"，乃是一种"永

　　❶ F. Nietzsche. *Die Geburt der Tragödie*. *Friedrich Nietzsche Werke*：Band 1. Hg. von Karl Schlechta. München：Carl Hanser Verlag. 1954，p30.

　　❷ F. Nietzsche. *Also Sprach Zarathustra*. *Friedrich Nietzsche Werke*：Band 2. Hg. von Karl Schlechta. München：Carl Hanser Verlag，1955，p476，p531.

　　❸ F. Nietzsche. *Also Sprach Zarathustra*. *Friedrich Nietzsche Werke*：Band 2. Hg. von Karl Schlechta. Carl Hanser Verlag München. 1955，p279，p300.

　　❹ 林语堂："生活的艺术"，越裔汉译，载《林语堂名著全集》（第 21 卷），东北师范大学出版社1994 年版，第 117 页。

　　❺ 林语堂："生活的艺术"，越裔汉译，载《林语堂名著全集》（第 21 卷），东北师范大学出版社1994 年版，第 119 页。

不枯竭的创造性的生之意志",是一种要"达到更高、更远、更多样的本能欲望".❶ 尼采把"超人"树为人类追求的终极目标,鼓励人们反叛传统,勇做具有"新的力量与新的权力"、"能够自己创造善与恶,高悬自己的意志如同高悬一种法律"且敢于"蔑视自己"甚至"为超越自己而毁灭自己"的"创造者".❷ 总之,现实主义取向的林氏人生哲学与理想主义取向的尼采人生观相去甚远。

---

❶ F. Nietzsche, *Also Sprach Zarathustra. Friedrich Nietzsche Werke*. Band 2. Hg. von Karl Schlechta. München: Carl Hanser Verlag München. 1955, pp370—372.

❷ F. Nietzsche, *Also Sprach Zarathustra. Friedrich Nietzsche Werke*. Band 2. Hg. von Karl Schlechta. München: Carl Hanser Verlag München. 1955, pp326—328.

第三章　第二高潮期的尼采阐释与中国思想启蒙

随着五四运动的退潮，中国知识界阐释与传播尼采学说的热情也有所回落。自包寿眉 1925 年在《时事新报·学灯》上连载《尼采知识论浅测》一文，直到 1931 年李石岑出版专著《超人哲学浅说》，中国知识界有将近 6 年的时间没有出现像模像样的阐释尼采思想的成果。触动中国知识人再次关注尼采学说的契机是日本对中国愈演愈烈的侵略给中华民族带来的生存危机。随着 1940～1941 年间"战国策派"对尼采学说的深入阐释与激情鼓吹，现代中国的第二次"尼采热"进入巅峰时刻。现代中国尼采阐释的第二高潮期，大致从 1931 年到 1949 年，历时近 20 年。

第一节　第二高潮期的尼采阐释概述

据不完全统计，第二高潮期热心阐释与传播尼采思想的中国知识分子有李石岑、黄魂、刘宏谟、沈伯展、黄素秋、育群、阮真、楚图南、陈铨、林同济、冯至、张子斋、曹和仁，以及方东美、常苏波、朱光潜、杨业治、杨白萍、贺麟、华林、姚可昆、刘恩久和姜蕴刚等。按照他们的身份，这些阐释者可以分为两大类：一是政治活动家和思想宣传家，二是哲学研究者和翻译者。

一、尼采阐释概况

1. 政治活动家和思想宣传家的尼采阐释

时任中共广东琼崖特委宣传部部长的黄魂（1904～1944 年）于 1932 年在《救国周报》第 13 号上发表了《尼采精神与今日中国民族的死症》一文。文章主旨是阐述尼采思想对当下中国民族危机的警示作用。作者每介绍尼采的一项思想主张，接着就分析它对中国社会或中国人的启示。文章首先介绍了尼采的"超人的精神"，认为它是"自我"的发现与张扬：

> 尼采最高峰的精神就是他那超人的表现。这个精神虽然到了尼采手头，便显出圆满的成熟。其实自文艺复兴时代的开始便发见，这个发见便是"自我"的发见，十八世纪后人类文明的扩大，都以这"自我"的发见做地基，所以，超人的精神，只不过到了尼采便更把这"自我"的精神发挥到一个登峰造极的阶段，这便成为超人的表现。"自我"的精神是什么？……我们要征服一切，创造一切，我们是宇宙的主宰，而不是一味屈服惰懒懦怯底可怜虫，这便是自我的意义了。

自从发见了自我,人才能领略自己在宇宙中真实的位置。❶

随后,作者指出了"超人"说对中国社会的现实意义。然后,作者介绍了尼采的"价值重估"主张:"尼采精神最伟大的表现有两点:一是打倒一切愚笨而有无上权威的偶像——创造自我的新道德。一是推翻一切已成的价值,而重新加以正确的估计。"❷ 作者又指出了这一主张对医治"中国民族的死症"的重大作用。再次,作者介绍了尼采"攻击近世的游惰和轻忽"一事,并阐述了它对中国当下社会的启示。最后,作者介绍了尼采的道德观和战争观。黄魂先引述了尼采抨击"怜悯"、鼓吹"战争"的几段名言,如:"怜悯是与提高人生感情的能力的热情相反对的,他的动作是堕落的。一个人怜悯的时候便失去了权力了。统体看来,怜悯是与发展律相冲突的。这发展律便是自然选择的法律。'怜悯'保护已经成熟要死的人,他为了没有遗传的和判定该死的人奋斗。要保护痛苦的人,反而增加痛苦,这是助成颓废的主要原因。""战争与勇气所做的大事体,比仁爱还要多。什么是善?你们问。勇敢就是善。""对于渐渐衰弱坠落的国家,战争确是一剂良药,倘他们真要活下去,国家的病症,也与个人的一样,须用猛烈的医治的。"❸ 随后其又指出了它们对中国当下社会的重大启示意义。

当时在印尼从事华文教育工作的刘宏谟 1933 年 8 月 16 日在《东方杂志》上发表了《尼采的战争哲学》一文。该文包括两项内容:第 1～9 部分是译介英国伦敦大学吴尔佛教授(Prof. A. Wolf)为尼采战争观所作的辩护词,第 10 部分是作者本人阐发的尼采战争哲学对中国国民的启示。吴尔佛为尼采战争观所作的辩护包括如下 9 个方面:(1)尼采与现代战争的关系。针对一战后人们普遍把尼采视为"现代战争的主动者"的现象,吴尔佛指出"这只是虚无的猜想,无见识的论断"。❹(2)尼采与德意志侵略行为的关系。吴尔佛指出:"有人说德意志所以有兼并天下,席卷欧洲的野心,所以造成功四年的铁血战,完全是尼采故意掀动的结果。其实,尼采对于德国人民夜郎自大的心理,不仅没有鼓励助长,并且最能批评破坏。……他……对于德国民族心理,流传的一种高傲的信条,就是:'德意志高于一切'的,也极力讥诮以为狂妄。……这次德意志的侵略,尼采实不能有罪。"❺(3)尼采对于仇杀战争的态度。吴尔佛认为:"尼采是以世界为家,以普济为怀的世界公民,他自称为'欧洲善人',他热烈希望着各国间作友谊的竞争,以促进人类的向上,求得人类最高方式的进展。""尼采并不反对战

---

❶ 黄魂:"尼采精神与今日中国民族的死症",载成芳编:《我看尼采》,南京大学出版社 2000 年版,第 243 页。

❷ 黄魂:"尼采精神与今日中国民族的死症",载成芳编:《我看尼采》,南京大学出版社 2000 年版,第 245 页。

❸ 黄魂:"尼采精神与今日中国民族的死症",载成芳编:《我看尼采》,南京大学出版社 2000 年版,第 246～247 页。

❹ 刘宏谟:"尼采的战争哲学",载成芳编:《我看尼采》,南京大学出版社 2000 年版,第 262 页。

❺ 刘宏谟:"尼采的战争哲学",载成芳编:《我看尼采》,南京大学出版社 2000 年版,第 262～263 页。

争，厌恶战争。……他以为战争虽然是残忍，但是对于卑弱可欺的国家，不无补救。……对于有生机，能向上的民族，究以避免仇杀的战争，标榜友谊的竞赛为是。"❶ （4）尼采对于武装和平的意见。吴尔佛认为，尼采"怀疑'武装和平'的理论"的真实性："他说现在的政府，没有承认他自己的军事准备，是想克服别国的，总说他训练军队，不过是实行自卫。……这样所谓'武装和平'，充分表现着好战的倾向，深刻潜伏着无限的杀机，不仅不能保障和平，且由忌恨恐慌的心理，使缩减军备的理想，不能实现。"❷ （5）尼采对于国际政治的理想。吴尔佛认为："他已料想到要产生欧洲的国际联盟，在将来这种国际联盟的结合之下，各国将处于政治属区的地位，仅拥有一部分的权利。……要一批新的政治家出现。这批新政治家，都特别有艺术的和文化科学的修养，他们所依靠的，不是军力，乃是道德的动机和社会的功效。""他的政治见解，在提示一种平稳兴治的政治，在建设一种友谊亲善的社会。"❸ （6）尼采的伦理学说与军国主义。吴尔佛认为：尼采之所以常常被人误解为"祖护条顿民族爱国狂的健将"，是因为"他的伦理学说""充满自然主义和进化主义的色彩"，"无论那种伦理系统，若是带着自然主义和进化主义的色彩，总是要帮着竞争、战争和胜利的方面说话。所以不自由地，就替军国主义、侵略主义捧了场"。❹ （7）尼采"战争哲学"的真正内涵。吴尔佛认为："尼采所说的战争，实在是一种理想的战争。……尼采对于战争，也采取 Heraclitus 氏轻淡而广泛的遗意，说战争是宇宙势力的交互感应，是理想的竞争，是对于残酷的条约繁重的习俗的反响，是由人们的感情冲动求得自我胜利的挣扎。"❺ （8）尼采论战争的代替方法。吴尔佛认为，尼采"指出许多别的方法，别的有效的设施，去代替战争"，如罗马的"角力比武"、"教徒苦行"，英国的"登山"、"航海"、"探险"、"旅行"等都可以代替战争，因为"这类的方法，既可保全民族的能力，又可满足人类天生好战的本能"。❻ （9）尼采论战争的动机。吴尔佛认为，尼采之所以赞美战争，是"因为尼采所爱的是勇敢"。❼

黄素秋 1934 年在《每周评论》第 57 期上发表了《谈谈尼采的超人哲学》一文。文章首先定位了尼采哲学的本质、交代了自己介绍尼采哲学的动机，然后比较详细地辨析了尼采学说与叔本华哲学的关系，最后重点阐述了尼采的超人哲学。作者将尼采哲学界定为"主意哲学"。❽ 关于尼采学说与叔本华哲学的关系，作者指出："继叔本华这种意志哲学而起的，便是以超人哲学闻于世的尼

---

❶ 刘宏谟："尼采的战争哲学"，载成芳编：《我看尼采》，南京大学出版社 2000 年版，第 264 页。

❷ 刘宏谟："尼采的战争哲学"，载成芳编：《我看尼采》，南京大学出版社 2000 年版，第 264～265 页。

❸ 刘宏谟："尼采的战争哲学"，载成芳编：《我看尼采》，南京大学出版社 2000 年版，第 265～266 页。

❹ 刘宏谟："尼采的战争哲学"，载成芳编：《我看尼采》，南京大学出版社 2000 年版，第 266 页。

❺ 刘宏谟："尼采的战争哲学"，载成芳编：《我看尼采》，南京大学出版社 2000 年版，第 267 页。

❻ 刘宏谟："尼采的战争哲学"，载成芳编：《我看尼采》，南京大学出版社 2000 年版，第 268 页。

❼ 刘宏谟："尼采的战争哲学"，载成芳编：《我看尼采》，南京大学出版社 2000 年版，第 268 页。

❽ 黄素秋："谈谈尼采的超人哲学"，载成芳编：《我看尼采》，南京大学出版社 2000 年版，第 294 页。

采。……他在主情意哲学方面是叔本华的弟子，在主张'力'方面则与叔本华正站在相反的位置。"❶ 关于尼采的超人哲学，作者从道德观、进化观和艺术观等三个方面展开了讨论。作者认为尼采的"超人"道德观有两个特点。

一是主张个人主义：

尼采说："什么叫善？力的表现就是善，凭着强烈的本能去攫取一切的威力就是善。什么是恶？柔弱所产生出来的一切叫做恶。"……他最后的结论，是绝对的个人主义者。❷

二是鼓吹战斗。作者写道：

尼采终于大声疾呼：战！战！！战！！！人要有弓箭在手，才能安居而静默，要到没有民族，没有国家的时候，达到超人的桥梁才会发现，才是一切真的道德的开始。所以他又说："战与勇的功劳比博爱的功劳更大。从来救了不幸者的，不是你们的同情，却是你们的勇敢。"他是如何彻底的主战论者呵！❸

然后，作者指出："尼采的道德观可分为二点：（a）超人道德，这是美与善的真名词，只有扶强锄弱，才能尽量地把生命力发扬光大。（b）奴隶道德，怜悯，牺牲，博爱都是萎缩生命力的东西，这些都是奴隶道德，使人类的进化日见退后！"❹ 作者认为"超人"哲学体现了尼采的进化观，但这种进化观与达尔文进化论大异其趣。最后，作者介绍了"超人"哲学所包含的艺术观。

沈伯展 1935 年在《空军》第 152 期上发表了《尼采及其哲学》一文。全文分为四个部分。第一部分是"尼采传略"。第二部分"尼采哲学的渊源——叔本华"指出："尼采的哲学是受悲观哲学家叔本华的《意志与观念之世界》一书的影响，在他的《教育之家叔本华》一文中可知道了。"❺ 第三部分"尼采的哲学"是全文的重点，内容包括：（1）对尼采学说的总体评价。作者认为："尼采的哲学基础虽建筑于叔本华的意志世界，可是他不像叔本华的悲观，厌世的人生，恰恰相反，他是乐观的，积极的人生。叔氏否定意志，禁绝欲望，以解脱人生的痛苦，尼氏则肯定意志，认生活的价值，勇往直前，以达到最后的理想——超人。"❻（2）关于超人学说，作者既指出了它与进化论的关系，又认为"超人"说与强力意志说密切相关。作者指出："尼采既然要求超人，究竟怎样出现超人呢？于是他就大声地直呼到主张权力意志。"❼ "所谓权力意志，简单的说一句，

❶ 黄素秋："谈谈尼采的超人哲学"，载成芳编：《我看尼采》，南京大学出版社 2000 年版，第 296 页。
❷ 黄素秋："谈谈尼采的超人哲学"，载成芳编：《我看尼采》，南京大学出版社 2000 年版，第 298 页。
❸ 黄素秋："谈谈尼采的超人哲学"，载成芳编：《我看尼采》，南京大学出版社 2000 年版，第 299 页。
❹ 黄素秋："谈谈尼采的超人哲学"，载成芳编：《我看尼采》，南京大学出版社 2000 年版，第 299 页。
❺ 沈伯展："尼采及其哲学"，载成芳编：《我看尼采》，南京大学出版社 2000 年版，第 307 页。
❻ 沈伯展："尼采及其哲学"，载成芳编：《我看尼采》，南京大学出版社 2000 年版，第 308 页。
❼ 沈伯展："尼采及其哲学"，载成芳编：《我看尼采》，南京大学出版社 2000 年版，第 309 页。

就是让我们自己伟大。他以为人是一总体，一人进化，全体也增其价值，个人生命发扬，宇宙也因而扩大，宇宙生命与个人生命是一而二的，二而一的东西。团体，社会，大众，不过达到个人目的的手段或工具罢了。"❶（3）关于"价值重估"主张，作者认为，它一是指重新估定传统道德的价值："尼采认定传统道德，要重新估定价值，重新整理。""他否认传统的同情，仁慈，扶助等的美德，主张以伟大的壮严的超人道德。"❷ 二是指重新估定基督教的价值："尼采向旧道德丢了一颗炸弹，一切价值已经被他炸得粉碎了。犹未能满足，于是放出第二颗炸弹丢在上帝头上。他以为基督教是破坏或否定真的人类生活的宗教，以否定的消极的死来处理人生。上帝是从来生存最大的反对者。"❸（4）关于"超人"道德，作者指出："尼采在其消极的破坏了旧伦理之后，现在他开始要积极的建设伟大庄严的超人道德。""超人道德换句话说，就是奋斗的道德，战斗的道德。"❹ 第四部分"结论"指出了尼采的哲学精神对中华民族的"强心剂"作用。

育群在 1936 年《一三杂志》第 2 卷第 5～6 期合刊上发表了《尼采哲学之评价》一文。文章内容主要包括：第一，界定尼采学说的性质。作者认为："尼采哲学思想是资本主义和封建帝国主义矛盾冲突的产物。资本主义初期，欲用德谟克拉西的武器和新基督教的酒给大众，去推倒封建帝国主义。后来怕大众抬头，自己或致倾倒，于是就起了矛盾性，所以才形成尼采及德谟克拉西的哲学。"❺ 第二，辨析尼采哲学与法西斯主义的关联。作者指出："廿世纪政治舞台上以法西斯和民主两方式表现出来，形相反，而实相合，真是暗暗符合尼采的哲学。""试看今日的德意志民族，人民已经完全丧失了他们的自由，但，自希特勒的英雄独断的手撕破了罗迦诺公约，收回萨尔，恢复军备，自称日耳曼民族为优秀民族，闪密族等劣等民族应淘汰，这些，与尼采底超人英雄主义，和存强汰弱实毫无差异。"❻ 第三，简析尼采的道德观与政治思想。作者指出，尼采"用文字学去解释善恶两字"，"尊崇精神的贵族主义"。❼ 作者在引用尼采"德谟克拉西是'爱数鼻子'（指表决时）的疯狂者。基督教的崇平等，在现在应当把它充军到西伯利亚"的话之后评论说："这在政治上是颠倒是非的假学说。"❽ 第四，针对尼采对欧洲各国各民族的点评指出尼采思维方式的武断。作者评论说："尼采批评欧洲各民族，有些主观太过，有些在现今的历史证明，是不确实。他以旧封建民族的眼光去批评，不明白经济基本组织的重要性，徒然仰慕过去骑士英雄的光

---

❶ 沈伯展："尼采及其哲学"，载成芳编：《我看尼采》，南京大学出版社 2000 年版，第 309～310 页。
❷ 沈伯展："尼采及其哲学"，载成芳编：《我看尼采》，南京大学出版社 2000 年版，第 310 页。
❸ 沈伯展："尼采及其哲学"，载成芳编：《我看尼采》，南京大学出版社 2000 年版，第 310～311 页。
❹ 沈伯展："尼采及其哲学"，载成芳编：《我看尼采》，南京大学出版社 2000 年版，第 311 页。
❺ 育群："尼采哲学之评价"，载成芳编：《我看尼采》，南京大学出版社 2000 年版，第 325 页。
❻ 育群："尼采哲学之评价"，载成芳编：《我看尼采》，南京大学出版社 2000 年版，第 325～326 页。
❼ 育群："尼采哲学之评价"，载成芳编：《我看尼采》，南京大学出版社 2000 年版，第 328 页。
❽ 育群："尼采哲学之评价"，载成芳编：《我看尼采》，南京大学出版社 2000 年版，第 328 页。

荣。"❶ 第五，对尼采哲学进行评价。作者认为，"尼采哲学的优点，在撕破德谟克拉西的假面具，力辟基督教受资本主义利用以麻醉弱者，使弱者知振奋图强。然而他的弱点，是忽视大众的力量"。❷ 同时，尼采哲学又自相矛盾："他以人们超越现代，成为超人理想；但他并不求之于来世，求之于观念界，却就在这事实的世界寻求。这种理想的实现，他不立神，不立精神的本体界，他的哲学，是极端的唯物论。……但是他这唯物宿命的机械论，却和他的破坏的健斗的人生观矛盾了。"❸ 此外，作者认为尼采哲学已经落伍："尼采欲挽救世纪病，不去研究病原，仅看见外面的病态，想用封建时代的超人的注射，怎能起沉疴?"❹

抗日战争全面爆发前夕，著名教育家阮真（1896～1972 年）于 1937 年 1 月 4 日在无锡师范纪念周上发表了题为《尼采的超人哲学》的演讲，文章后来刊登在同年《教与学月刊》第 2 卷第 9 期上。全文包括五个部分。

第一部分"引言"包括两项内容：一是作者化用了尼采《查拉图斯特拉如是说》的《三种变形》一章里的话向学生祝贺新年：

> 第一，我要恭祝诸位做任重致远、艰苦卓绝的骆驼！有骆驼那种刻苦精神，来复兴民族！我们的蒋委员长是负着复兴责任的最大骆驼，全国国民都是负着复兴责任的大中小骆驼。第二，我要恭祝诸位做发扬踔厉、凌厉无前的狮子！有狮子那种反抗精神，来发扬自我意志，并发扬民族精神！我们的蒋委员长是我们民族的最大狮子，全国国民都是我们民族日长炎炎的大中小狮子。第三，我要恭祝诸位做小孩子！有小孩子那种创造精神来创造一切，向前迈进！把自己做成世界上超越的人，把我们的国家民族，做成世界上超越的国家民族!❺

> 二是根据尼采思想为自己的主张辩护："我在本学期第四次纪念周中，曾经发过一些怪僻的论调。我说：'我们不要以为日本人的侵略我国是专尚强权而无公理；我们自己不争气，日本人来侵略我们是极公道的！强权就是公理。'这种怪僻的论调，听者或要误会，以为我在替日本人辩护。我今天要拿德国大哲尼采的话，来做比较详细的说明。"❻

第二部分"尼采的略史"扼要介绍了尼采的生平经历。

第三部分主要结合尼采的《日之曙光》（通译《曙光》）和《善恶宝筏》（通译《善恶的彼岸》）介绍了"尼采的道德标准"，即道德观。作者指出，"尼采所谓道德的新价值，在使生活更进于高大强美之域，故以生之扩大为最有价值"；❼

---

❶ 育群："尼采哲学之评价"，载成芳编：《我看尼采》，南京大学出版社 2000 年版，第 329 页。
❷ 育群："尼采哲学之评价"，载成芳编：《我看尼采》，南京大学出版社 2000 年版，第 326 页。
❸ 育群："尼采哲学之评价"，载成芳编：《我看尼采》，南京大学出版社 2000 年版，第 327 页。
❹ 育群："尼采哲学之评价"，载成芳编：《我看尼采》，南京大学出版社 2000 年版，第 330 页。
❺ 阮真："尼采的超人哲学"，载成芳编：《我看尼采》，南京大学出版社 2000 年版，第 372～373 页。
❻ 阮真："尼采的超人哲学"，载成芳编：《我看尼采》，南京大学出版社 2000 年版，第 373 页。
❼ 阮真："尼采的超人哲学"，载成芳编：《我看尼采》，南京大学出版社 2000 年版，第 374 页。

尼采"从新估定了道德标准",将道德分为"君主道德"与"奴隶道德",提倡前者,贬抑后者,因为"君主道德,以使势力大者益大,强者益强,盛者益盛为善;奴隶道德,则以抚怜弱小,扶助无能力者为善。君主道德,可以使人类向上进化,这是合于真理的;奴隶道德,足以使人类向下堕落、不争气、无出息,必至于退化灭绝,这是不合于真理的"。❶

第四部分主要结合《柴拉都斯脱拉》(通译《查拉图斯特拉如是说》)讨论了"尼采的超人哲学"。内容包括三个方面:一是解释"超人"的含义:"尼氏所谓超人,仍然是肉体的超人,并不是宗教家所谓超脱肉体的灵魂,或者是超脱凡壳的仙佛。……尼氏所谓超人,是从现实的人生为继续不断的奋斗进化而成功的。"❷ 二是辨析"超人"说与进化论的关系,认为"尼氏哲学虽受了进化论的影响,但与进化论却有不同之点"。❸ 三是概括"超人"道德的内涵:"尼氏以为万物的进化,无时无刻不在奋斗竞争,在人类历史上来看,没有永久和平的。所谓永久和平,只是怯懦、懒惰、苟安、无出息、堕落者的希求。要做超人,必须有坚贞之毅力,顽固之意志,以冷酷自持,决不可趋于苟安和平之途。……因为我们所要求的是征服抵抗的胜利,不是和平。所以'超人'之道德,为奋斗之道德。"❹

第五部分"结论"的主要内容是阐发尼采"超人"说与强权理论的现实意义,尤其是对中国当下社会的启示。

杨白苹于 1938 年在《新动向》第 1 卷第 4 期上发表了《尼采参战的经验》一文。该文大量征引尼采书信等第一手资料描述了尼采两次参战的体验。文章开头提纲挈领地提出:

> 尼采是十九世纪一个绝顶的天才,是德国哲学史上一个最有声色的怪杰。他倡言对人生要取挑战的态度,要重新估定一切的价值,要打倒阴柔主义,要产生理想的超人。他常常说:"我非人,我乃炸药!"当国难临头的时候,他是战场上一位勇敢的急先锋。❺

尼采一生两次走上战场,第一次是 1865 年普奥战争,第二次是 1870 年普法战争。普奥战争爆发时,尼采还是莱比锡大学的学生,尽管眼睛近视得太厉害,他还是想方设法参加了马炮队,后来因为在训练中两次从马上跌下损坏胸筋而被迫返校。普法战争爆发时,他已是瑞士巴塞尔大学的语言学教授,因为已加入瑞士国籍而无法参战,他便上书瑞士教育会顾问要求辞职。辞职得到批准后,尼采立刻回国,成了一支野战卫生队的队长。战后他对妹妹回忆自己参战时的内心经

---

❶ 阮真:"尼采的超人哲学",载成芳编:《我看尼采》,南京大学出版社 2000 年版,第 374~375 页。
❷ 阮真:"尼采的超人哲学",载成芳编:《我看尼采》,南京大学出版社 2000 年版,第 375 页。
❸ 阮真:"尼采的超人哲学",载成芳编:《我看尼采》,南京大学出版社 2000 年版,第 376 页。
❹ 阮真:"尼采的超人哲学",载成芳编:《我看尼采》,南京大学出版社 2000 年版,第 376 页。
❺ 杨白苹:"尼采参战的经验",载成芳编:《我看尼采》,南京大学出版社 2000 年版,第 407 页。

验："我才第一次感觉得顶强顶高的生活意志，决不在可怜的生存竞争里面求表现，应当在一个战斗意志、权力意志、战胜的意志中间去寻求！"❶

华林（1893～1973 年）在《世界半月刊》1946 年第 1 卷第 4 期上发表了《尼采与居友的思想比较》一文。作者指出："尼采思想，唯一重要的是'主人'！以坚强的意志，统制自己，也与统制世界一样，他超越了世界，超越了道德，反抗不幸命运，提倡超人的哲学……（尼采）疗治悲观哲学，赞扬战争，不断地努力与争斗，加强自己的力量，他对人生，永远是肯定的，积极的，创造的！"❷

2. 哲学研究者和译者的尼采阐释

在第二高潮期的尼采阐释者队伍里，有一批专家、学者也参与其中。他们虽然不是尼采研究专家，但多为留学欧美甚至攻读了哲学博士学位的饱学之士。相对来说，他们对尼采学说的理解比前面提及的政治活动家和思想宣传家更为深刻。

哲学家贺麟（1902～1992 年）1934 年在天津《大公报·文学》副刊发表了《从叔本华到尼采》一文。文章是为赵懋华的博士论文《叔本华学派的伦理学》（德国柏林荷夫曼书店 1932 年出版）而写的书评。贺麟在文章里仔细辨析了叔本华哲学与尼采哲学的关系，并在此基础上论及了尼采的"超人"说与"强力意志"论。贺麟指出：一方面，尼采反对叔本华的学说，"提出其超人主义以肯定人生，企求权力意志的满足以代替叔氏的否定生活之欲的学说"；另一方面，尼采又是叔本华学说的知音："尼采，就表面上看来，好像是打叔本华的翻天印的人。……但就天才之奇卓，性情之古怪，学说之偏激，以及艺术之陶养论，尼采实又处处与叔本华相同，为传叔氏衣钵的唯一的人物。"❸ 作为"传叔氏衣钵的唯一的人物"，尼采的思想是对叔本华思想的继承与发展："叔本华认由意欲的冲动而演出的人生，为苦多乐少，而求解脱于无欲的科学与艺术的领域，实已具有超人生的情怀，故由叔氏的'超人生'到尼采的'超人'，实极自然的趋势。……叔本华指出盲目的意志为宇宙的主宰，为最后的真实，但因不能忍受意志的活动所生出来的痛苦，于是便欲掩耳盗铃般解除求生之意欲。尼采看出叔氏的矛盾处，故劝人据生物的冲动力与生命力，去生存竞争，采取戴翁里莎斯式（即酒神）的搏斗的人生观，扎硬寨，打死仗，以企求权力之意志的满足。所以尼采的学说正是肯定的积极的从生物学的立脚点以为叔本华所提出的意志去谋妥善的安顿，寻最高的出路的学说。"❹

哲学家方东美（1899～1977 年）1937 年在中国哲学会第三届年会上宣读了

❶ 杨白苹："尼采参战的经验"，载成芳编：《我看尼采》，南京大学出版社 2000 年版，第 412～413 页。
❷ 华林："尼采与居友的思想比较"，载郜元宝编：《尼采在中国》，上海三联书店 2001 年版，第 469 页。
❸ 贺麟："从叔本华到尼采"，载郜元宝编：《尼采在中国》，上海三联书店 2001 年版，第 216 页、第 220 页。
❹ 贺麟："从叔本华到尼采"，载郜元宝编：《尼采在中国》，上海三联书店 2001 年版，第 220～221 页。

《哲学三慧》一文，后刊发在 1938 年 6 月初的《时事新报·学灯》上。文章多次提到尼采的"超人"说。方东美认为尼采提出"超人"说有独特的背景和动机："尼采生当欧洲末世，伤痛智慧之衰颓，文化之式微，于是提出理想超人，冀其壁立万仞，振奋绝世天才，触发旷代行谊，高标美妙价值，创造新奇境界，预为人类生命前途展布无穷远景，显现至上希望。"❶ 方东美对"超人"说的态度是既佩服又怀疑："盖尼采所意想之超人，须践踏一切过去，在世宙为狂魔，于人类属新种，揆诸优生学理，殊难忽幻奇迹，顿现灵才，苟既存人类都应灭绝，何缘忽来怪异超人，完成空前伟业？"❷ 他还尝试帮助尼采完善"超人"模型："超人空洞理想更当以希腊欧洲中国三人合德所成就之哲学智慧充实之，乃能负荷宇宙内新价值，担当文化大责任。……所谓超人者，乃是超希腊人之弱点而为理想欧洲人与中国人，超欧洲人之缺陷而为优美中国人与希腊人，超中国人之瑕疵而为卓越希腊人与欧洲人，合德完人是超人。"❸ 显然，在方氏这里，"超人"代表的是完人、完美的境界。

战国策派核心成员陈铨是中国现代阶段研究尼采学说最深入的学者之一。他在 1936～1941 年间一共发表了 7 篇阐释尼采学说的文章，即《从叔本华到尼采》（1936 年）、《尼采与近代历史教育》（1937 年）、《尼采的思想》（1940 年）、《尼采心目中的女性》（1940 年）、《尼采的政治思想》（1940 年）、《尼采的道德观念》（1940 年）、《尼采的无神论》（1941 年）。作者后来将这些论文（《尼采与近代历史教育》除外）汇集成书，以《从叔本华到尼采》为题出版（1944 年重庆在创出版社版；1946 年上海大东书局重版）。此外，陈铨在文艺批评专著《文学批评的新动向》（重庆正中书局 1943 年出版）的部分章节中也论及了尼采学说。

战国策派领袖林同济发表过《尼采〈萨拉图斯达〉的两种译本》（1939 年）、《我看尼采》（1944 年）两篇文章来讨论尼采的文体与思想。此外，他还模仿尼采的《查拉图斯特拉如是说》创作了两篇《萨拉图斯达如此说》，即《寄给中国青年》（1940 年）和《寄语中国艺术人》（1942 年）。

常苏波 1943 年在《中德学志》第 5 卷第 1～2 期上连载了《尼采的悲剧学说》一文。此文是中国现代学者第一篇专论尼采悲剧学说的文章。全文分为五个部分。第一部分在比较 19 世纪德国三大哲学家黑格尔、叔本华与尼采的悲剧理论异同的基础上，认定了尼采的悲剧学说是对前两者的综合："黑格儿（通译黑格尔）重视理性，所以乐观；叔本华以人类的盲目生存的意志代替理性，以为人生的一切苦恼统是生自这个生存的意志，触到'人何以要生存'这个矛盾，于是

---

❶ 方东美："哲学三慧"，载刘梦溪主编：《中国现代学术经典·方东美卷》，河北教育出版社 1996 年版，第 320 页。

❷ 方东美："哲学三慧"，载刘梦溪主编：《中国现代学术经典·方东美卷》，河北教育出版社 1996 年版，第 320 页。

❸ 方东美："哲学三慧"，载刘梦溪主编：《中国现代学术经典·方东美卷》，河北教育出版社 1996 年版，第 320 页。

悲观厌世……尼采肯定了叔本华的生命是罪是苦之说，但是他提供了另一种解释——根据艺术的新的观点的解释，来肯定生存的意义，于是到了尼采的手中消沉的停滞的苦恼的退让的人生，一变而为活泼泼地生机盎然勇进欢欣的人生。"❶ 第二部分揭示了尼采的日神精神与酒神精神、日神艺术与酒神艺术的内涵。关于两种精神的特点与关系，作者指出："阿波罗是日神，代表梦幻的世界；狄奥尼苏司（通译狄奥尼索斯）是酒神，代表沉醉的世界。在这二者之中，狄奥尼苏司比较更原始。……阿波罗是日神，还是一切形相的设计者。美丽的梦幻世界的外形是一切造形艺术的必要条件。具有阿波罗精神的人审量梦幻世界的美丽外形感到一种恬静而深沉的快乐。……所以尼采称阿波罗为'个体原理的光辉意象'，'代表着在一个虚幻世界之前，在赋有美丽外形的世界之前恍惚镇静的状态'。"❷ 关于日神艺术与酒神艺术，作者写道："这两位神明与艺术发展的密切关系正如男女两性与人类生育的不可分离。……阿波罗代表造形艺术，狄奥尼苏司代表音乐的艺术。这两个相异的倾向并行着，显然呈现出差异来，却互相激动产生新的与更有力的生命，永远是争斗，最后借了希腊意志的玄学的神妙，他两个结合而产生的悲剧。"❸ 第三部分讨论了尼采的悲剧说。作者指出，尼采认为悲剧的起源与本质同古希腊人寻求心灵的慰藉密切相关，因为在尼采看来："希腊人是最敏感的一个民族，对于一切极微细与剧烈的痛苦感受得最亲切。他们洞悉宇宙间的苦痛。……为了求活得下去的这种迫切需要他们创造了欧林普司（通译奥林匹斯）的众神，创造了一个艺术的世界作为人生的苦恼现实与希腊人中间的一个缓冲地带。因为现实虽然是痛苦的，但是现实的阿波罗幻境却是令人怡悦的。……这就是尼采所说的'经由形相的解脱'。"❹ 因此，日神艺术与酒神艺术以及悲剧的本质都是对人生的审美解释，都会让人体会到生命的永恒："狄奥尼苏司艺术与阿波罗艺术都是逃避人生的方法。……这两种艺术结合的悲剧呈现给我们对于世界与人生的审美的解释。在道德的解释中，否认人生；在审美的解释中，一切人世的形相经由悲剧诗人给我们造成功美丽的欣赏的对象，凡道德无从解释与辩护的人生，我们得到满意的解释；我们不否认而肯定人生。悲剧所给与我们的不仅是一种审美的快感或是阿波罗谛视一个痛苦的现实的美丽形相所感到的喜悦。尼采以为还有一种哲理的快感。"❺ 第四部分概述了尼采的音乐论。作者指出："尼采所最重视的是音乐。……它不是现象的摹本……而是意志本身的直接摹本，因此音乐代表宇宙间一切有形物的形而上的本然与每个现象的本然。"❻ 值得特

---

❶　常苏波："尼采的悲剧学说"，载郜元宝编：《尼采在中国》，上海三联书店 2001 年版，第 354 页。

❷　常苏波："尼采的悲剧学说"，载郜元宝编：《尼采在中国》，上海三联书店 2001 年版，第 358～359 页。

❸　常苏波："尼采的悲剧学说"，载郜元宝编：《尼采在中国》，上海三联书店 2001 年版，第 358 页。

❹　常苏波："尼采的悲剧学说"，载郜元宝编：《尼采在中国》，上海三联书店 2001 年版，第 363 页。

❺　常苏波："尼采的悲剧学说"，载郜元宝编：《尼采在中国》，上海三联书店 2001 年版，第 363～364 页。

❻　常苏波："尼采的悲剧学说"，载郜元宝编：《尼采在中国》，上海三联书店 2001 年版，第 366 页。

别指出的是，这一部分还讨论了尼采的悲剧效用观。在尼采看来，悲剧具有独特的效用："悲剧有非常巨大的力量，它在希腊时代曾经激涤净、慰安过希腊民族整个的生命。悲剧的最崇高的价值是在它呈现出它是一切防预医疗的力量的元素，一个民族的最强盛的与最坚固有力宿命的特质之间的秉公裁断的唯一调停人。"❶ 第五部分结合尼采自传 *Ecce Homo* 总结了《悲剧的诞生》的主旨。

1945 年，冯至发表了《尼采对于将来的推测》一文。文章介绍了尼采推测人类社会将来发展趋势的情况。此前，冯至还发表过两篇讨论阅读或翻译尼采著作应该注意的问题的文章，即《谈读尼采（一封信）》（1939 年）和《〈萨拉图斯特〉的文体》（1939 年）。

佚君于 1946 年印行了《尼采传》（上海读书之友社出版）。该书是现代中国学者撰写的唯一一部尼采传记。在"后记"里，作者特别提到了自己对尼采"超人"说的态度：一方面，作者不满意它，也不满意那些狂热鼓吹它的中国学者："尼采的超人哲学分明是法西斯思想的根源，可是还有些教授先生们（指战国策派成员）偏会在反法西斯战争中恭维尼采，颂赞尼采，自然，这些先生们的论调要遭受到抨击。"另一方面，作者又承认自己曾经喜欢它，并愿意对它重新定位："我把'苏鲁支（即查拉图斯特拉）思想'看作是什么呢？那是一把刀！它解剖了人生的若干迷惘，切割了牵住人生蔓着人生的一些细藤芜草，它使人生的果实更光照在太阳之下，使我们直觉地感到人生可爱——太可爱了，我们一定要勇敢地好好地去活！我因此甚至还想着，尼采的全部超人哲学是还有一些价值的，其价值就在这里。"❷

朱光潜 1947 年在《文学杂志》上发表了《诗的难与易》、《看戏与演戏——两种人生理想》等文章，其中多次提到尼采的观点。实际上早在 1933 年朱光潜就出版了英文博士论文《悲剧心理学》（法国斯特拉斯堡大学出版社出版），在该书第八章专门讨论了尼采的悲剧学说。

1947 年，历史学家、时任成都华西大学哲学史学系主任的姜蕴刚在《东方杂志》第 43 卷第 12 期上发表了《超人与至人》一文。上篇"超人论"分为三个部分。第一部分介绍了尼采的基本思想。首先，作者揭示了"超人"哲学的内涵与本质："所谓超人就是要发挥权力与力量，征服环境，战胜一切。……超人是高出普通人一头的人。"❸ 作者认为，"超人"说有四个特征。一是重视本能："超人能凭借权力意志征服他人，制胜环境，而入于绝对自由的境界。这种征服的力量，制胜的力量，来自本能。所以尼采的思想实在是重本能的，也可以说是回到本能的。"二是重视永生和轮回："超人不死。超人的希望永远无穷。这种超人永生说又演成尼采的轮回说。"三是重视未来："超人主义既是重本能的，所以他重子孙，不重父母；重未来不重过去。"四是重视权力："尼采的超人主张是：

❶ 常苏波："尼采的悲剧学说"，载郜元宝编：《尼采在中国》，上海三联书店 2001 年版，第 369 页。
❷ 佚君："《尼采传》后记"，载郜元宝编：《尼采在中国》，上海三联书店 2001 年版，466 页。
❸ 姜蕴刚："超人与至人"，载郜元宝编：《尼采在中国》，上海三联书店 2001 年版，第 486 页。

意志就是权力，以这权力征服一切，为一切之王，达到永生。"❶ 然后，作者归纳了"超人"道德观，指出其特征是反叛、求强。"超人"道德观既反对基督教，又反对民主观念与社会主义："尼采特别反对宗教。他以为宗教，尤其是基督教，只是道德的支持者。这种道德正是一种奴隶道德，因为它教人学会了平庸，柔弱，呆滞，怯懦。""尼采还不只看不起这种使强者与弱者、使智者与愚者同群的民主主义或社会主义；走到极端，他是并整个现实也看不起的。"❷ 同时，"超人"道德观提倡"战斗"精神和"君主道德"："尼采……不仅要求个人之强，也要求国家之强"；"超人的道德也正是一种'君主道德'。"❸ 第二部分是作者对"超人"思想的评价。作者认为既能接受其中的一些元素，如"超人则是反乎现实的人所有的一切的人。他是自由的，意志力活泼的，创造的"；又反对某些观念，声称："我们之不同意尼采的是：超人不是进化来的。他既不是生物性的进化，也不是生理上的进化，他毋宁是文化进化的结果。"❹ 作者进一步将人类的精神发展从低到高分为"本能"、"知识"与"智慧"三个阶段，将"超人"理解为"智慧"的境界："智慧是种心灵的最高境界，这就只有能以心领神会客观之实在的人可以过这种生活了。慧的境界也就是我们所说的超人境界。"❺ 第三部分概括了"超人"的特征。作者说："从慧的观点出发，我们可以把超人的特征归纳为以下几点：第一，超人不是生物的进化，乃是文化的进化。因之我们不像尼采那样之基于达尔文的生物进化论，硬派超人为比人类进化的'非人'。……第二，超人精神之演进的历程是：一、本能的（兽性）；二、知识的（人性）；三、慧能的（超人性）。人性是兽性的反动；超人性是人性的发展。……第三，无所谓轮回的永生，只有文化的无穷创造。……第四，超人的出现是种超机现象的演进。慧之所以为慧就以其是超机的。慧的发展自为超人。第五，道德无所谓奴隶君主之分。……第六，超人是个人的进化并非种族的进化。慧境既然只能心领神会，知机如神，当然是少数个人的事，而不是整个种族或民族的事。"❻ 下篇"至人论"讨论了中国道家的"至人"理论，并力图说明"超人"和"至人"是相通的，都代表"慧"的境界。

　　哲学史家、心理学家刘恩久（1920～1993 年）于 1947 年出版了专著《尼采哲学之主干思想》（沈阳永康书局出版）。此书是继李石岑《超人哲学浅说》、陈铨《从叔本华到尼采》之后中国现代学者刊行的第三部尼采研究专著。全书分"导言"、"本论"、"结语"三大板块。"导言"的主要内容，一是简叙尼采生平，二是指出尼采思想的师承关系，三是定位尼采为"近世之大思想家"、"人生哲学

---

❶　姜蕴刚："超人与至人"，载郜元宝编：《尼采在中国》，上海三联书店 2001 年版，第 487～488 页。
❷　姜蕴刚："超人与至人"，载郜元宝编：《尼采在中国》，上海三联书店 2001 年版，第 486～487 页。
❸　姜蕴刚："超人与至人"，载郜元宝编：《尼采在中国》，上海三联书店 2001 年版，第 486～487 页。
❹　姜蕴刚："超人与至人"，载郜元宝编：《尼采在中国》，上海三联书店 2001 年版，第 488 页。
❺　姜蕴刚："超人与至人"，载郜元宝编：《尼采在中国》，上海三联书店 2001 年版，第 488 页。
❻　姜蕴刚："超人与至人"，载郜元宝编：《尼采在中国》，上海三联书店 2001 年版，第 489～490 页。

之父"、"诗人之哲学家"❶，四是列举尼采所有著作。"本论"分为五个部分。第一部分解读"永劫回归"（通译永恒轮回）说。首先作者指出了这一思想在尼采哲学体系中的重要地位："此思想于尼采整个哲学之体系上，为一最重要之问题。""此永劫回归思想，于其哲学系统上，可认之为以后各思想之导火索，于素朴之立场言之，亦即其哲学发号司令之大本营也。"❷ 然后作者引用尼采妹妹的回忆等材料概述了该思想的"成立经过"、"意义与性质"与"征服手段"。第二部分解读了"权力之意志"（又译强力意志）说。作者指出："尼采之'权力意志'，与叔本华所主张之'存在'，'贪生之意志'又迥异其趣。盖依尼采意，如不存在之事物，则决不得握有生之欲求，且存在之事物，无欲求何种生之存在时，亦无必要。""权力意志并非保持自己之意志，吾人莫如称其为更强，更丰盛，更高的存在之意志。"❸ 作者进一步指出，尼采所说的权力意志体现在"形而上与认识"、"自然与艺术"与"社会与个人"等三个领域之中，并逐一分析了其含义。第三部分解读了"生命之肯定"思想，具体涉及"价值之肯定"和"肯定之手段"等两个问题。第四部分讨论了"个人与超人"学说。作者指出，"超人"是尼采设立的人生终极意义："人类之能得以永存也，一方须有坚而不可拔之权力意志，使满足现存在之生的欲求，一方又必以充满肯定力量之生，进一步作控制宇宙永劫压力之工作，如是方能达成永存的意义。然为达成积极之永存之意义，据尼采主张，以为仅以前二者之欲求与工作为不足用，又必以确立个人，创造超人为其归趋，否则，人生之生决难达成其最高之目的。"❹ 随后作者讨论了尼采的"个人"观念。第五部分大量引用尼采原话解读了"一切价值之转变——创造"思想。"结语"部分特别指出了尼采哲学对西方哲学的巨大影响。

在现代中国接受与阐释尼采思想的第二高潮期里，部分学者开始有计划地翻译尼采著作与国外的尼采研究成果。不少译者还用"前言"、"后记"、"附记"、"小引"等方式表述自己翻译的原因与动机，陈述自己对尼采思想的理解，或谈论尼采思想对中国当下社会的启示意义。

这一时期最著名的尼采翻译者，也是整个现代阶段中国最著名的尼采翻译者是徐梵澄（1909～2000 年）。他在鲁迅支持下先后翻译了尼采的《苏鲁支语录》、《尼采自传》、《朝霞》、《快乐的知识》等四部著作以及《人性的，太人性的》中的《启示艺术家与文学者的灵魂》与《宗教生活》两章。梵澄在《人性的，太人性的》两章的译文前写了一篇"译者序"（原载《世界文库》1935 年第 6 辑），首先介绍了尼采创作此书时的情形，将他与屈原相比："怀抱灵魂上的迷疑，对

---

❶ 刘恩久："尼采哲学之主干思想"，载成芳编：《我看尼采》，南京大学出版社 2000 年版，第 594～595 页。

❷ 刘恩久："尼采哲学之主干思想"，载成芳编：《我看尼采》，南京大学出版社 2000 年版，第 596 页。

❸ 刘恩久："尼采哲学之主干思想"，载成芳编：《我看尼采》，南京大学出版社 2000 年版，第 601～602 页。

❹ 刘恩久："尼采哲学之主干思想"，载成芳编：《我看尼采》，南京大学出版社 2000 年版，第 617 页。

人间的怪诧，憧憬古希腊之美丽，综观百世，盱衡人事，皇皇然寻求真理，若不可终日，不但谋社会的改造，而且谋远大的改善人类的将来，——遂至于憔悴形容，枯槁颜色，游精神于寂寞，运思想于孤深，颇同于屈子之问天，是作此书时之尼采。"❶ 然后作者勾勒了所译两章的内容："目前这两部书，文艺论与宗教论，便是那思想之精秀，所以为人惊异的。……皆是这些事象的心理分析，用了纯物质的出发点，抱定严格的科学态度，运之以大怀疑的精神。"❷ 最后作者说明了翻译此书的现实意义。梵澄在《〈尼采自传〉译序》（原载梵澄译《尼采自传》，上海良友图书公司 1935 年版）里涉及了如下内容：一是评价尼采思想的特点与成就。译者称："这伟大的思想家，颇识一切法虚妄，空无所有；也意识地或不意识地体会着不生不灭义；却在空茫无际里，将世界，历史，人类，权威，需要，碎为微尘，因大超悟，孤往，绝诣，独自沉湎于无上底寂寞中，以庄矜底法度统驭着整个底生活，思想之动静，使圆者中规，方者中矩，因而不断地发表他的著述，如江河之奔赴，以涤荡以扫荡以灌溉以滋润全人类之思想。"❸ 二是分析尼采思想形成的原因。作者指出："虽然尼采归功于长期底疾病，疾病给他深思的机会，其思想之成就，是由于高深艺术的了解与理性主义的养成——如幻如化，这哲人怀着过去希腊文化的优美，不满于当时德国文化情形，因此憧憬着将来，寄所有的希望于将来的人类。"❹ 三是概括尼采学说的主要内容。译者写道："辨别着善恶的分际，和主与奴的伦理，将传统的伦理推翻；攻击着欧洲的阴柔主义，德国文化的野蛮，基督教之荒谬；思索出超人，以'力'为一切的解释，远之假借希腊狄阿尼修斯（通译狄奥尼索斯），更远假借波斯教主苏鲁支（通译查拉图斯特拉）之名，以诗情之浩瀚，现示出一种生命的典型。"❺ 四是对译作《尼采自传》的扼要介绍。

　　这一时期另一个著名的尼采翻译者是高寒（楚图南）。1930 年，他因"吉林五中共产党案"被当局逮捕入狱，在狱中翻译了尼采的《查拉斯图拉如是说》和自传《看哪！这人》。在两部译著之前，他分别写了激情飞扬的"题记"与"序言"，但这两篇文章直到 1947 年才面世。

　　杨白苹于 1945 年翻译的尼采《不合时宜的思考》第三部《教育家之叔本华》由重庆商务印书馆出版，他于"1943 年 12 月 2 日于成都外南新村"（原文落款）写就了《教育家之叔本华·译序》一文。该文主要包括两项内容：一是引述尼采的回忆录和书信介绍尼采第一次接触叔本华著作时的情形以及叔本华思想对他的

❶　梵澄："《启示艺术家与文学者的灵魂》、《宗教生活》译者序"，载成芳编：《我看尼采》，南京大学出版社 2000 年版，第 646 页。

❷　梵澄："《启示艺术家与文学者的灵魂》、《宗教生活》译者序"，成芳编《我看尼采》，南京大学出版社 2000 年版，第 647 页。

❸　梵澄："《尼采自传》译序"，载郜元宝编：《尼采在中国》，上海三联书店 2001 年版，第 222 页。

❹　梵澄："《尼采自传》译序"，载郜元宝编：《尼采在中国》，上海三联书店 2001 年版，第 222 页。

❺　梵澄："《尼采自传》译序"，载郜元宝编：《尼采在中国》，上海三联书店 2001 年版，第 222～223 页。

影响。二是介绍译作的主题及其与叔本华思想的关系。杨白苹写道："尼采在'自憎'方面感到最深刻的时候，同时一番'自救'之念就在他底思潮中动荡起来了；他一方面在提笔写《叔本华》时，一方面他对于叔本华底认识就在转变了。……这儿所写的一点也没有涉及叔本华底悲观主义的理论，反之，我们所见到的倒真是一位'教育家之尼采'了！"❶

时任西南联大德语系教授杨业治（1908～2005 年）为杨白苹译本写了《〈教育家之叔本华〉校阅者导言》（落款为"民国三十三年十月杨业治写于昆明西郊海源寺村舍"）。该文内容主要包括：第一，概述译作内容。杨业治指出："他（指尼采）在第一章里就问到生命的意义——我们每个人独特的，永不会再来一次的生命——关于生命的决定，不要顾到旁人的意见，或传统的束缚，要自己造一条桥，渡到彼岸。"❷ "接着尼采说起现代三种'人底范型'，即卢梭，歌德，和叔本华所建立的三种范型。卢梭式的人永远是社会革命的力量。歌德是欣赏和沉思一切的文化保存者。叔本华可是像《浮士德》里的梅非司托菲利斯。……这种造成新文化的力量，是尼采所服膺的最高的范型。"❸ 杨业治认为，该书后半册的主题是讨论"文化"的价值。在尼采看来："人类文化的目标，也在于产生特异的天才；而阻碍这个目标实现的，在现代有四种势力：牟利人的私欲，国家的自私，假装风雅的人士的庸俗，和学术界的无人性。他特别痛斥的，是现代学术界的现象，只求智识而不求人性之实现；教育只成为国家的工具，而不再有其自身之目的。"❹ 第二，谈论对"文化的目标"、"学术界的受控制于世俗的势力"两个主题的理解，并在此基础上分析这两个论题对中国思想文化建设的现实意义。

1941 年，刘天行翻译了尼采的《查拉图如是说·导言》，在译文前写了一篇"译者附识"（原载《大鹏月刊》1941 年第 1 卷第 3 期）。文章内容包括：第一，对尼采的定位。译者称"尼采为德国思想界的怪杰，亦为文学中的权威"。❺ 第二，介绍《查拉图斯特拉如是说》的主旨。译者认为该书"假借波斯古代哲人查拉图（通译查拉图斯特拉）的口吻、模仿《圣经》说教的体裁，发挥其自己独创的学说，大旨在根据达尔文进化的学理，创造其所谓超人，所以喜爱斗争，崇尚骄傲，轻视玄想，力求实际，不慕天国，不重上帝，普通所谓伦理观念，彼皆一

---

❶ 杨白苹："《教育家之叔本华》译序"，载成芳编：《我看尼采》，南京大学出版社 2000 年版，第 663 页。

❷ 杨业治："《教育家之叔本华》校阅者导言"，载成芳编：《我看尼采》，南京大学出版社 2000 年版，第 655 页。

❸ 杨业治："《教育家之叔本华》校阅者导言"，载成芳编：《我看尼采》，南京大学出版社 2000 年版，第 656 页。

❹ 杨业治："《教育家之叔本华》校阅者导言"，载成芳编：《我看尼采》，南京大学出版社 2000 年版，第 657 页。

❺ 刘天行："《查拉图如是说·导言》译者附识"，载成芳编：《我看尼采》，南京大学出版社 2000 年版，第 654 页。

切否定之，而另赋予一种新意义"。❶ 第三，揭示"超人"说对德国人尤其是中国人的启示。

姚可昆1947年翻译了尼采《不合时宜的思考》的第二部《历史对于人生的利弊》，但直到半个世纪后的1998年才由商务印书馆出版面世。姚可昆译完该书后写了一篇"译序"，发表在1947年6月1日的天津《大公报》上。"译序"内容主要如下：第一，交代此书的写作背景与动机。作者称："他（即尼采）一切的思想都在围绕着一个中心，即是文化的本质与德国文化的将来。……那时正是普法战后德国忽然兴起的时代，许多德国人以为不只是军事战胜了法国，就是在文化上也占了上风。尼采认为这个观念是错误的，他觉得德国的文化在俾斯麦的政府下隐伏着许多危机，他看见德国的教育有许多病态的、畸形的现象，他于是对于这些现象痛下砭针，毫不容情地予以攻击。他的《不合时宜的观察》可以说都是从这里出发的。"❷ 第二，介绍译作的内容。作者引述尼采《自传》里的话揭示了译作的主旨："第二个不合时宜的观察（即《历史对于人生的利弊》）是把治学方法中的危险的蠹蚀人生与毒化人生的部分揭露出来……在这篇论文中，这世纪引为自傲的'历史的意义'第一次被认为病态，被认为颓废的典型的标记。"❸ 姚可昆然后概括了尼采的历史观，包括人们对于历史的态度、历史的作用等两大方面。第三，扼要交代尼采此作的遭遇。

刘恩久在尼采自传《看哪，这人！》（沈阳文化书店1947年版）译文后面写了"译者后记"。内容包括：第一，概括译作的内容，认为"这本书不仅是尼采的自传，而且还包括着他的日常生活形态，哲学思想，文化问题，伦理问题，艺术问题，宗教问题，一切价值之估定问题，以及他一生中所写过的全部著作的解剖——在那里他说明了他写作时的背景，环境，主要的着目点"。❹ 第二，自述翻译的动机："我认为，如欲了解这位二十世纪文明之预言家的尼采思想，先读这本书，比读任何人解释他的学说的著作更来得高明，比读任何人批评他的思想的著作更来得锋锐。这就是我翻译这本书的动机与目的！"❺ 第三，引介尼采学说："在我们读尼采的著作之前，应该先知道他的学说的三大关键：一是世界根本的权力意志说，二是世界运命的永远轮回说，三是伦理思想的超人说，最后，以此三说作为现世肯定原理的一切价值转变之学的归结。"❻ 第四，交代译作所根据的版本。

---

❶　刘天行："《查拉图如是说·导言》译者附识"，载成芳编：《我看尼采》，南京大学出版社2000年版，第654页。

❷　姚可昆："《历史对于人生的利弊》译序"，载《大公报》1947年6月1日。

❸　姚可昆："《历史对于人生的利弊》译序"，载《大公报》1947年6月1日。

❹　刘恩久："《看哪，这人！》译者后记"，载成芳编：《我看尼采》，南京大学出版社2000年版，第672页。

❺　刘恩久："《看哪，这人！》译者后记"，载成芳编：《我看尼采》，南京大学出版社2000年版，第673页。

❻　刘恩久："《看哪，这人！》译者后记"，载成芳编：《我看尼采》，南京大学出版社2000年版，第673页。

二、尼采阐释的基本特点

通观第二高潮期中国知识分子的尼采接受与阐释活动，可以归纳出三个基本特点：一是关注范围有所选择；二是功利化取向非常明显；三是受国外学者的阐释取向与研究成果的影响较大。

首先，第二高潮期中国知识分子对尼采的思想未作体系化的理解与接受，而是有所选择和侧重。他们对尼采的"超人"说、悲剧学说虽然都有所关注，但更为关注"强力意志"说、"超人道德"观和战争哲学。这与此期中华民族面临日本侵略的现实有关。

"强力意志"（der Wille zur Macht，又译"权力意志"）是这一阶段中国知识人关注的第一个重点。黄素秋在《谈谈尼采的超人哲学》一文的最后明确表示："在个人意志权力说方面，我是崇拜他的。……我不否认尼采绝对的个人主义在现在的中国有提倡的价值！"❶ 阮真在题为《尼采的超人哲学》的演讲中激情勃发地宣称："强权就是公理，就是道德"；"此后我们应该崇拜强权，却不可诅咒强权"！❷ 战国策派的陈铨则在《尼采与〈红楼梦〉》（1943 年）中多次指出：尼采的"意志"乃是"求权力的意志"；"尼采发现，人类除了生存意志以外，还有一个最伟大的生命力量，就是'权力意志'"。❸

这一阶段里，中国知识界极为关注尼采的"超人"道德观与"战争"哲学。有些人将两者分开讨论，有的则干脆将两者混在一起。黄魂在《尼采精神与今日中国民族的死症》一文里称尼采精神为"战"的道德，并明确指出：中华民族面临"一个整个的民族，一个国家，被牺牲以成就别一个民族国家的生存"的危机，急需尼采的"战"的道德。❹ 黄素秋针对尼采"战与勇的功劳比博爱的功劳更大"的道德观感叹说："战吧，战吧！尼采的善即是战！"❺ 沈伯展认为尼采的一生是战斗的一生，尼采的哲学是战斗的哲学。他说："综尼采的一生，与病魔战争，与旧道德观念战争，与现实环境战争，无往而不战争，讴歌战争，实不足为奇，正是达尔文主义的必然结论，也是俾斯麦兄弟应有的态度。"❻ 阮真在题为《尼采的超人哲学》的演讲中激情勃发地宣称："'超人'之道德，为奋斗之道德"，"尼氏的超人哲学，也可以说就是奋斗哲学"。❼ 陈铨特别关注尼采哲学中的"战"的品格。他这样解释尼采"战争"观：

❶ 黄素秋："谈谈尼采的超人哲学"，载成芳编：《我看尼采》，南京大学出版社 2000 年版，第 302 页。
❷ 阮真："尼采的超人哲学"，载成芳编：《我看尼采》，南京大学出版社 2000 年版，第 376～377 页。
❸ 陈铨："尼采与《红楼梦》"，载《陈铨代表作》，华夏出版社 1999 年版，第 111 页、第 382 页。
❹ 黄魂："尼采精神与今日中国民族的死症"，载成芳编：《我看尼采》，南京大学出版社 2000 年版，第 245 页。
❺ 黄素秋："谈谈尼采的超人哲学"，载成芳编：《我看尼采》，南京大学出版社 2000 年版，第 299 页。
❻ 沈伯展："尼采及其哲学"，载成芳编：《我看尼采》，南京大学出版社 2000 年版，第 312 页。
❼ 阮真："尼采的超人哲学"，载成芳编：《我看尼采》，南京大学出版社 2000 年版，第 376 页。

尼采主张战争，与其说是经验的感发，还不如说是思想的结果。广义来说，尼采认为人生宇宙，充满了冲突的原素，社会与个人，外物与内心，内心与内心，无处不是战场，无处不是战争……在狭义方面来说，尼采也极力主张战争。第一，因为战争可以使人类进化。……战争最大的意义，就是淘汰平庸的分子，创造有意义的生活。……从历史方面来看，一个国家，一种文化，到了腐败堕落的时候，往往经过一次战争，倒可以消除积弊，发扬光大起来。❶

陈铨还径直将尼采的"超人"解读为现实生活中的"勇敢的战士"。❷ 刘天行虽然反对希特勒利用德国人"黩武夸大，动辄以为'德国超越一切'"的心态以"发扬其纳粹主义"的做法，但还是赞同尼采"根据达尔文进化的学理，创造其所谓超人，所以喜爱斗争，崇尚骄傲"。❸ 姜蕴刚则明确指出："尼采的哲学是种战斗的哲学"；"尼采的超人主张是：意志就是权力，以这权力征服一切，为一切之王，达到永生"。❹

需要说明的是，同样是形塑"战争鼓吹者"的尼采形象，但这一阶段里中国知识人的态度总体上不同于前一阶段梁启超、蔡元培等人的理解。在梁、蔡等人的心目中，尼采是战争的挑衅者与战争罪人；而在黄魂、黄素秋、沈伯展、陈铨、刘天行、姜蕴刚等人的心目中，尼采乃是抵抗外族侵略的"战争之神"、"正义之神"的化身。❺

其次，这一阶段尼采阐释的基本取向是功利化，尤其是在某一特定时期，将尼采学说与意识形态挂钩，达到功利化的极致。这一价值取向的明显表现就是不少知识分子都会明确交代自己接受与阐释尼采学说的目的，并指出尼采思想对当下中国社会的启发作用。黄魂在《尼采精神与今日中国民族的死症》里多次明确申述了尼采思想、尼采精神对中国社会与中华民族的救治作用：

像现在这样坠落衰败，这般没有一些生气，毫没有活在（原文如此）底胆量的中国民族和国家，尼采的精神正是我们的急需了。……今日中国这民族和这国家，却应有超民族和超国家的意志和胆量。只有尼采那超人自我的胆量，才足以医治中国民族的死症。这尼采的胆量是什么？换句话说，便是实行达尔文主义的

---

❶ 陈铨："从叔本华到尼采"，上海大东书局 1946 年版，第 128～130 页。

❷ 陈铨："从叔本华到尼采"，上海大东书局 1946 年版，第 113 页。

❸ 刘天行："《查拉图如是说·导言》译者附识"，载成芳编：《我看尼采》，南京大学出版社 2000 年版，第 654 页。

❹ 姜蕴刚："超人与至人"，载郜元宝编：《尼采在中国》，上海三联书店 2001 年版，第 487～488 页。

❺ 反对战国策派的"左派"人士对尼采"战争"思想的态度与梁启超、蔡元培等人的态度非常接近。如曹和仁在《权力意志的流毒》一文里指出："尼采之权力意志哲学及由此引发的反民主的社会观和种族论，在实践方面，构成为一种战争的行动；尼采于是对于战争价值表示无限的倾倒，认为没有战争，则权力意志无由实现，超人的显露头角也异常困难，社会发展将会受到不可克服的阻力。"参见曹和仁："权力意志的流毒"，载《文化杂志》1942 年第 2 卷第 5 期。郜元宝编："尼采在中国"，上海三联书店 2001 年版，第 330 页。

原则，勇往直前，在不违背宇宙进化中为生存而争斗，创造一切，征服一切。❶

我们则确信中国民族已经不是仅仅病而已。这病已经是成为一种的死症。现在最后的一服有效的药方，只有尼采的精神而已。如其我们受不住这一剂良药，无论大家怎样的努力，结果还是逃不了灭亡。❷

中国民族今日的死症，只有尼采的精神才能根本的医治。如你们没有这虚心，把这圣灵溶化在自己的灵魂里，中国民族永远不能得救。❸

作者还说："我套着尼采的神气告诉中国的许多贤士大夫，一个人许可以杀身成仁，舍生取义，至于一个整个的民族，一个国家，被牺牲以成就别一个民族国家的生存，这不但是怯懦的耻辱，而且正是不仁不义的罪恶了。"❹ 作者在文章中不厌其烦地逐一指出了尼采的各种思想主张对医治"中国民族的死症"的重大作用。如他在介绍尼采的"重新估定一切价值"的主张之后说道：

这样的精神正是医治今日中国民族死症的良剂。虽然中国没有像欧洲中世纪基督教那样的毒物，但是目今我们是偶像的毒物散布了全个的中国了。旧的礼教操纵了生杀之大权还不曾罢休的时候，新的礼教又要活活地吞人了。❺

再如他在介绍尼采对近代欧洲人尤其是德国人劣根性的批判之后指出：

尼采当时彻底地攻击近世的游惰和轻忽。我愿意每个中国人都自己想想在这现代的国家民族中，有没有比中国这国家民族更为游惰而轻忽的呢？我们对于一个巨大民族光荣存在的努力，曾经下了什么决心。我们在人类进化的轨道上所不可缺乏的工作，我们曾经怎样的准备呢？上自王公大人，下至一个黄包车夫，整个的民族，只是游惰和轻忽。❻

刘宏谟在《尼采的战争哲学》一文里首先申述了自己译介与研究尼采战争哲学的目的："我觉得在今日中国抗日战争和非战同盟的两种呼声高潮之下，我们对于战争本身的认识实有注意研究的必要，所以把它特别介绍出来，使站立民众

---

❶ 黄魂："尼采精神与今日中国民族的死症"，载成芳编：《我看尼采》，南京大学出版社 2000 年版，第 244 页。

❷ 黄魂："尼采精神与今日中国民族的死症"，载成芳编：《我看尼采》，南京大学出版社 2000 年版，第 245 页。

❸ 黄魂："尼采精神与今日中国民族的死症"，载成芳编：《我看尼采》，南京大学出版社 2000 年版，第 247 页。

❹ 黄魂："尼采精神与今日中国民族的死症"，载成芳编：《我看尼采》，南京大学出版社 2000 年版，第 245 页。

❺ 黄魂："尼采精神与今日中国民族的死症"，载成芳编：《我看尼采》，南京大学出版社 2000 年版，第 245 页。

❻ 黄魂："尼采精神与今日中国民族的死症"，载成芳编：《我看尼采》，南京大学出版社 2000 年版，第 246 页。

领袖地位负有指导文化运动使命的人，知所警勉。"❶ 他在译介英国伦敦大学吴尔佛教授（A. Wolf）为尼采战争观所作的辩护词之后详细阐发了"尼采战争哲学对于我国国民的启示"的七个方面，其中有三个方面最为重要：

第三，我们要明了，所谓"崇尚和平"，并不是崇尚"懦惧的和平"。……现在国人常拿"和平"自夸为民族的美德，但是我们若细考这和平的本质，充其量不过是"不抵抗"，"顺天安命"，"不在其位，不谋其政"，"各人自扫门前雪"的和平，这种的和平都是"懦惧的和平"，"偷安的和平"，这种和平便是我们民族萎靡国家衰弱的根源，所以不值得自夸，应重新的改变。我们应当注意在省与省间作建设事业的友谊竞争，却代替"兄弟阋墙"的仇杀战争，在国与国间要深刻警惕我国文化的落后，立意要和先进国的文化事业竞进，去代替和平的自夸，来振作民族的萎靡。❷

第五，我们要认识"战争虽然是残忍，但是对于卑弱可欺的国家，不无补救"。中日最近的战争，在日本是出于残忍，在我国是表示可欺，我既卑弱可欺，那末，自卫的战争便是我民族萎靡的兴奋剂。我们正应当利用这种兴奋剂，去振作我民族的精神，鼓励我向上的勇气。❸

第六，我们要承认，"战争是给弱国民族，以最后挣扎的希望，挣扎不善，便要演成急剧的惨变。"中国今日之贫弱，已到了最后挣扎的地位，处于这种最后挣扎的地位，惟有战争才能有希望。不过在最后的希望中，又含有急剧惨变的危险性，挣扎不善，便要至于不可救药。所以我国人应当抛弃民族倨傲的心理，承认中国已到最后挣扎的地位，一方相信和平是我们终极的理想，一方仍要相信依赖战争才能得到最后的希望，虽然我们不应奖励仇杀的战争，去破坏人类文化的向上，但是至少也应当积极准备自卫的战争，去防免最后挣扎中的急剧惨变。❹

黄素秋在《谈谈尼采的超人哲学》一文里将尼采哲学界定为"主意哲学"，并明确指出："主意哲学确是近代一个不能忽视的问题，现在把它的历史与内容介绍给我们东方的爱好和平的人民，希望最少能作为一剂疗'弱'的兴奋剂。"❺

杨白苹在《尼采简论集》的"译者按"（1934 年）里交代自己翻译尼采著作的动机时说："兹集所采，实为尼采思想之精华，今特将原书全部译出，以飨读者。自然，我们的动向，不是使读者由此踏进哲学底深宫。而主要的如罗曼罗兰所说：'我们要撇开时代的界限！我们要再兴英雄的民族！'中国的少年弟兄们哟！记着吧！"❻ 译者在《〈尼采简论集〉后记》（1934 年）里则完全抛开了翻译

❶ 刘宏谟："尼采的战争哲学"，载成芳编：《我看尼采》，南京大学出版社 2000 年版，第 269 页。
❷ 刘宏谟："尼采的战争哲学"，载成芳编：《我看尼采》，南京大学出版社 2000 年版，第 269～270 页。
❸ 刘宏谟："尼采的战争哲学"，载成芳编：《我看尼采》，南京大学出版社 2000 年版，第 271 页。
❹ 刘宏谟："尼采的战争哲学"，载成芳编：《我看尼采》，南京大学出版社 2000 年版，第 271 页。
❺ 黄素秋："谈谈尼采的超人哲学"，载成芳编：《我看尼采》，南京大学出版社 2000 年版，第 294 页。
❻ 杨白苹："《尼采简论集》译者按"，载成芳编：《我看尼采》，南京大学出版社 2000 年版，第 645 页。

的事情，而是充满激情地呼吁中国人以尼采的"超人"精神勇敢地面对日本人的侵略：

> 弟兄们哟！尼采一个人从我们的头上过了！他已把神们针死在十字架上！我们的希望正是未来的超人哪！
>
> 现在正当着生死的关头，我们应该"全体严肃"。一切嬉笑与诙谐的情形，绝对不许存在。
>
> 我们只看见千军万马向我们杀来！我们只有在死里可以求得生命。
>
> 有人说过这种哲学不容易忍受吗？诚然，但是，不能忍受这种哲学的民族，前途一定是暗淡！
>
> 弟兄们哟！前面已有人振铃把同志召集起来，我们一致高呼出："我们要撇开时代的界限！我们要再兴英雄的民族。"❶

梵澄在《人性的，太人性的》两章的译文前写了一篇"译者序"（1935年），其中说到了翻译此书的现实意义："细想此书对于我们的意义，一方面固然可以使我们稍懂到一点文学生活宗教生活，可以不迷；另一方面则当能使我们因此更为'真理''真知'奋斗；正如在旅行的长途中偶尔发现一两片小标志，指示前人曾从此经过，则当能更有勇力前行，而且突过以往的限度。"❷

沈伯展在《尼采及其哲学》的"结论"部分特别指出了尼采的哲学精神对中华民族的"强心剂"作用：

> 尼采的思想是浪漫主义的个人主义，是十九世纪末盛行的理想主义，纵然他深深地染上贵族主义的色彩，但他的积极，肯定，前进，反抗的精神，正是苟且偷安，堕落，自私的中华民族的强心剂。如果大家能渗透尼采的哲学精神，中华民族或有自拔的一日吧？!❸

他还充满激情地向听他演讲的同学们呼吁：

> 同学们，战神已将十字架摆在我们面前，尼采的超人时代到了。他不是诏示我们："战争对于日渐软弱偷安可鄙的人民是一贴奇妙的药剂。……放弃了战争是堕落的。"让你们来做超人吧。……同学们，尼采在超人的路上等待你们了，前进吧！❹

育群在《尼采哲学之评价》一文里虽然对尼采思想有所批评，但还是认为尼

❶ 杨白苹："《尼采简论集》译者按"，载成芳编：《我看尼采》，南京大学出版社2000年版，第645页。
❷ 梵澄："《启示艺术家与文学者的灵魂》、《宗教生活》译者序"，载成芳编：《我看尼采》，南京大学出版社2000年版，第649页。
❸ 沈伯展："尼采及其哲学"，载成芳编：《我看尼采》，南京大学出版社2000年版，第312页。
❹ 沈伯展："尼采及其哲学"，载成芳编：《我看尼采》，南京大学出版社2000年版，第312页。

采"勿求和平与苟安，过无谓之生活，你必须和你敌人奋斗。懦弱卑怯，乃是最大的恶，必赌死战毙而后已"之类的话，"对于被压迫的民族，是需要的"，并别出心裁地比喻道："尼采是哲学菜单中的一味辣椒鸡。实在与别不同，别有风味，令人吃了虽然辣得可怕，然而格外令人精神爽快。"❶ 他还充满激情地宣示了尼采"超人"学说对中国当下社会的警示作用：

> 我们中国国民性太懦弱求苟安的和平，狠需要尼采的自强的哲学。我们应把他的个人超人主义，改变为全民族的超人主义。……我们勤劳大众，将要合成一个巨人，将大众的犁耙工具铁器打成一把大斧。将大斧向时代的障碍努力斫过去，这是廿世纪的新超人。❷

阮真在《尼采的超人哲学》里申述了自己介绍尼采思想的动机："把自己做成世界上超越的人，把我们的国家民族，做成世界上超越的国家民族！我抱着这种热望和野心，也可以说坚定着这个意志，所以今天要和诸位讲讲德国大哲尼采的超人哲学。"❸ 他在演讲的"结论"部分详细地阐发了尼采"超人"说对中国当下社会的启示：

> 尼采的哲理虽然也有偏颇的地方，但是他在生物学上和人类进化史上的立脚点是颠扑不破的。德国民族的所以能复兴，所以能发扬踔厉，就因为有这种哲学思想在领导他们。我们要复兴民族，不可不学德国人！而尼采的学说，也是我们国民中怯弱、懒惰、苟安、无出息、堕落者的对症良药。天意是要选择强者优者，使其伸张生活势力与意志势力于世界的，劣弱者的应当灭亡淘汰，确是天经地义！那么强者来灭亡弱者，不是替天行道吗？强权不就是公理吗？我们中华民族从前自西北方过来灭亡了不知几多文化程度低较的民族，有谁说不是替天行道呢？我们的土地难道不是掠夺得来的吗？只因现在麻醉于和平公理没出息的子孙，忘记了我们祖宗的强权奋斗，所以不能保有夺得的土地，而将趋于灭亡。可是现在已经醒觉了！此后我们应该崇拜强权，却不可诅咒强权！❹

> 现在已到了一九三七年的危险年头，世界大战将临，这是天给人类各民族的甄别考试。优的生存，劣的开除！就在这世界上永远开除！最优的还有奖赏。奖赏是什么呢？就是弱国的土地！我们还要生存呢？还要开除呢？还要升级得奖呢？尼采说："这是由我们的意志自由选择的。"我们的意志要生存便能生存，但是却不能忘了奋斗、反抗、创造三种精神！有这三种精神，然后可以超越于人！然后可望我们的国家为世界第一个国家！我们的民族为世界第一个民族！❺

---

❶ 育群："尼采哲学之评价"，载成芳编：《我看尼采》，南京大学出版社 2000 年版，第 326 页。
❷ 育群："尼采哲学之评价"，载成芳编：《我看尼采》，南京大学出版社 2000 年版，第 330 页。
❸ 阮真："尼采的超人哲学"，载成芳编：《我看尼采》，南京大学出版社 2000 年版，第 373 页。
❹ 阮真："尼采的超人哲学"，载成芳编：《我看尼采》，南京大学出版社 2000 年版，第 377 页。
❺ 阮真："尼采的超人哲学"，载成芳编：《我看尼采》，南京大学出版社 2000 年版，第 378 页。

作者的说法不无偏激，但用心之良苦也是显而易见的。

刘天行在《查拉图如是说·导言》的"译者附识"里指出希特勒利用多数国人受尼采"超人"说影响而"黩武夸大，动辄以为'德国超越一切'"的心理来"攫取政权发扬其纳粹主义，为世界人类之害"的事实之后，紧接着谈及了尼采思想对中国社会的启示或警示作用：

> 吾人固不满意于希氏之牵强附会，危害世界的和平，然试一检讨尼采本来的用意原非如此，其用意乃在激励人类努力向上，以创造崭新的文化而已。我国素以礼让为过，往往苟惰苟安，未能及时进取，以致事事均落他国之后。尼采的学说实为符合时效的兴奋剂，吾人倘能循诵其作品，必能涤除旧染，淬厉猛进的精神，于抗战建国关系匪浅。❶

杨业治在为杨白莘所译《教育家之叔本华》一书写"校阅者导言"时，也特别指出了尼采此书对中国思想文化界的警示意义："尼采所提出的文化的弊病，一直到现在还是现代文化的症结，也许比那时还要加重。我们中国受了欧洲影响后的思想和文化，也显露了这些弊病。翻译本书的效用，也许是帮我们注意到在中国也日益加厉的文化趋势，使我们辨别文化的真假，认识它的真意义，做一番自省的工作，然后能助长真文化之产生。"❷ "读了《教育家之叔本华》一书后，实际的教训，会是警惕自己，去助长真文化之发展，尤其是学术界的人，应当尽力去观察自己。"❸

佚君在《尼采传》的"后记"里别出心裁地把尼采的"超人"哲学比喻为"鹤顶红"和砒霜这两种有毒性的良药："'鹤顶红'药杀人，但'红'却给了我们美丽的刺激"；"砒霜吃下肚去，马上七窍流血而死"，但"也可以当做药，它的热性可以治病的"。❹ 作者还坚定地表示："我们的国家我们的民族，包括组成这一个民族的一分子的我，美丽的颜色和光大生命力的一些热情，恐怕正是十万分的需要吧！""尼采的热爱人生的态度和他强劲的生命力……时时鼓舞着我。"❺

刘恩久在《尼采哲学之主干思想》一书的"导言"和"结语"里明确交代了自己研究尼采学说的动机："尼采之哲学，其要在解脱悲观之人生观念，使个人崇高之肉体我完成其使命，并以个人之存在，高扬世界之存在价值。此种哲学，有益于人类，有利于学术，因此余个人乃深喜讨探之，并欲极力宣扬之。"❻ 在

❶ 刘天行："《查拉图如是说·导言》译者附识"，载成芳编：《我看尼采》，南京大学出版社 2000 年版，第 654 页。

❷ 杨业治："《教育家之叔本华》校阅者导言"，载成芳编：《我看尼采》，南京大学出版社 2000 年版，第 655 页。

❸ 杨业治："《教育家之叔本华》校阅者导言"，载成芳编：《我看尼采》，南京大学出版社 2000 年版，第 659 页。

❹ 佚君："《尼采传》后记"，载郜元宝编：《尼采在中国》，上海三联书店 2001 年版，第 466~467 页。

❺ 佚君："《尼采传》后记"，载郜元宝编：《尼采在中国》，上海三联书店 2001 年版，第 467 页。

❻ 刘恩久："尼采哲学之主干思想"，载成芳编：《我看尼采》，南京大学出版社 2000 年版，第 592 页。

文中，他还这样点明了尼采思想对中国社会的现实指导意义：

> 近世各国，所以高唱苏晔尼采之哲学者，其原因之要，则在尼采思想对民族之意义的宣扬，欧洲颓废文化之攻击，刚强人生恢复之要求，以及战争悲剧之勇气的鼓舞，与命运之爱的提倡——此等皆为现今各国民族之主要关心事，同时亦即形成二十世纪思想之主要原动力。是以予自觉，除研讨尼采，提倡尼采外，实不足以复兴民族，建设国家，此虽为欧美各国之当前最重大之问题，然亦即吾中国之问题也。❶

中国知识人阐释尼采思想的极端功利化倾向出现在 20 世纪 40 年代初期。此时国统区的昆明与重庆出现了以林同济、陈铨、雷海宗为核心成员的学术团体战国策派。他们对尼采学说的阐释与传播将现代中国的第二次"尼采热"推向了高潮。而当时欧美思想界与学术界兴起了一股将尼采哲学"法西斯化"的浪潮。在这一背景下，战国策派对尼采学说的阐释与传播遭到以中国共产党为支撑的"左派"人士的猛烈攻击。其中，张子斋的《从尼采主义谈到英雄崇拜与优生学》（1941 年）、曹和仁的《权力意志的流毒》（1942 年）与欧阳凡海的《什么是"战国策"派的文艺》（1943 年）等文章是攻击战国策派以及尼采学说的代表作。值得指出的是，无论是战国策派对尼采"超人"说、"强力意志"说等思想的鼓吹，还是"左派"人士对尼采学说和战国策派主张的猛烈攻击，客观上都加速并完成了中国知识界将尼采学说法西斯化的进程。

其实，当时也有一些清醒者指出了尼采思想被妖魔化的事实。如仲持在《尼采的妹子》（1936 年）一文里详细披露了尼采之妹以及国社党歪曲与利用尼采学说的情况，明确指出将尼采学说与纳粹思想挂钩是无稽之谈。文章引用了英国《曼彻斯德导报》上一篇文章中的话来说明尼采的妹妹歪曲尼采学说的原因与经过。❷ 可惜作者的辩白如空谷足音，远未引起学界注意。

不过，说第二高潮期的尼采阐释以功利化为主要价值取向，并不意味着这一阶段完全没有对尼采学说的纯粹学理化研究。实际上，仍然有少数学者对尼采思想或学说是抱着客观、中性的态度，是完全在做纯学术的研究。最典型的是常苏波、刘恩久、方东美与姜蕴刚等。常苏波的《尼采的悲剧学说》是中国现代学者讨论尼采悲剧学说的专文。文章旁征博引、思路绵密、论述深刻，是中国现代学术界和知识界学理化解读尼采学说的典范之作。刘恩久在专著《尼采哲学之主干思想》里明确指出了"永劫回归"（Die ewige Wiederkunft，通译永恒轮回）说在尼采思想体系中的重要地位，这是现代中国知识界的唯一一人。作者随后对尼采各种思想观点的阐释都是引经据典、有根有据的。如为了论证"永恒轮回"思

---

❶ 刘恩久："尼采哲学之主干思想"，载成芳编：《我看尼采》，南京大学出版社 2000 年版，第 595 页。

❷ 仲持："尼采的妹子"，载《永生》1936 年第 1 卷第 1 期。成芳编：《我看尼采》，南京大学出版社 2000 年版，第 371 页。

想的意义与性质，刘恩久除多次引用尼采的原话之外，还引用了英国学者穆盖（M. A. Mügge）的话来证明尼采此说同印度人、巴比伦人、埃及人、希腊人的"往变转生"说、黑拉克利多（Heraklit，通译赫拉克利特）的"万物流转说"、歌德的"泛神论"、斯宾塞的"力之永续性"说属于同类思想观点。❶ 刘恩久在此书"导言"里还详细交代了自己舍弃康德哲学而追随尼采哲学的原因：

> 复归康德、苏畦尼采！此二十世纪哲坛之二大革新呼声也。久乏精神之刺激，且如弱苇之予，突遇此火热之思想漩涡，曾几经自作宁静，而革新家之强烈呼声，更时若断续，动震予心。虽睐若无知，终局无效。但予决非愚昧盲从之辈，凡百事物，非经细验，弗决坚信。惜乎意志无定，忽彼忽此，莫知所从，于是乃耐心研究。终知归复康德，非予性趣，既而瞻望尼采，以名究竟，得悟苏畦尼采有其价值。乃从心所欲，立誓追随此一呼声，二年以来，所读所思，无不为此一呼声之所支配，方知尼采之哲学，其要在解脱悲观之人生观念，使个人崇高之肉体我完成其使命，并以个人之存在，高扬世界之存在价值。此种哲学，有益于人类，有利于学术，因此余个人乃深喜讨探之，并欲极力宣扬之。❷

作者之所以舍弃康德哲学而追随尼采哲学，是因为尼采思想"有利于学术"而"深喜讨探之"，这是明显的学理化取向。哲学家方东美在《哲学三慧》一文里完全从学理的角度讨论了尼采的"超人"说，并尝试从理论上帮助尼采完善"超人"模型。历史学家姜蕴刚在《超人与至人》一文里将尼采的"超人"理解为一种"智慧"的境界，并比较了尼采的"超人"与中国道家的"至人"。这些说法与思路都是学理化的取向。

最后，这一阶段中国学者的尼采阐释还有一个显著特点，那就是受外国学者的研究成果与阐释取向的影响比较大。黄魂的《尼采精神与今日中国民族的死症》、沈伯展的《尼采及其哲学》、育群的《尼采哲学之评价》等三篇文章都不约而同地引用过一句话或同一个观点：尼采"是达尔文的儿子，俾斯麦的兄弟"。这句话的出处在哪里呢？其出自美国学者威尔·杜兰（W. J. Durant）。杜兰在《哲学的故事》里曾称："尼采——是达尔文的小孩，俾斯麦的兄弟。"❸ 杜兰《哲学的故事》一书由詹文浒翻译，早在 1929 年就由上海青年学会书局出版了。

还有一个极端的例子，是 20 世纪 40 年代初"左派"人士受申谷翻译的前苏联学者 L. 凯迪《尼采哲学与法西主义》（载 1939 年 11 月《理论与实践》第 1 卷第 1 期）、段洛夫翻译的前苏联学者伦勃蒂涅尔《尼采哲学与法西主义之批判》（上海潮锋出版社 1941 年版）的影响而将尼采学说和战国策派主张法西斯化的事

---

❶ 刘恩久："尼采哲学之主干思想"，载成芳编：《我看尼采》，南京大学出版社 2000 年版，第 597～598 页。

❷ 刘恩久："尼采哲学之主干思想"，载成芳编：《我看尼采》，南京大学出版社 2000 年版，第 592 页。

❸ 黄魂："尼采精神与今日中国民族的死症"，载成芳编：《我看尼采》，南京大学出版社 2000 年版，第 241 页。

件。当时"左派"人士据以批驳战国策派与尼采学说的材料基本上取自这两份资料。L. 凯迪《尼采哲学与法西主义》将尼采及其思想法西斯化地认定为：

> 基于对文化、科学与知识的宣战，"第三帝国"所宣扬的崇拜尼采更特别表现得明显了。……各色的法西斯"理论家"都颂扬《权力意志论》底作者为"第三帝国"底伟大先觉，似乎他的无耻的"理想"足为了解"现代之钥匙"。尼采关于"超人"的学说，他的有名的所谓"一切价值之重新估量"——这一指恶为善，同时对人类本性之优良特质作恶意非笑与毁谤的无耻观念——已经成为德国法西主义底意识代表了。❶

作者"为了说明尼采底反动思想如何被法西斯利用以达到卑污的目的"，特别选取了"一九三五年在柏林刊行的斯皮迪曼底著作《尼采底主宰观》一书"对尼采的战争说、磨难说、恐怖说、高贵论、种族论、婚姻论、反平等说、愚众说、变化观、宗教观与幸福观等11种主张的曲解。❷ 伦勃蒂涅尔在《尼采哲学与法西主义之批判》的"序论"里概括了全书的内容，明确称尼采为"法西斯主义的'预言者'"，并指出："在法西的指导杂志及法西主义著名的理论家的言说中，可以看到率直的如下的言说：即法西的意识形态，和尼采哲学有着密切的关系，而从他的哲学借来了许多命题。"❸ 然后作者详细引用了法西斯杂志《国粹社会主义月报》上几篇论文以及希特拉（通译希特勒）、墨索里尼等人的言论来证明这一说法。张子斋在《从尼采主义谈到英雄崇拜与优生学》（1941年）里批判尼采学说时，就多次引用了L. 凯迪否定尼采的话来证明尼采学说是法西斯主义的指导思想，如："尼采既为帝国主义与法西主义底思想前驱，他确实是'超过了'他的时代。在俾斯麦时代的德国所风行着的民族自由主义，深为他所憎恶。……尼采曾提出自己的'大政策'，其目的在使整个欧洲归服于德国。他号召为了德国底伟大（请读为为了德国大资本底利益）实行对外及对内战争。""尼采之能适合那具有血腥的帝国主义实践，具有穷凶极恶的民族主义与野蛮主义，具有推陷人类到新的帝国主义大战中去的企图的法西斯元凶——希特勒，罗森堡辈底脾胃，又何足怪?!"❹ 欧阳凡海在《什么是"战国策"派的文艺》（1943年）里那段说明"尼采的超人哲学怎样成为法西斯主义的反动理论的工具"的文字，则几乎是L. 凯迪《尼采哲学与法西主义》与勃伦蒂涅尔《尼采哲学与法西主义之批

---

❶　［苏］L. 凯迪："尼采哲学与法西主义"，载申谷译，成芳编：《我看尼采》，南京大学出版社2000年版，第418～419页。

❷　［苏］L. 凯迪："尼采哲学与法西主义"，载申谷译，成芳编：《我看尼采》，南京大学出版社2000年版，第420～427页。

❸　［苏］伦勃蒂涅尔："尼采哲学与法西主义之批判"，载段洛夫译，成芳编：《我看尼采》，南京大学出版社2000年版，第496页。

❹　张子斋："从尼采主义谈到英雄崇拜与优生学"，载郜元宝编：《尼采在中国》，上海三联书店2001年版，第302～303页。

判》里一些材料甚至文句的组装。❶

第二节　楚图南的尼采阐释与"悲剧精神"的发扬

楚图南（1899～1994 年），又名楚曾，笔名高寒，作家、翻译家、政治活动家，曾任教于云南大学、北京师范大学等多所大学，并担任过中国对外文化协会会长、民盟中央代主席等职。在他的翻译生涯中，尼采著作的翻译是浓墨重彩的一笔。

一、楚图南的尼采阐释

1930 年，楚图南因为震惊东北的"吉林五中共产党案"被国民党反动当局逮捕入狱。1930～1934 年，身陷牢狱的他翻译了尼采的《查拉斯图拉如是说》（通译《查拉图斯特拉如是说》）、自传《看哪！这人》，1947 年贵阳文通书局出版这两部译著（译者署名"高寒"）。在两部译著正文之前，楚图南分别写了一篇激情飞扬的"题记"与"序言"。这两篇文章作于 20 世纪 30 年代初，但直到1947 年才面世。它们是楚图南阐释尼采思想的重要成果。1938 年 6 月 20 日，楚图南在《新动向》杂志第 1 卷第 4 期上发表了《悲剧精神与悲观主义》一文，宣传尼采学说，鼓励国人发扬勇猛奋斗的精神。

《〈查拉斯图拉如是说〉译者题记》（落款为"1931 年 5 月"）的中心内容是介绍尼采的"超人"思想，并分析它遭误解的原因。文章主要包括三个方面的内容。第一，介绍尼采"超人"哲学的特质。楚图南指出，与叔本华、波特莱尔等人的悲观哲学不同，尼采建立了立基于悲剧哲学之上的"超人"哲学。他引用了尼采自传（*Ecce Homo*，通译《看哪，这人！》）英译本里的如下一段："肯定了生命，甚至于肯定了生命的最新奇，最困难的问题：求生的意志，欢喜于它自己的最高形态之无尽的牺牲。——这便是我所谓的德阿尼西斯的，这便是我以为达到悲剧诗人之心理的桥梁。不顾自己的恐怖与悲惨，不以猛烈的断行肃清了自己的危险情绪，宁是超乎恐怖和悲惨之上，永久欢喜于生成和毁灭。……在这意味中，我有这理由将我自己当做一个悲剧的哲学家，——即悲观主义哲学家之极端对立者和反对者。生命之肯定的新党人，两肩担当了一切最伟大的工作，重新提高了人类，也严厉地毁灭了颓废派和写生的一切，在大地上再建立起丰盈之生命，重兴起了德阿尼西斯的境域。所以我预想着一个悲剧的新世纪：肯定生命之最高的艺术和悲剧，将重新再生；即使感到在他之后就要有至艰难而不可免的战争来到，亦不致因而感到痛苦。"作者由此表明："尼采在哲学和艺术上也是与叔本华、波特莱尔极端相反而发挥了他的凌越千古的哲理和热情。……他以波特莱

---

❶ 欧阳凡海："什么是'战国策'派的文艺"，载郜元宝编：《尼采在中国》，上海三联书店 2001 年版，第 342～344 页。

尔为颓废派的典型。谓退化的本性，以非人的欲望对生命复仇，而否定了生命，遂产生了叔本华的哲学。于是以古代希腊的德阿尼西斯及波斯的查拉斯图拉来寄托了他的原始健壮的音乐和诗情，来建筑了照耀于未来的超人的哲理。"❶ 作者由此感叹："懂得了在生成和毁灭的时代，敢于面对着人类当前的命运，敢于咬下了永久循环之'蛇头'的这现实的悲剧的主角，大约可以懂得了尼采，懂得了超人了罢？——不，懂得达到最遥远的超人时代的桥梁！"❷ 第二，交代"超人"思想遭受误解的情况。楚图南指出："超人的根本概念，自然是说在《查拉斯图拉如是说》这本巨著里。这东西，虽在尼采生时，即背负着许多人所谓的批评，尼采称之为纯粹的误解。……所以在这里，不必再引证许多人对于尼采的意见，由最早的 H. V. 斯太因博士，以至于现代的思想界或学术界的权威，如英国的罗素和美国的威尔都兰。更不要说最近所流行的求权力者的谬种，与虚脱的神经病狂者和野兽主义者的利用，与浅见者的误解与污蔑。独特的诗歌，常是唱给自己听的。"❸ 第三，介绍《查拉图斯特拉如是说》一书在尼采著作生涯中的独特地位。楚图南引用了尼采自传英译本里评价《查拉图斯特拉如是说》的两段文字来作说明。尼采说："在我的著作中，查拉斯图拉（即《查拉图斯特拉如是说》）占一个特殊的地位。我以这著作，给人类以空前伟大的赠礼。这本书，声音响彻了千古，不单是世界上最高迈的书，山岳空气的最真实的书，——万象，人类，遥远地在它之下，——亦且是最深沉的书，从真理之最深的蕴蓄中产生；这是一种永不涸竭的泉水，没有吊桶放下去不能满汲着黄金和珠宝上来！"❹ "这著作是无对的。……这里我的德阿尼西斯的思想，成为最高的行为；以他为标准，则一切人类的行为，都好像是狭隘而可怜。在这种狂热和飞腾之恐怖的大气中，哥德（通译歌德）或莎士比亚也将窒息；比之于查拉斯图拉，但丁又不过是一个皈依者，并不是最初创造真理的人，——不是一种世界的支配精神，不是一种命运；吠陀诗人亦仅是僧侣，甚至于不配为查拉斯图拉脱鞋。……他所升降的云梯，没有边际；他比任何人已经看见更远，意愿更远，并去得更远。他在每一个字之中，在一切精神之最肯定之说教中，反对了自己。是在他心中，一切的矛盾都溶融为一种新的统一。人类本质中最高和最底的力，最甘美的、最轻盈的、最恐怖的，都以一种永恒的确然，从一个源头奔流。"❺

---

❶　高寒（楚图南）："《查拉斯图拉如是说》译者题记"，载郜元宝编：《尼采在中国》，上海三联书店2001年版，第474～475页。

❷　高寒（楚图南）："《查拉斯图拉如是说》译者题记"，载郜元宝编：《尼采在中国》，上海三联书店2001年版，第475页。

❸　高寒（楚图南）："《查拉斯图拉如是说》译者题记"，载郜元宝编：《尼采在中国》，上海三联书店2001年版，第475页。

❹　高寒（楚图南）："《查拉斯图拉如是说》译者题记"，载郜元宝编：《尼采在中国》，上海三联书店2001年版，第475～476页。

❺　高寒（楚图南）："《查拉斯图拉如是说》译者题记"，载郜元宝编：《尼采在中国》，上海三联书店2001年版，第476页。

《〈看哪！这人〉译序》（落款为"1932年9月"）的内容包括如下三个方面：第一，将尼采与托尔斯泰、马克思"对于新时代的预言"作比较，突出尼采思想比后二者更为深远的特质。楚图南指出：

当近代社会开始暴露了腐败和虚伪，有着不可挽救的衰退的征兆，这时，几个生命的巨人，各从生活的不同的背景，研究的不同的观点，发抒了各各异样的对于新社会的要求，——这就是各各发抒了对于新时代的预言。

譬如地主宗教家的托尔斯泰，怀着对于农村社会的和平朴实，相爱互助的憧憬，走到了人道主义的新宗教主义。应用了费尔巴赫以来的辩证法，研究了英国当时的工业结构的马克斯（通译马克思），——发掘了现代文化社会的朽蛀了的根荄，知道现代文化，现代社会之必然毁灭，新的历史，新的人类，必然产生，这就走到了科学的社会主义。

但在尼采，他是音乐和艺术的爱好者，更富于稀有的想象和热情。他将他的希望和理想，投射得更高，也投射得更远，——那有什么关系呢？反正人不是一种目标，人乃是一种过渡，一种桥梁，他叫我们走着这桥梁，这高撑在巨壑绝巅之上的一根绳索。由毁灭到创造，经过战栗和斗争，渡到更遥远的未来，光明的未来，那伟大的"日午"。❶

显然，在楚图南看来，尼采的"日午"哲学即"超人"学说比托尔斯泰的"人道主义的新宗教主义"和马克思的"科学的社会主义"所表达的希望和理想"投射得更高，也投射得更远"。第二，介绍尼采学说确立的环境或生活处境以及与此相关的尼采学说的特质。作者以极富文采的笔调写道：

在尼采，他的生活，是南欧意大利的山岳高地的生活，他的书，是山岳高地的书，是"高空的书"。人间遥远地在他的下面，据说距离是有"六千呎"。所以，他远离了人间的现实，这是他自己也说过的。

他所给与人间的，只是云端上五彩绚烂的虹彩，描画在远处的光明和希望，与行走在"山峰与山峰"之间的一种冒险前进的精神。这在功利的秤盘，和世俗的砝码上，当然是不会被认为有分量的。

所以，在一方面，认定他是现代社会的解脱者，——是德意志和德意志文化的敌人，是资本主义社会最深刻的侮蔑者，是基督教的最大的叛徒；在另一方面，却预言了超人，企望着超人的社会，这或者可免于尼采之被过度的轻蔑和利用，和读者之易于陷入于偏狭和诟病。❷

---

❶ 高寒（楚图南）："《看哪！这人》译序"，载郜元宝编：《尼采在中国》，上海三联书店2001年版，第471页。

❷ 高寒（楚图南）："《看哪！这人》译序"，载郜元宝编：《尼采在中国》，上海三联书店2001年版，第472页。

　　楚图南认为尼采思想的特质在于它有破有立。所谓破，是指他是"德意志和德意志文化的敌人，是资本主义社会最深刻的侮蔑者，是基督教的最大的叛徒"；所谓立，是指他"预言了超人，企望着超人的社会"。

　　第三，对尼采精神的定位。楚图南认为尼采"有着唐吉诃德的精神"："记得屠尔格涅夫，曾经以汉姆莱特与唐吉诃德作论题，解说了现代社会的两种典型人物。以实例说出来，则波特莱尔，据我的看法，正是前者的典型，尼采则是后者的典型。征服了自己的疾病，抗拒着可诅咒的丑恶的环境，而不断的与现代文化的风车挑战，和有角的基督教的野牛相搏斗，这不俨然是一个思想史的唐吉诃德么？"❶

　　《悲剧精神与悲观主义》的主旨是鼓励世界人民尤其是中国人民发扬尼采的悲剧精神，以应对法西斯的侵略。文章所说的"悲剧精神"是指尼采的悲剧哲学和悲剧人生观。楚图南在文章中反复揭示了尼采所标举的"悲剧精神"的内涵，并特别指出了它与"悲观主义"的本质区别："尼采自称为是第一个悲剧的哲学家，也真的不愧是第一个悲剧的哲学家。他因为研究了希腊的文化和戏剧，知道了悲剧精神的产生，多半是在一个民族或一个人，生活力最强，最旺盛的时候。因此断言了悲剧精神，乃是强力的象征，而悲观主义则是弱者，——是生命力已经耗竭了的人们的无助的产品！""悲剧精神，与悲观主义不单是在其本质上是绝相反的两种东西，即在作用，在效果上，也是有着绝不相同的两种机能的。""悲剧精神是强力的象征，而与悲剧精神绝对反对的悲观主义，这包括了一切的失望，颓废，一切的享乐，一切的欺骗，一切的逃避和隐遁，则是弱者，是怯懦的人们的垂死的强笑，或临终的欲息。"❷换言之，"悲剧精神"是"强力的象征"，它往往产生于"一个民族或一个人生活力最强，最旺盛的时候"；而悲观主义乃是"弱者"即"生命力已经耗竭了的人们的无助的产品"，它的具体表现形态"包括了一切的失望，颓废，一切的享乐，一切的欺骗，一切的逃避和隐遁"。作为"悲剧精神"的体现者，尼采列举了古希腊天神普罗米修斯、波斯战役中的希腊人、约翰先知、耶稣以及罗曼·罗兰等典型个案。在尼采看来，普罗密修士（通译普罗米修斯）因偷天火种子给人间而遭受"永久惩创，永久的苦痛"却"永久的不屈服和反抗"，波斯战役中希腊人通过多次"几乎是令人难于相信的壮烈英勇的斗争"而"保全了希腊的独立和欧洲文化的不被摧毁"，约翰先知、耶稣因自己的信仰受到时人的"嘲笑和咒骂，和迫害"却始终不悔，"罗梦罗兰"（通译罗曼·罗兰）提倡"真勇主义"，他们都是"悲剧精神在事实上的最高的表

---

　　❶　高寒（楚图南）："《看哪！这人》译序"，载郜元宝编：《尼采在中国》，上海三联书店 2001 年版，第 472～473 页。

　　❷　楚图南："悲剧精神与悲观主义"，载成芳编：《我看尼采》，南京大学出版社 2000 年版，第 414～416 页。

征"，或是"悲剧精神的更新的标的"。❶

二、楚图南的尼采阐释与"悲剧精神"的发扬

楚图南阐释尼采思想的活动有很明确的价值取向。概括地说，他阐释与传播尼采思想的目的有两个：一是勉励自己克服生活中的困难；二是鼓励国人发扬勇猛奋斗的精神来抗击日本侵略者。套用周国平讨论王国维接受尼采思想的目的时所说的话，第一个目的可称为"自救"，第二个目的则是"救世"。

首先，楚图南借用尼采学说及其精神勉励自己克服生活中的困难，激发自己的坚韧精神。楚图南在《〈查拉斯图拉如是说〉译者题记》的末尾特别引用了译作里的几段话来表明自己翻译尼采著作的用意与心迹：

哦，我的兄弟们哟！头胎儿子永远是被牺牲的。现在我们便是头胎儿子！我们都在不可视见的圣坛上流血；我们都被烧烤去祭奠古代的偶像。

……

自己不当在对于快乐没有贡献的地方愿望着享乐！自己不当愿望享乐！

……

哦，我的兄弟们哟！你们的高贵不当向后流盼，乃是向前凝视！你们当是从一切父母之邦和祖先之国土被放逐！

你们当爱着你们的孩子们的国土——在最遥远的海上没被探险过的国土！让这种爱是你们的新的高贵罢！我吩咐你们向着那里扬帆前进！❷

联想到翻译此书的环境，可以推知译者楚图南的目的。1930 年，楚图南因为震惊东北的"吉林五中共产党案"被反动当局逮捕入狱，被吉林省军阀判处了 9 年零 11 个月的重刑。他被捕入狱的罪名是"宣传与三民主义不相容之主义及不利于国民革命之主张"，说得明白一些，其罪名就是受共产党组织的委托宣扬马克思主义。译者在文章的结尾特别交代了自己翻译此书的情形："我是扪着铁的严肃，在死的战栗，也是在死的大宁静中，译下了这东西。"❸ 所谓"扪着铁的严肃，在死的战栗，也是在死的大宁静中"从事翻译活动，正表明了译者要借助尼采的"超人"思想勉励自己沉着应对白色恐怖，勇敢地对待敌人的嚣张气焰，敢于做走在时代前面的"头胎儿子"，不要惧怕放逐自己的"父母之邦和祖先之国土"，敢于向新的理想国即"孩子们的国土"迈进。

在《〈看哪！这人〉译序》一文中，译者再一次明确提到了尼采"超人"思

---

❶ 楚图南："悲剧精神与悲观主义"，载成芳编：《我看尼采》，南京大学出版社 2000 年版，第 414～416 页。

❷ 高寒（楚图南）："《查拉斯图拉如是说》译者题记"，载郜元宝编：《尼采在中国》，上海三联书店 2001 年版，第 477 页。

❸ 高寒（楚图南）："《查拉斯图拉如是说》译者题记"，载郜元宝编：《尼采在中国》，上海三联书店 2001 年版，第 476 页。

想与"超人"精神对自己的影响："我就是以这种精神，这种意味，而赏味了尼采。事实上，他也帮助了我在死和黑暗的严肃与无助中，度过了一段绝望和幻灭的生活。"❶ 具体来说，楚图南认为尼采"超人"哲学或"正午哲学"所宣扬的"由毁灭到创造，经过战栗和斗争，渡到更遥远的未来，光明的未来"的奋斗、奋进精神帮助自己"在死和黑暗的严肃与无助中，度过了一段绝望和幻灭的生活"，即牢狱生活。

其次，楚图南更注意借重尼采的思想与精神来鼓励国人改变社会现实，特别是要奋起反抗日本侵略者。楚图南在《〈看哪！这人〉译序》一文中简要提及了尼采学说对中国当下社会的影响与价值。他说："在中国，一切正在变动之中，介绍或研究尼采，亦只能强调了尼采对于时代的叛逆性、革命性、乃至进步性即得。"❷ 译者写作这篇"译序"的时间是 1932 年 9 月，此时正是中国社会风云变幻莫测之际。楚图南点明了尼采思想"对于时代的叛逆性、革命性、乃至进步性"的因素对于"正在变动之中"的中国社会的现实启迪与警示作用，由对个体的影响上升到对国家、民族的鼓舞作用。

《悲剧精神与悲观主义》一文的重心是鼓励世界人民尤其是中国人民发扬尼采的悲剧精神，以应对法西斯的侵略。文章开篇就明确指出："我们需要悲剧精神，我们必须克服了悲观主义，在平居做人，处事，要如此，在抗战时期，应付国难更应当如此！"❸ 楚图南指出：

现在，无疑的，我们已临到人类历史上空前的最伟大最严重的悲剧的时代了。侵略的法西斯的国家，假借了神圣的名义，以流血和屠杀，在非洲散播了所谓文明的种子。也一样，以无耻的谎言，蹂躏和践踏西班牙的人民，杀戮了无数的妇女和小孩，轰炸了最可怜的农民的最后的粮食的残余，和最后的不足避风雨的庇蔽。在东方则最残暴的日本帝国主义，且应用浓黑的阴谋和残毒的大炮在消灭着我们的民族和城市，在以前古未闻的恐怖和流血和战争来摧残了我们的历史悠久的文明，和广大美富的国土。所以，无疑的，我们人类，尤其是我们中国，我们炎黄华胄的子孙们，我们已临到了人类历史上空前的，最伟大最严重的悲剧的时代了。

因此，我们不能不以相应的，也是超越的，最伟大的悲剧的精神，来挽回了当前的人类和历史的空前的劫运和厄运！❹

在这里，作者楚图南号召全世界尤其是中国人民以尼采的"悲剧精神"来应

---

❶ 高寒（楚图南）："《看哪！这人》译序"，载郜元宝编：《尼采在中国》，上海三联书店 2001 年版，第 471～472 页。

❷ 高寒（楚图南）："《看哪！这人》译序"，载郜元宝编：《尼采在中国》，上海三联书店 2001 年版，第 472 页。

❸ 楚图南："悲剧精神与悲观主义"，载成芳编：《我看尼采》，南京大学出版社 2000 年版，第 414 页。

❹ 楚图南："悲剧精神与悲观主义"，载成芳编：《我看尼采》，南京大学出版社 2000 年版，第 416 页

对法西斯大行其道的"悲剧时代"。"我们人类，尤其是我们中国，我们炎黄华胄的子孙们，我们已临到了人类历史上空前的，最伟大最严重的悲剧的时代了"，西方和东方的法西斯国家"假借了神圣的名义，以流血和屠杀"、"以无耻的谎言"蹂躏、践踏和杀戮非洲和西班牙人民，"消灭着我们的民族和城市"，"摧残了我们的历史悠久的文明，和广大美富的国土"；此时，人类最需要的就是发挥作为"强力的象征"、作为"生活力最强，最旺盛"标志的"悲剧精神"，"我们不能不以相应的，也是超越的，最伟大的悲剧的精神，来挽回了当前的人类和历史的空前的劫运和厄运"！在该文结尾，楚图南再一次充满激情地写道：

是的，我们必须有着这种精神，并且已经有着这种精神了。……在中国，饥饿的大众，也一样，在以他们的悲愤和英勇，十分惨烈地，十分壮烈地，和东方的文明的野兽搏斗着。正义真理的光辉，独立和自由的火焰，燃烧在每个被压迫者，每个正直的人们的心中和口中。……他们的悲剧的精神，不单是预言了人类的新的未来，和中华民族的新的中国，且也要以血和泪，在死与火焰之中，来亲手制造，也亲手锻炼了人类的新的未来，和中华民族的新的中国！

……让黄水和战争消灭了古老的中国，我们临到了一个最伟大的悲剧时代，我们还是以空前的悲剧的精神，来粉碎了一切，来创造了一切，来新生了一切罢！

所以，我们需要的，只是悲剧精神，每个人所有着的也正是悲剧精神，每个人也都有着这种这个机会，这个权利，在时代的舞台上，表演了他的最美，最悲壮伟大的历史的光荣的悲剧！

也让这种悲剧精神，如同光，如火焰一样的，熊熊燃烧着，烧灭了一切的悲观主义，一切在大时代之前感到无力，一切在新的未来之前，感到失望的所有的一切的彷徨不安，一切的荒淫无耻，一切的畏缩和欺骗，一切的自私和妥协……让他们都自然消灭，也必然地被消灭罢！

所以我们需要的是悲剧精神，我们所必须有，已经有着的是悲剧精神！我们所不能不克服，且应当克服，也必然克服的，则是各式各样的悲观主义！❶

这几段文字的内容相当丰富。首先，作者认为全世界正义之士已经并且还将继续发挥尼采的"悲剧精神"，譬如中国人民就在"悲愤和英勇，十分惨烈地，十分壮烈地，和东方的文明的野兽搏斗着"。其次，作者号召中国人民发扬尼采的"悲剧精神"来促成旧中国的灭亡和新中国的诞生，要"让黄水和战争消灭了古老的中国"，要"以空前的悲剧的精神，来粉碎了一切，来创造了一切，来新生了一切"。最后，楚图南呼吁中华民族要借助尼采的"悲剧精神"来改造国民劣根性，克服悲观主义，具体讲，就是要"让这种悲剧精神，如同光，如火焰一

---

❶ 楚图南："悲剧精神与悲观主义"，载成芳编：《我看尼采》，南京大学出版社 2000 年版，第 416～417 页。

样的，熊熊燃烧着，烧灭了一切的悲观主义，一切在大时代之前感到无力，一切在新的未来之前，感到失望的所有的一切的彷徨不安，一切的荒淫无耻，一切的畏缩和欺骗，一切的自私和妥协"。

1937 年七·七芦沟桥事变爆发后，楚图南从上海回到云南。整整抗战八年，楚图南始终以云南大学教授的公开身份，积极投身于昆明的抗日救亡运动，成为云南省民盟的重要领导人和云南文化教育界抗日救亡活动的重要组织者、领导者之一。作者在 1938 年发表了这篇文章，就是要鼓励中国人以及全世界爱好和平、追求正义的人士发扬"悲剧精神"、克服"悲观主义"，打败侵略者，建设新中国和新世界。

第三节　林同济的尼采阐释与"战士式人格"的确立

林同济（1906～1980 年），战国策派领袖，1926 年从清华大学毕业后赴美留学，1934 年获加州大学伯克利分校政治学博士学位，同年回国，先后在南开大学、云南大学、西南联大等校任教。就阐释与传播尼采学说的积极性而言，中国现代各文学与思想社团中，没有哪一家能与战国策派相比。作为这一团体的领军人物，林同济在接受与推介尼采学说方面的热情和积极性堪称典范。

一、林同济的尼采阐释

1939 年 4 月 16 日，林同济在《今日评论》第 1 卷第 16 期上发表了《尼采〈萨拉图斯达〉的两种译本》一文，这是林氏第一次谈到尼采。1944 年，林同济又应陈铨之邀为后者的《从叔本华到尼采》一书作序。他以火一般的激情、诗一般的语言写出了洋洋洒洒的万字长序《我看尼采》。这两篇文章讨论了尼采的思想主张与表达艺术等问题。

林同济不仅阐释尼采思想，而且还像林语堂一样，模仿尼采《查拉图斯特拉如是说》创作了两篇《萨拉图斯达如此说》，一篇是《萨拉图斯达如此说——寄给中国青年》（载《战国策》1940 年第 5 期），另一篇是《寄语中国艺术人——恐怖·狂欢·虔恪》（载《大公报·战国》副刊 1942 年 1 月 21 日）。前者借萨拉图斯达（通译查拉图斯特拉）之口鼓励中国青年充分发挥强力意志与战斗意志，积极参加抵抗日本侵略者的战斗；后者借萨拉图斯达之口阐述"恐怖"、"狂欢"与"虔恪"等艺术母题，激发中国人强健而雄壮的生命力。

《尼采〈萨拉图斯达〉的两种译本》讨论了（徐）梵澄、萧赣的《萨拉图斯达》（通译《查拉图斯特拉如是说》）两个中译本在翻译方面存在的问题。作者详细列出了两个译本对尼采此书序言中 3 处文字的译文，并对照德文原著，逐一分析了存在的问题。也许出于对尼采《查拉图斯特拉如是说》的珍视，林同济在谈论两个中译本的错误时态度相当激烈，认为梵澄"把尼采扑杀了"，萧赣"也是同丘之貉"；并断定两位译者"根本不了解原文，不了解尼采，只不负责任地，发挥他们的亵渎精神，把一部第一等天才的作品，随便毁坏到体无完肤"。❶ 他甚至怀疑两位译者以及梵澄译本的主编郑振铎的人品，声称："我的判语只两点：一是译者中文不通；二是译者对原文不懂。中文不通，是天资问题，学习问题。对原文不懂，而偏要假装专家，含糊译去，这却是道德问题，人格问题了。通本错误累累，而偏有'主编'者，对译文未曾检阅，对原文更是盲目，而贸然排出权威的身份，摆来大笔一挥，加上批语数句，说什么'他的译笔和尼采的作风是那样的相同，我们似不必再多加赞美'，那真是荒唐之至！"❷ 除了讨论两个译本存在的问题之外，林同济还简要介绍了尼采学说。他明确指出尼采哲学是生命哲学或人生哲学，尼采思想可以称为"健康、坚强、勇迈、高大的人生观"；❸ 并指出：

> 尼采有个基本的概念：对生命的肯定。以积极的态度来接受生命；以纯入世的精神，向"人"的身上，建个"超人"的基础。在他的眼中，一向基督教出世之说，天堂之谈，不但是怯懦者免避现实的手段，并且风气所被，将要把生命本身摧残而无遗。❹

关于尼采的"超人"说，林同济也有扼要提及："盖在尼采看去，人是超人的桥梁，是引渡到超人境界的工具。所以人的最伟大事业乃在完全牺牲自己以努力于创造超人的工作。"❺ 林同济还特别提到了尼采对传统价值观与道德观的激烈批判："尼采认一般人所谓的幸福，理性，道德，正义，都不免满带着中产阶级的小派头，满带着乡愿的气味。他提倡'大傲视'，看穿一切的假面具，打破一切的小拘谨，而建立一套沸腾活泼泼的真热诚。"❻ 林同济认为尼采哲学关注生命问题，勾勒了"超人"与"人"（人类）的关系，指出了对"幸福，理性，道德，正义"的蔑视，言简意赅，可谓字字珠玑。

林同济为陈铨《从叔本华到尼采》一书所作的序《我看尼采》，内容相当丰富。全文分为五个部分。第一部分交代了自己对尼采的喜爱以及对《查拉图斯特拉如是说》的高度评价。第二部分着重讨论了阅读尼采著作的第一条原则即"以

---

❶ 林同济："尼采《萨拉图斯达》的两种译本"，载郜元宝编：《尼采在中国》，上海三联书店 2001 年版，第 285 页、第 287 页。

❷ 林同济："尼采《萨拉图斯达》的两种译本"，载郜元宝编：《尼采在中国》，上海三联书店 2001 年版，第 285 页。

❸ 林同济："尼采《萨拉图斯达》的两种译本"，载郜元宝编：《尼采在中国》，上海三联书店 2001 年版，第 284 页。

❹ 林同济："尼采《萨拉图斯达》的两种译本"，载郜元宝编：《尼采在中国》，上海三联书店 2001 年版，第 285 页。

❺ 林同济："尼采《萨拉图斯达》的两种译本"，载郜元宝编：《尼采在中国》，上海三联书店 2001 年版，第 288 页。

❻ 林同济："尼采《萨拉图斯达》的两种译本"，载郜元宝编：《尼采在中国》，上海三联书店 2001 年版，第 286 页。

艺术还他的艺术"的具体内涵。作者首先交代了阅读尼采著作的总原则："我们对尼采，应当以艺术还他的艺术，以思想还他的思想。"❶ 什么是"以艺术还他的艺术"呢？林同济说："就是放开你脑筋中现有的一切问题，把尼采的写作当做纯艺术来欣赏，就同你欣赏达文奇（通译达芬奇）的雕画，贝多汾（通译贝多芬）的交响曲一般。"❷ "面队着这种希世的艺术，我以为第一义务是审他的美。是第一义务，也是无上权利。审他的词章的巧妙，音调的铿锵，乃技之小者。在创造灵魂前，应当以创造灵魂来印证。我们要探到形迹之外，探到艺术的源泉——即是创造者生命力当事时的蓬蓬活动。"❸ 作者特别提到了尼采对人生道路的奇特选择：明明偏爱舞蹈、音乐，却选中哲学、散文作为自己的情绪与生命力的宣泄方式，"好像命运作怪，最富戏剧性的一位艺术家偏偏要结缘于最缺乏艺术性的侣伴——哲学与散文。妙用命运，硬把这两位侣伴结合起来，产生出一套头等艺术"。❹ 作者接着指出了尼采著作的艺术性与其生命力高涨之间的密切关联："尼采是生命力饱涨的象征。混身生命力，热燃着五脏四肢，要求发泄。又加上那副极敏锐的神经，就等于最精细的气压表，空间最轻微的压力变迁，都要立刻在他的体魂上发生强烈的反应。积弱的身体只激进了生命力跃跃欲出的倾向。于是愈病而生命力愈加精悍，愈老而生命力愈加热腾。"❺ "尼采的写作，是生命的淋漓。热腔积中，光华突外。他创造，因为他欲罢不能。他的写作，竟就像米薛安琪（通译米开朗琪罗）所描绘的上帝创世，纯是一种生命力磅礴所至的生理必需，为创造而创造，为生命力的舞蹈而创造。"❻

　　文章第三部分讨论了阅读尼采著作的第二条原则即"以思想还他的思想"的内涵。作者首先指出："要以思想还他的思想，你必须透过他的艺术氛围。"❼ 那么"如何是透过尼采的艺术氛围"呢？林同济指出："一要了解尼采文字的象征性，二要了解它的抒情性。"❽ 要理解尼采文字的象征性，必须要具有"猜射的才情"。何谓"猜射"？林同济说："从具体猜射到空灵，从殊相猜射到共相——从有限猜射到无穷之那边！"❾ 显然，所谓"猜射"，就是指透过词句的表面意思理解其深层含义或象征意义。为什么理解尼采著作必须要有"猜射的才情"？林同济说："尼采的真意是不能直接从字面上认取的。越是他的精彩处，你越要小心，他自己暗示了：'每一佳句都是艺术，要了解每句的意义，必须从其意义上

---

❶　林同济："我看尼采"，陈铨："从叔本华到尼采"，上海大东书局 1946 年版，第 2 页。
❷　林同济："我看尼采"，陈铨："从叔本华到尼采"，上海大东书局 1946 年版，第 2～3 页。
❸　林同济："我看尼采"，陈铨："从叔本华到尼采"，上海大东书局 1946 年版，第 5 页。
❹　林同济："我看尼采"，陈铨："从叔本华到尼采"，上海大东书局 1946 年版，第 4～5 页。
❺　林同济："我看尼采"，陈铨："从叔本华到尼采"，上海大东书局 1946 年版，第 3～4 页。
❻　林同济："我看尼采"，陈铨："从叔本华到尼采"，上海大东书局 1946 年版，第 4 页。
❼　林同济："我看尼采"，陈铨："从叔本华到尼采"，上海大东书局 1946 年版，第 6 页。
❽　林同济："我看尼采"，陈铨："从叔本华到尼采"，上海大东书局 1946 年版，第 7 页。
❾　林同济："我看尼采"，陈铨："从叔本华到尼采"，上海大东书局 1946 年版，第 10 页。

猜射。'"❶ 换言之，林同济认为，尼采的哲学思想不能直接从字面上认知，必须借助艺术的联想与想象。作者接着说明了尼采著作的象征性艺术形成的原因。林同济指出：

> 尼采之所以为上乘的思想家，实在因为他的思想乃脱胎于一个极端尖锐的直觉。……尼采不愧艺术家的本色，最富直觉能力。……直觉得来的思想，要将直觉送出去。直觉得来的，所以尼采的思想，往往单刀直入刺到人所未刺的肯綮。直觉送出去，所以尼采就像画家作画，忠实看到的，便忠实写到。他不留情，因为直觉里无所谓情，他大无忌，因为艺术家不知有忌。逻辑呢？当然逻辑也有其地位。不过是尼采用逻辑，而不是逻辑用尼采。他化逻辑于艺术之火中而铸出他所特有的一种象征性，抒情性的哲学散文！❷

林同济接着指出了尼采特别喜欢使用象征手法来说理的事实，如："尼采关于文化与人生，社会与政治种种现象，种种问题，不知说过了若干喝理象征法！你如果笨头笨脑，见偏而着偏，见反而着反，晓不得向具体文字之外，体会他另有的空灵意境，你看罪属谁家呢？"❸ 再如，尼采一面鼓吹战争"神洁"，一面又大骂"国家"为"冷酷妖物"，"你要如何解释呢？说他怂恿战争，他如何又要毁灭国家？毁灭国家又何以作战？却是——尼采的真意何尝在战争与国家？他只是要说透奋斗精神的神圣与夫压制个性发展的绝对不可容"。❹ 换言之，尼采鼓吹战争的真正目的不是叫人去打打杀杀，而是为了"说透奋斗精神的神圣"；大骂"国家"为妖物的真正目的不是毁灭国家，而是强调"压制个性发展的绝对不可容"。第四部分讨论了尼采文字艺术性的第二个表现即"抒情性"问题，并揭示了尼采的"抒情性"艺术与其"全面反抗"的人格之间的关联。林同济指出："抒情者，当从广义看，是指抒发整个人格，整个个性而言。说真正的艺术要于象征上再加抒情性，就是说艺术的象征还要饱涵着艺术家的人格风味。"❺ 尼采写作的抒情性与他的人格密切关联。林同济说："尼采文字是他整个人格的忠实自抒。他行文之际只是把他的个性浑然倒倾于字里行间。……他之行文即等于他整个人格的粹然出现，浑然倒泻。"❻ 那么尼采的人格或个性是怎样的呢？林同济指出："他这求真理的狂热与勇敢所最后引到的对传统与现状的全面反抗精神。尼采的抒情即出于全面反抗的形式。"❼ 接着作者举例说明了尼采"求真理的狂热与勇敢所最后引到的对传统与现状的全面反抗精神"的具体情形。关于"价值

---

❶ 林同济："我看尼采"，陈铨："从叔本华到尼采"，上海大东书局1946年版，第7～8页。
❷ 林同济："我看尼采"，陈铨："从叔本华到尼采"，上海大东书局1946年版，第8～9页。
❸ 林同济："我看尼采"，陈铨："从叔本华到尼采"，上海大东书局1946年版，第11页。
❹ 林同济："我看尼采"，陈铨："从叔本华到尼采"，上海大东书局1946年版，第12页。
❺ 林同济："我看尼采"，陈铨："从叔本华到尼采"，上海大东书局1946年版，第13页。
❻ 林同济："我看尼采"，陈铨："从叔本华到尼采"，上海大东书局1946年版，第14页。
❼ 林同济："我看尼采"，陈铨："从叔本华到尼采"，上海大东书局1946年版，第15页。

重估"思想与尼采的艺术追求之间的关联，作者写道："我觉得他无形中有个根本问题在脑中一贯寻求解决，就是：人生的最后意义何在？而他那时代的欧洲文化又如何处处都好像不足以答复这问题，不能赋予人生以圆满的意义。经过长期的辗转反复，到最后他发现了一个总暗示，就是'颓萎'两字。他发现他的时代的颓萎！……他嗅出了时代的颓萎气味，不由自主地遍体耸毛，满腔作呕——他要打一个大嚏子。这大嚏子就是他的全面的反抗，'一切价值的重估'！"❶ 再如"末了人"（der letzte Mensch，通译末人）观念与尼采全面反抗的艺术追求之间的关联，林同济指出："在尼采看去，百般时代的标志都指点出一个暗中的趋向——万流归海，都要涌出他所最恐怖最厌恶的'末了人'。末了人者，末世的末流人，一切同等化、数量化、庸俗化、享受化，不求品质，不求高度，不求内心的健实与猛飞，不求艰苦卓绝独立人间的气魂。熙熙趋时，茫不自知其所之，如羊群，如蛾阵，永断送文化与人类于愚昧渺小的坑中！尼采要倾全力以反对这个末了人世界的出现。"❷

　　文章第五部分讨论了尼采的"全面肯定"风格以及与之相关的"超人"思想。作者首先指出："有了全面反抗，势必须有全面肯定。说尼采抒情出于全面反抗的形式，其实也就是说他同时必定应用着全面肯定的作风。反抗时，他是批评者，是破坏者，肯定时，他就是先知，就是创业者。尼采的破坏处处都有他创业的企图。"❸ 林同济认为尼采的主要"创业"就是"超人"论。然后，作者交代了尼采提出"超人"说的背景与渊源，认为"超人论不仅对末了人下砭针，乃更是尼采对人生意义的基本探求所最后取得的答案，因而也握有千秋感召的力量的"。❹ 即是说，"超人"说既是尼采"针对着末了人而产出"的，又是"尼采对人生意义的基本探求"所取得的答案，因而具有"千秋感召"的力量。林同济还交代了"超人"说的几个来源："尼采的超人，我认为主要乃脱胎于古希腊的荷马英雄与阿灵比天神的遗裔。""可能得很，尼采还受了十八世纪以来欧洲思想界所流行的抽象演化论的影响。"❺ 最后，林同济深入辨析了"超人"的内涵与性质。他指出："尼采的超人毕竟应作为一种诗意的憧憬，一种乌托邦的梦求，可望而未必可捉，可然而无必然，因而也更加令人神往。""尼采在这里无形中的雄心可说是在传统宗教与伦理间求出一个新和谐：于某范围内，把宗教家'超于人'的高度配合于'道德家入于世'的热力，再透过苏格拉底以前希腊异教的自然精神，唯美精神，而烧烤出他心目中所独有的理想人格型。"❻ 显然，作者认为"超人"是尼采设想的理想化人类或人格。林同济还通过与道德家提倡的"圣

❶　林同济："我看尼采"，陈铨："从叔本华到尼采"，上海大东书局 1946 年版，第 16 页。
❷　林同济："我看尼采"，陈铨："从叔本华到尼采"，上海大东书局 1946 年版，第 17 页。
❸　林同济："我看尼采"，陈铨："从叔本华到尼采"，上海大东书局 1946 年版，第 18～19 页。
❹　林同济："我看尼采"，陈铨："从叔本华到尼采"，上海大东书局 1946 年版，第 19 页。
❺　林同济："我看尼采"，陈铨："从叔本华到尼采"，上海大东书局 1946 年版，第 21～22 页。
❻　林同济："我看尼采言"，陈铨："从叔本华到尼采"，上海大东书局 1946 年版，第 22 页～21 页。

贤"、宗教家标举的"圣徒"或"佛"作比较而揭示了"超人"的独特性质：

> 道德家的圣贤，辗转萦回于人伦世道里，在尼采看去，总嫌气味平凡，"人类，太人类了！"千万年的人生人死，如何只泥在这"太人类"的窝白里永远打跟斗？真个闷葫芦！尼采厌烦极了！他大胆教我们："人是必须超过的！"这就等于说：人生最后的意义不当在人类本身上寻求，应当在一种"超过人类"的努力，锻炼出超过人类的人类。永远巴地上作现状的延长，平面的蕃衍，是无意义的。尼采要我们渴望高度，更高度的攀登，直登到"人类与时间的六千尺上头"，化作为一种别开生面的新人类——就是超人。❶

至于"超人"的性质，作者指出："（一）超人必是具有最高度生命力的；（二）超人必是具有大自然的施予德性的。"❷

通过以上对《尼采〈萨拉图斯达〉的两种译本》尤其是《我看尼采》的分析，不难发现林同济对尼采思想的理解是相当诗意的，但又是非常到位的。

说林同济对尼采思想的理解充满诗意，是因为他在介绍尼采思想时常用诗化语言和抒情性文字，频频使用比喻、象征等修辞手法，而且明确指出了理解尼采的思想要"以艺术还他的艺术"、"必须透过他的艺术氛围"。林同济《我看尼采》一文的中心内容是论述如何阅读尼采著作和领会尼采思想。作者明确指出："据我个人的经验，能够尽先以艺术还他的艺术，我们不但可以了解他的艺术，并且对他的思想的了解，不啻也打开了一条大门径！"❸ 在该文中，作者还多次称尼采的《查拉图斯特拉如是说》为"纯艺术"、"艺术之艺术"。特别能够说明这一点的是林同济提出阅读尼采著作、领会尼采思想必须要排除外界纷扰，纯化内心世界。他说："一个必需的条件：审美者要先做到'无我'的工夫。在创造的刹那，只有创造的神境，没有人间的利害是非。人间一切的一切，只可供创造者无中生有的取资，而不容变成为创造者的心与手的滞碍。因此，要体验创造，也必须先证见到这种超绝无碍独来独往的纯火之光，我执法执，一概铲除，持着一朵净空的心头来照取那对眼的希世奇物如何烘托出当日那位希世奇人（指尼采）的胸中块垒，而后再化为那位奇人的本身，照取到他当日如何得心应手，左右逢源，在不可分别的苦痛与狂欢里，宛然搏出那一朵千秋灿烂之花！"❹ 在林同济看来，抛开"人间的利害是非"、"我执法执，一概铲除"，既可以去除"创造者的心与手的滞碍"，也可以卸下阅读者"心与手的滞碍"，从而"体验创造"、"证见……纯火之光"。他在感叹"永古最可宝贵最饶意义的场合，就算是这种创造灵魂对创造灵魂的心心相印了"之后，举了一个经典的例子："当日拿破仑晤到

---

❶ 林同济："我看尼采言"，陈铨："从叔本华到尼采"，上海大东书局 1946 年版，第 20 页。

❷ 林同济："我看尼采"，陈铨："从叔本华到尼采"，上海大东书局 1946 年版，第 22 页。

❸ 林同济："我看尼采"，陈铨："从叔本华到尼采"，上海大东书局 1946 年版，第 2 页。

❹ 林同济："我看尼采"，陈铨："从叔本华到尼采"，上海大东书局 1946 年版，第 5～6 页。

歌德，破口便叫一声：‘这真是一个人了！’我想这刹那间，两位巨人，相视微笑，彼此深深证到的就正是彼此深深同有的那一点独来独往创造灵犀。他们政见的同不同，道德观的吻合与否，在这刹那间都成为题外的问题，无关宏旨。"❶试想，"政见的同不同，道德观的吻合与否，在这刹那间都成为题外的问题"，这是一种怎样的境界？真正要做到这一点又谈何容易？所以作者不无遗憾地说："三四十年来的中国社会，到处笼罩着现实争斗的气味。一桩特有的收获：智识界一般人，个个满腔成见。叫我们今日来做一点无我的工夫，对艺术家取得纯创造的会证，无乃不可能？然而呀！读尼采而不做这一道工夫，岂不是可怜的悲剧！面对着一个旷古的艺术奇才奇品，你如何还紧抱着你那万般人间成见的纷纷，而硬心抛弃这个绝妙的因缘，不肯来探一探生命的顶峰，创造的纯火？"❷

说林同济对尼采思想的理解深刻、到位，是因为他对尼采思想的理解往往直捣中心、径取真谛，从而高人一等。第一个表现是林同济强调对尼采思想的理解一定要立足总体进行观照："我以为了解尼采，最好也不要分析其一五一十，最好当它为整个的乐曲听，设法于灵感上领略它所赋予的‘空气’——超绝。自由。大力之泉：创以为予。"❸林同济明白，尼采的思想经历了几个阶段的演变，甚至关于同一个问题的看法都会前后矛盾："他的意见不断在那里成长变化——崇拜叔本华，否认叔本华，崇拜瓦格勒，否认瓦格勒，崇拜艺术、科学，而又抑低艺术、科学以入于超人之论"。❹唯其如此，就必须从总体上去把握，或者"领略它所赋予的‘空气’"。更重要的例证是林同济对尼采"超人"的"施予"德性的理解。如前所述，林同济认为"超人"的第二个特性是"必是具有大自然的施予的德性的"。❺即是说，"超人"如同大自然一样具有"施予的德性"，"超人"与大自然是相通的。现代中国不少尼采阐释者通常将"超人"理解为"大士天才"、"英雄"，林同济却注意到了尼采"超人"的合自然性质。林同济为什么会从合自然性的角度去理解"超人"的特质？这除了他熟悉包括古希腊史在内的西洋历史，因而对尼采思想产生的背景了解得很清楚之外，还有一个重要原因就是林同济受中国传统的"天人合一"观念的影响而形成了这样一种看法：人性与自然宇宙的本性应当是相通的，都统一于力的本原之中，"超人"的生命创造力本性应当与大自然的力的本质同一。因此，在上述引文稍后的地方，林同济又一次指出："把施予或‘为他’德性的基础从怜悯或恻隐之心转移到源源创造的生命力上头，这是尼采新伦理的心中意义。如果他尽了他的象征抒情的骇人能事来讴歌生命力，叫大家牺牲一切来作生命力最高度的追求，他最后的目的——在我的猜射——实在还是要看人类修成了一种大自然的身手，‘为而不有’，不断创造

❶　林同济："我看尼采"，陈铨："从叔本华到尼采"，上海大东书局 1946 年版，第 6 页。
❷　林同济："我看尼采"，陈铨："从叔本华到尼采"，上海大东书局 1946 年版，第 6～7 页。
❸　林同济："我看尼采"，陈铨："从叔本华到尼采"，上海大东书局 1946 年版，第 23 页。
❹　林同济："我看尼采"，陈铨："从叔本华到尼采"，上海大东书局 1946 年版，第 16 页。
❺　林同济："我看尼采"，陈铨："从叔本华到尼采"，上海大东书局 1946 年版，第 22 页。

而当然'为他'!"❶ 在尼采那里，修成"大自然的身手"的"人类"就是"超人"，这就再明白不过地说明了"超人"与大自然的相通关系。

林同济之所以能够深刻、到位地理解尼采的思想，是因为他能够一贯坚持严格的学术标准。如他在谈论徐梵澄和萧赣的《查拉图斯特拉如是说》中译本的问题时，就特别提到了翻译的重要性以及翻译者必须具有"精绝艰苦精神"一事。林同济这样指出："翻译是个重大的事业，因为翻译是介绍外来文化的工具。介绍外来文化是个民族的必需，因为与外来文化的接触是维持民族生存的条件。古人翻译佛经的精绝艰苦精神，于今已罕见了。四围环绕着，大都是买卖式的译人，官僚化的主编，污秽贪婪，软弱贱卑，扰乱熙熙，欺人已复自欺。你说如何是好呢？"❷ 能够认识到翻译工作需要"精绝艰苦精神"，能够对知识界的"污秽贪婪，软弱贱卑，扰乱熙熙，欺人已复自欺"的现象表示愤慨的知识分子，一定是一位严谨、深邃的人。

二、林同济的尼采阐释与"战士式人格"的确立

虽然林同济强调把尼采的著作当做纯粹的艺术，要以审美的态度去观照它，而且对尼采思想的阐释也很深刻、到位、客观、公允，但实际上他的尼采阐释仍然有着强烈的功利化色彩。概括而言，林同济的尼采阐释主要有两个目的：一是借助尼采的"战争"哲学与新道德观敦促中国人形成"战士式人格"，发扬英勇奋斗精神，以抵抗日本侵略者；二是借助尼采的悲剧哲学阐述自己的人生观。其中，第一个方面是主要的。

先谈林同济借助尼采的"战争"哲学与新道德观敦促国人形成"战士式人格"的问题。

林同济推崇英雄。他曾在《我看尼采》一文中说过这样的话："说来不耐听，却是事实！大多数人们，如果听其自然发展，结果并不是改善与上升，大半是停滞与堕落。上升要靠眼光与意志的，而眼光与意志却是特出少数人的所有品。人类生活得免于堕落与劣化，端赖历史上不时产生出慧眼慧心的先觉大雄，在那里唤醒大家的沉梦，苦行苦口，劝大家向上攀登。"❸ 显然，林同济对"特出少数人"和"慧眼慧心的先觉大雄"的评价是相当高的。此外，林同济对尼采的"战争"观也采取辩护的立场。他曾经在引用尼采"我告诉你们吧：善战而战，何道不神洁？"一句之后紧接着指出："他只是要说透奋斗精神的神圣。"❹ 即是说，尼采鼓吹"战争"，不是真叫人去杀人、去做战争狂，而是要发扬战斗精神、激励奋斗意志。

---

❶　林同济："我看尼采"，陈铨："从叔本华到尼采"，上海大东书局 1946 年版，第 22 页。

❷　林同济："尼采《萨拉图斯达》的两种译本"，载郜元宝编："尼采在中国"，上海三联书店 2001 年版，第 288 页。

❸　林同济："我看尼采"，陈铨："从叔本华到尼采"，上海大东书局 1946 年版，第 19 页。

❹　林同济："我看尼采"，陈铨："从叔本华到尼采"，上海大东书局 1946 年版，第 12 页。

　　最能反映出林同济借助尼采"战争"哲学与新道德观激发国人形成"战士式人格"这一目的的，是他模仿尼采的《查拉图斯特拉如是说》所写的《萨拉图斯达如此说——寄给中国青年》一文。此文借萨拉图斯达（通译查拉图斯特拉）之口宣扬了尼采的"战争哲学"和新道德观，鼓励中国青年充分发挥战斗意志，积极参加抵抗日本侵略者的战斗。文章开篇即说："你们抗战，是你们第一次明了了人生的真谛。你们抗战，是你们第一次取得了'为人'——为现代人——的资格。战即人生。我先且不问你们为何而战；能战便佳!"❶ 接着，林同济鼓励中国青年为理想而战，为超越自己而战："你们抗战，自有你们的理想，自是为着你们的理想。我愿你们的理想永远是你们最高的企图。如果晓不得什么是'最高'，至少也要抓到一个高过你们自身的鹄的。"❷ 林同济认为，参加战斗必须具备一定的条件如"高大"、"大胆"等，如果暂时不具备，就需加倍努力、积极磨练。他鼓励中国的青年："你们自身也必要日大日高，更大更高。……高大事必须高大人担当。要担当这次的战争，以及此后一切的战争，你们至少还得高过你们的父兄一倍，大过你们的父兄两围。必须超过了你们的父兄，摆脱了你们的邻里乡党！他们那种小朝廷小市井的宇宙观，适应不了我们这个大时代的需求。他们最高的目的，是要把你们'修养'成第一号的小侏儒。然而大时代的来临，已宣告了小侏儒的末日！所以呀！我不劝你们做循良子弟。我劝你们大胆做英雄。但能大胆，便是英雄。"❸ 与此同时，作者认为，在这尚"战"尚"力"的时代，中国的青年应该抛弃传统的道德信条，遵循全新的道德观：

　　你们问：何为善？我说：不怕即善。只有妾妇儿女们当着这个大年头，还要死向墙角咕噜：善乃温良恭俭让！

　　你们问：何为孝？我说：不怕即孝。让那批怕首怕尾的圣人们，紧关在臭味腾腾的"正寝"，不断地摇头摇手，苦念着那些"不登高，不临深"！

　　……

　　弟兄们，我不劝你们安居乐业，我劝你们危言危行。危行是你们的安居，危言是你们的乐业。

　　他们说：多言多祸。我告你们吧，多祸所以必要多言。有所"不为"，妾妇皆能。大丈夫有所"必为"！尽管出门，莫看天色。尽管前行，莫问后步。

　　大事化小事，小事化无事——原来是二千年来乡愿病夫息事宁人的法宝。我教你们吧，有一分气力，有一分热情，便应当即刻无事化小事，小事化大事。多少不平的案件，都紧压在他们那息事宁人的手腕下，永古不得揭穿！多少可能的

　　❶ 林同济："萨拉图斯达如此说——寄给中国青年"，成芳编："我看尼采"，南京大学出版社 2000 年版，第 458 页。

　　❷ 林同济："萨拉图斯达如此说——寄给中国青年"，载成芳编："我看尼采"，南京大学出版社 2000 年版，第 458 页。

　　❸ 林同济："萨拉图斯达如此说——寄给中国青年"，载成芳编："我看尼采"，南京大学出版社 2000 年版，第 458 页。

伟事业，都是从他们那"化小""化无"的圈套里，云散烟销！❶

林同济在文章的结尾大声呼吁："必须伟大，才配战争；不怕战争，便是伟大。打开伟大之门的钥匙，你们晓得吗？那就是——做你们平生所不敢做的事情！"❷

这篇文章不仅直接袭用了尼采《查拉图斯特拉如是说》的标题，而且从内容与主题方面来讲，压根就是《查拉图斯特拉如是说》的《战争与战士》一章的中国版。林同济认为"战即人生"、"能战便佳"，并认为只有参加抗战才能"第一次明了人生的真谛"，才算"第一次取得了'为人'的资格"。这种对"战争"以及"战"的意志的热情讴歌，正是尼采《战争与战士》一章的主题。在后文中，查拉图斯特拉对他的追随者呼吁："你们应该寻找你们的敌人，为了你们的思想，你们应该战斗！……你们应该爱和平，因为它是发动新战争的手段。……我劝你们不要工作，而要战斗。我劝你们不要和平，而要战争。你们的工作就是战斗，你们的和平乃是战斗所取得的胜利！……我要告诉你们，恰恰是战争使一切事情都神圣化了！"❸在谈到"战"的目的时，林同济呼吁中国青年要为"最高的企图"而战，最低也要为一个高过自身的"鹄的"而战。这与尼采提倡为"超人"理想这一"最高思想"而战、为人类自身的超越而战是相似的。查拉图斯特拉对他的追随者说："你们的最高思想是：人是一种应当被超越的东西。就为这一思想，你们过着服从与战斗的生活吧！"❹此外，林同济提出的"不怕即善"、"不怕即孝"等全新的道德观也与尼采在这一章里所表述的道德观相似。尼采反对"同情"、"博爱"等传统道德律条，而提倡"勇敢"、"勇气"。他说："战争和勇气比博爱更能成就伟业。不是你们的同情，而是你们的勇敢一直在拯救不幸者！"❺林同济写道："你们问：何为善？我说：不怕即善。只有妾妇儿女们当着这个大年头，还要死向墙角咕噜：善乃温良恭俭让！"这与尼采下述说辞与口吻如出一辙："你们问：'什么是好的？'勇敢就是好的。让小女子们去说'好就是漂亮动人'吧。"❻

林同济为什么会借助尼采的战争哲学和新道德观来张扬"战士式人格"呢？

❶ 林同济："萨拉图斯达如此说——寄给中国青年"，载成芳编："我看尼采"，南京大学出版社2000年版，第459页。

❷ 林同济："查拉图斯达如此说——寄给中国青年"，载成芳编："我看尼采"，南京大学出版社2000年版，第459页。

❸ F. Nietzsche, *Also Sprach Zarathustra. Friedrich Nietzsche Werke*. Band 2. Hg. von Karl Schlechta. München: Carl Hanser Verlag, 1955, p312.

❹ F. Nietzsche, *Also Sprach Zarathustra. Friedrich Nietzsche Werke*. Band 2. Hg. von Karl Schlechta. München: Carl Hanser Verlag, 1955, p313.

❺ F. Nietzsche, *Also Sprach Zarathustra. Friedrich Nietzsche Werke*. Band 2. Hg. von Karl Schlechta. München: Carl Hanser Verlag, 1955, p312.

❻ F. Nietzsche, *Also Sprach Zarathustra. Friedrich Nietzsche Werke*. Band 2. Hg. von Karl Schlechta. München: Carl Hanser Verlag, 1955, p312.

这与他具有强烈的爱国主义精神和民族主义激情有关。林同济在美国加州大学伯克利分校所写的博士论文就是《日本在东北的扩张》。该文用大量的资料揭露了日本的侵略野心。他回国以后不到三年，抗日战争全面爆发。他与雷海宗、陈铨等人先创办了《今日评论》，后出版了《战国策》杂志和《大公报·战国》副刊，全面宣传"民族至上"、"国家至上"的理念。林同济在《战国时代的重演》（载《战国策》1940 年第 1 期）一文里指出：20 世纪的中国处于"战国"时代，"这乃是又一度'战国时代'的来临"！[1] 他在《民族主义与二十世纪》一文中声称："中国唯有以民族至上、国家至上作为自己唯一的选择，这不仅是抗战时期的特殊口号，也是一种世界时代精神的回音。"[2] 他在《战国策》的《启事（代发刊词）》里说得非常清楚："本社同人，鉴于国势危殆，非提倡及研讨战国时代之'大政治'（High Politics）无以自存自强。'大政治'例循'唯实政治'（Real Politics）及'尚力政治'（Power Politics）。'大政治'而发生作用，端赖实际政治之阐发，与乎'力'（Macht）之组织，'力'之驯服，'力'之运用。本刊有如一'交响曲'，以'大政治'为'力母题'（Leitmotif），抱定非红非白，非左非右，民族至上，国家至上之主旨，向吾国在世界大政治角逐中取得胜利之途迈进。"[3] 为了应对这样的时代，林同济提出了以"力"为本的世界观和社会发展观以及新的国民人格目标。他在《力！》一文中解释道："力者非他，乃一切生命的表征，一切生物的本体。力即是生，生即是力，天地间没有'无力'之生，无力便是死。——生、力、动三字可以说是三位一体的宇宙神秘连环。"[4] 在此基础上，林同济提出了重建中国人"战士式的人生观"和"战士式人格"的设想。所谓"战士式的人生观"，就是崇奉"以力服人"的信条、以"义"为人生行动的准则。所谓"战士式人格"，就是"忠、敬、勇、死"四位一体的"刚道的人格型"。[5]

再谈林同济借助尼采的悲剧哲学阐述人生观的问题。

林同济 1942 年模仿《查拉图斯特拉如是说》创作了《寄语中国艺术人——恐怖·狂欢·虔恪》一文。在这篇文章里，林同济借萨拉图斯达之口阐述了"恐怖"、"狂欢"与"虔恪"等三个母题的内涵，表达了一种全新的人生观。这三个母题实际上来自尼采的悲剧哲学。

何谓"恐怖"？林同济说："恐怖是人们最深入，最基层的感觉。拨开了一切，剩下的就是恐怖。时间无穷，空间也是无穷的。对这无穷的时空，生命看出

❶　林同济："战国时代的重演"，载温儒敏、丁晓萍编："时代之波"，中国广播电视出版社 1995 年版，第 49 页。

❷　林同济："民族主义与二十世纪"，载《大公报·战国》1942 年 6 月 17 日。

❸　林同济："启事（代发刊词）"，载《战国策》1940 年第 2 期，扉页。

❹　林同济："力！"，载《战国策》1940 年第 3 期。

❺　林同济："大夫士与士大夫"，载《大公报·战国》1942 年 3 月 25 日；林同济："嫉恶如仇：战士式的人生观"，载《大公报·战国》1942 年 4 月 8 日。

了自家最后的脆弱，看出了那终究不可幸逃的气运——死、亡、毁灭。恐怖是生命看到了自家最险暗的深渊：它可以撼动六根，可以迫着灵魂发抖。"❶ 何谓"狂欢"？狂欢就是舞蹈，就是忘我，就是创造的开始。林同济以饱涨的激情、以诗情画意的笔调描绘道：

> 拍案大叫，踢开门，大步走出来，上青天，下大地，一片无穷舞蹈之场。挺着胸呼吸，不发抖，不怕什么，你把握着自家，你否认了恐怖。你脚轻，你手松，你摸着宇宙的节拍。你摆腰舞蹈，你耸身入空，你变成一只鸟，一个驾翼的安琪儿，翩跹，旋转。摆脱了体重的牵连。上下四方，充溢了阳光，丰草，花香，喷涌甘泉，俄听得钧天乐绕耳响。你眼花，你魂躁，你忍不住放声叫，唱，唱出来你独有之歌腔，追随着整个宇宙奔驰，激起，急转，滑翔！你四体膨胀，灵魂膨胀——膨胀到无极之边。你之外，再无存在；你之内，一切油油生。你是个热腾腾，你是个混乱的创造！
>
> 狂欢！狂欢！它是时空的恐怖中奋勇夺得来的自由乱创造！没尝过恐怖的苦味的，永远尝不到狂欢的甜蜜。
>
> 狂欢是流线交射，是旋涡汇集，是万马腾骧，是千百万飞机闪电。狂欢是动，是舞——一气贯下的百段旋风舞。
>
> 狂欢是铿锵杂沓，是锣鼓笙簧，是狼嗥虎啸，揉入了燕语莺歌，是万籁奋发齐鸣，无所谓节奏而成节奏。狂欢是音乐，是交响曲的高浪头。❷

林同济在此揭示了狂欢的两大秘密或条件：第一："狂欢必须大酒醉，虽然大酒醉不必是狂欢。因为狂欢的最高峰必引入恐怖的最暗谷，大酒醉所以支持最高峰的停留。因为最高峰本即是恐怖的最暗谷，大酒醉所以否认最暗谷的来临。"第二："狂欢必须异性伴，虽然异性伴不必是狂欢。因为狂欢的最高峰必引入恐怖的最暗谷，异性伴所以对待最高峰的告辞。因为狂欢的最高峰本即是恐怖的最暗谷，异性伴所以协助最暗谷的再征服！"总之，"大酒醉可以制造一时的幻觉，异性伴可以加强争斗的意力"。❸ 何谓"虔恪"？林同济指出："狂欢是自我毁灭时空，自我外不认有存在。恐怖是时空毁灭自我，时空下自我无存在。虔恪呢？虔恪是自我外发现了存在，可以控制时空，也可以包罗自我。""什么是虔恪吗？那就是神圣的绝对体面前严肃肃屏息崇拜。"❹ 最后他形象地描绘了"崇拜绝对体"即"虔恪"的情景：

> 自我与时空之上，发现了一个绝对之体！它伟大，它崇高，它神圣，它至善，它万能，它是光明，它是整个！面对着这个绝对体，你登时解甲投降，你邪

❶ 林同济："萨拉图斯达如此说——寄语中国艺术人"，载《大公报·战国》1942年1月21日。
❷ 林同济："萨拉图斯达如此说——寄语中国艺术人"，载《大公报·战国》1942年1月21日。
❸ 林同济："萨拉图斯达如此说——寄语中国艺术人"，载《大公报·战国》1942年1月21日。
❹ 林同济："萨拉图斯达如此说——寄语中国艺术人"，载《大公报·战国》1942年1月21日。

念全消，自认渺小，你不敢侵犯，不敢亵渎，你愿服从，愿自信，愿输诚，愿皈依，你放弃一切盘问，请求，你把整个生命无条件地交出来，在兢兢待命之中，严肃肃屏息崇拜！❶

　　林同济对"恐怖"、"狂欢"与"虔恪"等三个母题的描述及其相互关系的阐述，几乎与尼采在《悲剧的诞生》第一节、第三节中对古希腊日神精神与酒神精神的描述一模一样。在《悲剧的诞生》第一节里，尼采以诗一般的语言描写了感受到酒神精神的人们处于沉醉与狂欢时的情状："每个人都轻歌曼舞，俨然是一更高共同体的成员，他陶然忘步忘言，飘飘然乘风飞飏。他的神态表明他着了魔。……此刻他觉得自己就是神，他如此欣喜若狂、居高临下地变幻，正如他梦见的众神的变幻一样。人不再是艺术家，而成了艺术品。在这里，整个大自然的艺术能力透过醉的颤栗显露无遗，而太一的快感也得到极度的满足。人，这最贵重的黏土，最珍贵的大理石，在这里被捏制、被雕琢，而应和着酒神的宇宙艺术家的斧凿声，响起厄流息斯秘仪上的呼喊：'苍生啊，你们肃然倒地了吗？宇宙啊，你感悟到那造物主了吗？'"❷ 在尼采这里，"狂欢"就是舞蹈、就是如醉如狂，"虔恪"就是对神秘的造物主顶礼膜拜、"肃然倒地"。林同济对"狂欢"与"虔恪"母题的描写，与尼采此处的描写何其相似！

　　林同济对"恐怖"、"狂欢"之间关系的阐发也受到了尼采悲剧理论的启发。他说："狂欢是恐怖的正对头，然而狂欢必生于恐怖"；狂欢是"时空的恐怖中奋勇夺得来的自由乱创造！没尝过恐怖的苦味的，永远尝不到狂欢的甜蜜"。"'自我'与'无穷'永远在斗法。恐怖是无穷压倒了自我，狂欢是自我镇伏了无穷。谁得最后胜利呢？弟兄们呵，是永远的斗争，没有'最后'两个字呵！每场恐怖必须创造出更高度狂欢，更高度狂欢必定要归结到骇人的恐怖！""不有恐怖，无由狂欢。不有恐怖与狂欢，也必定无由虔恪！你们要体验虔恪吗？先为我尝遍了一切恐怖与狂欢！"❸ 这一描述与尼采《悲剧的诞生》第三节里的一段文字非常接近。在这一节里，尼采阐述了希腊人因为发现生存的"恐怖"而想到创造奥林匹斯神话并通过创造这一神话而进入"狂欢"之境的过程："希腊人知道并且感觉到生存的恐怖与可怕，为了能够活下去，他们必须在它前面安排奥林匹斯众神的光辉梦境之诞生。……（希腊人）从原始的提坦诸神的恐怖秩序，通过日神的美的冲动，逐渐过渡而发展成奥林匹斯诸神的快乐秩序，这就像玫瑰花从有刺的灌木丛里生长开放一样。"❹

　　特别要指出的是，林同济借助"恐怖"、"狂欢"和"虔恪"等母题不仅阐述

　　❶　林同济："萨拉图斯达如此说——寄语中国艺术人"，载《大公报·战国》1942 年 1 月 21 日。
　　❷　F. Nietzsche, *Die Geburt der Tragödie. Friedrich Nietzsche Werke*. Band 1. München：Carl Hanser Verlag. 1954，p25.
　　❸　林同济："萨拉图斯达如此说——寄语中国艺术人"，载《大公报·战国》1942 年 1 月 21 日。
　　❹　F. Nietzsche, *Die Geburt der Tragödie. Friedrich Nietzsche Werke*. Band 1. München：Carl Hanser Verlag. 1954，p30.

了文艺思想，而且批判了中国传统道德观念。他在揭示狂欢与生命的关联时指出：

弟兄们，你们还晓得狂欢吗？唉，数千年的"修养"与消磨，你们已失去了狂欢的本领了！然而生命必须重新发现狂欢！❶

这里的"修养"实际上是指中国封建道德对人的钳制和束缚，它是对健康生命的"消磨"。再如他在揭示生命狂欢离不开"大酒醉"和"异性伴"之后指出：

这不足以与道德先生道，道德先生当不住酒色的"鸩毒"。至于聚在街头交鼻接耳的俗徒呵，他们一味畜生，那里认得了酒之仙，色之圣！弟兄们，让我告诉你们吧！街上俗徒没有见地来体验狂欢，道德先生没有活力来接受狂欢。他们意识的对象原来是纵欲，不是狂欢：俗徒只晓纵欲，先生不敢纵欲！❷

再如他在揭示崇拜绝对体的"虔恪"母题后指出：

弟兄们！四千年的圣训贤谟，也为你们发现了一个绝对体没有？你们所谓神圣的是什么？你们所屏息崇拜的在那里？唉，我访遍了你们的赫赫神州，还没有发现过一件东西你们真正叫做神圣，叫做绝对之精！殿，庙，经，藏，天神，国家，女性，荣誉，英雄之墓，主义之花……在那一个面前，你们真晓得严肃肃合掌？在那一个背后，你们不伸出你们那秽腻的指头，哼出你们那虚无的鼻中笑？笑？原来你们自诩无须绝对体！你们的心灵根本感不到自我与时空，当然无须绝对体。你们最要的是安眠，绝对体却迫你们立正！❸

因为中国传统的"圣训贤谟"以及"殿，庙，经，藏，天神，国家，女性，荣誉，英雄之墓，主义之花"，没有一件东西值得"真正叫做神圣，叫做绝对之精"，所以中国人没有崇拜"绝对体"的习惯与能力。

显然，林同济无论是张扬"战士式人格"，还是标举"狂欢"式人生观，都是借助了尼采的战争哲学、新道德观或悲剧哲学。而这种张扬与标举正是一种启蒙，或者启蒙自我，或者启蒙他人。

第四节　陈铨的尼采阐释与"内心新精神"的提振

战国策派核心成员陈铨（1905～1969 年）是 20 世纪 30～40 年代活跃文坛的小说家和戏剧家。他于 1928 年从清华大学西洋文学系毕业后，先后赴美国、德国留学，最后在德国基尔大学获得哲学博士学位。1934 年回国后，先后任教于

---

❶　林同济："萨拉图斯达如此说——寄语中国艺术人"，载《大公报·战国》1942 年 1 月 21 日。
❷　林同济："萨拉图斯达如此说——寄语中国艺术人"，载《大公报·战国》1942 年 1 月 21 日。
❸　林同济："萨拉图斯达如此说——寄语中国艺术人"，载《大公报·战国》1942 年 1 月 21 日。

武汉大学、西南联大等校。同时，陈铨也是中国现代阶段研究尼采学说最系统、最深入的学者。

一、陈铨的尼采阐释

陈铨阐释尼采学说的活动始于 1936 年。他在 1936～1941 年期间共发表了 7 篇专题讨论尼采学说的文章，依次是：《从叔本华到尼采》（载《清华学报》1936 年第 11 卷第 2 期）、《尼采与近代历史教育》（载《中山文化教育观季刊》1937 年 10 月第 4 卷第 3 期）、《尼采的思想》（载《战国策》1940 年第 7 期）、《尼采心目中的女性》（载《战国策》1940 年第 8 期）、《尼采的政治思想》（载《战国策》1940 年第 9 期）、《尼采的道德观念》（载《战国策》1940 年第 12 期）与《尼采的无神论》（载《战国策》1941 年第 15～16 期合刊）。作者后来将这些论文（《尼采与近代历史教育》除外）汇集成书，以《从叔本华到尼采》为题出版了单行本（1944 年重庆在创出版社版；1946 年上海大东书局重版）。此书是中国现代阶段研究尼采学说的三本专著之一（另外两本是李石岑的《超人哲学浅说》和刘恩久的《尼采哲学之主干思想》），堪称现代中国尼采研究的经典之作。此外，他在文艺批评专著《文学批评的新动向》（重庆正中书局 1943 年版）第四章《伟大的将来——意志哲学》的第二节《尼采的思想的演变》（内容同《尼采的思想》）、第六节《尼采与〈红楼梦〉》里也论及了尼采学说。

《从叔本华到尼采》一文是陈铨解读尼采学说的第一份成果，后来他将自己研究尼采的成果结集出版时以此文标题命名，足见它在作者心目中的地位之高。该文主旨是辨析尼采学说与叔本华学说之间的关系，并在此基础上概括尼采学说的主要内容。全文包括"绪论"、"赞成时期"、"过渡时期"、"反对时期"和"结论"等 5 章。"绪论"起首就开宗明义，交代了尼采和叔本华的关系："德国十九世纪，有两位哲学家：一为是叔本华，一位是尼采。叔本华是消极的，尼采是积极的；叔本华对人生是否定的，尼采对人生是肯定的。但是尼采起初是最崇拜叔本华的人，没有一个哲学家对尼采有叔本华那样大的影响，尼采第一时期的思想，差不多完全受叔本华的支配。但是在很短的时间里，尼采渐渐感觉到叔本华的悲观主义不是人生的真理，最后他毅然走到极端相反的一方面。"❶ 陈铨特别交代："尼采对于悲观主义的地位异常地重要。这一点了解，尼采全部的哲学，都容易了解。"❷ 在他看来，理解尼采对叔本华悲观主义的态度变化过程是理解尼采哲学思想的一把钥匙。

"赞成时期"一章探讨了尼采早期赞成叔本华悲观主义学说的原因。陈铨认为，尼采起初之所以赞成叔本华的悲观主义哲学，是因为后者的思想暗合了自己的观点："尼采认为现代文化最大的错误，寻求真理最大的障碍，就是乐观主义，

❶ 陈铨："从叔本华到尼采"，上海大东书局 1946 年版，第 2 页。
❷ 陈铨："从叔本华到尼采"，上海大东书局 1946 年版，第 17～18 页。

特别是费力斯特式的乐观主义。这一种乐观主义，对现代文化一切都认为满意，因此不用思想，不求进步，只知道寻求物质方面的快乐，没有高尚的精神生活。"尼采认为叔本华的哲学，根本推翻费力斯特式的乐观主义，让我们清楚认识人生的本来面目，这一种本来面目清楚的认识，又建筑了人类由悲剧艺术去得解放的基础。"❶ 同时，作者又认为尼采的思想与叔本华的思想从一开始就存在根本差异："尼采表面上虽然接受了叔本华的哲学，但是根本上，他同叔本华对人生的经验感觉，全不相同。就在尼采最早的著作里边，就在最相信叔本华的悲观主义的时候，我们处处都已经感觉得尼采对人生有一种热情，对世界并没有完全绝望，但是叔本华的著作里边，我们却没有这样的感觉了。"❷

"过渡时期"一章勾勒了尼采脱离叔本华学说的步骤。陈铨将尼采的转向概括为"起首的转变"和"正式的转变"两个步骤。他指出："尼采脱离叔本华的发端，是他对于杜润（Düring）著的《人生的价值》的批语。""在批评杜润《人生的价值》的时候，尼采已经明白感觉到叔本华哲学的错误，但是他还没有十分决定，他还在那里努力追求。"❸ 而正式转变的标志则是抛弃艺术而走向科学。陈铨说："从前尼采认为艺术是一切的安慰，一切的了解。……现在他却发现，他不能够从艺术里边去得到智识真理，他一定要从科学方面去下工夫。要达到这个目的，他不能不改变他对于艺术的态度，因为依他现在看来，宗教艺术固然是世界的花，但是不是接近世界的根，乃是接近世界的茎。""尼采告诉我们要用科学态度来准确观察人生，不杂任何的感情，不用任何麻醉的方法，不作任何的假设。这样我们才能够了解人生，了解以后，我们才有对人生的勇气。……站在科学的立场来清楚观察世界人生，这就是尼采新的认识。"❹

"反对时期"一章归纳了尼采抛弃叔本华哲学后提出的各种新思想。一是"快乐的科学"。陈铨指出："尼采要叫我们承认认识痛苦的快乐，他赞美这一种痛苦……他鄙视认识安静的快乐。""尼采认为痛苦是真正人生最不可缺少的条件。……尼采差不多就拿人类受痛苦的程度，来判断他们人格的高下；深沉的痛苦，使一个人高贵。"❺ 二是"要求力量的意志"（der Wille zur Macht，通译强力意志，也译权力意志、冲创意志）说。作者指出：在尼采看来，"人生的价值，完全在力量，不在幸福"；"尼采要求不断地工作，需要一个坚强的意志，一个要求力量的意志，只有要求力量的意志，才是人生"。❻ 与"要求力量的意志"密切相关的是"永恒轮回"说与"超人"思想。陈铨认为，"永恒轮回"思想是尼采确保现实人生价值的重要手段：

---

❶ 陈铨："从叔本华到尼采"，上海大东书局1946年版，第23页、第27页。

❷ 陈铨："从叔本华到尼采"，上海大东书局1946年版，第28页。

❸ 陈铨："从叔本华到尼采"，上海大东书局1946年版，第39页、第41页。

❹ 陈铨："从叔本华到尼采"，上海大东书局1946年版，第46页、第55页。

❺ 陈铨："从叔本华到尼采"，上海大东书局1946年版，第61~62页，第75~76页。

❻ 陈铨："从叔本华到尼采"，上海大东书局1946年版，第68页、第74页。

尼采把人生同力量来等量齐观，人生的肯定，已经算提到最高点了。但是尼采还更进一步，想到一切的事物有轮回的可能，这里尼采第一次才有这个思想。……他对生命本来有热烈的爱情，再加上他对于形而上学的嫌厌，轮回的思想在他反对死的事实的人，当然是很欢迎 ❶

而"超人"（der Übermensch）是尼采为人生提出的理想与目标。陈铨指出："经过许多苦心的探讨，尼采找出他对人生为什么的答案了。这一个答案，就是我们大家都听说过的——'超人'。……尼采到这个时候，已经完全摆脱了叔本华的悲观主义，已经自己悬挂了他的新目标，每一个人都可照着他这个目标前进。"❷ 三是"古典的悲观主义"。陈铨指出：

尼采叫叔本华的悲观主义为浪漫的悲观主义……因为它否定人生，想用艺术形而上学或者其他麻醉的方法来逃脱人生。他称他现在的悲观主义为古典的或者狄阿尼色斯（通译狄奥尼索斯）的悲观主义，是因为这一种悲观主义是健康的，不是病态的，是肯定的，不是否定的，是积极的，不是消极的，它看清楚了人生的痛苦，但是它有力量来忍受一切的痛苦，痛苦愈多，他感觉的快活反而愈大。所以这一种悲观主义，是"强有力者的悲观主义"。❸

作者最后总结道："尼采狄阿尼色斯的悲观主义实际上早已不是悲观主义了。它同其他悲观主义，除去外表名义，实在没有多少相同之点。因为两种悲观主义，目的内容，完全不相同。"❹

"结论"部分再次概括了尼采由崇拜叔本华到背离叔本华的历程与原因，并再次提及了尼采为人生的最后设计："他认为一切的根本，不是快乐与不快乐的问题，乃是力量的问题。要求力量的意志，是达到人生光明的惟一方法。最后他提出'超人'，超人要不断地工作，不断地努力，有勇气去承受一切，克服一切，痛苦越多，他人格表现越伟大。"❺

《尼采与近代历史教育》一文集中讨论了尼采《不合时宜的思考》第二部《历史对于人生的利弊》所阐述的历史观。此文是中国知识界最早专题讨论尼采历史观的文章。全文分为"尼采与历史进化的观念"、"不历史与超历史的态度"、"历史对于人生的需要"、"近代历史教育对人生的五害"和"尼采对于青年的希望"等五个部分。"尼采与历史进化的观念"一节交代了尼采讨论历史观的背景与动机。陈铨指出，1871 年普法战争以德国胜利告终，德国许多思想家认为"这不仅是德国民族诚实勇敢的胜利，同时也是德国文化的胜利"。"尼采认为这

❶ 陈铨："从叔本华到尼采"，上海大东书局 1946 年版，第 69～70 页。
❷ 陈铨："从叔本华到尼采"，上海大东书局 1946 年版，第 74 页。
❸ 陈铨："从叔本华到尼采"，上海大东书局 1946 年版，第 79～80 页。
❹ 陈铨："从叔本华到尼采"，上海大东书局 1946 年版，第 80 页。
❺ 陈铨："从叔本华到尼采"，上海大东书局 1946 年版，第 95 页。

是极端错误的见解，因为据他看来，德国民族根本还不知道文化的意义，德国根本还没有文化。……德国一般人之所谓文化，大部分从近代历史教育得来。这一些历史家告诉他们许多历史上死的、零碎的知识，有了这些知识，他们以为就有文化了，其实这一些知识不但不能够帮助他们前进到光明活泼的人生，反而使他们的人生停滞黯淡腐化消灭。"❶

"不历史与超历史的态度"一节概述了尼采对待历史的两种态度。一种是"不历史"的态度。所谓"不历史"，就是忘记历史、摆脱过去的束缚。陈铨指出："对于过去一点不感谢，一切的警告他都置之不理，他只让他自己浮沉飘荡在黑夜和忘记的大海中间。这一种情形，当然是不历史的，甚至于是反历史的，但是它却是世界上一切伟大事业的摇篮。"❷ 另一种是"超历史"的态度。"超历史的人"认为："过去和现在外貌虽然不同，根本却是一样。它们共同造成永远不变的价值，永远存在的形式。……'超历史'的哲学家，对于各国民族个人的历史，从内面观察，结果也没有分别。"❸ 陈铨明确解释说："'不历史'就是忘记的方法，在自己的周围，画一个圈子，暂时不管圈子以外的事情。'超历史'就是一种方法，能够从变化的过程中间，到一种永久稳固的状态，就是艺术和宗教。"❹ 在介绍尼采对待历史的两种态度之后，陈铨指出：

> 总括起来说，尼采对于历史的意见，是这样的：一种历史的现象，完全了解，归纳成知识的一部分，在知道这种历史的人方面，是一种死的知识。……历史的教育，如果对于将来，要发生影响，一定要依着一种人生的势力，这一种势力，应当支配历史，历史不应该支配它。❺

"历史对于人生的需要"一节概述了尼采对历史作用的认识以及据此对历史作出的分类。在尼采看来，"人生需要历史的帮助，可以从三方面的关系来说：第一就是人类的行动和斗争，第二就是人类的守旧和尊敬，第三就是人类的痛苦和他要求解放的欲望。因为这三种性质不同的需要，我们就有三种性质不同的历史，第一种是'碑铭'的历史，第二种是'古代'的历史，第三种是'批评'的历史"。❻ 作者还比较详细地解释了三种历史的具体作用。"碑铭的历史"，是指"历史对于一位实行家，一位预备要奋斗牺牲的人，是很需要的，因为历史可以供给他一些先例，一些师表，一些安慰"。"'古代'的历史，对于守旧虔敬的人，也是很需要的，因为他们回顾他们生存的来源，发生爱情与信仰，他们对于生命，充满了感谢的情绪。他们很小心保存前人留下来的东西，好再遗留给后

---

❶ 陈铨："尼采与近代历史教育"，载郜元宝编：《尼采在中国》，上海三联书店 2001 年版，第 241 页。
❷ 陈铨："尼采与近代历史教育"，载郜元宝编：《尼采在中国》，上海三联书店 2001 年版，第 243 页。
❸ 陈铨："尼采与近代历史教育"，载郜元宝编：《尼采在中国》，上海三联书店 2001 年版，第 244 页。
❹ 陈铨："尼采与近代历史教育"，载郜元宝编：《尼采在中国》，上海三联书店 2001 年版，第 260 页。
❺ 陈铨："尼采与近代历史教育"，载郜元宝编：《尼采在中国》，上海三联书店 2001 年版，第 245 页。
❻ 陈铨："尼采与近代历史教育"，载郜元宝编：《尼采在中国》，上海三联书店 2001 年版，第 245 页。

人。……他们整个的努力，就是要想保持祖先的光荣。过去的回想，给他们精神无限的安慰。""'批评'的历史对于人生，也有极大的帮助。人类必须有摆脱过去的力量，而且必须应用这一种力量来生活。他必定要能够把过去的事实拿来评衡判断，最后毫无留恋的攻击它。"❶ 简言之，"碑铭的历史"就是将历史事件作为自己行动的参照系，将其中的英雄人物视为学习的楷模，"'古代'的历史"就是崇拜历史、厚古薄今的态度，而"批评的历史"就是对历史坚持一种理性的、批判的态度。

"近代历史教育对人生的五害"一节概括了尼采所指出的近代历史教育对人生的五种危害："第一是内心和外物的分立，没有坚强的人格来统一它们。第二，现代的人容易骄傲，以为他们比任何时代都公平。第三，一个民族的本能，因此遏制毁坏，不能成熟发达。第四，我们相信，我们是人类的老年时期，我们不过是前人的后人。第五，我们养成一种旁观的态度，因此消灭我们活泼的力量。"❷ 随后，陈铨还结合尼采的议论逐一分析了五种危害的具体内涵与表现。

"尼采对于青年的希望"一节分析了尼采对近代历史教育的否定，并特别指出了尼采对青年的殷切希望。陈铨认为，尼采已看出近代历史教育的弊端源于错误的"文化"观："近代的历史家都以为文化不过是知识，这完全是肤浅错误的观察。文化应该直接从人生里边出来，人生是一切的泉源，一切的推动力。……近代的历史教育，都是从这一种错误的文化观念出发。"❸ 关于尼采对青年人的希望，陈铨指出：

尼采对于青年，抱着无穷的希望。青年人有活泼的生命，有进取的精神，他们才了解为什么尼采要这样激烈反对近代的历史教育。因为近代历史教育，只堆积一些无意义的知识，不惟不能帮助人生，反而对人生增加许多的祸害。❹

尼采希望青年人，作第一时期屠龙的战士，他们的努力，可以获得更美丽幸福的文化，但是他们自己却不能享受。……他们的工作，就是推翻现代的基础，他们不用现代一切的口号来表示他们的生存，他们战争破坏的行动，使他们相信自己生存的力量。❺

《尼采的思想》一文的主旨是结合尼采的主要著作概括其三个阶段的思想主张。陈铨首先指出：与黑格尔"造成最精密的哲学系统"、采取"谨严、精密、艰深"的做学问的方式不同，尼采"作学问的方法，大部分凭他的天才和直觉"；

---

❶ 陈铨："尼采与近代历史教育"，载郜元宝编《尼采在中国》，上海三联书店 2001 年版，第 245 页、第 247 页、第 248 页。
❷ 陈铨："尼采与近代历史教育"，载郜元宝编：《尼采在中国》，上海三联书店 2001 年版，第 251 页。
❸ 陈铨："尼采与近代历史教育"，载郜元宝编：《尼采在中国》，上海三联书店 2001 年版，第 258～259 页。
❹ 陈铨："尼采与近代历史教育"，载郜元宝编：《尼采在中国》，上海三联书店 2001 年版，第 258 页。
❺ 陈铨："尼采与近代历史教育"，载郜元宝编：《尼采在中国》，上海三联书店 2001 年版，第 260 页。

尼采哲学最大的贡献与特色就是"看透了世界人生,抓住近代文化中最精要的问题"。❶ 随后作者将尼采思想的演变历程分为"艺术时期"、"科学时期"与"超人时期"等三个阶段。

在"艺术时期"一节里,陈铨指出:"在第一个时期,影响尼采思想最伟大的两个人物,就是叔本华和瓦格勒。""尼采也和叔本华一样,认为人生世界一切痛苦的根源,就是永远不能满足的意志。然而意志痛苦的解除,就是艺术的创造和欣赏。所以艺术就是尼采的理想,然而这个理想,他发现在瓦格勒歌剧中,有了充分的表现。""只有抱悲观主义的人,才是人类真正的导师,所以叔本华是最好的教育家。只有悲观的艺术家,才能产生悲观的艺术,所以瓦格勒是最好的艺术家。"❷

在"科学时期"一节里,作者指出:"从一八七四年起,尼采对于叔本华、瓦格勒的思想艺术,已经渐渐采取一种批评的态度;语言学家的尼采,已经渐渐转变成思想家的尼采。""从这个时候起,尼采完全抛弃第一时期的思想,踏入新的阶段。尼采现在不谈形而上学,不谈艺术,他所要求的,只是真理,为着真理,他可以牺牲一切。他只凭科学的方法,一步步地研究事物的真理。""从艺术时期到科学时期,尼采已经从悲观主义到乐观主义,从否定人生到肯定人生。"❸

在"超人时期"一节里,陈铨指出:"在这一个时期,尼采把科学思想完全抛弃了。然而第二时期的乐观主义,他都仍然保存。第一时期的意志观念,他又重新恢复,人类行为的基础,仍然是叔本华所指出的意志,但是不仅是求生存的意志,乃是求权力的意志。生存并不痛苦,意志更不应该消除。我们应当接受人生,使人生发扬光大进步,我们要使人类达到最高级的发展,这一种最高级的发展,就是超人。"❹ 随后,作者特别解释了"超人"这一概念,认为尼采的"超人"包括四种人:"第一,尼采的超人,就是理想的人物,就是天才";"第二,尼采的超人,就是人类的领袖";"第三,尼采的超人,就是社会上的改革家,超人不能相信社会上已经有的价值,他们自己会创造新的价值。他们要把文化上一切的价值,重新估定";"第四,尼采的超人,就是勇敢的战士"。❺ 总之,"超人"是指现实生活中的杰出人物。

《尼采心目中的女性》是现代中国唯一一篇专门讨论尼采女性观和婚姻观的文章。作者首先指出,批评家往往根据尼采"你到女人那儿去吗?不要忘记你的鞭子!"与"一位有学问的女人,一定有点什么生理上的疾病"这两句话就认定尼采是女性的仇视者,这种说法难免偏颇。❻ 陈铨认为,在现实生活中,"尼采

---

❶ 陈铨:"从叔本华到尼采",上海大东书局1946年版,第95页。
❷ 陈铨:"从叔本华到尼采",上海大东书局1946年版,第96页、第99页、第100页。
❸ 陈铨:"从叔本华到尼采",上海大东书局1946年版,第103页、第106页、第108页。
❹ 陈铨:"从叔本华到尼采",上海大东书局1946年版,第111页。
❺ 陈铨:"从叔本华到尼采",上海大东书局1946年版,第111~113页。
❻ 陈铨:"从叔本华到尼采",上海大东书局1946年版,第134页。

对女人的态度，和一些恨女人的男子们，把女人们完全看成玩具，男女的关系，看成纯粹生理上的关系不一样。就算尼采在哲学上看不起女人，他对女人还是很尊重，男女之间，还有重要精神上的意义"。"实际上尼采不但不仇恨女性，他尊敬女性，爱好女性，因为他认为女性在人生中有她特殊的地位，特殊的使命。"❶同时，"在思想方面，尼采认为男女是不一样的，男子代表力量，女子代表感情。……所以男子的职务在战争，女子的职务，在给男子感情上的安慰，使他保持战争的力量。女子对于男子是绝对必要的，她的势力，也是很伟大的"。❷

那么如何理解尼采的上述偏激言论呢？陈铨指出，尼采的上述说法固然包含"仇视"女人的成分，不过尼采并不"仇视"所有的女人，而只是"仇视"特定的女人，即当时欧洲那些"女权运动的先锋"。陈铨指出：

> 在尼采的时候，欧洲因为工业发达，社会上的思想，起了许多变动。所谓妇女解放，妇女自由运动，也风行全欧。……以后这种运动，愈来愈厉害。尼采反对这种运动，认为根本错误。因为这种运动，是一种违反自然的运动。女子要自己管理自己的事情，无论那一方面，都和男人一样。从前女子帮助男子的美德，现在是认为奴隶牛马的服从。女子不再把男子当做丈夫，甚至于不把他当做朋友，只把他当做攻击的对象，竞争的敌人。男女之间，没有合作，只有仇视。❸

在此基础上，作者发表了自己对尼采女性观的评价："平心而论，妇女运动，经过了好几十年的时间，现在还没有一定的理论。……尼采的主张，固然有许多偏激的地方，然而他分别男女的不同，划定双方的责任，也不失为一种有价值的意见。"❹

至于尼采的婚姻观，陈铨指出："尼采认为婚姻的结合，应当不是恋爱的结合，应当是友谊的结合。因为恋爱是暂时的，友谊是永久的，恋爱是情欲的，友谊是理想的。""尼采还赞成暂时的婚姻，法律上规定几年或者几月，对于生的小孩，也应当有适当的保障。"❺由此，作者不禁感叹："假如我们说尼采反对女权运动太守旧，那么这一些关于婚姻的主张，又太维新了。"❻

《尼采的政治思想》一文将尼采的政治思想分为国家观、民主和社会主义观、战争观等三个方面。尼采之所以极力反对现代国家制度，是因为它与尼采理想的"超人社会"完全相左。作者指出："现代的国家，都是道德的，尼采的超人，是不道德的。现代的国家制度，要保护平庸，尼采的超人社会，要发展个性，在现代国家里，生活一切机械无聊，在超人社会里，生活一切精彩美丽，现代的国

---

❶　陈铨："从叔本华到尼采"，上海大东书局 1946 年版，第 136 页、第 142 页。
❷　陈铨："从叔本华到尼采"，上海大东书局 1946 年版，第 142 页。
❸　陈铨："从叔本华到尼采"，上海大东书局 1946 年版，第 143 页。
❹　陈铨："从叔本华到尼采"，上海大东书局 1946 年版，第 146 页。
❺　陈铨："从叔本华到尼采"，上海大东书局 1946 年版，第 145~146 页。
❻　陈铨："从叔本华到尼采"，上海大东书局 1946 年版，第 146 页。

家，是整齐的理想，超人的社会，是力量的象征；现代的国家，是守旧的，腐化的，超人的社会，是前进的，创造的。这就是为什么尼采猛烈地攻击现代国家的制度，因为它和尼采的理想，水火不相容。"❶ 不过，陈铨特别提道："尼采反对现代国家存在，和无政府主义者，反对现代国家的存在，又根本不一样。"❷ 然后其从三个方面对比详细展开了论述。

关于尼采的民主观和社会主义观，作者指出："尼采对于民主政治和社会主义，不会有好的观感。因为民主政治和社会主义，都是注意群众，要求平等，尼采却认为人类进步，不在群众，人类力量根本是不平等的，因此他们的义务权利，也就永远不能平等。""在尼采心目中，民主政治、社会主义、无政府主义和基督教，都根据同样的精神，都是近代文化平庸、粗俗、堕落的主要原因。"❸ 总之，"在政治方面，尼采是明白地主张贵族主义的"。❹ 为了消除读者的误解，作者特别剖析了尼采所说"贵族"与"贵族主义"的内涵："尼采的贵族主义，并不是指通常一般养尊处优，借先人余荫，在政治上享受特别权利的王孙公子。尼采所谓贵族，乃是人类中的强者智者，他们是天生的统治阶级。在生存竞争中间，他们有超人的权力意志，千万的群众，都必须受他们的支配。……尼采的贵族，也并不仅指德国贵族……尼采谈政治文化，并不限于德国民族，他书中常用'欧洲人'这一个字。整个欧洲的文化，全世界人类的将来，是盘旋尼采脑中的问题。"❺

关于尼采的战争观，陈铨指出，尼采的确是战争的极力鼓吹者，不过尼采心目中的"战争"有广义与狭义之分："广义来说，尼采认为人生宇宙，充满了冲突的原素，社会与个人，外物与内心，内心与内心，无处不是战场，无处不是战争。""在狭义方面来说，尼采也极力主张战争。第一，因为战争可以使人类进化。……尼采要的是超人，要的是充满了力量，热情，快乐的生命。战争最大的意义，就是淘汰平庸的分子，创造有意义的生活。从历史方面来看，一个国家，一种文化，到了腐败堕落的时候，往往经过一次战争，倒可以消除积弊，发扬光大起来。"❻

《尼采的道德观念》一文集中阐述了尼采的道德思想。陈铨首先指出了尼采反对传统道德观念的原因："尼采认为人生不是求生存，乃是求权力，支配人生一切的，不是生存意志，乃是权力意志。我们对人生不应当消极地逃卸，应当积极地努力。生活的意义，不在压制自我，而在发展自我，不在怜悯他人，而在战胜他人。世界必须要进步，人类必须要超过。……根据这一种新的人生观，尼采

❶ 陈铨："从叔本华到尼采"，上海大东书局 1946 年版，第 118～119 页。
❷ 陈铨："从叔本华到尼采"，上海大东书局 1946 年版，第 119 页。
❸ 陈铨："从叔本华到尼采"，上海大东书局 1946 年版，第 122～123 页。
❹ 陈铨："从叔本华到尼采"，上海大东书局 1946 年版，第 124 页。
❺ 陈铨："从叔本华到尼采"，上海大东书局 1946 年版，第 125 页。
❻ 陈铨："从叔本华到尼采"，上海大东书局 1946 年版，第 128～130 页。

不但对于叔本华的道德观念，就对于数千年来许多传统的道德观念，都要发生激烈的冲突。"❶ 作者在后文中反复申明："尼采反对传统道德规律，最大的原因，就是它违反自然，压迫生命的活力。" "尼采认为传统道德规律，是人生的麻醉剂。"❷

作者接着归纳了尼采研究道德问题的方法。他指出，尼采采用追根溯源的谱系法探讨传统道德的起源："对于传统的道德观念，尼采追溯它的本源。所谓'善'的观念，本来是指'高贵'、'伟大'、'勇敢'，所谓恶的观念，本来是指'弱小'、'谦让'、'柔顺'。但是由于历史的演变，弱者要保护自己，所以把原来的意义改变了。凡是对于他们有利的，就叫做道德，凡是对于他们不利的，就叫做不道德。"❸ 尼采通过研究发现，"善"、"恶"等观念经历一个漫长的变化之后改变了原来的意义，走向了自己的反面，由此得出两个结论：第一，"道德观念，并没有神圣的来源。……道德的观念，也不起于自然，因为自然本身，强食弱肉，本来是极不道德的。很明显的，道德观念，不发生于神，不发生于自然，而发生于人，发生于弱小无能的人"；第二，"真正需要道德观念的人，不是强者，乃是弱者，不是主人，乃是奴隶"。❹ 陈铨还归纳了尼采界定的道德类型，并剖析了各自的含义。在尼采那里，"道德分两种，一种是'主人道德'，一种是'奴隶道德'。现在所谓传统的道德，都是'奴隶道德'，尼采所激烈反对的，就是这一些道德观念，如怜悯、仁爱、谦让、顾虑，都是违反自然的情操，对于奴隶们感觉舒服的观念。在另外一方面，真正合乎自然的道德，就是权力意志的伸张，强者行动，弱者服从，道德就是庞大的力量，不顾一切的无情和勇敢"。❺

作者最后指出了尼采反对传统道德的主张在思想史上的地位："这一种反对传统道德的暗潮，在欧洲思想史上，始终没有断绝。然而尼采始终是第一个人，凭他自己对于世界人生崇高的理想，对于现代社会上一切文化制度思想，都有崭新的意见，不但破坏，而且建设，不但局部，而且整个。"❻

《尼采的无神论》是中国现代知识界唯一一篇专门讨论尼采反基督教问题的文章。作者开门见山，称尼采是"欧洲反对宗教最激烈的思想家。他对于基督教攻击的彻底，欧洲历史上找不出第二个人。"❼ 接着作者指出，作为"无神论"者，尼采的最大贡献和最大特色就是反基督教的彻底性："一切的宗教，最重要的原素，就是要承认神或者上帝的存在。没有这一个承认，宗教就不成其为宗教。历来反对宗教的人，往往都是从形式传说功用各方面去攻击，所以始终不能

---

❶ 陈铨："从叔本华到尼采"，上海大东书局 1946 年版，第 149 页。
❷ 陈铨："从叔本华到尼采"，上海大东书局 1946 年版，第 154～155 页。
❸ 陈铨："从叔本华到尼采"，上海大东书局 1946 年版，第 150 页。
❹ 陈铨："从叔本华到尼采"，上海大东书局 1946 年版，第 151 页。
❺ 陈铨："从叔本华到尼采"，上海大东书局 1946 年版，第 150 页。
❻ 陈铨："从叔本华到尼采"，上海大东书局 1946 年版，第 156 页。
❼ 陈铨："从叔本华到尼采"，上海大东书局 1946 年版，第 157 页。

够给宗教一个致命伤。尼采对于基督教的攻击都是从根本下手，他明白大胆地宣布：上帝已经死了。""尼采最反对基督教的上帝观念，因为它根本同人生冲突。""从笛卡儿起，上帝已经一部分一部分的死掉了，现在尼采正式宣布上帝全部死掉。宗教上的传说，哲学家的辩护，尼采通通抛弃。"❶

《尼采与〈红楼梦〉》本为《文学批评的新动向》一书第四章"伟大的将来——意志哲学"的第六节，是作者运用尼采的悲剧哲学来阐释中国古典小说《红楼梦》的成果。陈铨首先指出，《红楼梦》和《萨亚涂师贾》（通译《查拉图斯特拉如是说》）是曹雪芹和尼采这两位哲人"用毕生的心力，对世界人生作深刻的探讨"，"一个是东方文化的结晶，一个是西方思想的反抗"。接着作者指出了两人以及两部著作所表达的思想的差异："曹雪芹和尼采，是人生两个极端"，前者代表"消极解脱的人生"，后者代表"积极精彩的人生"。❷ 随后，陈铨用较大篇幅介绍了尼采的文化哲学与人生哲学。他指出："尼采是一位'文化哲学家'，文化的升降，是他最关心的问题。人类的文化，必须前进，是他一生没有动摇的信念。""尼采痛恨七种东西：悲观主义、道德、基督教、社会主义、民治主义、理智主义、女性主义。这是人类的七毒，七毒不除，文化一定要平庸、堕落、腐化、崩溃、消灭。"❸ "尼采对人生的态度，始终是肯定的。他要的是人生，真理可以牺牲，人生不可以牺牲。人类最大的问题，不是什么是真理，乃是怎样发展人生。""尼采发现，人类除了生存意志以外，还有一个最伟大的生命力量，就是'权力意志'。人类不但要求生存，他还要求权力。"❹ 在文章中，作者比较详细地揭示了尼采"超人"思想的深刻内涵："他苦心孤诣，要向人类传布他的新宗教，新教训，新理想，就是他的超人主义。他的超人，要肯定地接受人生；抱乐观主义；有积极的精神，充分发展他生命的力量；伸张他权力的意志；不受传统观念的束缚；他聪明，他知道怎样支配人类世界，打开崭新的局面；他喜欢战争，时时刻刻他都是一员勇敢的战士；他没有死亡的恐惧，因为他能够战胜死亡；他是整个人类生命的象征，他是世界文化进步的标帜。"❺ 最后，作者指出："尼采绝对乐观绝对肯定的人生态度，拿来同《红楼梦》的理想比较，真像北极和南极的距离。《红楼梦》的中心问题是和叔本华一样，就是怎样摆脱生存意志。"❻

除《尼采与〈红楼梦〉》外，陈铨还在《文学批评的新动向》一书的其他章节中多次提及了尼采的思想。如作者在第四章第一节"叔本华的哲学"里指出：

---

❶ 陈铨："从叔本华到尼采"，上海大东书局 1946 年版，第 160 页、第 165 页、第 166 页。

❷ 陈铨："尼采与《红楼梦》"，载于润琦编选：《陈铨代表作》，华夏出版社 1999 年版，第 379 页、第 381 页。

❸ 陈铨："尼采与《红楼梦》"，载于润琦编选：《陈铨代表作》，华夏出版社 1999 年版，第 381 页、第 383 页。

❹ 陈铨："尼采与《红楼梦》"，载于润琦编选：《陈铨代表作》，华夏出版社 1999 年版，第 382 页。

❺ 陈铨："尼采与《红楼梦》"，载于润琦编选：《陈铨代表作》，华夏出版社 1999 年版，第 383 页。

❻ 陈铨："尼采与《红楼梦》"，载于润琦编选：《陈铨代表作》，华夏出版社 1999 年版，第 383 页。

"尼采受了叔本华的影响，主张要有观察清楚人生的勇气，要有希腊悲剧的精神。"❶ 作者在该章第三节"寂寞的易卜生"讨论易卜生的戏剧《罗斯默何尔蒙》的女主人公雷柏茄时说："像雷柏茄这样的人物，充满了尼采式争取力量的意志，无疑地是易卜生最后阶段理想的超人。"❷ 作者在第四节"赫伯尔的泛悲观主义"里宣称：尼采的哲学是医治赫伯尔的戏剧泛悲观主义的良方，因为"欧洲近代哲学家，没有比尼采把人类的尊严提得更高的了，他激励人生的活力，加强人类的信心，摆脱一切形而上学的疾病，改变极端的悲观主义，成为极端的乐观主义"。❸ 这种信手拈来的引用和评价，说明了陈铨对尼采思想非常熟悉，也很珍视。

通观陈铨的尼采阐释活动可以看出，他对尼采思想的阐释所秉持的价值取向有一个变化的过程。在早期，他对尼采学说的解读相当客观、冷静，讲究言必有据、言之成理，呈现出学理化特征。以他研究尼采思想的第一份成果《从叔本华到尼采》一文为例，文章大量引用了尼采著作如《悲剧的降生》（通译《悲剧的诞生》）、《不合时宜的话》（通译《不合时宜的思考》）、《人类的纯粹的人类的》、《朝红》、《快乐的科学》、《萨亚屠师贾》（通译《查拉图斯特拉如是说》）、《道德的系统学》、尼采的遗著（即《权力意志》）中的原话来论证自己的观点，因此论证严谨、思路绵密。同时，每章之后均有关于引文出处的注释，如第一章"绪论"后面有 32 条注释，第二章"赞成时期"后面有 41 条注释，第三章"过渡时期"后面有 39 条注释，第四章"反对时期"后面有 76 条注释。此外，文章末尾还开列了 24 本外文参考书。即使以今日的学术标准来看，《从叔本华到尼采》仍不失为一篇规范的学术论文。

这种学理化的取向在陈铨那里一直或隐或显地保持着。如他后来在《尼采的思想》一文中还特别指出了研究尼采思想的困难与应该注意的问题："通常我们研究尼采的思想，不能像研究旁的哲学家那样，提出几个问题，看这位思想家有什么意见。最大的困难，就是尼采的思想，不断地成长变化，每一个时期，有他每一个时期的思想。假如我们不管他的变换，断章取义，摘录尼采几句话，就说是尼采的思想，那么我们就会陷于矛盾，错误，紊乱。所以我们研究尼采思想的第一步，就先划分出几个最明显的阶段，加以简略的说明，以后提出任何问题，我们再问，尼采在某个阶段中间，他对于这一个问题，取一种什么态度。"❹ 他还交代了这样的学术背景："关于尼采的超人，世界各国的学者，解释甚多，有许多人，甚至于认为尼采受了达尔文的影响，想像超人是人类进化到某种阶段的生物。这一种误解，尼采的妹妹，曾经再三辩明，说尼采不过是作一种寓言，表

---

❶ 陈铨："尼采与《红楼梦》"，载于润琦编选：《陈铨代表作》，华夏出版社 1999 年版，第 344 页。
❷ 陈铨："尼采与《红楼梦》"，载于润琦编选：《陈铨代表作》，华夏出版社 1999 年版，第 367 页。
❸ 陈铨："尼采与《红楼梦》"，载于润琦编选：《陈铨代表作》，华夏出版社 1999 年版，第 372 页。
❹ 陈铨："从叔本华到尼采"，上海大东书局 1946 年版，第 95～96 页。

示普通人类和特别天才中间的差异，并没有包含达尔文进化的观念。"❶

但在加入战国策派之后，陈铨对尼采学说的阐释日益表现出功利化的价值取向。这种价值取向至少表现在三个方面。

首先，陈铨对尼采学说采取了神圣化手段。他对尼采思想的态度跟林同济一样，也是完全赞同甚至是狂热崇拜的。以对尼采的政治思想的评价为例。本来尼采的政治思想一向饱受诟病，茅盾早在 1920 年就指出了尼采的"社会学"（即政治思想）是"尼采学说中最矛盾的地方，也就是尼采最受人痛骂的地方"，并断定从政治思想来评判，"尼采诚然是人类中的恶魔，最恐怖的人物"。❷ 但陈铨对尼采的政治思想持完全肯定的态度。他甚至言之凿凿地声称："尼采的政治思想，可以说是近代政治思想家中，最前进的，最革命的，最富于理想的，同时也可以说是最贵族的。"❸

其次表现在陈铨对尼采某些思想主张的偏爱。尽管他对尼采思想的解读面相当宽泛，但仔细留意就会发现他最关注的是尼采的如下两个论题："重新估定一切价值"和"超人"人生观。陈铨几乎在他讨论尼采学说的每一篇文章中都会提及尼采的"价值重估"说。如他在《尼采与近代历史教育》一文中就反复指出了尼采的"不历史"即忘记历史的态度与"重新估定一切价值"主张的重大价值：

> 尼采并且发现人类一切最伟大的事业建设的时候，往往是"前无古人，后无来者"的时候，就是忘记了历史，摆脱了历史上一切束缚的时候。只有忘记了历史，我们才能觉得我们不是前人的后人，我们是我们自己，我们才有打破一切推翻一切、重新估定一切价值、建设创造一切的勇气。❹

> 对于过去一点不感谢，一切的警告他都置之不理，他只让他自己浮沉飘荡在黑夜和忘记的大海中间。这一种情形，当然是不历史的，甚至于是反历史的，但是它却是世界上一切伟大事业的摇篮。❺

他在《尼采的政治思想》里也指出："他（指尼采）看清欧洲文化的弱点，他理想一个进步，强壮，健康，充满了生命的新世界。为了实现这一个新世界，尼采不惜对一切的传统观念挑战，要重新估定一切价值。"❻ 他在《尼采的道德观念》一文里又强调：尼采"凭他超越的眼光，深沉的智识，对于社会上一切制度文化道德宗教，都要重新估定价值"；"只有尼采这样的人格，和他大无畏的精神，才配得上批评传统的道德，建设超人的新道德"。"尼采始终是第一个人，凭他自己对于世界人生崇高的理想，对于现代社会上一切文化制度思想，都有崭新

---

❶ 陈铨："从叔本华到尼采"，上海大东书局 1946 年版，第 114 页。
❷ 茅盾："尼采的学说"，载郜元宝编：《尼采在中国》，上海三联书店 2001 年版，第 94 页。
❸ 陈铨："从叔本华到尼采"，上海大东书局 1946 年版，第 134 页。
❹ 陈铨："尼采与近代历史教育"，载郜元宝编：《尼采在中国》，上海三联书店 2001 年版，第 241 页。
❺ 陈铨："尼采与近代历史教育"，载郜元宝编：《尼采在中国》，上海三联书店 2001 年版，第 243 页。
❻ 陈铨："从叔本华到尼采"，上海大东书局 1946 年版，第 116 页。

的意见，不但破坏，而且建设，不但局部，而且整个。"❶

关于尼采积极的人生观，陈铨也有多次提及。他在《从叔本华到尼采》一文里就反复申明："尼采对人生有一种热情，对世界并没有完全绝望"；"尼采自始至终，是一个积极的哲学家，是一个积极的人"；"尼采爱人生到了极点，所以他爱人生的一切，因为他爱人生的一切，所以对于自己，尼采也认为应当爱"。❷他在《尼采与近代历史教育》一文里也指出："尼采是一个'人生'的哲学家，也是一个'文化'的哲学家。他不愿意人生的发展，受任何方面停滞腐化的影响。他认为欧洲的文化，已经到了日暮途穷的末路。基督教的上帝已经死了，科学客观冷静的研究也把人类创造的热情、丰富的幻想、活泼的生命摧残了，他一生整个的努力，就是想创造一种新文化。这一种新文化，一定要充满了生命，充满了创造，充满了幻想，充满了自由。科学的知识，不能冷静它，历史的事实，不能束缚它。这样人生才可以达到最光明的境界，文化才可以达到最高尚的理想。"❸他在《尼采与〈红楼梦〉》一文中也指出："尼采对人生的态度，始终是肯定的。他要的是人生，真理可以牺牲，人生不可以牺牲。人类最大的问题，不是什么是真理，乃是怎样发展人生。"❹如此种种，足以看出他对尼采人生哲学的评价之高了。

最后表现为对尼采学说进行政治化解读，这是功利化的极端表现。陈铨喜欢将尼采的哲学概念作形而下的理解，并将它们与中国的现实问题挂钩，或者干脆将它们置换成中国式概念。以他对尼采"超人"的解读为例。尼采的"超人"本指一种理想的人类或理想的人格，即精神与肉体得到和谐与全面发展的人类或人格。这种人类或人格不仅历史上没有出现过，即使在将来很长一段时间里也不会出现，它只是尼采对人类的一种构想。尼采曾说："超人"是"我的沉睡在石头里的一个图像，是我的一切图像中最美的图像"，它是"一个影子"。❺然而，这样一种理想和象征却被陈铨注入了诸多现实内容。他对尼采的"超人"说作了形而下、世俗化的理解，将"超人"视为现实生活中的"杰出"人物。如陈铨在《尼采的思想》里认为"超人"是指"天才"、"人类的领袖"、"社会上的改革家"与"勇敢的战士"等四种人。其中，他将尼采的"超人"理解为"人类的领袖"，并认为"领袖是社会上最优秀的分子，他们智力，既然高于群众，群众必须受他们的指挥，才能够建设伟大的事业"，❻就明显有吹捧当时的最高执政者蒋介石的用意。正因为陈铨借尼采学说露骨地吹捧了最高执政者，他本人连带尼采学说

---

❶　陈铨："从叔本华到尼采"，上海大东书局 1946 年版，第 156 页。

❷　陈铨："从叔本华到尼采"，上海大东书局 1946 年版，第 28 页、第 34 页、第 72 页。

❸　陈铨："尼采与近代历史教育"，载郜元宝编：《尼采在中国》，上海三联书店 2001 年版，第 241 页。

❹　陈铨："尼采与《红楼梦》"，载于润琦编选：《陈铨代表作》，华夏出版社 1999 年版，第 382 页。

❺　F. Nietzsche, *Also Sprach Zarathustra. Friedrich Nietzsche Werke*. Band 2. Hg. von Karl Schlechta. München：Carl Hanser Verlag, 1955, p345.

❻　陈铨："从叔本华到尼采"，上海大东书局 1946 年版，第 112 页。

才会受到"左派"人士的抨击。

二、陈铨的尼采阐释与"内心新精神"的提振

如何理解陈铨阐释与传播尼采学说的目的或动机？一个不可回避的事实是，陈铨因为介绍并"活用"尼采学说既受到了国民党当局的任用与保护，如抗战期间由西南联大德文系教授调任中央政治学校教授、中国青年剧团编导，如《野玫瑰》受到进步文化界批判时陈立夫、张道藩等国民党官员纷纷为之辩护；也受到了当时进步思想与文化界的猛烈抨击，如汉夫在《"战国"派的法西斯主义实质》里称"'战国派'的言论的实质，是一派法西斯主义的，反民主为虎作伥与谋皮的谬论"。❶ 应该说，以陈铨为代表的战国策派活跃的 20 世纪 40 年代初期正是国共两党既合作又斗争的非常时期，他们的主张以及他们所凭依的尼采思想被置于政治争端的漩涡之中并受到质疑是正常的事情。因此，只有结合具体而鲜活的历史境遇，才能真正弄清陈铨等人阐释并"活用"尼采学说的动机。

战国策派将他们所处的时代特征与所需的时代精神概括为"战国"二字。所谓"战"，一是指 20 世纪 40 年代初期是世界各国争强斗狠、战争不断的"大战国"时代（雷海宗语）或"战国时代的重演"（林同济语），二是指此时最需要"战"的精神与"力"的意识；所谓"国"，就是国家意识、民族意识。战国策派成员、历史学家雷海宗在《无兵的文化》（1936 年）一文中指出：虽然中国在历史上屡次被外族征服，但始终未曾被消灭，因为那些侵略者的文化程度远低于中国，入主中国后都相继被汉化了；但鸦片战争以后，以英国为首的西方列强对中国的侵略则导致了一个完全不同的局面：

> 新外族是一个高等文化民族，不只不肯汉化，并且要同化中国。这是中国有史以来所未曾遭遇过的紧急关头……最近一百年来侵入中国的武力与文化属于同一的西洋民族，并且武力与组织远胜于五胡，文化也远较佛教为积极。两种强力并于一身而向中国进攻，中国是否能够支持，很成问题。并且五胡与佛教入侵时，中国民族的自信力并未丧失，所以仍能得到最后的胜利……今日民族的自信力已经丧失殆尽，对传统中国的一切都根本发生怀疑。❷

雷海宗在这段话里不仅点明了当时中国所面临的历史变局的独特性与凶险性，而且还揭露了"民族的自信力已经丧失殆尽，对传统中国的一切都根本发生怀疑"的可怕情势。这无疑是说，在战乱频仍、民族生存危机日益凸显的时代，中国传统文化的弱点与国民劣根性更是暴露无遗。因此，战国策派领袖林同济宣称："战国时代的意义，是战的一个字，加紧地、无情地、发泄其威力，扩大其

---

❶ 汉夫："'战国'派的法西斯主义实质"，载《群众》1942 年第 7 卷第 1 号，第 20 页。
❷ 雷海宗："无兵的文化"，载温儒敏、丁晓萍编：《时代之波》，中国广播电视出版社 1995 年版，第 127 页。

作用。"❶《战国策》杂志则是要"抱定非红非白，非左非右，民族至上，国家至上之主旨"，致力于"'力'之组织，'力'之驯服，'力'之运用"，以期中国或中华民族"在世界大政治角逐中取得胜利"。❷ 当然他们所提倡的"战"并非单指物质形态上的"战"，也包括思想、文化意义上的"战"；他们所提倡的"力"也不仅仅指物质形态上的"力"，也包括精神与文化意义上的"力"。正如林同济所言："力"是"一切生命的表征，一切生物的本体"，它代表"动"的精神、"勇敢"的品格与求"胜"的意志。❸ 基于此，战国策派提出要重造"新文化"。他们认为，"第二次世界大战，引起人类文化历史上一个空前的大变动。人类必须要重新创造一个新的文化——一个能够使人类幸福生活的文化"，"中国旧的文化，不能应付这一个新的局面"，也亟须被改造为"新文化"。至于创造"新文化"的基础，战国策派指出："在这一个工作开展的中间，全世界的思想家，都要'重新估定一切的价值'。"❹"重新估定一切的价值"正是尼采的主张。这样，尼采学说就成了战国策派创造"新文化"的理论资源。

在借助尼采思想来推动中国新一轮思想启蒙方面，战国策派核心人物陈铨表现得非常积极。他特别注意从精神层面观照中国传统文化的弱点，强调精神或思想观念的重要性，并提出了"内心的新精神"这一概念。他在《浮士德精神》（1940 年）一文中旗帜鲜明地提出：必须舍弃"静"的、"保守"的"中国人的精神"，而吸收"动"的、"前进"的"浮士德的精神"，采取全新的人生观；唯有这样，中国人学习西方的长处才可能成功。"假如中国人不采取这样一个新的人生观，不改变从前满足，懒惰，懦弱，虚伪，安静的习惯，就把全盘的西洋物质建设，政治组织，军事训练搬过来，前途怕也有限。况且缺乏这个内心的新精神，想要搬过西洋外表的一切，终究也搬不过来！"❺

那么如何提振国人"内心的新精神"呢？陈铨扛出了尼采思想这面大旗。他在多篇解读尼采学说的文章中都直接或间接提及了这一问题。在抗日战争全面爆发的第一年所写的《尼采与近代历史教育》一文中，陈铨开篇就特别申明自己介绍尼采历史观的动机是为了启发国人对中国的历史与文化传统采取反思的态度：

　　中国有四千多年的历史，我们处着现在生存竞争的时代，对于这过去四千多年的历史，应当采取什么态度？中国现在正在突飞猛进地吸收西洋的思想，对于西洋这二千多年的历史，又应当采取什么态度？中国的文化，有许多地方，不适

---

❶　林同济："战国时代的重演"，载温儒敏、丁晓萍编：《时代之波》，中国广播电视出版社 1995 年版，第 50 页。

❷　林同济："启事（代发刊词）"，载《战国策》1940 年第 2 期，第 1 页。

❸　林同济："力"，载温儒敏、丁晓萍编：《时代之波》，中国广播电视出版社 1995 年版，第 177～179 页。

❹　《在创丛书缘起》，陈铨："从叔本华到尼采"，上海大东书局 1946 年版，扉页。

❺　陈铨："浮士德精神"，载温儒敏、丁晓萍编：《时代之波》，中国广播电视出版社 1995 年版，第 367 页。

合于现代，已经是明显的事实，然而西洋的先知先觉，对于他们自己的文化，也发现了许多的危机，我们对于将来文化的创造，应当采取什么态度？在这种地方，我觉得尼采的议论，很可以帮助启发我们的思想。我们也许不赞成尼采的主张，但是尼采的主张，至少可以作我们最好的借镜。❶

尼采的历史观被作者用做"借镜"的突出表现，是他在介绍尼采"'古代'的历史"观即泥古的态度时特别提道：

"古代"的历史，也有它的危机。过去的一切，往往不分轻重，都认为有最大的价值。谁要对于过去，不肯遵从，谁要想发起一种新的运动，同旧的思想相对抗，那么一般的人一定会激烈地排斥攻击，把他当做公共的仇敌。在这一种情形之下，新的思想不能采纳，旧的思想，已经陈腐，历史对于人生，就不能使他达到更高尚的境界。所谓历史的观念，不能保全旧有的生命，只能僵化旧有的生命。……"古代"的历史，只要不能给人类精神一种新的鼓励使他去创造现在新鲜的生命，它本身就没有什么价值。❷

显然，陈铨此处借尼采"'古代'的历史"观揭发了泥古态度的荒唐、保守与凶残。此外，他还借用尼采的主张反思了五四新文化运动中的一些主张的错误：

我们想来还记得，中国新文化运动最高强的时候，有一个外来的观念，曾经在中国思想界，发生剧烈的影响，就是"历史进化"的观念。这一个观念，有人曾经把它当成神圣的经典，歌颂崇拜，尼采却把它认为最不长进的思想，痛加攻击。尼采以为世界的过程，根本就是错误的幻想，进化的观念，根本就是进步的障厄。❸

陈铨在《尼采的思想》一文中指出，由于"尼采对于旧的传统，新的偶像，尽量攻击"，所以"尼采的思想是很危险的"；但作者认为，尼采的"危险"思想对于面临生存危机、处于抗日战争时期的中国人启发良多，因为"中国处在生存竞争的时代，尼采的哲学，对于我们，是否还有意义，就要看我们是否有鉴别的能力，更要看我们愿意作奴隶，还是愿意作主人，愿意作猴子，还是愿意作人类。因为尼采的著作，根本不是替奴隶猴子写的"。❹ 也就是说，如果想做"主人"、"人类"，就能够接受攻击"旧的传统"与"新的偶像"的尼采哲学；如果

---

❶ 陈铨："尼采与近代历史教育"，载郜元宝编：《尼采在中国》，上海三联书店 2001 年版，第 241～242 页。

❷ 陈铨："尼采与近代历史教育"，载郜元宝编：《尼采在中国》，上海三联书店 2001 年版，第 248 页。

❸ 陈铨："尼采与近代历史教育"，载郜元宝编：《尼采在中国》，上海三联书店 2001 年版，第 240～241 页。

❹ 陈铨："从叔本华到尼采"，上海大东书局 1946 年版，第 114～115 页。

甘愿做"奴隶"或"猴子"，就不会接受尼采的这些思想。显然，作者此处是想用尼采的"危险"哲学来鼓励处在生存竞争时代的中国人抛弃自暴自弃、自甘沉沦的思想与态度，勇敢地做"主人"。

在《尼采的道德观念》一文中，陈铨在分析尼采的道德观之后指出："处在现在的战国时代，我们还是依照传统的'奴隶道德'，还是接受尼采的'主人道德'，来作为我们民族人格锻炼的目标呢？"❶ 此前作者已经指出，"奴隶道德"包括怜悯、仁爱、谦让、顾虑等主张，它们是"违反自然的情操"；而"主人道德"是"真正合乎自然的道德，就是权力意志的伸张"，它强调"不顾一切的无情和勇敢"。❷ 显然，陈铨是希望面对日本人的侵略，中国人能够养成伸张"权力意志"、"无情和勇敢"的新人格。

陈铨在《尼采与〈红楼梦〉》一文中将尼采的思想与曹雪芹的主张进行对比之后指出："曹雪芹和尼采，是人生两个极端，《红楼梦》和《萨亚涂师贾》，始终对天才说法。天才是人类的精华，是推动文化社会进步的原动力，是指挥群众的司令官。他们到底采取曹雪芹的态度，还是尼采的态度；愿意作贾宝玉，还是愿意作萨亚涂师贾（通译查拉图斯特拉）；愿意过消极解脱的人生，还是愿意过积极精彩的人生；就是社会文化上最严重最迫切的问题了。"❸ 在文章的最后，陈铨充满激情地写道：

> 人生是一场戏，既然粉墨登场，要想下场不易，戏园老板和观众，都不允许，你为什么一定要固执不唱呢？尼采的想法，和曹雪芹不同。曹雪芹是主张不唱的，尼采不但主张唱，而且主张唱得异常热闹，异常精彩。
>
> ⋯⋯⋯⋯⋯
>
> 在太平盛世，一个国家，多有几个悲观遁世的贾宝玉，本来也无足轻重，在民族危急存亡的时候，大多数的贤人哲士，一个个抛弃人生，逃卸责任，奴隶牛马的生活，转瞬就要降临。假如全民族不即刻消亡，生命沉重的担子，行将如何担负？
>
> 中华民族几千年来，受佛家的影响，摧毁民族生命的力量，远过尼采攻击的七毒（指前文提到的悲观主义、道德、基督教、社会主义、民治主义、理智主义、女性主义）。《红楼梦》是佛家道家精神的结晶，他完整的艺术形式，使悲观厌世的思想，极端的个人主义，深入人心。处着现在的中国，假如我们的心还没有全死，假如我们感觉人生的戏剧，不能不唱，假如我们清楚认识，生命不可消亡，那么《红楼梦》作者的人生观宇宙观，我们就不能再表示同意。

文化必须要进步，人类必须要超过，这是六十多年以前，尼采对世界人类的呼声。对于现代的中华民族，这一种呼声太有意义了。尼采的思想，固然有许多

---

❶ 陈铨："从叔本华到尼采"，上海大东书局 1946 年版，第 156 页。
❷ 陈铨："从叔本华到尼采"，上海大东书局 1946 年版，第 150 页。
❸ 陈铨："尼采与《红楼梦》"，载于润琦编：《陈铨代表作》，华夏出版社 1999 年版，第 381 页。

偏激的地方，他积极的精神，却是我们对症良药。❶

显然，陈铨将尼采思想视为了医治国人"悲观遁世"、明哲保身的"对症良药"。尼采的学说成了陈铨用来批评国人的错误态度、鼓励国人奋起抗敌、提振国人"内心的新精神"的思想资源。

与此同时，陈铨借助尼采的"强力意志"论提出了"盛世文学"与"新文学"主张。他在《指环与正义》一文中宣称："人的生活最精彩的时候，就是权力意志（又译强力意志）最充分发挥的时候"；"一个国家或民族，是否能够在世界上取得光荣的地位，就看它国内中坚分子能否超过生存意志，达到权力意志"。❷ 基于对"权力意志"的强调，陈铨提出了"盛世文学"观。何谓"盛世文学"？陈铨在《盛世文学与末世文学》（1943年）一文中明确指出："世界上第一流的文学，就是能够提高鼓舞生命力量的文学。"❸ 其并且呼吁："中华民族现在正经验一个伟大的时代，希望这一个伟大的时代，能够产生一个伟大的盛世的新文学运动。"❹ 即是说，最高境界的文学应该是充分发挥作者的"强力意志"、提高并鼓舞读者的生命力的文学，在中华民族面临外族侵略的时候，中国的作家、中国的读者更应该阅读这些文学作品，以振作自己的精神，团结一致、奋起抗敌。正是基于对"权力意志"的强调，陈铨提出了"新文学"观。他在《新文学》（1940年）一文中指出："中国现在处的是一个什么时代呢？是一个战国时代。这一个战国时代，除非演变到一个大一统局面，一时是不会消灭的。我们的国家民族在这一个无情无义的悠久时代中间，无时无刻不是生死存亡的关头。……在这一个紧要的关头，中国有志文学的人，都应该担负起先知先觉的责任。对于这个责任明白亲切的认识，再加上他们创造的天才，和对人生深刻的观察，他们创造出来的文学，才可配称新文学。"❺ 陈铨进一步将新时代即"战国"时代的精神概括为十一种理想，排在前三位的分别是："第一：理想的人生是战斗，不是和平。第二：理想的人是战士，不是君子。第三：理想的道德是征服，不是怜悯。"❻ 反对"和平"、"君子"、"怜悯"，提倡"战斗"、"战士"与"征服"，正是尼采的人生观与道德观的内容。这样，陈铨的"新文学"观与他的"盛世文学"观一样，都体现出了借重尼采思想来建构新的文学主张的用意。

陈铨提倡的"盛世文学"与"新文学"主张，突出文学的宣传功能与政治功用，难免偏颇之处；但是这些主张总体上又是对鲁迅、陈独秀等人开创的以文学

❶ 陈铨："尼采与《红楼梦》"，载于润琦编：《陈铨代表作》，华夏出版社1999年版，第384页。
❷ 陈铨："指环与正义"，载《大公报·战国》1941年12月17日。
❸ 陈铨："盛世文学与末世文学"，载温儒敏、丁晓萍编：《时代之波》，中国广播电视出版社1995年版，第414页。
❹ 陈铨："盛世文学与末世文学"，载温儒敏、丁晓萍编：《时代之波》，中国广播电视出版社1995年版，第416页。
❺ 陈铨："新文学"，载《今日评论》1940年第4卷第12期，第11~12页。
❻ 陈铨："新文学"，载《今日评论》1940年第4卷第12期，第12页。

"移人性情"、"改造社会"、推动"伦理之觉悟"和思想启蒙的路数的继承和发展，是值得肯定的。

综上所述，陈铨阐释尼采学说并向国人传播它的主要动机，乃是借助尼采学说来提振国人"内心的新精神"，提倡"盛世文学"与"新文学"，归根结底是推动国人的思想启蒙。

第五节 冯至的尼采阐释与"决断"意识的形成

冯至（1905～1992年），中国现代著名诗人、学者，1927年从北京大学毕业后在中学任教，1930年赴德国柏林大学、海德堡大学留学，1936年回国后先后在同济大学、西南联大、北京大学任教。

一、冯至的尼采阐释

根据现有资料可知，冯至最早接触尼采的著作是在1924年。他在这一年10月3日致沉钟社同仁杨晦的信中说："我回到北京，无意中，买到了几本好书，'Zarathustra'、希腊传说，一本浪漫时代非常好的小说，荷马字典，以上都是德文的。"❶ Zarathustra 中文通译《查拉图斯特拉如是说》，是尼采的代表作之一。此时冯至还是北京大学德语系二年级学生。1930年10月冯至去德国留学，接触到更多的尼采著作，并在海德堡大学求学期间亲耳聆听过德国存在主义哲学先驱雅斯贝尔斯（K. Jaspers）关于尼采的系列讲座。雅斯贝尔斯1935年将这些讲座以 Nietzshe—Einführung in das Verständnis seines Philosophierens（可译为"尼采哲学思想引论"；中译本《尼采——其人其说》，社会科学文献出版社2001年版）为题出版。从后来对尼采思想的介绍与评价来看，冯至受雅斯贝尔斯的影响不少。冯至1939年在《谈读尼采》一信里就明确承认"我前几年在海岱山（通译海德堡）读尼采"，而那封信里讲述的读尼采之法，"一半是我自己的体验"，另一半则是"那里的雅斯贝尔斯教授所警戒"的话。❷

1949年以前，冯至讨论尼采思想与文体的文章发表在1939～1945年之间，共三篇。它们依次是：《谈读尼采（一封信）》（载《今日评论》1939年4月1日第1卷第7期）、《〈萨拉图斯特〉的文体》（载《今日评论》1939年5月11日第1卷第24期）与《尼采对于将来的推测》（载《自由论坛周刊》1945年3月17日第20期）。此外，冯至在《一个对于时代的批评》（载《大公报·战国》副刊1942年7月20日）、《批评与论战》（载《中国作家》1948年5月第1卷第3期）等文章中也多次提到尼采其人其说。

《〈萨拉图斯特拉〉的文体》一文讨论了尼采的代表作《查拉图斯特拉如是

---

❶ 冯至："致杨晦 19241003 号"，载《冯至全集》（第12卷），河北教育出版社1999年版，第25～26页。

❷ 冯至："谈读尼采"，载《冯至全集》（第8卷），河北教育出版社1999年版，第284页。

说》的文体特点以及中译该书时应该注意的事项。文章开门见山地指出："意义上没有错误，并不能说是对于《萨拉图斯特拉》（通译《查拉图斯特拉如是说》）译者的最后要求；把它特殊的文体，下一番文字上的功夫，重新表现出来，才算是我们理想的译品。因为尼采在这部书里，看外形和内容是同样重要。"❶ 冯至特别引用了尼采本人的一段话来概括此书"特殊的文体"的具体表现。尼采曾对友人自豪地宣称："这部《萨拉图斯特拉》使德国语言达到完善的境地了。那是在路德和歌德之后，再迈第三步——知心的老友，你看，是否力和柔韧性，以及音调的流畅，曾经在我们的语言中这样共同存在过。读完我的书的一页后，你再读一读歌德——你将要感到，那依附于画家歌德的'波动性'，对于语言制造者歌德并不是生疏的。我比他据有更强更男性的线，可是并不随着路德沦于庸俗。我的文体是一种舞蹈；一种各样均称的游戏，又是一种对于这些均称的超脱和嘲讽。我一直运用到母音的选择。"❷ 即是说，尼采此著的文体乃是一种融合了"力和柔韧性，以及音调的流畅"的"舞蹈文体"或"均称的游戏"。冯至在文章的结尾处还特别提到了《查拉图斯特拉如是说》与《圣经》文体的类似：

在《萨拉图斯特拉》里我们处处见到的是路德圣经的文法，路德圣经的语气。我们若是读过《旧约》里的诗篇，约伯记耶利米，再读《萨拉图斯特拉》，便不难择出许多类似的句子。尼采自己也说："把路德的语言和圣经里诗的形式当做一种新的德国文艺的基础——这是我的发明。"他在《萨拉图斯特拉》里的确做到了这一步。❸

于是，冯至以反问的方式建议："我们中文《萨拉图斯特拉》的译者是不是也应该参考中文的圣经译本呢？"❹ 从这些介绍可以看出，冯至对尼采的文体非常熟稔，也充满赞佩之情。

冯至在抗战爆发前夕还翻译过尼采的诗歌。他翻译了尼采的《Ecce Homo》、《旅人》、《星辰道德》、《新的哥伦布》、《秋》、《伞松和闪电》、《怜悯赠答》、《在南方》、《在西司马利亚（Sils－Maria）》、《在敌人包围中》与《最后的意志》等11首诗，将前面6首以"尼采诗钞"为题发表在了《文学》杂志1937年1月1日第8卷第1期"新诗专号"上，将后面5首同样以"尼采诗钞"为题发表在了《译文》杂志1937年5月15日新3卷第3期上。

关于抗战前后自己对尼采诗歌与思想的关注情况，冯至1987年6月4日在联邦德国国际交流中心"文学艺术奖"颁发仪式上所作的答词中这样总结道：

---

❶ 冯至："《萨拉图斯特拉》的文体"，载《冯至全集》（第8卷），河北教育出版社1999年版，第285页。

❷ 冯至："《萨拉图斯特拉》的文体"，载《冯至全集》（第8卷），河北教育出版社1999年版，第285～286页。

❸ 冯至："《萨拉图斯特拉》的文体"，载《冯至全集》（第8卷），河北教育出版社1999年版，第288页。

❹ 冯至："《萨拉图斯特拉》的文体"，载《冯至全集》（第8卷），河北教育出版社1999年版，第289页。

在四十年前抗日战争的艰苦岁月里，我在大学里教书并从事诗与散文的创作，除祖国的文化遗产和当时的进步思潮推动我前进外，歌德、里尔克、尼采的著作也曾给我不少的鼓励。那时中国文化界对德国文学还相当生疏，我起始试译歌德的《维廉·麦斯特的学习时代》，席勒的《审美书简》，尼采、里尔克的诗，写介绍歌德的文章。❶

由此可知，冯至认为尼采的诗歌也是给自己"鼓励"、推动自己"前进"的思想资源。

冯至对尼采思想的阐释集中体现在《谈读尼采》与《尼采对于将来的推测》两篇文章里。《谈读尼采》是给一位喜欢阅读尼采著作的青年的回信，中心内容是讨论阅读尼采著作的方法与注意事项，也涉及尼采的性格与学说。首先，冯至认为尼采著作的读者"最容易犯"两种毛病：一是割裂，二是盲从。关于割裂尼采著作的毛病，冯至指出：由于尼采"著作中充满了相反的意见"，所以，"当你想引证尼采的一句话时，你就要提防在他另一部或另一页的书上有一句意义相反的话在等待你的反对者来引用。……最好是把他对于某一问题所发表的意见，聚集起，把不同的来比较，追溯这些意见不同的原因，同时不要忘却整体"。❷ 至于盲从的问题，冯至明确对那位青年表示了自己的担心："怕你把尼采当做教主，看成先知，将他所说的话记在日记簿上作为你思想上的根据，那你就将要永久迷惑，找不到出路。"而实际上，"尼采不希望读者成为他的信徒。……他不但让我们走我们自己的路，而且教我们在读尼采的时候处处要防备他……尼采觉得一切意见，一切真实，都要自己亲身体验，亲手去取，绝不是一件物品或是一种技术似地可以互相传授。尼采不要求信徒，他最怕有一天被人称为圣者"。❸

冯至接着指出，要真正读懂尼采著作必须注意两个方面。第一个方面是"不能不顾及他的生活"。尼采的生活有什么特别呢？尼采"没有家，没有职业，没有团体……他是一个永久的漫游人，在人生万象中他是一个旁观者：人类的问题几乎没有一件不映入他明朗的眼中。他常常患病，病使他的思考深沉。他对于人生下犀利的批评，有独到的解释"。❹ 在冯至看来，永久的漫游、长期的疾病使尼采远离俗世的纷扰与追求，唯其如此，他看问题才会比一般人更全面、更超脱、更深刻。尼采"对于人生下犀利的批评，有独到的解释"不仅与他的生活经历和体验有关，更与他对"正直"和"纯洁"品格的坚守有关。冯至指出：

当尼采把许多道德观念重新估量而加以否定时，他却认定一种道德基本是确凿不可移的：正直。在他看来，我们只需要纯洁，不管是哲人也好，或是舞台上

---

❶　冯至："在联邦德国国际交流中心'文学艺术奖'颁发仪式上的答词"，载《冯至全集》（第5卷），河北教育出版社1999年版，第193页。

❷　冯至："谈读尼采"，载《冯至全集》（第8卷），河北教育出版社1999年版，第282页。

❸　冯至："谈读尼采"，载《冯至全集》（第8卷），河北教育出版社1999年版，第281～282页。

❹　冯至："谈读尼采"，载《冯至全集》（第8卷），河北教育出版社1999年版，第283页。

的一个小丑也好。这种对于纯洁的要求，便是尼采所谓的正直。只有心怀正直的人，才能放开眼光，广看万象，而万象也赤裸裸地映入他的眼中。❶

作为尼采的读者，"这种对于纯洁的需求，在人生中不但被虚伪所骗，并且也常常被'善'所蒙；我们应该立在善恶的彼岸，养成能以感受这个字的力量，然后方可以渐渐和尼采接近"。❷ 因此，冯至这里实际上想说的是，要透彻了解尼采的思想，不只是要了解他的生活与体验，更要了解他的品格与操守。第二个方面是"要忌讳执着"。冯至指出："我们知道尼采在希腊文化里发现了 Dionysos（即古希腊酒神）的精神，而为舞蹈唱过赞歌。舞蹈在他是一个比喻，比喻我们流动的人生。安息或停滞的地方，便是虚无，枯僵；人们时时要努力从虚无或枯僵里跳出来。人生如此；他的书，也无处不在流动……我们去随着他想，随着他动，但是不要模仿他。""尼采是一片奇异的'山水'，一夜的风雨，启发我们，警醒我们，而不是一条道路引我们到一座圣地。"❸ 显然，这里所说的"执着"是指呆板、僵化地看待尼采思想的态度，以及把尼采思想视为放之四海而皆准的绝对真理的做法。

《尼采对于将来的推测》是冯至特别欣赏的一篇文章，原载《自由论坛周刊》1945 年第 20 期，后来作者将它作为自己的"学术精华"收入《冯至学术精华录》（北京师范学院出版社 1988 年版；1992 年重印时更名为《冯至学术论著自选集》）。此文的主体是讨论尼采就人类的发展与未来提出的三个问题以及与之相关的设想。

第一个问题是关于"德谟克拉西（民主）的道路"。尼采预测德谟克拉西的命运在将来的世界里有三种可能性："第一个可能性是一个有秩序的、分配均匀的世界，各国家组成一个'国际联盟'。尼采承认，在他的时代里已经'有些意识明确而坦白地为德谟克拉西的将来'而工作的人们。……在这联盟里一切问题都将要按照理性的原则解决。将来的外交家'必须同时是文化研究者、农业家、交通专家，并有军队作他的后盾。'财产的分配要加以调整，不劳而获的'贸易大亨'要不易存在。到这时社会主义的名称已经被人忘却，这个将来的德谟克拉西'要尽其可能地创造人格的独立'，并且使世上没有与这个独立为敌的事：贫穷、富有、政党。""第二个可能性与前者正相反，就是社会主义征服了国家。如果这样，社会主义就要努力于'国家势力的丰满'与'一切形式上的个人的消灭'。""至于第三个可能性尼采说得很模糊，他只说若是人类由于德谟克拉西没有走上理性的国际联盟的道路，也可能由此而消灭国家的组织。可是他并没有解释国家怎样会消灭，他只反过来说：'我们相信，现在国家还要存在一个时期，

❶ 冯至："谈读尼采"，载《冯至全集》（第 8 卷），河北教育出版社 1999 年版，第 283~284 页。

❷ 冯至："谈读尼采"，载《冯至全集》（第 8 卷），河北教育出版社 1999 年版，第 284 页。

❸ 冯至："谈读尼采"，载《冯至全集》（第 8 卷），河北教育出版社 1999 年版，第 284 页。

过早的破坏国家的尝试是要被屏除的！'"❶ 从尼采关于民主的命运的判断中不难看出，他认为民主的完美形态即"国际联盟"与社会主义是互相冲突、对立的，因为社会主义"努力于'国家势力的丰满'与'一切形式上的个人的消灭'"，而"国际联盟"则"尽其可能地创造人格的独立"。因此可以说，尼采是反社会主义的。

第二个问题是"各国民族在世界政治上的发展"。冯至指出："尼采固然可推测可以组织国际联盟，解决一切，但他也不隐讳那人类的可怕的厄运：战争。"不过尼采所说的"战争"是广义的，"这战争在最大的规模里是学术的，同时也是民间的"，战争的目的"是争取地上的统治权"，"而统治权可以是经济的，也可以是思想的"。❷ 关于欧洲各民族的将来，尼采预测说："美国人也许是一个将来的世界权威"；"没有人再相信，英国自己还有充足的强力，再继续五十年演他的老角色"；"现在的法国是意志衰损了"；"俄国人走进文化世界是下世纪（指20世纪）里的一个重要事件"；"德国人是前日的和后日的——他们没有现在"，"德国人还不是什么，但他们将要成为一些什么"。❸

第三个问题是"人的精神本质的改变"。冯至指出：

对于将来的人类，尼采有一段话最使人感到惊奇："人类在新的世纪里也许由于支配自然而获得更多的力，比他所能消耗的多……只是航空就破坏我们一切的文化概念……一个建筑的时代来了，人们又和罗马人一般，为了永恒而建筑。"但是由于工业的发展和知识的扩充，也会产生这样的危险：文化在它的方法上沦亡。如果科学种下许多许多不愉快的因素，人为了许多不能解决的问题而又不得不求助于形而上学与宗教，到那时生活也许会感到很大的失望。他说，这也不是不可能的，"科学凋零，人又回到野蛮状态；人类必须又重新开始"。❹

这段话的主旨是探讨科学发展与文化沦亡或人文信仰迷失之间的互动关系。一方面，尼采承认，随着科学知识的增多、科学技术的发展，人类支配自然的能力也随之提高，人类从自然那里将"获得更多的力"；另一方面，尼采又敏锐地感觉到，科学技术或工具理性的片面发展即"工业的发展和知识的扩充"很可能导致文化的沦亡、人类产生"许多不愉快的因素"与"许多不能解决的问题"，最终"不得不求助于形而上学与宗教"。

冯至对尼采可谓推崇备至。他在《谈读尼采》一文里除了称尼采为"近百年来德国最伟大的思想家"之外，还这样描述尼采著作给读者的冲击力："我们只

---

❶　冯至："尼采对于将来的推测"，载《冯至全集》（第8卷），河北教育出版社1999年版，第250～251页。

❷　冯至："尼采对于将来的推测"，载《冯至全集》（第8卷），河北教育出版社1999年版，第251页。

❸　冯至："尼采对于将来的推测"，载《冯至全集》（第8卷），河北教育出版社1999年版，第251～252页。

❹　冯至："尼采对于将来的推测"，载《冯至全集》（第8卷），河北教育出版社1999年版，第252页。

要翻开他的任何一部著作，便会感到一种新的刺激，新的启发，新的战栗。这种刺激、启发、战栗，在我们有史以来，算起来，并没有多少次。"❶ 冯至在《一个对于时代的批评》（1942年）一文里称尼采与俄国的陀思妥耶夫斯基、丹麦的基尔克郭尔是19世纪欧洲的"三个重要人物"，他们"被人视为畸人"，因为他们"具有畸人特有的慧眼透视一切，挖掘人的灵魂到了最深密的地方，使一切现成的事物产生不安，发生动摇"。❷ 他认为尼采关于人类将来与发展的预测具有极强前瞻性："这些多方的推测是尼采在从1870年至1888年的时期内写出的。我们再看看这时期以后的世界，二十五年后才发生前所未有的大规模的战争（指一战），随后才有成功的社会主义的国家（指前苏联），失败的国际联盟，直到五十年后第二次大战才真实地显示出美国的与苏联的力量，以及航空所给与人类的许多概念的改变。"❸

总体来看，冯至对尼采思想的理解准确到位，而且重点突出，抓住了根本。

首先，冯至精通德语，在留德期间又选修了哲学，这些都为他准确地理解尼采思想提供了得天独厚的条件。如他对尼采"超人"的理解就相当到位。他在《尼采对于将来的推测》一文里引述尼采的原话"科学凋零，人又回到野蛮状态；人类必须又重新开始"之后，紧接着指出："新人（超人？）的产生，在尼采不过是一个理想，一个象征。"❹ 中国现代知识界通常把尼采的"超人"理解为现实中的杰出人物，而实际上尼采心目中的"超人"是一种完美人格、人性，也就是冯至所断言的，是"一个理想，一个象征"。

其次，说冯至抓住了尼采思想的根本，是因为他重点向国人介绍了尼采的政治思想，这一现象与当时中国知识界对尼采思想的误解尤其是将尼采法西斯化密切相关。冯至在《谈读尼采》一文里概括过尼采的思想观点：

> 他分析支配欧洲文化有十几世纪之久的基督教是奴隶道德的产品……他面前的世界是隐蔽在道德、宗教、种种传统的面具下活动，而这些面具都是空虚。无怪他立在高山上，俯视尘寰，想到他所处的时代，有置身废墟之感！所以他在他的自传中，一再致意，说他是颓废时代里产生的儿子，可是这个儿子渴望新生，正如人在病中渴望健康一样。他在病里观察，健康却是一个远方的憧憬：什么"超人"呀，"向力的意志"呀，便在他的憧憬中闪烁着……❺

这里，冯至将尼采的思想概括为反基督教、反现代文明（"颓废时代"）、鼓吹超人与强力意志（"向力的意志"）学说等几个方面。不过他介绍尼采思想的名

---

❶ 冯至："谈读尼采"，载《冯至全集》（第8卷），河北教育出版社1999年版，第281页。
❷ 冯至："一个对于时代的批评"，载《冯至全集》（第8卷），河北教育出版社1999年版，第242页。
❸ 冯至："尼采对于将来的推测"，载《冯至全集》（第8卷），河北教育出版社1999年版，第252～253页。
❹ 冯至："尼采对于将来的推测"，载《冯至全集》（第8卷），河北教育出版社1999年版，第252页。
❺ 冯至："谈读尼采"，载《冯至全集》（第8卷），河北教育出版社1999年版，第283页。

篇还是《尼采对于将来的推测》。此文对尼采的政治思想作了相当详细且深刻的阐释，对于纠正当时国人对尼采思想的误解起了重要的作用。

冯至对尼采思想的阐释受德国存在主义哲学家雅斯贝尔斯的影响非常明显。1930 年 10 月冯至去德国留学，在海德堡大学求学期间听过雅斯贝尔斯关于尼采的系列讲座。后者将这些讲座以 *Nietzshe－Einführung in das Verstöndnis seines Philosophierens* 为题出版（中译本《尼采——其人其说》，社会科学文献出版社 2001 年版）。冯至曾明确承认："因为近来读到一本雅斯培斯（通译雅斯贝尔斯）论尼采的著作，里边有一章论尼采对于将来的推测，使我感到很大的兴趣。"❶ 事实上，冯至的《尼采对于将来的推测》一文乃是对雅斯贝尔斯《尼采哲学思想引论》第 2 卷第 4 章第 3 节"对有可能的未来的憧憬"的提要。❷

具体来说，雅斯贝尔斯此书对冯至的影响主要体现在三个方面。

第一，对尼采思想遭人误解颇为不平。雅斯贝尔斯曾经这样陈述自己讲授尼采思想的目的："本书试图整理尼采哲学的内容，抵制迄今接受尼采思想的各代人均带有的巨大误解，抵制这位濒临疯狂的人士在人们对他做的摘录中留下的歧义。"❸ 冯至则在《谈读尼采》一文里谈到了西方各派思想、各家政党对尼采思想的"掠取"与"冒渎"问题：

> 近几十年，在德国被人引用最多而最滥的，莫过于尼采了。他的话出现于各党各派所著的书上，被人用为书前的题词，被人作为行文的引证。在社会主义者的宣传册上，法西斯党人的演说词中，在无神论者和天主教学者的论文里，都能发现尼采的话。他的全集几乎成了格言宝库，尽量供给各党各派的掠取。❹

> 曾几何时，尼采憎恶地表示："最坏的读者像是掠人财物的兵：他们拿去一些他们所能用的，污毁了、搅乱了那些剩余的，冒渎了整体。"现在，冯至深有感触地说："偏偏是尼采遭遇这样的'兵士'最多。至于这种遭遇的原因，就是他著作中充满了相反的意见。因此一部分被人'拿去'，一部分被人'污毁'，而整个的尼采遭了'冒渎'。"❺ 冯至在《尼采对于将来的推测》里还进一步分析了尼采受到误解的原因：

> 尼采这位近代少有的文化批评者，因为他所论到的方面的广泛，著作的缺乏系统，文笔的犀利，受尽了后人的崇拜与攻讦。二十世纪初期，欧洲许多思想家与诗人都受到过他的启发，同时他的言论也有不少地方，被希特勒与墨索里尼所

---

❶　冯至："尼采对于将来的推测"，载《冯至全集》（第 8 卷），河北教育出版社 1999 年版，第 249 页。
❷　［德］雅斯贝尔斯："尼采——其人其说"，载鲁路译，社会科学文献出版社 2001 年版，第 280～291 页。
❸　［德］雅斯贝尔斯："尼采——其人其说"，载鲁路译，社会科学文献出版社 2001 年版，第 1 页。
❹　冯至："谈读尼采"，载《冯至全集》（第 8 卷），河北教育出版社 1999 年版，第 281～282 页。
❺　冯至："谈读尼采"，载《冯至全集》（第 8 卷），河北教育出版社 1999 年版，第 282 页。

利用。❶

在这段话里，冯至将尼采受到后人"崇拜"与"攻讦"两种截然对立的评价的原因概括为两个方面：一是"他所论到的方面的广泛，著作的缺乏系统，文笔的犀利"；二是既有"思想家和诗人都受过他的启发"，又有"被希特勒与墨索里尼所利用"的事实。

第二，为尼采被法西斯化鸣不平，有一股替尼采平反昭雪的强烈冲动。雅斯贝尔斯曾经明确表示："在 1934 年与 1935 年那一段时光中，这本书同样意在针对那些纳粹分子——思想界曾将这些纳粹分子当做自己的哲学家——去唤醒思想界。""因为尼采的生命与思想的内容是如此之伟大，以至于谁要是想分享它，就会远离尼采一度落入其中的那些迷误，这些迷误甚至会在词句上为纳粹分子的野蛮行径提供素材。由于尼采事实上不可能成为纳粹哲学家，所以纳粹后来便对他保持缄默，不理睬不了。"❷冯至在《尼采对于将来的推测》里也指出："在中国，提起尼采这个名字，人们总认为他是一个法西斯的代言者，而对于他本身是怎样的一个人，以及他给与后人的积极的影响，则很少顾及，更何况那部通俗的辞典（指《辩证法唯物论辞典》）里用断然的语气写着，他是一般革命运动的明目张胆的反对者呢。"❸冯至甚至断言："尼采是一个人类的关心者，他的著作中几乎没有一段不涉及人的问题，所以对于人的将来他也寄予无限的想象与希望。""在他的全集里边，并没有'德意志能够支配世界'的主张。"❹这一判断显然是对抗战前后中国知识界、思想界将尼采法西斯化的现象的不满。冯至在文章开篇就特别声明了自己介绍尼采思想的目的是要让时人"知道一些尼采是怎样的一个人"。❺言下之意就是，时人对尼采本来是一个什么样的人并不知情，将尼采与纳粹、法西斯挂钩并不准确，因此必须还他以真实面目。

第三，对尼采的文体的认识。雅斯贝尔斯认为尼采的著作"看上去内容繁杂、毫无联系。他的书总是前言不搭后语"。❻冯至也认为尼采的思维方式与言说方式呈现出反系统的特点，因为尼采"认为自从欧洲中古直到 19 世纪中叶许多哲学家所创造的哲学系统只是对于现实的规避"；并特别说明："关于哲学系统，那位和尼采很相似，比他早生半个世纪的丹麦的思想家基尔克郭尔（Kierkegaard）说过这样有意味的话：创造系统的哲学家好像是一个人建筑了华丽的

❶ 冯至："尼采对于将来的推测"，载《冯至全集》（第 8 卷），河北教育出版社 1999 年版，第 249 页。

❷ ［德］雅斯贝尔斯："尼采——其人其说"，载鲁路译，社会科学文献出版社 2001 年版，第 1～2 页。

❸ 冯至："尼采对于将来的推测"，载《冯至全集》（第 8 卷），河北教育出版社 1999 年版，第 249～250 页。

❹ 冯至："尼采对于将来的推测"，载《冯至全集》（第 8 卷），河北教育出版社 1999 年版，第 250 页、第 253 页。

❺ 冯至："尼采对于将来的推测"，载《冯至全集》（第 8 卷），河北教育出版社 1999 年版，第 250 页。

❻ ［德］雅斯贝尔斯："尼采——其人其说"，载鲁路译，社会科学文献出版社 2001 年，第 1 页。

宫殿，自己却只能住在旁边的木板房里。"❶ 即是说，尼采之所以不采用黑格尔式的体系化言说方式，是因为他觉得现实本身是流动的、零散的甚至自相矛盾的，而不是预先规划好的或合乎规范的体系，哲学家所构造的体系往往是虚拟的，只不过是一个美丽的错误而已。冯至还指出：尼采"著作中充满了相反的意见"，所以，"当你想引证尼采的一句话时，你就要提防在他另一部或另一页的书上有一句意义相反的话在等待你的反对者来引用"。❷

二、冯至的尼采阐释与"决断"意识的形成

冯至从尼采其人其说提取了什么精神元素？笔者认为，冯至提取的是一种"决断"意识。

"决断"本是冯至 1941 年阅读丹麦哲学家基尔克郭尔《一个文学的评议》一文时抽取出的一个概念。冯至在《一个对于时代的批评》（1942 年）一文里以基尔克郭尔对时代的批评为范例，呼吁抗战期间的中国知识分子形成一种"决断"意识。基尔克郭尔说："我们的时代根本是中庸的、考虑的、没有深情的、在兴奋中沸腾一下，随后又在漠不关心的状态中凝滞下去的时代。""在考虑中的人不会感到'决断'的需要，也就是感不到生的意义，正如在浅水上游泳的人尝不到那带有危险性的、真正的游泳快乐那样。""一个有深情的时代是勇猛前进，有兴有衰，有树立，有压迫，但是一个考虑的、没有深情的时代却正相反：它窒息，阻止，它平均一切。"❸ 冯至读到这些语句之后，深有感触并充满激情地写道：

> 在一个没有深情、只有考虑的时代里，多少生存中根本的问题都被遗弃了！人们把那些艰难的、沉重的事物放在一边，像是一座深山里的金矿，明知其中有丰富的宝藏，却没有下第一斧的决心，只是混在熟透了的城区，用空疏的影戏，用消遣的杂志，滑过他们的岁月。在一个这样的时代里，谁还能有所"决断"呢？纵使有人好容易克制了他自己的考虑，要有所作为，随即会从外边又来了无数的考虑，让他又沉静下去，回到无所作为的状态里。❹

要克服一切内外的考虑，勇于"决断"，又拾起那些已经失落的严肃的冲突、沉重的问题——这是基尔克郭尔对于他的时代、他的后世的呼吁。我们在百年后，万里外的中国若是听得到一点这个呼吁的余音，应该作何感想呢？觉得它是某党某派的"代言"呢，还是一个纯洁的对于人类的警告？❺

冯至此文写于 1941 年 2 月 22 日、发表于 1942 年 7 月 20 日，此时正是中国

---

❶　冯至："谈读尼采"，载《冯至全集》（第 8 卷），河北教育出版社 1999 年版，第 283 页。
❷　冯至："谈读尼采"，载《冯至全集》（第 8 卷），河北教育出版社 1999 年版，第 282 页。
❸　冯至："一个对于时代的批评"，载《冯至全集》（第 8 卷），河北教育出版社 1999 年版，第 244～245 页。
❹　冯至："一个对于时代的批评"，载《冯至全集》（第 8 卷），河北教育出版社 1999 年版，第 248 页。
❺　冯至："一个对于时代的批评"，载《冯至全集》（第 8 卷），河北教育出版社 1999 年版，第 248 页。

军民抗日战争最艰难的时期，一些知识分子不知何去何从，处于迷惘、观望即基尔克郭尔所说的"考虑"之中。因此，冯至想用这篇文章来警示中国的知识分子，呼吁他们早日摆脱作壁上观的陋习，早日"决断"，以便积极投身于抵抗日本侵略者的洪流之中。

冯至后来在《批评与论战》（1948 年）一文里又将基尔克郭尔的"决断"意识深化为"论战"意识。所谓"论战"意识，就是"负有宣示这个真理，坚持这个真理，彻底攻击与这真理相反的事物的责任"，就是"负担这个战斗的命运，热情饱满，思想充沛，同时对人类有强烈的爱"；就是"宁愿牺牲自己的幸福，甚至生命，而不肯放弃他们所信仰的真理"。❶

"决断"概念虽然是从基尔克郭尔那里直接提取来的，但在冯至看来，尼采及其思想主张更是"决断"意识的重要源头。冯至在《一个对于时代的批评》一文里指出，与基尔克郭尔选择"受苦受难真实地本着基督的精神生活"不同，尼采作出了"绝对地否定基督教"的"决断"。❷ 他在《批评与论战》一文中将尼采定位为"论战家"，因为论战家"会感到有一种命运加在他的身上，这正如尼采在他的自传里所写的一个标题：《我为什么是一个命运》"。❸ 冯至比较了尼采与基尔克郭尔这两个"论战家"的异同，并特别推崇尼采的"决断"意识：

> 19 世纪有两个论战家，一个是丹麦的基尔克郭尔，一个是德国的尼采。二人都是在一般人认为不成问题的地方发现问题，对于社会中虚伪的现象痛加攻击——前者对于丹麦的新闻界和教会，后者对于德国的教育、哲学和整个的基督教——使欧洲的思想界发生很大的震动。……尼采更认清他个人的命运：他否定一向被认为是好人的人们和一向被认为是好的道德的道德，他重估一切的价值。他认为宽容是"对于是与非的无能为力"，是"对于自己的理想的不信任的明证"。❹

在冯至看来，尼采比起基尔克郭尔来，更能看清时代的弊端，更能认清自己的任务与命运，因而更为明确、大胆、彻底地反叛传统的道德，重新估定一切价值。不仅如此，冯至还以尼采为例说明了"决断"意识形成的前提是保持自立与超脱的态度。他从尼采身上拈出了"正直"这一品格："当尼采把许多道德观念重新估量而加以否定时，他却认定一种道德基本是确凿不可移的：正直。在他看来，我们只需要纯洁，不管是哲人也好，或是舞台上的一个小丑也好。这种对于纯洁的要求，便是尼采所谓的正直。只有心怀正直的人，才能放开眼光，广看万象，而万象也赤裸裸地映入他的眼中。"即是说，唯有"正直"、"纯洁"，才能

❶ 冯至："批评与论战"，载《冯至全集》（第 4 卷），河北教育出版社 1999 年版，第 122 页、第 124 页。
❷ 冯至："一个对于时代的批评"，载《冯至全集》（第 8 卷），河北教育出版社 1999 年版，第 244 页。
❸ 冯至："批评与论战"，载《冯至全集》（第 4 卷），河北教育出版社 1999 年版，第 122 页。
❹ 冯至："批评与论战"，载《冯至全集》（第 4 卷），河北教育出版社 1999 年版，第 126 页。

"放开眼光，广看万象"、洞察人生与社会！而尼采的漂泊、流浪甚至患病恰好有助于"他对于人生下犀利的批评，有独到的解释"。

冯至从尼采那里提取的"决断"意识首先就表现在他对尼采思想的阐释活动中。通观冯至对尼采思想的阐释，可以看出他一直保持着知识分子的理智、清醒、自律，坚守了一种批判意识和"决断"意识。

冯至在《尼采对于将来的推测》中开篇就交代了时人对尼采的评价："翻开《辩证法唯物论辞典》，在'尼采'这一条目下写着：'尼采是一般革命运动和劳工运动的明目张胆的反对者。他尤其反对社会主义运动，尼采反映出前世纪（指19世纪）七八十年代德国的特殊社会条件。当时产业资本主义虽已很发达，但权力仍为贵族所掌握，因此仍不失其对于德意志能够支配世界，以及能够弹压欣欣向荣的无产阶级运动的自信。尼采就是这部分贵族阶级的意识形态的代表人物。'"然后作者针锋相对地指出："这里边所说的前世纪七八十年代的德国情形，是正确的；但是说尼采是这种意识形态（即前文所说的"贵族阶级的意识形态"）的代表人物，则未免失当。"❶ 针对中国知识界认定尼采是"法西斯的代言者"、"革命运动的明目张胆的反对者"，冯至明确指出"在他的全集里边，并没有'德意志能够支配世界'的主张"。❷《辩证法唯物论辞典》是前苏联马克思主义学者米定·易希金柯著述，由平生等四位中国学者集体翻译的，在20世纪30年代中期至40年代的中国解放区特别流行，极具权威性。冯至却敢于对这部书中的一些说法表示质疑，这无疑是需要勇气和"决断"意识的。

如果进一步联系冯至作出这一论断的时代氛围和具体语境来考察，就更加可以看出冯至的理性和自律。二战爆发之前，尼采的哲学就因为曾经被纳粹分子如希特勒、墨索里尼等人的捧而在欧美世界呈现出"法西斯化"的趋势。当时中国知识界、思想界也普遍接受了将尼采与法西斯挂钩的看法。1940～1941年间，国统区的战国策派对尼采学说的阐释与传播就遭到"左派"人士的猛烈攻击。张子斋的《从尼采主义谈到英雄崇拜与优生学》（1941年）、曹和仁的《权力意志的流毒》（1942年）与欧阳凡海的《什么是"战国策"派的文艺》（1943年）等文章就是抨击战国策派的代表作。这些文章或者明确指出"尼采主义今天已成为法西斯的宠儿，成为一切侵略者的理论基础了"，"尼采被奉为法西斯军队底战神"；❸ 或者致力于论证"尼采的超人哲学怎样成为法西斯主义的反动理论的工具"。❹ 必须指出的是，他们据以批驳战国策派以及尼采学说的材料基本上摘取自当时被译介过来的两位外国学者的一篇文章和一本专著，即 L. 凯迪的《尼采

---

❶　冯至："尼采对于将来的推测"，载《冯至全集》（第8卷），河北教育出版社1999年版，第249页。

❷　冯至："尼采对于将来的推测"，载《冯至全集》（第8卷），河北教育出版社1999年版，第250页。

❸　曹和仁："权力意志的流毒"，载郜元宝：《尼采在中国》，上海三联书店2001年版，第323页、第330页。

❹　欧阳凡海："什么是'战国策'派的文艺"，载郜元宝：《尼采在中国》，上海三联书店2001年版，第342页。

哲学与法西主义》（申谷译，载《理论与实践》1939 年 11 月第 1 卷第 1 期）与勃伦蒂涅尔的《尼采哲学与法西主义之批判》（段洛夫译，上海潮锋出版社 1941 年版）。关于这一情况，中国现代文学史家唐弢晚年曾经回忆说：1939 年之后一段时期，"学术界普遍流行的却是勃伦蒂涅尔的批判的见解，等到 1941 年他的《尼采哲学与法西主义》从日文转译过来，尼采哲学等于法西斯主义，尼采是法西斯的预言者和代言人等等，也就成为定论，压倒所有不同的意见。没有一个人说明他的著作——特别是《强力意志》经过他妹妹的篡改，加上'战国策派'配合中国当时的政治宣传，欧亚两地，遥相呼应，尼采受到左右夹攻"。❶

借用美国学者布林顿（C. Brinton）的说法，抗战时期中国知识界、思想界将尼采视为"法西斯代言人"甚至"战争狂人"的说法属于"强横的尼采"类型。❷ 所谓"强横的尼采"，就是把尼采视为崇尚强权、强人、强暴的思想家。❸ 这种定性表明了当时中国知识界、思想界对尼采思想的把握是片面的，其实质是一种误解。因此，冯至为尼采被视为法西斯代言人平反昭雪之举显然有拨乱反正的作用。

因为秉持一种"决断"意识，冯至对尼采文体的看法才能不苟同于他人，而是独具慧眼、独抒己见。他不仅认为尼采的《查拉图斯特拉如是说》"专专运用圣经的文体"，而且这样解释其原因："他是一个牧师的儿子，在他没有改习古典语学之先，一向在大学里研究神学。尼采之于《圣经》的文体，一半由于自然，一半是故意。自然的，是圣经的文句从他童年时已经融成他的血肉；故意的，是他要用圣经体写成一部反圣经——《萨拉图斯特拉》（通译《查拉图斯特拉如是说》）。"❹ 一般人通常认为尼采既然是反基督教的，就会把基督教的一切包括《圣经》全部抛开，而冯至这一判断则敏锐而大胆地肯定了《圣经》文体对尼采深入骨髓的浸润，指出了"圣经的文句从他童年时已经融成他的血肉"的事实。

这里必须提及冯至在 20 世纪 50 年代中期发表的一篇涉及尼采思想的文章，即发表在《光明日报》1955 年 6 月 5 日上的《胡适怎样"重新估定中国古典文学"》一文。该文在批判胡适的"重新估定一切价值"主张时说：

这个口号是他从德国最反动的哲学家尼采那里搬运过来的。重新估定价值，总要有一个尺度，他和尼采用的都是些什么尺度呢？尼采生长在德国资本主义向帝国主义发展的时代里，为了支持帝国主义奴役人民，侵略弱小民族，尼采采用的尺度是：凡是有利于反动统治阶级的事物，如侵略战争、强力等，都是"正确

---

❶ 唐弢："一个应该大写的主体——鲁迅"，旺晖："反抗绝望：鲁迅及其文学世界"（增订本），北京：生活·读书·新知书店 2008 年版，第 2 页。

❷ Crane Brinton, *Nietzsche*. Cambridge, Mass. ; Harvard University Press, 1941, p184.

❸ ［澳］张钊贻："早期鲁迅的尼采考"，载郜元宝：《尼采在中国》，上海三联书店 2001 年版，第 839 页。

❹ 冯至："《萨拉图斯特拉》的文体"，载《冯至全集》（第 8 卷），河北教育出版社 1999 年版，第 288 页。

的”，凡是有利于劳动人民的，如社会主义、同情等，都是应该消灭的。胡适是一个半封建半殖民地国家里为美帝国主义服务的实用主义者，他要使中国人民承认现在不如人，过去也不如人，他要达到“不过如此”和“开最后一刀”的目标，那么他在文学评价所用的尺度自然和尼采的尺度不会相同，他就要为了这个目标而制造了。❶

五四时期，我国新文化的倡导者们纷纷把尼采思想作为反偶像、反封建的思想武器之一，尼采的“重新估定一切价值”主张在五四时期有推动历史前进的功绩。胡适甚至在《新思潮的意义》（1919 年）一文中将五四新文化运动的精神即“新思潮的意义”概括为尼采的“重新估定一切价值”主张。❷ 要理解冯至对胡适和尼采思想的批判态度，就必须联系作者当时所处的具体环境。冯至从 20 世纪 40 年代末开始就积极追求进步，力图使自己的步伐和冲在前列的人保持一致。1956 年 6 月 22 日，冯至被批准加入中国共产党。此后一个相当长的时期，他把听从党的号令、服从党安排作为自己的言行准则。1956 年 8 月中共八大期间，冯至不仅担负了将文件译成德文的任务，还专为毛泽东做过翻译。当形势逼使他不得不对政治问题表态的时候，冯至就陷入了两难境地。

冯至在批判胡适的运动中不仅错批了胡适，也错批了尼采，但那完全是在不正常的政治气氛中说的违心话。令人欣喜的是，冯至在新时期又发出了欣赏尼采的“先声”。他在 1983 年 5 月 5 日改定的《诗文自选琐记》里，针对尼采用罗马总督彼拉多指着钉在十字架上的耶稣对众人说的“看啊，怎样一个人！”一句的拉丁文“Ecce Homo”作自传标题一事，发表了这样的感慨：“我丝毫没有经受过耶稣式的苦难，更没有尼采式的傲慢，可是当我选辑我的诗文时，我越来越想到彼拉多的那句话：‘看啊，怎样一个人！’，有一种象是在撰写自白的感觉。”❸这一感慨的内涵很丰富，也很复杂，冯至既认为尼采用彼拉多指称耶稣的话作标题显示了“尼采式的傲慢”，又坦承自己选辑诗文时“越来越想到彼拉多的那句话：‘看啊，怎样一个人！’”。因此，这句话实际上表明了作为学者与诗人的冯至在悄然地、智慧地诉说着自己对尼采的同情与喜爱。这一逆时而动之举披露了正直的知识分子的良知与勇气。冯至对尼采的有保留的赞赏态度或欲说还休的举动在 1983 年的时候已经属于相当大胆的表现了。此时的中国虽然已经进入改革开放时期，西学东渐之风虽然也再次刮起，但尼采尚未摆脱“法西斯主义的思想先驱”的嫌疑，中国学术界、思想界对尼采哲学的态度不是义正词严的讨伐，就是明哲保身的沉默。直到张汝沦在《书林》1985 年第 3 期上发表了《一个被误解的哲学家——尼采学说之我见》、周红在《读书》1986 年第 11 期上发表了《尼采的形象是怎样被扭曲的》等文章之后，尼采才逐渐以正面形象进入中国人的视

❶　冯至：“胡适怎样‘重新估定中国古典文学’”，《光明日报》1955 年 6 月 5 日。
❷　胡适：“新思潮的意义”，载《胡适文存》（第 1 集），上海亚东图书馆 1921 年版，第 1021 页。
❸　冯至：“诗文自选琐记”，载《冯至选集》（第 1 卷），四川文艺出版社 1985 年版，第 3 页。

野。由此可知，冯至对尼采的欣赏比张汝沦、周红等哲学研究者用论文恢复尼采本来面目的举动还要早两三年。

此外，冯至的"决断"意识还表现在虽然对尼采思想表示赞佩，但绝不盲目推崇，而是有所保留。如他说："尼采是一片奇异的'山水'，一夜的风雨，启发我们，警醒我们，而不是一条道路引我们到一座圣地。"❶ 即是说，尼采思想可以引人遐想与思考，但不是到达圣地的现成道路。他也明确承认了尼采"有些推测当然可能是错误的"。❷ 如他对尼采认为社会主义"要努力于'国家势力的丰满'"，就必然导致"一切形式上的个人的消灭"的说法❸也没有盲目附和。

因此可以说，冯至借助尼采的"正直"性格以及"价值重估"等思想主张，就是要敦促自己和国人形成一种"决断"意识。这既是启蒙自己，也是启蒙他人、启蒙社会。

第六节　朱光潜的尼采阐释与"看戏"人生观的宣示

朱光潜（1897～1986 年），中国现代美学家、文艺理论家、教育家和翻译家。他曾于 1925 年赴英国爱丁堡大学、伦敦大学和法国巴黎大学、斯特拉斯堡大学求学，1933 年回国后先后在北京大学、四川大学、武汉大学等处任教。

一、朱光潜的尼采阐释

朱光潜赴欧留学之后开始阅读尼采著作，并接受了尼采思想尤其是尼采的美学思想的影响。他特别推崇尼采的悲剧理论。如他在 1933 年就认定了尼采阐述悲剧思想的代表作《悲剧的诞生》"也许是出自哲学家笔下论悲剧的最好一部著作"。❹ 1939 年，朱光潜应《益世报·读书周刊》杂志社的邀请为美学爱好者开列了一份"美学的最低限度的必读书籍"，共 30 部，其中有 5 部是他最为推崇的美学经典，尼采的《悲剧的诞生》就位列其中。❺

据笔者所见，朱光潜最早谈论尼采思想的文章是 1929 年 6 月作于巴黎、1929 年 8 月 5 日发表于《一般》杂志第 8 卷第 4 号上的《两种美》一文。而1933 年出版的英文博士论文《悲剧心理学》（法国斯特拉斯堡大学出版社出版；中译本由人民文学出版社于 1983 年出版）是他阐释尼采思想最为系统的文本，也是中国学者系统解读尼采悲剧学说的第一份成果。该文第八章"对悲剧的悲观

❶ 冯至："谈读尼采"，载《冯至全集》（第 8 卷），河北教育出版社 1999 年版，第 284 页。
❷ 冯至："尼采对于将来的推测"，载《冯至全集》（第 8 卷），河北教育出版社 1999 年版，第 250 页。
❸ 冯至："尼采对于将来的推测"，载《冯至全集》（第 8 卷），河北教育出版社 1999 年版，第 251 页。
❹ 朱光潜："悲剧心理学"，载张隆溪译，《朱光潜全集》（第 2 卷），安徽教育出版社 1987 年版，第 363 页。
❺ 朱光潜："美学的最低限度的必读书籍"，载《朱光潜全集》（第 8 卷），安徽教育出版社 1993 年版，第 403 页。

解释：叔本华与尼采"详细地讨论了尼采《悲剧的诞生》一书中的悲剧学说。此后，朱光潜还多次引述或阐发尼采的思想尤其是悲剧理论。如《诗论》（1942年）第三章"诗的境界与意象"的第四节"诗的主观与客观"中提到了尼采的悲剧理论；《悲剧与人生的距离》（1943年）、《诗的难与易》（1947年）、《看戏与演戏——两种人生理想》（1947年）与《诗的意象与情趣》（1948年）等文章中，或阐述尼采的悲剧理论，或借助尼采思想申述了文艺观与人生观。

《两种美》（1929年）一文引用尼采的悲剧理论阐述了自己的美学思想。文章所说的两种美，一是指"刚性美"，二是指"柔性美"。朱光潜说：

> 刚性美是动的，柔性美是静的。动如醉，静如梦。尼采在《悲剧之起源》（通译《悲剧的诞生》）里说艺术有两种，一种是醉的产品，音乐和舞蹈是最显著的例；一种是梦的产品，一切造型的艺术如诗如雕刻都属这一类。他拿光神阿波罗和酒神狄俄倪索斯来象征这两种艺术。你看阿波罗的光辉那样热烈么？其实他的面孔比渴睡汉还更恬静；世间的一切色相得他的光才呈现，所以都是他在那儿梦出来的。诗人和雕刻家的任务也和阿波罗一样，全是在造色相，换句话说，全是在做梦。狄俄倪索斯就完全相反。他要图刹那间的尽量的欢乐。在青葱茂密的葡萄丛里，看蝶在翩翩的飞，蜂在嗡嗡的叫，他不由自主的把自己投在生命的狂澜里，放着嗓子狂歌，提着足尖乱舞。他固然没有造出阿波罗所造的那些恬静幽美的幻梦，那些光怪陆离的色相，可是他的歌和天地间生气相出息，他的舞和大自然的脉搏共起落，也是发泄，也是表现，总而言之，也是人生不可少的一种艺术。在尼采看来，这两种相反的美熔于一炉，才产出希腊的悲剧。❶

显然，朱光潜将尼采的"光神（通称日神）阿波罗"和"酒神狄俄倪索斯"分别比拟为"柔性美"和"刚性美"。朱光潜还进一步发挥说："尼采所谓狄俄倪索斯的艺术是刚性的，阿波罗的艺术是柔性的，其实在同一种艺术之中也有刚柔之别。"❷

《悲剧心理学》（1933年）的第八章"对悲剧的悲观解释：叔本华与尼采"对比分析了叔本华与尼采这两位德国哲学家、美学家的悲剧理论，其中第三节和第四节详细介绍了尼采《悲剧的诞生》一书的内容。该文涉及如下内容。

第一，酒神精神与日神精神、酒神艺术与日神艺术的内涵与特点。关于酒神精神与日神精神，朱光潜介绍说：

> 尼采在他的《悲剧的诞生》里，借用希腊神话中的酒神和日神来象征两种基本的心理经验。在这两种之中，酒神精神更为原始。这种酒神是由麻醉剂或由春天的到来而唤醒的，这是一种类似酩酊大醉的精神状态。在酒神影响之下，人们

---

❶　朱光潜："两种美"，载《朱光潜全集》（第8卷），安徽教育出版社1993年版，第308～309页。
❷　朱光潜："两种美"，载《朱光潜全集》（第8卷），安徽教育出版社1993年版，第309页。

尽情放纵自己原始的本能，与同伴们一起纵情欢乐，痛饮狂歌狂舞，寻求性欲的满足。人与人之间的一切界限完全打破，人重新与自然合为一体，融入到那神秘的原始时代的统一之中去。他如醉如狂，"几乎就要飞舞到空中"。像停不住的孩子一样，他不断地建筑，又不断地破坏，永远不满足于任何固定而一成不变的东西。他必须充分发泄自己过于旺盛的精力。对他说来，人生就是一场狂舞欢歌的筵席，幸福就在于不停的活动和野性的放纵。用尼采自己的话来说，具有酒神精神的人"要求紧张有力的变化"。❶

另一方面，日神阿波罗则是光明之神和形体的设计者。具有日神精神的人是一位好静的哲学家，在静观梦幻世界的美丽外表之中寻求一种强烈而又平静的乐趣。人类的虚妄、命运的机诈，甚至全部的人间喜剧，都像五光十色的迷人的图画，一幅又一幅在他眼前展开。这些图景给他快乐，使他摆脱存在变幻的痛苦。他对自己喊道："这是一场梦！我要继续做梦！"他深思熟虑，保守而讲究理性，最看重节制有度、和谐、用哲学的冷静来摆脱情感的剧烈。……尼采把他描述为"个性化原则的光辉形象"……❷

在这里，作者明确指出了酒神精神和日神精神是人类"两种基本的心理经验"的象征，前者代表"类似酩酊大醉的精神状态"，后者代表"在静观梦幻世界的美丽外表之中寻求一种强烈而又平静的乐趣"。关于酒神艺术与日神艺术及其相互关系，朱光潜指出：

酒神精神在音乐中得到表现。……音乐起源于酒神的舞蹈，抒情诗也随之而产生。……另一方面，日神精神则体现在造型艺术和史诗之中。在这几类艺术当中，日神的形象在我们面前建造出一个英雄的世界，轮廓清晰，色彩和形体都和谐完美，崇高而辉煌，"浮动在甜蜜的快感之中"。❸

作者进一步发挥道：

酒神精神的艺术和日神精神的艺术之间的区别，可以说是主观艺术与客观艺术的区别。它们虽然互相对立，却又互为补充。例如，抒情诗主要是一种主观的艺术，但在表现内心深处的情感时，它就将这些情感"客观化"，把它们像图画一样放在心眼之前。……音乐是意志或酒神精神的客观化，抒情诗则可以看作音

---

❶ 朱光潜："悲剧心理学"，载张隆溪译，《朱光潜全集》（第2卷），安徽教育出版社1987年版，第355页。

❷ 朱光潜："悲剧心理学"，载张隆溪译，《朱光潜全集》（第2卷），安徽教育出版社1987年，第355～356页。

❸ 朱光潜："悲剧心理学"，载张隆溪译，《朱光潜全集》（第2卷），安徽教育出版社1987年版，第356页。

乐的客观化，把音乐转化为明朗的观念和形象。❶

在这两段话里，作者不仅介绍了酒神艺术与日神艺术的具体种类，并且结合抒情诗论证了酒神艺术和日神艺术之间"互相对立，却又互为补充"的关系。

第二，悲剧理论。朱光潜首先介绍了尼采的悲剧起源说："悲剧最早起源于祭神典礼中的合唱。尼采把这看成是原始时代祭祀酒神的狂欢者们所进行的艺术模仿……酒神的受难与日神的光辉融合在一起，音乐产生出神话，于是悲剧就诞生了。"❷ 悲剧为何最早诞生在希腊呢？朱光潜解释说：

在尼采看来，希腊人是一个敏感的民族……希腊人以敏锐的目光看透了自然的残酷和宇宙历史可怕的毁灭性进程。……"为了能活下去，希腊人出于迫不得已的必然而造出奥林波斯山上的诸神。"奥林波斯神的世界成了希腊人和生存的恐怖之间一个"艺术的中间地带"。……一句话，他们接受了对人世的审美的解释。作为悲剧人物雏形的酒神既是原始苦难的象征，也是原始统一的象征。被日神的神力点化之后，他又摆脱痛苦，成为艺术之神。"受痛苦者渴求美，也产生了美"，其结果就是希腊悲剧。❸

即是说，悲剧是古希腊人为了摆脱人生的痛苦而创造的艺术，其功能类似于神话，其实质是"对人世的审美的解释"。接着，作者特别详细地概括了尼采所说的悲剧"玄思的安慰"：

悲剧快感主要是一种审美快感，或者说是对痛苦现实的美丽外形所感到的日神精神的欢乐。但是，尼采对这种观点似乎并不满意，因为他又进一步断言说，悲剧快感是一种"玄思的安慰"。它产生于这样的想法："尽管现象界在不断地变动，但生命归根结底是美的，具有不可摧毁的力量。"宇宙意志或永恒生命不容许任何事物静止不动；它要求不断的毁灭，同时也要求不断的更生。……换言之，悲剧人物之死不过像一滴水重归大海，或者说是个性重新融入原始的统一性。这是个性化原则的破灭，而个性化原则正是痛苦之源。❹

显然，所谓"玄思的安慰"，就是指其形而上内涵，指悲剧能够让人或事物由个体的毁灭导致的痛苦而最终感受到"个性重新融入原始的统一性"的快乐。

---

❶ 朱光潜："悲剧心理学"，载张隆溪译，《朱光潜全集》（第 2 卷），安徽教育出版社 1987 年版，第 356～357 页。

❷ 朱光潜："悲剧心理学"，载张隆溪译，《朱光潜全集》（第 2 卷），安徽教育出版社 1987 年版，第 357 页。

❸ 朱光潜："悲剧心理学"，载张隆溪译，《朱光潜全集》（第 2 卷），安徽教育出版社 1987 年版，第 358～359 页。

❹ 朱光潜："悲剧心理学"，载张隆溪译，《朱光潜全集》（第 2 卷），安徽教育出版社 1987 年版，第 359 页。

最后，作者阐述了尼采悲剧理论的价值：

> 人生本来就充满了矛盾，悲剧也充满了矛盾。对人生和悲剧采取片面的悲观看法固然错误，对之采取片面的乐观看法也同样错误。人生既是善，也是恶，它给我们欢乐，也给我们痛苦，把我们引向希望，也引向绝望。悲剧给我们展现出来的，也是同样具有两面性的自然。❶

换言之，尼采悲剧理论的价值在于它深刻地揭示了现实生活的两面性与矛盾性。

第三，悲剧理论与悲观主义的关系。朱光潜指出，尼采的悲剧理论存在着道德解释和审美解释、悲观主义和乐观主义之间的张力：

> 尼采是叔本华的忠实信徒，相信人生植根于痛苦。在他看来，人世是"极痛苦、充满着矛盾对立的生物永远在变化和更新的幻梦"。人世是难以从道德上去说明的。……尼采用审美的解释来代替对人世的道德的解释。现实是痛苦的，但它的外表又是迷人的。不要到现实世界里去寻找正义和幸福，因为你永远也找不到；但是，如果你像艺术家看待风景那样看待它，你就会发现它是美丽而崇高的。尼采的格言"从形象中得解救"，就是这个意思。酒神艺术和日神艺术都是逃避的手段：酒神艺术沉浸在不断变动的旋涡之中以逃避存在的痛苦；日神艺术则凝视存在的形象以逃避变动的痛苦。❷

无论酒神艺术还是日神艺术，都既是一种审美的态度，更是一种逃避的态度，或者"逃避存在的痛苦"，或者"逃避变动的痛苦"。那么尼采的悲剧理论属于悲观主义吗？朱光潜坚决否定这一点，并在引证尼采的原话的基础上评论道：

> "悲观主义"一词用在尼采的悲剧理论上，却容易使人产生误解。尼采自己也意识到这一点，因为当他自称是"第一个悲剧哲学家"时，又意味深长地补充道："也就是悲观哲学家的恰恰相反的那个对立面。"只是在作为一个道德家观察世界时，他才是一个悲观主义者。但是，他却拒绝采取道德的人生观，而坚持他所谓"对人生的审美解释"。"存在和世界只有作为审美现象才是永远合理的。"从这种观点看来，他实在是一位乐观主义者。❸

《诗论》（1942 年）第三章"诗的境界与意象"中"诗的主观与客观"一节

---

❶ 朱光潜："悲剧心理学"，载张隆溪译，《朱光潜全集》（第 2 卷），安徽教育出版社 1987 年版，第362 页。

❷ 朱光潜："悲剧心理学"，载张隆溪译，《朱光潜全集》（第 2 卷），安徽教育出版社 1987 年版，第358 页。

❸ 朱光潜："悲剧心理学"，载张隆溪译，《朱光潜全集》（第 2 卷），安徽教育出版社 1987 年版，第361 页。

再次介绍了尼采的悲剧理论。朱光潜认为"诗的境界是情趣与意象的融合",但情趣和意象之间"不但有差异而且有天然难跨越的鸿沟"。那么"由主观的情趣如何能跳这鸿沟而达到客观的意象"呢?作者以尼采的悲剧理论为例加以说明:

> 尼采的《悲剧的诞生》可以说是这种困难的征服史。宇宙与人类生命,象叔本华所分析的,含有意志与意象两个要素。有意志即有需求,有情感,需求与情感即为一切苦恼悲哀之源。人永远不能由自我与其所带意志中拔出,所以生命永远是一种苦痛。生命苦痛的救星即为意象。意象是意志的外射或对象化,有意象则人取得超然地位,凭高俯视意志的挣扎,恍然激悟这幅光怪陆离的形象大可以娱目赏心。尼采根据叔本华的这种悲观哲学,发挥为"由形象得解脱"之说,他用两个希腊神名来象征意志与意象的冲突。意志为酒神狄俄倪索斯,赋有时时刻刻都在蠢蠢欲动的活力与狂热,同时又感到变化无常的痛苦,于是沉一切痛苦于酕醉,酕醉于醇酒妇人,酕醉于狂歌曼舞。苦痛是狄俄倪索斯的基本精神,歌舞是狄俄倪索斯所表现的艺术。意象如日神阿波罗,凭高普照,世界一切事物借他的光辉而显现形象,他怡然泰然地象做甜蜜梦似地在那里静观自得,一切"变化"在取得形象之中就注定成了"真如"(being)。静穆是阿波罗的基本精神,造形的图画与雕刻是阿波罗精神所表现的艺术。这两种精神本是绝对相反相冲突的,而希腊人的智慧却成就了打破这冲突的奇迹。他们转移阿波罗的明镜来照临狄俄倪索斯的痛苦挣扎,于是意志外射于意象,痛苦赋形为庄严优美,结果乃有希腊悲剧的产生。悲剧是希腊人"由形象得解脱"的一条路径。人生世相充满着缺陷、灾祸、罪孽;从道德观点看,它是恶的;从艺术观点看,它可以是美的,悲剧是希腊人从艺术观点在缺陷、灾祸、罪孽中所看到的美的形象。❶

显然,作者认为尼采的悲剧理论不仅跨越了"主观的情趣"与"客观的意象"之间的鸿沟,而且揭示了悲剧的"由形象得解脱"的形而上特质。

《悲剧与人生的距离》(1943 年)一文提到了尼采悲剧理论的形而上特质。朱光潜指出:"悲剧把生活的苦恼和死的幻灭通过放大镜,射到某种距离以外去看。苦闷的呼号变成庄严灿烂的意象,霎时间使人脱开现实的重压而游魂于幻境,这就是尼采所说的'从形相得解脱'。"❷

《诗的难与易》发表在《文学杂志》1947 年 6 月第 2 卷第 1 期复刊号上。在提及法国心理学家里波(Ribot)将创造文艺的想象分为"造形的想象"和"汛流的想象"时,朱光潜联想到了尼采的日神精神与酒神精神:

> 这两种类型颇近似尼采所说的"阿波罗的精神"和"狄俄倪索斯的精神"。阿波罗是日神,他的光辉普照,一切事物才呈现形相,如明镜摄影,而他自己却

---

❶　朱光潜:"诗论",载《朱光潜全集》(第 3 卷),安徽教育出版社 1993 年版,第 62～63 页。

❷　朱光潜:"悲剧与人生的距离",载《朱光潜全集》(第 3 卷),安徽教育出版社 1993 年版,第 377 页。

寂然不动。这种精神产生了史诗，图画和雕刻。狄俄倪索斯是酒神，他常在沉醉的状态中，如疯如狂地投在生命的狂澜中随着它旋转，想于不断的变化中忘去生命的苦恼。这种精神产生抒情诗，音乐和跳舞。这两种精神的分别可以说是静与动，冷与热，想象与情感，观照与活动的分别。❶

《看戏与演戏——两种人生理想》刊发在《文学杂志》1947 年 7 月第 2 卷第 2 期上。此文的主旨是结合古今中外的哲学家、宗教家和艺术家的言论与事例讨论两种常见的人生观，即"看戏"人生观和"演戏"人生观。作者在文中六次提到尼采的日神精神与酒神精神说，一次提及尼采的"超人"思想。

提到尼采日神精神与酒神精神说的第一处，是在谈论近代德国哲学家的人生观时。朱光潜在指出叔本华认定"人生苦恼起于演，人生解脱在看"的人生观之后接着说：

尼采把叔本华的这个意思发挥成一个更较具体的形式。他认为人类生来有两种不同的精神，一是日神阿波罗的，一是酒神狄奥倪索斯的。日神高踞奥林波斯峰顶，一切事物借他的光辉而得形象，他凭高静观，世界投影于他的眼帘如同投影于一面镜，他如实吸纳，却恬然不起忧喜。酒神却趁生命最繁盛的时节，酣饮高歌狂舞，在不断的生命跳动中忘去生命的本来注定的苦恼。从此可知日神是观照的象征，酒神是行动的象征。依尼采看，希腊人的最大成就在悲剧，而悲剧就是使酒神的苦痛挣扎投影于日神的慧眼，使灾祸罪孽成为惊心动魄的图画。从希腊悲剧，尼采悟出"从形象得解脱"的道理。世界如果当做行动的场合，就全是罪孽苦恼；如果当做观照的对象，就成为一件庄严的艺术品。❷

第二处是在比较近代德国哲学家和古希腊哲学家的人生观时，朱光潜指出："如果我们比较叔本华、尼采的看法和柏拉图、亚里士多德的看法，就可看出古希腊人与近代德国人的结论相同，就是人生最高目的在观照；不过着重点微有移动，希腊人的是哲学家的观照，而近代德国人的是艺术家的观照。"❸ 作者认为尼采的人生理想与叔本华一样，属于"观照"人生观。

第三处是在讨论佛教破除"无明"的最后两个阶段即"禅定"、"智慧"与尼采的阿波罗精神的相似之处的时候。朱光潜说：

到了禅定的境界，"止观双运"，于是就起智慧，看清万事万物的真相，断除一切尊障执着……佛家把这种智慧叫做"大圆镜智"，《佛地经论》作这样解释："如圆镜极善摩莹，鉴净无垢，光明编照……"这譬喻很可以和尼采所说的阿波罗精神对照，也很可以见出大乘佛家的人生理想与柏拉图的学说不谋而合。人要

---

❶ 朱光潜："诗的难与易"，载《朱光潜全集》（第 9 卷），安徽教育出版社 1993 年版，第 249 页。
❷ 朱光潜："看戏与演戏"，载《朱光潜全集》（第 9 卷），安徽教育出版社 1993 年版，第 261 页。
❸ 朱光潜："看戏与演戏"，载《朱光潜全集》（第 9 卷），安徽教育出版社 1993 年版，第 261 页。

把心磨成一片大圆镜，光明普照，而自身却无动无作。❶

"把心磨成一片大圆镜，光明普照"的境界就是尼采的阿波罗精神所强调的"观照"状态。

第四处是谈论文艺观时，作者又联想到尼采的悲剧理论：

> 文艺说来很简单，它是情趣与意象的融会……情感是内在的，属我的，主观的，热烈的，变动不居，可体验而不可直接描绘的；意象是外在的，属物的，客观的，冷静的，成形即常住，可直接描绘而却不必使任何人都可借以有所体验的。如果借用尼采的譬喻来说，情感是狄奥倪索斯的活动，意象是阿波罗的观照；所以不仅在悲剧里（如尼采所说的），在一切文艺作品里，我们都可以见出狄俄倪索斯的活动投影于阿波罗的观照，见出两极端冲突的调和，相反者的同一。❷

第五处是在揭示浮士德精神的内涵之时。朱光潜认为歌德笔下的浮士德由于"理智的观照引起他心灵的烦躁不安"，最终"由沉静的观照跳到热烈而近于荒唐的行动"，因此浮士德精神的特点就是："阿波罗退隐了，狄俄倪索斯于是横行无忌。"❸

第六处是在概述人类各种常见的人生观时，朱光潜认为尼采的"日神酒神融合说"正是其中的一种："这正犹如尼采在表面上说明了日神与酒神两种精神的融合，实际上仍是以酒神精神沉没于日神精神，以行动投影于观照。说来说去，人生论理学还只有两个，不是看，就是演；知行合一说仍以演为归宿，日神酒神融合说仍以看为归宿。"❹

文章在讨论歌德浮士德精神的时候谈及了尼采的"超人"说。朱光潜指出：

> 浮士德的精神真正是近代的精神，它表现于一些睥睨一世的雄才怪杰，表现于一些掀天动地的历史事变。各时代都有它的哲学辩护它的活动，在近代，尼采的超人主义唤起许多癫狂者的野心，扬谛理（Gentile）的"为行动而行动"的哲学替法西斯的横行奠定了理论的基础。❺

认为"尼采的超人主义唤起许多癫狂者的野心"，显然可见作者对"超人"说是否定的。

《诗的意象与情趣》发表在《文学杂志》1948年3月第2卷第10期上。此文很可能是1949年以前朱光潜最后一次谈论尼采的悲剧学说。文中有言：

---

❶　朱光潜："看戏与演戏"，载《朱光潜全集》（第9卷），安徽教育出版社1993年版，第262～263页。
❷　朱光潜："看戏与演戏"，载《朱光潜全集》（第9卷），安徽教育出版社1993年版，第265页。
❸　朱光潜："看戏与演戏"，载《朱光潜全集》（第9卷），安徽教育出版社1993年版，第267页。
❹　朱光潜："看戏与演戏"，载《朱光潜全集》（第9卷），安徽教育出版社1993年版，第268页。
❺　朱光潜："看戏与演戏"，载《朱光潜全集》（第9卷），安徽教育出版社1993年版，第268页。

尼采讨论希腊悲剧，说它起于阿波罗（日神，象征静观）与狄俄倪索斯（酒神，象征生命的变动）两种精神的会合。这两种精神完全相反，而希腊人能把它们融会于悲剧，使变动的生命变为优美的形象，就在这形象中解脱生命的苦恼。尼采以为这是希腊智慧的最高的成就。其实不但在悲剧，在一切诗也是如此，情绪是动的，主观的，感受的，狄俄倪索斯的；意象是静的，客观的，回味的，阿波罗的。这两种相反精神同一，于是才有诗。只有狄俄倪索斯不住的变动（生命）还不够，这变动必须投影于阿波罗的明镜（观照），才现形相。所以诗神毕竟是阿波罗。❶

从以上概述可以看出，朱光潜对尼采思想的阐释集中在悲剧理论方面。有论者曾经指出，朱光潜特别关注尼采的悲剧理论与他的价值取向密切相关："朱光潜之选择引述《悲剧的诞生》，正如鲁迅只引述《查拉图斯特拉如是说》，不仅是他们的阅读范围所致，更是他们的价值取向所致，鲁迅接受尼采，赞颂其强力意志，介绍其超人哲学，快意于尼采对暮气隳败的旧文明、旧偶像的摧枯拉朽，深表同情于他对于庸众'末人'的轻蔑和厌恶，而朱光潜则赞赏他对于文学艺术根底的学理解释，赞成悲剧根源于酒神的沉醉和日神的观照，并把这一观念扩展到对其他文体如诗歌的解释以及对待整个人生的艺术化态度。"❷ 的确，朱光潜对尼采的日神精神和酒神精神学说格外欣赏和推崇。他于1982年为《悲剧心理学》的中译本（张隆溪译，人民文学出版社1983年版）作序时甚至这样表白：

我从此比较清楚地认识到我本来的思想面貌，不仅在美学方面，尤其在整个人生观方面，一般读者都认为我是克罗齐式的唯心主义信徒，现在我自己才认识到我实在是尼采式的唯心主义的信徒。在我心灵里植根的倒不是克罗齐的《美学原理》中的直觉说，而是尼采的《悲剧的诞生》中的酒神精神和日神酒神。❸

自称是"尼采式的唯心主义信徒"也许有些夸张，但朱光潜认为尼采的酒神精神和日神精神学说已在自己"心灵里植根"了肯定是不争的事实。

需要指出的是，朱光潜曾经有一段时间是否定甚至抨击尼采思想的。如在《我的文艺思想的反动性》（原载《文艺报》1956年6月第12期）一文中朱光潜将自己"反动"文艺思想的形成迁怒于尼采："现实世界固然丑恶，可文艺世界多么美妙！我读到尼采的《悲剧的诞生》，特别加强了这种荒谬的信念。于是我就在文艺世界里找到'避风息凉'的地方，逍遥自在地以阿波罗自居，'观照'

---

❶ 朱光潜："诗的意象与情趣"，载《朱光潜全集》（第9卷），安徽教育出版社1993年版，第374页。
❷ 王攸欣："论朱光潜对尼采的接受"，载《中国文学研究》（2007年第3期，第6~7页。
❸ 朱光潜："《悲剧心理学》中译本自序"，载《朱光潜全集》（第2卷），安徽教育出版社1987年版，第210页。

人生世相的优美画面。"❶ 再如在《文艺复兴至十九世纪西方资产阶级文学家艺术家有关人道主义、人性论的言论概述》（1971 年）一文里朱光潜贬斥了尼采的"超人"说，称"'超人'哲学是个人主义思想的极端发展，是垄断资本主义世界中弱肉强食的现实情况的反映，也是法西斯统治的理论基础。到了尼采，人道主义发展到它自己的对立面：反人道主义"。❷ 但那是特定时期中国知识分子的言不由衷——想想冯至 1955 年对胡适以及尼采"重新估定一切价值"的评价。正如他自己所说："为什么我从 1933 年回国后，除掉发表在《文学杂志》的《看戏与演戏——两种人生理想》那篇不长的论文以外，就少谈叔本华和尼采呢？这是由于我有顾忌，胆怯，不诚实。"❸

朱光潜对尼采思想的阐释活动体现出什么特征？总体来看，是偏重学理性，讲究客观、科学、准确，但又具有叛逆性和创造性。

之所以说他偏重学理性，是因为：第一，朱光潜介绍尼采思想时特别讲究有根有据。如《悲剧心理学》在论述尼采的悲剧学说时就引用了许多尼采著作《悲剧的诞生》中的原话，还特别说明了是引自奥斯卡·列维 1909 年的英译本，并一一注明了引文的具体页码。

第二，阐述理论时注意科学、准确。如朱光潜对尼采悲剧理论与叔本华悲剧理论之间关系的辨析就很有辩证法色彩，准确地揭示了两者之间既继承又背叛、既联系又区别的关系。朱光潜认为，一方面，尼采接受了叔本华的基本思想："叔本华把作为意志的世界与作为表象的世界相对立。意志的世界受个性化原则的支配，所以必然产生冲突和苦难。我们只有一条路可以逃避意志所固有的痛苦，那就是逃到表象的世界中去。现实的创伤要靠外表的美来医治。这就是叔本华的《意志和表象的世界》一书的基本思想。尼采几乎全盘接受了这个思想，只不过给他穿上了一件奇异华丽的外衣。……对叔本华说来，痛苦和万恶之源都在意志；对尼采说来也是这样。……叔本华和尼采的全部理论可以归结为这样两条：1. 艺术反映人生，即具体形象表现内心不可捉摸的感情和情绪。2. 艺术是对人生的逃避，即对形象的观照使我们忘记伴随着我们的感情和情绪的痛苦。"但是另一方面，尼采又在本体论层面以及人生观的问题上背叛和反对了叔本华："尼采驳斥了叔本华弃绝人世的思想，把宇宙的原始意志视为实体，把个人客观化的意志视为表象，认为二者是有区别的。使个人意志具有活力的原始意志永远处在变动之中，它的存在就在于变化，静止不动就等于取消它作为原初意志的作用。在个人意志的不断毁灭之中，我们可以见出原始意志的永恒力量，因为毁灭

　　❶　朱光潜："我的文艺思想的反动性"，载《朱光潜全集》（第 5 卷），安徽教育出版社 1989 年版，第 16 页。

　　❷　朱光潜："文艺复兴至十九世纪西方资产阶级文学家艺术家有关人道主义、人性论的言论概述"，载《朱光潜全集》（第 5 卷），安徽教育出版社 1989 年版，第 517 页。

　　❸　朱光潜："《悲剧心理学》中译本自序"，载《朱光潜全集》（第 2 卷），安徽教育出版社 1987 年版，第 210 页。

总是引向再生。"❶

第三，提出了一些新颖而深刻的见解。如朱光潜敏锐而深刻地揭示了尼采的悲剧理论同黑格尔悲剧哲学之间的逻辑关联。他在《悲剧心理学》一书中两次提到这一问题。第一次是在论述"在个人意志的不断毁灭之中，我们可以见出原始意志的永恒力量"这一悲剧"玄思的安慰"时，朱光潜说："这一思想看来好像是尼采独有的，实际上却是发展叔本华对个性化原则的攻击得来的，它最终可以追溯到黑格尔的关于取消片面伦理力量而恢复宇宙和谐的思想。"❷ 第二次是在谈及尼采的悲剧理论重视揭示现实生活与人生的矛盾时，朱光潜指出这一主张容易让人想起"黑格尔和叔本华的著名理论"，因为它们都旨在提醒人们"'悲观主义'和'乐观主义'这类字眼单独用在悲剧上，都同样地不合适"。❸ 在这里，朱光潜认为，尼采关于悲剧的形而上学内涵的思考归根结底是受到了黑格尔辩证法的启发，尼采那种包含"两面性"、避免"片面性"的悲剧理论是对黑格尔（以及叔本华）的悲剧观念的发展。从《美学》可知，黑格尔根据辩证法认为悲剧产生的动力是两种互不相容的伦理力量的冲突，这两种力量都是片面的，都包含着毁灭的种子，悲剧的价值就是冲突的双方都被扬弃，从而实现永恒的正义。这显然是一种乐观主义的悲剧观。但从现有文献来看，朱光潜并未详细论证尼采从黑格尔那里借取克服片面的伦理力量，从而恢复宇宙和谐的思想以背离叔本华的悲观主义悲剧观这一说法。

之所以说朱光潜对尼采思想的阐释体现出叛逆性和创造性，是因为他对尼采思想并不是亦步亦趋、照搬照抄，而是有意识地背离甚至进行改造，为我所用。朱光潜对尼采思想尤其是悲剧理论的背离与改造主要表现在两个方面：一是置换日神精神与酒神精神、日神艺术与酒神艺术的内涵；二是调整甚至颠倒日神精神与酒神精神的关系与地位。

先看朱光潜对日神精神与酒神精神、日神艺术与酒神艺术的内涵的置换文艺。首先要指出的是，朱光潜对酒神精神的理解有些游移不定。他曾经说过这样一段含义不明的话：

尼采……认为人类生来有两种不同的精神，一是日神阿波罗的，一是酒神狄奥倪索斯的。日神高踞奥林波斯峰顶，一切事物借他的光辉而得形象，他凭高静观，世界投影于他的眼帘如同投影于一面镜，他如实吸纳，却恬然不起忧喜。酒神却趁生命最繁盛的时节，酣饮高歌狂舞，在不断的生命跳动中忘去生命的本来注定的苦恼。从此可知日神是观照的象征，酒神是行动的象征。依尼采看，希腊

❶ 朱光潜："悲剧心理学"，载张隆溪译，《朱光潜全集》（第2卷），安徽教育出版社1987年版，第360～361页。
❷ 朱光潜："悲剧心理学"，载张隆溪译，《朱光潜全集》（第2卷），安徽教育出版社1987年版，第361页。
❸ 朱光潜："悲剧心理学"，载张隆溪译，《朱光潜全集》（第2卷），安徽教育出版社1987年版，第362页。

人的最大成就在悲剧，而悲剧就是使酒神的苦痛挣扎投影于日神的慧眼，使灾祸罪孽成为惊心动魄的图画。从希腊悲剧，尼采悟出"从形象得解脱"的道理。世界如果当做行动的场合，就全是罪孽苦恼；如果当做观照的对象，就成为一件庄严的艺术品。❶

在这段文字里，朱光潜一方面指出，从酒神的角度看世界就全是痛苦，即"世界如果当做行动的场合，就全是罪孽苦恼"；另一方面又说，"酒神却趁生命最繁盛的时节，酣饮高歌狂舞，在不断的生命跳动中忘去生命的本来注定的苦恼"，说酒神既可看出"罪孽苦恼"又能"忘去"苦恼，自相矛盾。

朱光潜在《悲剧心理学》里这样界定酒神艺术和日神艺术：

尼采用审美的解释来代替对人世的道德的解释。现实是痛苦的，但它的外表又是迷人的。不要到现实世界里去寻找正义和幸福，因为你永远也找不到；但是，如果你像艺术家看待风景那样看待它，你就会发现它是美丽而崇高的。尼采的格言"从形象中得解救"，就是这个意思。酒神艺术和日神艺术都是逃避的手段：酒神艺术沉浸在不断变动的旋涡之中以逃避存在的痛苦；日神艺术则凝视存在的形象以逃避变动的痛苦。❷

在这里，作者认定了尼采"从形象中得解救"这一论题的含义是通过艺术形象来免除现实世界中挥之不去的痛苦，它具体表现为两种情况：一是"酒神艺术沉浸在不断变动的旋涡之中以逃避存在的痛苦"；二是"日神艺术则凝视存在的形象以逃避变动的痛苦"。这既是一种审美的态度，更是一种逃避的态度。著名批评家程代熙曾经就这段话指出："朱先生的这段文字只是概括了尼采美学思想的一个方面，还有另一个方面他未触及。尼采固然崇奉的是酒神精神和日神精神、酒神（即醉境）艺术和日神（即梦境）艺术，但他看重的是酒神精神及与之对应的醉境境界。……尼采之所以注重酒神精神，他认为这是一种昂扬奋发的精神，它不安于静穆的观照，它要求行动，因为它本身就是意志的化身。"❸ 程代熙认为"尼采固然崇奉的是酒神精神和日神精神、酒神（即醉境）艺术和日神（即梦境）艺术，但他看重的是酒神精神及与之对应的醉境境界"是符合《悲剧的诞生》的原意的。朱光潜认定尼采的艺术思想是强调"逃避"，认为日神艺术与酒神艺术"都是逃避的手段"，这是对尼采悲剧理论的背离，也是对日神艺术和酒神艺术内涵的置换。

朱光潜对酒神艺术和日神艺术的内涵进行置换的另一个例子是将它们分别等同于主观艺术与客观艺术。他明确指出："酒神精神的艺术和日神精神的艺术之

---

❶　朱光潜："看戏与演戏"，载《朱光潜全集》（第 9 卷），安徽教育出版社 1993 年版，第 261 页。

❷　朱光潜："悲剧心理学"，载张隆溪译，《朱光潜全集》（第 2 卷），安徽教育出版社 1987 年版，第358 页。

❸　程代熙："朱光潜与尼采"，载《读书》1983 年第 11 期，第 49 页。

间的区别，可以说是主观艺术与客观艺术的区别。"● 酒神精神在尼采那里是具有本体意义的，它是强力意志的前身，是一种普遍而绝对的存在；艺术家个体的主观情绪只能算是酒神精神的具体显现。朱光潜没有接受尼采意志本体论，仅仅把酒神精神理解为经验层面上的主观情绪，进而把酒神精神的艺术理解为主观艺术。这种"降级"处理是一种彻底的背离。有论者联系朱光潜接受意大利克罗齐美学思想影响的背景来解释这一举动："朱最习惯以尼采来说明审美中的主客关系……返归原始的本能冲动被一般化为主观情感，按照个别化原理遮蔽生命本体的观照被一般化为客观意象，尼采也就被克罗齐化了。"● 此说很有道理。

再看朱光潜对日神精神与酒神精神的关系与地位的调整问题。从《悲剧的诞生》可以推知，尼采是偏重酒神精神的；而到了朱光潜这里，改为了推崇日神精神。不少论者早已指出了这一点。如程代熙认为："尼采侧重的是酒神精神和酒神艺术，朱光潜侧重的却是日神精神和梦境艺术。"● 单世联也指出：朱光潜"把尼采的重心从酒神转向日神"；"他总是对日神情有独钟，反复说悲剧就是酒神原始的苦难融入到日神灿烂的光辉中"。● 的确，朱光潜多次表达过对日神精神的推重。如他在《看戏与演戏》一文里多次表示："不仅在悲剧里（如尼采所说的），在一切文艺作品里，我们都可以见出狄俄倪索斯的活动投影于阿波罗的观照，见出两极端冲突的调和，相反者的同一。但是在这种调和与同一中，占有优势与决定性的倒不是狄奥倪索斯，而是阿波罗，是狄俄倪索斯沉没到阿波罗里面，而不是阿波罗沉没到狄奥倪索斯里面。""这正犹如尼采在表面上说明了日神与酒神两种精神的融合，实际上仍是以酒神精神沉没于日神精神，以行动投影于观照。"● "酒神精神沉没于日神精神"、"行动投影于观照"，都是说明阿波罗精神"占有优势与决定性"地位。

其实，揭示酒神精神的独特价值、凸显酒神精神的至高地位乃是尼采悲剧哲学的最大特色。正如英国学者布洛克所指出的："他（指尼采）在早期著作《悲剧的诞生》中表现出了他独到的见解，让读者看到希腊文化除了有极受重视的理性的太阳神脸孔以外，在多大的程度上也有人生中阴暗的、非理性的酒神成分。"● 中国学者单世联则从思想史的角度指出了这一发现的价值："在德国思想史上，18 世纪末开始涌动着一股古希腊崇拜的潮流，温克尔曼、席勒、荷尔德

● 朱光潜："悲剧心理学"，载张隆溪译，《朱光潜全集》（第 2 卷），安徽教育出版社 1987 年版，第 356 页。

● 单世联："朱光潜对德国美学的解释"，载《反抗现代性：从德国到中国》，广东教育出版社 1998 年版，第 382～383 页。

● 程代熙："朱光潜与尼采"，载《读书》1983 年第 11 期，第 50 页。

● 单世联："朱光潜对德国美学的解释"，载《反抗现代性：从德国到中国》，广东教育出版社 1998 年版，第 380～381 页。

● 朱光潜："看戏与演戏"，载《朱光潜全集》（第 9 卷），安徽教育出版社 1993 年版，第 265 页、第 268 页。

● ［英］布洛克："西方人文主义传统"，载董乐山译，生活·读书·新知三联书店 1997 年版，198 页。

林、黑格尔等人迷醉于古希腊艺术中光明朗静、和谐优美的古典理想……《悲剧的诞生》展示了古希腊精神世界的另一面，即阿波罗的理性之外阴暗的、非理性的酒神狄奥倪索斯。"❶

不过，朱光潜并不是从一开始就调整了日神精神和酒神精神的位置。他在1929 年所写的《两种美》一文中还认为两者是相反但平等的艺术精神："你看阿波罗的光辉那样热烈么？其实他的面孔比瞌睡汉还更恬静；世间的一切色相得他的光才呈现，所以都是他在那儿梦出来的。……狄奥倪索斯就完全相反。他要图刹那间的尽量的欢乐。在青葱茂密的葡萄丛里，看蝶在翩翩的飞，蜂在嗡嗡的叫，他不由自主的把自己投在生命的狂澜里，放着嗓子狂歌，提着足尖乱舞。他固然没有造出阿波罗所造的那些恬静幽美的幻梦，那些光怪陆离的色相，可是他的歌和天地间生气相出息，他的舞和大自然的脉搏共起落，也是发泄，也是表现，总而言之，也是人生不可少的一种艺术。"❷

实际上，朱光潜不仅知道在尼采那里酒神精神与日神精神是两种各自独立的心理状态，而且也明白酒神精神比日神精神更为原始、更为重要。他在《悲剧心理学》中就明确说过这样的话："尼采……借用希腊神话中的酒神和日神来象征两种基本的心理经验。在这两种之中，酒神精神更为原始。……在酒神影响之下，人们尽情放纵自己原始的本能，与同伴们一起纵情欢乐，痛饮狂歌狂舞，寻求性欲的满足。人与人之间的一切界限完全打破，人重新与自然合为一体，融入到那神秘的原始时代的统一之中去。"❸ 说"酒神精神更为原始"，是指它比日神更为古老、更为本原；说酒神精神使"人重新与自然合为一体，融入到那神秘的原始时代的统一之中去"，是说酒神精神比日神精神更具形而上内涵，更具本体意义。此外，他还说："悲剧快感是一种'玄思的安慰'。……悲剧人物之死不过像一滴水重归大海，或者说是个性重新融入原始的统一性。这是个性化原则的破灭，而个性化原则正是痛苦之源。因此，我们在悲剧中体验到的快感是一种得到超脱的和自由的快感，这种快乐好比孺子重归慈母的怀抱所感到的快乐。"❹ 从尼采对悲剧的"玄思的安慰"的揭示中也容易断定朱光潜熟悉悲剧以及酒神精神的形而上特质。

因此，在笔者看来，朱光潜对日神精神与酒神精神地位的调整与颠倒乃是有意为之，借用法国社会学家埃斯卡皮的说法，是一种"创造性叛逆"。他就是要截取尼采日神精神与酒神精神思想的某一点为我所用，并不顾虑是否完全、正确

---

❶ 单世联："朱光潜对德国美学的解释"，载《反抗现代性：从德国到中国》，广东教育出版社 1998 年版，第 379 页。

❷ 朱光潜："两种美"，载《朱光潜全集》（第 8 卷），安徽教育出版社 1993 年版，第 308～309 页。

❸ 朱光潜："悲剧心理学"，载张隆溪译，《朱光潜全集》（第 2 卷），安徽教育出版社 1987 年版，第 355 页。

❹ 朱光潜："悲剧心理学"，载张隆溪译，《朱光潜全集》（第 2 卷），安徽教育出版社 1987 年版，第 359 页。

地理解了尼采的本意。

那么朱光潜为什么会调整甚至颠倒尼采的日神精神与酒神精神的位置呢？概括而言，有两个原因。一是接受尼采思想之前具有的"成见"的影响。朱光潜根据自己所理解的尼采悲剧论阐发的"静穆"或"看戏"人生观与尼采本人的人生哲学是绝然不同的。尼采提倡"重新估价一切价值"，标举"超人"学说，强调强力意志和生命激情。朱光潜在去欧洲留学、接触尼采思想之前就已受到中国传统文化思想的影响，如他曾经用"以出世的精神，做入世的事业"这一张居正的名言来概括自己的人生态度，并自述人生观方面受到张居正和弘一法师（李叔同）思想的影响；他还喜欢《庄子》、《陶渊明集》、《世说新语》等道家色彩浓郁的文学作品。因此，朱光潜接受的无疑是中国士大夫澄怀观道、追求超越的人生态度和审美取向，与尼采的从表象中得解脱的日神精神在价值取向上更为亲近。他在《说"曲终人不见，江上数峰青"——答夏丏尊先生》（载《中学生》1935年12月第60期）一文中就借重日神阿波罗和古希腊造型艺术阐述了"静穆"的艺术理想和人生理想：

> 我在别的文章里曾经说过这一段话："懂得这个道理，我们可以明白古希腊人何以把和平静穆看作诗的极境，把诗神阿波罗摆在蔚蓝的山巅，俯瞰众生扰攘，而眉宇间却常如作甜蜜梦，不露一丝百扰动的神色？"这里所谓"静穆"自然只是一种最高理想，不是在一般诗里所能得到的，古希腊——尤其是古希腊的造型艺术——常使我们觉到这种"静穆"的风味。"静穆"是一种豁然大悟，得到归依的心情。它好比低眉默想的观音大士，超一切忧喜，同时你也可说它泯化一切忧喜。这种境界在中国诗歌里不多见。屈原、阮籍、李白、杜甫都不免有些像金刚怒目，愤愤不平的样子。陶潜浑身是"静穆"，所以伟大。❶

有了这一"成见"，"他的精神世界是精致典雅、超然宁静的，这既是他身世背景的自然反映和教育修养的文化成果，同时也是他自觉面对扰攘纷纭的新时代的内在堡垒。经过这一层调色板，尼采的日神观照被强化，而酒神沉醉被清醒了"。❷ 二是建构美学体系的需要。单世联称朱光潜的重心移位为"选择性介绍"，并这样解释其原因："这种选择性介绍是在朱形成自己的美学系统的背景下完成的。……在基本完成其美学观的《悲剧心理学》中，朱开始把在尼采那里有着特殊意义的两种精神抽象化为一般艺术原理。一，艺术反映人生，即以具体形象表现内心不可捉摸的感情和情绪。二，艺术是对人生的逃避，即对形象的观照可以使人忘记感情和情绪的痛苦。他把日神和酒神从尼采语境中剥离出来，回避

---

❶ 朱光潜："说'曲终人不见江上数峰青'"，载《朱光潜全集》（第8卷），安徽教育出版社1993年版，第396页。

❷ 单世联："朱光潜对德国美学的解释"，载《反抗现代性：从德国到中国》，广东教育出版社1998年版，第387页。

尼采的具体指向，使酒神屈从于日神，借尼采来构建自己的美学。"❶

二、朱光潜的尼采阐释与"看戏"人生观的宣示

如果进一步追问朱光潜为什么要对尼采的悲剧理论表现出叛逆性和创造性，即为什么要对它进行某种程度的颠倒和改造，我们就会发现，原来朱光潜是想借助阐释尼采思想的机会来阐述自己的诗歌理论，尤其是宣示自己的"看戏"人生观。换言之，朱光潜想把尼采的悲剧哲学变成自己诗歌理论尤其是人生观的思想资源。

朱光潜运用尼采的悲剧理论来阐述诗歌理论的例子随处可见。如他在《诗论》的"诗的主观与客观"一节里引用了尼采的悲剧理论来阐述诗歌的主观性"情趣"与客观性"意象"相汇通的特点。他指出："诗的境界是情趣与意象的融合。……二者之中不但有差异而且有天然难跨越的鸿沟。由主观的情趣如何能跳这鸿沟而达到客观的意象，是诗和其他艺术所必征服的困难。……尼采的《悲剧的诞生》可以说是这种困难的征服史。""尼采虽然专指悲剧，其实他的话可适用于诗和一般艺术。他很明显地指示出主观的情绪与客观的意象之隔阂与冲突，同时也很具体地说明这种冲突的调和。诗是情趣的流露，或者说，狄俄倪索斯精神的焕发。但是情趣每不能流露于诗，因为诗的情趣并不是生糙自然的情趣，它必定经过一番冷静的观照和溶化洗炼的功夫，它须受过阿波罗的洗礼。"❷ 作者不仅明确指认了尼采的《悲剧的诞生》是"由主观的情趣……达到客观的意象……这种困难的征服史"，而且将"情趣的流露"说成是"狄俄倪索斯精神的焕发"，将对情趣的"冷静的观照和溶化洗炼"类比于"受过阿波罗的洗礼"，这是典型的借用尼采的日神精神和酒神精神的关系理论来阐述诗歌中"情趣"与"意象"的关系的做法。

关于这一问题，朱光潜在《看戏与演戏——两种人生理想》一文里说得更明确："文艺说来很简单，它是情趣与意象的融会……情感是内在的，属我的，主观的，热烈的，变动不居，可体验而不可直接描绘的；意象是外在的，属物的，客观的，冷静的，成形即常住，可直接描绘而却不必使任何人都可借以有所体验的。如果借用尼采的譬喻来说，情感是狄奥倪索斯的活动，意象是阿波罗的观照；所以不仅在悲剧里（如尼采所说的），在一切文艺作品里，我们都可以见出狄俄倪索斯的活动投影于阿波罗的观照，见出两极端冲突的调和，相反者的同一。……我们尽管有丰富的人生经验，有深刻的情感，若是止于此，我们还是站在艺术的门外，这些经验与情感必须经过阿波罗的光辉照耀，必须成为观照的对象。由于这个道理，观照（这其实就是想象，也就是直觉）是文艺的灵魂。"❸

---

❶ 单世联："朱光潜对德国美学的解释"，载《反抗现代性：从德国到中国》，广东教育出版社 1998 年版，第 381~382 页。

❷ 朱光潜："诗论"，载《朱光潜全集》（第 3 卷），安徽教育出版社 1993 年版，第 62~63 页。

❸ 朱光潜："看戏与演戏"，载《朱光潜全集》（第 9 卷），安徽教育出版社 1993 年版，第 265 页。

与借用尼采的悲剧理论阐述自己的文艺观相比，朱光潜运用尼采的悲剧哲学阐述人生观的冲动似乎更为强烈。这集中体现在《看戏与演戏——两种人生理想》一文里。朱光潜结合古今中外的哲学家、宗教家和艺术家的人生格言和所作所为探讨了"看戏"和"演戏"人生观，而他所借用的思想资源中，最重要的当推尼采的日神精神与酒神精神说。

首先要说明的是，朱光潜在运用尼采的悲剧理论来阐述自己的观点时往往将文艺观和人生观纠缠在一起；而在尼采那里，悲剧文艺观也恰好是与人生观紧密联系在一起的。笔者认为，这是他们两人之间最基本的也是最重要的共鸣点。朱光潜说：

> 自幸生在这个大时代的"活动分子"会赞叹现代生命力的旺盛。而"肯用心的人"或不免忧虑信任盲目冲动的危险。这种见解的分歧在骨子里与文艺方面古典与浪漫的争执是一致的。古典派要求意象的完美，浪漫派要求情感的丰富，还是冷静与热烈动荡的分别。文艺批评家们说，这分别是粗浅而村俗的，第一流文艺作品必定同时是古典的与浪漫的，必定是丰富的情感表现于完美的意象。把这见解应用到人生方面，显然的结论是：理想的人生是由知而行，由看而演，由观照而行动。❶

他甚至将克罗齐的心理学也与人生观挂起钩来，指出：

> 近代意大利哲学家克罗齐另有一个看法，他把人类心灵活动分为知解（艺术的直觉与科学的思考）与实行（经济的活动与道德的活动）两大阶段，以为实行必据知解，而知解却可以独立自足。一个人可以终止于艺术家，实现美的价值；可以终止于思想家，实现真的价值；可以终止于经济政治家，实现用的价值，也可以终止于道德家，实现善的价值。这四种人的活动在心灵进展次第上虽是一层高似一层，却各有千秋，各能实现人生价值的某一面。这就是说，看与演都可以成为人生的归宿。❷

在《看戏与演戏——两种人生理想》的开篇，朱光潜就挑明了"演戏"人生观和"看戏"人生观的内涵：

> 世间人有生来是演戏的，也有生来是看戏的。这演与看的分别主要地在如何安顿自我上面见出。演戏要置身局中，时时把"我"抬出来，使我成为推动机器的枢纽，在这世界中产生变化，就在这产生变化上实现自我；看戏要置身局外，时时把"我"搁在旁边，始终维持一个观照者的地位，吸纳这世界中的一切变化，使它们在眼中成为可欣赏的图画，就在这变化图画的欣赏上面实现自我。因

---

❶ 朱光潜："看戏与演戏"，载《朱光潜全集》（第9卷），安徽教育出版社1993年版，第268页。

❷ 朱光潜："看戏与演戏"，载《朱光潜全集》（第9卷），安徽教育出版社1993年版，第268～269页。

为有这个分别，演戏要热要动，看戏要冷要静。❶

　　朱光潜赞同哪一种人生观呢？通观全文，笔者觉得他的态度并不明朗，或者说有点矛盾。一方面，他认为这两种人生观没有高下、优劣之分。他在文中多次表示："打起算盘来，双方各有盈亏：演戏人为着饱尝生命的跳动而失去流连玩味，看戏人为着玩味生命的形象而失去'身历其境'的热闹。"❷"从前人恭维一个人，说'他是一个肯用心的人'，现在却说'他是一个活动分子'。这旋转是向好还是向坏呢？……答案似难一致。……说来说去，人生论理学还只有两个，不是看，就是演；知行合一说仍以演为归宿，日神酒神融合说仍以看为归宿。看和演都可以成为人生的归宿。"❸朱光潜进而指出：

　　这看法容许各人依自己的性之所近而抉择自己的人生理想，我以为是一个极合理的看法。人生理想往往决定于各个人的性格。最聪明的办法是让生来善看戏的人们去看戏，生来善演戏的人们来演戏。……生来爱看戏的以看为人生归宿，生来爱演戏的以演戏为人生归宿，就是理所当然的事了。双方各有乐趣，各是人生的实现，我们各不妨阿其所好，正不必强分高下，或是勉强一切人都走一条路。人性不只是一样，理想不只是一个，才见得这世界的恢阔和人生达到丰富。❹

　　另一方面，朱光潜对这两种人生观有所偏袒，即偏向"看戏"人生观。虽然朱光潜并不否认"演戏"人生观的价值，有时甚至表示出敬重，如他认为，人们今日之所以看到的多是替"看戏"人生观辩护的言论，是因为只有"看戏人"才有心思留下文字表白自己的观点，而"演戏人"忙于行动，无心形诸文字，所以："要较量看戏与演戏的长短，我们如果专请教于书本，就很难得公平。我们要记得：柏拉图、庄子、释迦、耶稣、但丁……这一长串人都是看戏人，所以留下话来都是袒护看戏的人生观。此外还有更多的人，象秦始皇、大流士、亚历山大、忽必烈、拿破仑……以及无数开山凿河、恳地航海的无名英雄毕生都在忙演戏，他们的人生哲学表现在他们的生活，所以不曾留下话来辩护演戏的人生观。……整部历史，这一部轰轰烈烈的戏，不就是演戏人们的最雄辩的供状么？"❺但总体说来，朱光潜是偏向或推崇"看戏"人生观的。他在文中引用英国散文家斯蒂文森小品文《步行》里的一段文字之后说了这样一段话："这也是一番袒护看戏的话。我们很能了解斯蒂文森的聪明的打算，而且心悦诚服地随他站在一条线上——我们这批袖手旁观的人们。但是我们看了那出会游行而开心之后，也要深心感激那些扛旗子的人们。假如他们也都坐在房子里眺望，世间还有

❶　朱光潜："看戏与演戏"，载《朱光潜全集》（第9卷），安徽教育出版社1993年版，第257页。
❷　朱光潜："看戏与演戏"，载《朱光潜全集》（第9卷），安徽教育出版社1993年版，第257页。
❸　朱光潜："看戏与演戏"，载《朱光潜全集》（第9卷），安徽教育出版社1993年版，第268~269页。
❹　朱光潜："看戏与演戏"，载《朱光潜全集》（第9卷），安徽教育出版社1993年版，第269页。
❺　朱光潜："看戏与演戏"，载《朱光潜全集》（第9卷），安徽教育出版社1993年版，第270页。

什么戏可看呢?"❶ 在这段话里,朱光潜虽然说"要深心感激那些扛旗子的人们",但又自谓是"袖手旁观的人们"中的一员,并表示"心悦诚服地随他(指"祖护看戏"的斯蒂文森)站在一条线上"。他还不经意地指出了这一事实:"诗人和艺术家们也往往以观照为人生的归宿。"❷ 另外,从对待浮士德精神和尼采超人主义的态度中也可以反衬出朱光潜重视"静观"或"看戏"的人生态度。他说:"这浮士德的精神真正是近代的精神,它表现于一些睥睨一世的雄才怪杰,表现于一些掀天动地的历史事变。各时代都有它的哲学辩护它的活动,在近代,尼采的超人主义唤起许多癫狂者的野心,扬谛理(Gentile)的'为行动而行动'的哲学替法西斯的横行奠定了理论的基础。"❸ 显然,朱光潜是反对"为行动而行动"的哲学的。

朱光潜在别处也阐述过自己的人生观。如他在《谈美》(1932 年)一书中也说过:"我坚信中国社会闹得如此之糟,不完全是制度的问题,是大半由于人心太坏。我坚信情感比理智重要,要洗刷人心,并非几句道德家言所可了事,一定要从'怡情养性'做起,一定要于饱食暖衣高官厚禄等等之外,别有较高尚较纯洁的乞求。要求人心净化,先要求人生美化。"❹ 作者写作此文时还在欧洲留学。文中所说"中国社会闹得如此之糟",应该是指 1931 年"九·一八"日本侵略我东北三省与 1932 年的"一·二八"中日淞沪战争。这两件事使中国面临沦为日本帝国主义殖民地的危险。当此危急时刻,朱光潜对于酿成当时危急时局的那班国民党统治者沉迷于"饱食暖衣高官厚禄"的行为非常不满,他在寻求改变这种现状的路径。由于受到尼采悲剧理论尤其是日神精神的影响,他开出的变革社会的办法是用艺术来净化人心和美化人心。"净化"人心、"美化"人生,也就是"看戏"人生观,是偏向日神式"静观"的人生态度。

如何看待朱光潜受尼采思想影响形成的"看戏"或"静观"人生观呢?

先讨论这种人生观形成的背景。归根结底,这种人生观的形成与朱光潜是美学家、热衷美学研究密切有关。不少论者指出过这一点。如程代熙认为:"具有日神精神的艺术家追求的是静观人生,怡情养性的境界。所以朱光潜倡导的艺术是不涉时事,独立自主。"❺ 单世联则说:"朱是个美学家,是文艺教给他'观世法',如果离开观照,文艺就不能存在,那么推演到人生观,看戏就比演戏更为重要。所以尽管朱委婉地批评偏袒看戏的人:如果大家都在观望,世间哪里有戏可看呢? 但他自己的理想却是'以出世的精神做入世的事业','入世'以'出

---

❶ 朱光潜:"看戏与演戏",载《朱光潜全集》(第 9 卷),安徽教育出版社 1993 年版,第 271 页。

❷ 朱光潜:"看戏与演戏",载《朱光潜全集》(第 9 卷),安徽教育出版社 1993 年版,第 265 页。

❸ 朱光潜:"看戏与演戏",载《朱光潜全集》(第 9 卷),安徽教育出版社 1993 年版,第 266~268 页。

❹ 朱光潜:"谈美",载《朱光潜全集》(第 2 卷),安徽教育出版社 1987 年版,第 6 页。

❺ 程代熙:"朱光潜与尼采",载《读书》1983 年第 11 期,第 50 页。

世'为前提。"❶审美态度不同于实用态度，它认为文学艺术与实际人生应该保持一定的距离，人生的美化就是强调从执著于利害关系的实用世界进入到绝无利害关系的理想世界里。与人们通常采取功利的、道德的或"演戏"的态度不同，文学艺术对世界采取一种欣赏、旁观或看戏的态度，要求人生有丰富的情趣，能够领略世界的美和生命的真谛。换言之，文学艺术的本质是"观照"，"离开观照，文艺就不能存在"，将这一原则"推演到人生观，看戏就比演戏更为重要"，"看戏"就是唯一正确的人生选择。

再来评价"看戏"或"静观"人生观的价值。表面看来，这是一种高蹈洒脱的人生观，它在"风沙扑面虎狼成群"的现代中国现实社会中对国难民艰确实不能提供具体的帮助。正因为这一点，朱光潜还遭到同样接受了尼采思想影响的鲁迅的批评。鲁迅、徐梵澄、楚图南、林同济、陈铨等人都着重强调尼采酒神精神以及"超人"道德、"强力意志"，提倡反抗精神与战斗意识，从而使尼采思想成为国难时期精神动员的重要理论资源。相比之下，朱光潜提倡"静观"、"静穆"、"看戏"或"美化"的人生态度与理想就显得不合时宜。在笔者看来，不能简单地把"看戏"或"静观"人生观当做一种消极的、悲观的人生理想。

为什么这么说呢？这从朱光潜早年辨析尼采的悲剧理论与悲观主义之间区别的那段长长的文字中可见端倪。朱光潜不同意根据尼采的悲剧理论以及尼采自称是"第一个悲剧哲学家"而将尼采划归"悲观主义者"。他解释说：

> 人生虽然永远植根在痛苦之中，当你用艺术家的眼光去看它时，却也毕竟是有价值的。靠了日神的奇迹，酒神的苦难被转变成一种幸福。尼采借迈达斯王和塞伦纳斯的故事来说明这个道理。迈达斯抓住聪明的塞伦纳斯，要他回答什么是对人最好的东西。塞伦纳斯回答说："最好的东西就是你永远得不到的：不要出生，不要存在，化为虚无。而对人说来，不得已而思其次，就是早死。"尼采把这当成是酒神的智慧。但希腊人靠了日神式的眼光，把这种智慧反转过来。他们创造出了奥林波斯的神祇，而在诸神的光辉照耀之下，存在本身变成一件使人愉快的东西。所以更正确的应该是像荷马的笔下的英雄们那样说："对于他们，最糟的是早死，其次糟的是——毕竟某一天会死去。"这正是尼采自己关于艺术的信条，而这决不是悲观主义的。❷

这段文字讲了两层意思：第一，尼采的悲剧理论不仅不是悲观主义的，反而是"悲观哲学家的恰恰相反的那个对立面"，因为他坚持"对人生的审美解释"，"实在是一位乐观主义者"；第二，结合《悲剧的诞生》里引述过的希腊传说来说

❶ 单世联："朱光潜对德国美学的解释"，载《反抗现代性：从德国到中国》，广东教育出版社1998年版，第385页。
❷ 朱光潜："悲剧心理学"，载张隆溪译，《朱光潜全集》（第2卷），安徽教育出版社1987年版，第361～362页。

明"靠了日神的奇迹，酒神的苦难被转变成一种幸福"，即是说，"酒神的智慧"虽然敏锐地看出现了实生活的真面与苦难、痛苦，但"日神式的眼光"却将这些苦难、痛苦变为快乐、幸福，使人类渴望活着与永生。

有论者早就揭示了朱光潜提倡的"看戏"或"静观"人生观的内在机理与价值："'艺术化的人生'其实并不全然是消极无奈、被动萎弱的。……人生的艺术化，是尼采由形相得解脱与中国传统中超越小我委运大化观念的融通，它决不否定关怀人间有所作为，它不是逃避现实的卑怯和游戏人间的浮游。其典范是陶渊明，他兼具儒的'浩然之气'、佛的'澄圆妙明清静心'和庄子的'相忘于江湖'，能打破私我的逼窄狭小，吸纳外物的生命和情趣来扩展提升胸襟气韵，与世界融为一体。这是一种解放、一种实现。从这个意义上说，朱虽然省略了酒神的冲创意志和奔放激情，却填补了中国的超越精神，这是一种弱意义上的酒神精神，可以与鲁迅整合尼采与魏晋风度相参照。"❶ "艺术化的人生观是一种建设性的人生观，在他（指朱光潜）前后，王国维、蔡元培主张'以美育代宗教'，宗白华提出'唯美的眼光'等等，都是看到中国人性需要改造，这一思路与鲁迅改造国民性的思想是可以相通的。这种人生观不重在破坏现存秩序，而重在心性的移易和改造，致力于人文精神的建设……它无疑是平和的社会环境中真正具有普遍性和永恒意义的人生观和价值观。"❷ 换言之，朱光潜的"看戏"、"静观"或"美化"人生观不仅仅是尼采悲剧论或日神精神观念影响的结果，同样也是中国传统的儒释道人生态度与人生理想渗透的产物；因为这种人生观"重在心性的移易和改造，致力于人文精神的建设"，所以它才"真正具有普遍性和永恒意义"。事实上，与其说"看戏"或"静观"人生观是一种现实生活中待人接物的物质性的人生态度，不如说是一种纯精神性的人生境界，这种境界乃是一般人难以企及的精神升华。

进一步说，朱光潜借助尼采的悲剧理论来宣示自己的"看戏"或"静观"人生观，乃是一种启蒙行为，或者是警勉自己树立这种人生理想，或者告戒他人确立这种人生态度。扩大一点说，只要是讨论确立人生观的问题，不管是给出哪种人生观，都属于启蒙行为。朱光潜曾就"看戏"人生观和"演戏"人生观的实质说过这样的话："这演与看的分别主要地在如何安顿自我上面见出。"❸ 这两种固然有所区别，但从它们都涉及"安顿自我"的问题，就必然都表现出一种启蒙的诉求。

---

❶ 单世联："反抗现代性：从德国到中国"，广东教育出版社 1998 年版，第 387～388 页。
❷ 单世联："反抗现代性：从德国到中国"，广东教育出版社 1998 年，第 388 页。
❸ 朱光潜："看戏与演戏"，载《朱光潜全集》（第 9 卷），安徽教育出版社 1993 年版，第 257 页。

第四章 尼采学说与现代中国
思想启蒙的学理关联

　　综观整个现代中国的尼采阐释活动，不难发现中国几代知识分子对尼采学说的阐释一直秉持着明显的功利化价值取向。这一价值取向的重要标志就是中国学者对尼采思想体系中跟中国现实社会有关联的或有潜在联系的主张特别关注，而对那些与中国现实社会联系不大的论题则视若无睹。如同为尼采哲学本体论的组成部分，"永恒轮回"说就远未获得"强力意志"论那样的待遇。谢无量很可能是第一位提到尼采"永恒轮回"说（谢氏称为"流行之说"）的中国学者。但相比于他对尼采的新道德观（谢氏称为"超善恶论"）、反基督教（谢氏称为"罪耶教论"）、"超人"说（谢氏称为"圣人论"）的介绍来说，谢无量留给"永恒轮回"说的只言片语只能算是蜻蜓点水，不仅内容少到几乎可以忽略不计，而且还是放在"圣人论"的名下、为了指出它与"超人"说的抵牾才提及的。真正对尼采此说有所关注并将它视为尼采哲学体系里最重要命题的只有刘恩久一人。他在专著《尼采哲学之主干思想》（1947 年）中明确指出尼采的"永劫回归"（通译永恒轮回）说"于尼采整个哲学之体系上，为一最重要之问题"；"此永劫回归思想，于其哲学系统上，可认之为以后各思想之导火索，于素朴之立场言之，亦即其哲学发号司令之大本营也"。❶ 再如尼采在西方学术界和思想界特别令人侧目的是"上帝死了！"这一口号，但现代中国的学者很少对这一口号表现出兴趣。原因是中国人对基督教比较陌生，尼采的论断无法激起中国人的热情。

　　现代中国的尼采阐释者之所以关注尼采其人其说，是因为从总体上、从根本上讲尼采是一位启蒙者，尼采的哲学是一脉启蒙性思想资源。尼采哲学为什么能够成为启蒙主张的思想资源呢？首先就在于它的本质是生命哲学或人生哲学，也在于它的本质是文化哲学。概括而言，尼采的思想体系可以分为"立"与"破"两个方面。"立"的方面由两个层面的内容组成：一是哲学思想，包括"酒神精神"说、"强力意志"说、"永恒轮回"说与"超人"说等四个论题；二是道德观，包括"主人道德"说和"战争"观等两个论题。"立论"部分几个概念的核心就是张扬生命的活力与价值。"破"的方面则是指根据上述立论或主张而展开的对西方历史与现实中理论与生活的批判，包括"上帝死了！"的口号、"重新估定一切价值"的主张等论题。

　　通观现代中国知识分子对尼采思想的阐释与借用可以发现，他们并不关注完

---

　　❶ 刘恩久："尼采哲学之主干思想"，载成芳编：《我看尼采》，南京大学出版社 2000 年版，第 596 页。

整的尼采思想体系，而是着重关注这一思想体系中能够助益现代中国的思想启蒙的部分论题或主张。具体来说，被中国现代知识分子借用作为思想启蒙的理论资源的尼采论题主要有四个：一是"超人"说，二是"强力意志"说，三是"价值重估"说，四是悲剧哲学或艺术哲学。本章将结合中国知识分子的具体阐释成果，分四节逐一讨论尼采这四个论题与现代中国思想启蒙主张之间的学理关联。

第一节 "超人"说与现代中国思想启蒙的关联

在组成尼采思想体系的诸多元素中，"超人"说是中国现代知识分子最为关注的。换言之，他们从尼采"超人"说中挖掘出的用以推动中国思想启蒙的成分最为丰富。

一、尼采"超人"说简介

"超人"（der Übermensch）是尼采设想的一种理想人类或人格，是一种精神与肉体得到全面发展因而处于和谐状态的理想人类。这一概念并不是指历史或当下现实中曾经出现或正在活动着的人类，而是指未来的新人种。正如当代德国尼采研究专家彼珀（A. Pieper）所说："超人被理解为有活力的结构导致了人类和西方人物典型形象的终结：人类被超越了。"[1] 彼珀的意思是指，"超人"说以象征手法表明传统的人类形象终究要被否定、被颠覆，人类必须被超越。所以尼采晚年在自传《看哪，这人！》（Ecce Homo）中针对当时人们对"超人"的种种误解不无气愤地指出：

> "超人"是用来形容一种最卓绝的人的用语，这种人同"现代人"、"好人"、基督徒和其他虚无主义者完全相反……几乎人人都想当然地把它理解与查拉图斯特拉形象对立的含义，硬说他是高等"理想主义者"的典型，是半为"圣徒"、半为"天才"的结合体……还有另一个有学问的笨蛋怀疑我是达尔文主义者；甚至还有人在这'超人'身上重新发现了那个违背知识和意志的大骗子卡莱尔的"英雄崇拜"思想，这可是我深恶痛绝的东西。[2]

尼采在《查拉图斯特拉如是说》里多次阐发了"超人"思想。在该书序言第三节，尼采用比喻的方式揭示了"超人"的三项内涵与特征：第一，"超人是尘世的意义"；第二，"超人是能容纳大侮蔑的海洋"；第三，"超人是用火舌舐食万物的闪电"，"是给人类注射疫苗的疯狂"。[3] 所谓"超人是尘世的意义"，说明

---

　❶　［德］彼珀："动物与超人之维"，载李洁译，华夏出版社 2001 年版，第 49 页。

　❷　F. Nietzsche. Ecce Homo. Friedrich Nietzsche Werke：Band 2. Hg. von Karl Schlechta. München：Carl Hanser Verlag，1955，pp1100－1101।

　❸　F. Nietzsche. Also Sprach Zarathustra. Friedrich Nietzsche Werke：Band 2. Hg. von Karl Schlechta. München：Carl Hanser Verlag，1955，pp280～281．

"超人"是生命和现世的肯定者与赞美者，是人类在现实社会生活中价值的最高和最终体现；所谓"超人是能容纳大侮蔑的海洋"，是指"超人"胸怀宽广，具有极强的免疫力和净化力；所谓"超人是用火舌舔食万物的闪电"与"给人类注射疫苗的疯狂"，是指"超人"具有彻底的反叛意识与斗争精神，敢于不顾一切、蔑视一切地反抗传统思想道德。在该书第24章《在幸福岛上》，尼采借查拉图斯特拉之口说："超人"是"我的沉睡在石头里的一个图像，是我的一切图像中最美的图像"，它是"万物中最宁静、最轻盈者"，总之，它是"一个影子"。❶ 尼采在晚年未刊遗稿（中译题为《权力意志》）中也多次为"超人"概念下了定义，如称它是"一个全新的更高更强的支配性种类"；是"一个主人种族"或"未来的'地球主人'"；是"最高的人"、"综合的人"和"完整的人"。❷ 总之，"超人"是"具有更高价值、更有生命尊严的、更确信未来的类型"。❸ 同时，尼采还明确指出了"超人"是一种比喻或象征的说法，认为对于这个"更强大的种类"和"更高级的类型"，"我的概念、我的比喻就是'超人'一词"。❹

那么现实生活中或历史中曾经出现的人类跟"超人"是什么关系呢？尼采在《查拉图斯特拉如是说》的序言第三节里说得很清楚：

> 对人而言，猴子是什么？只不过是一种可笑的动物或一种痛苦的羞耻而已。对于超人而言，人也只能是一种可笑之物或一种痛苦的羞耻。❺

这就表明，现实中或历史上的人类即使是英雄人物，也不能同"超人"相比，也没有达到"超人"的高度或境界。

不过，尼采对"超人"的看法似乎是变化不定的，甚至是自相矛盾的。一方面，他认为"超人"是一种理想人类的象征，是指未来的新物种和统治者，或是一种理想的人格；另一方面，他又认为"超人"是人类中曾经产生过的、将来肯定还会出现的"更高的类型"。他曾经说过这样的话：

> 地球上殊为不同的地点和殊为不同的文化里，出现过一些持续成功的个案，实际上就是在其中呈现出一个更高的类型，即相对于整个人类而言的一种"超人"。此类大获成功的巧事过去一直是可能的，也许将来也总是可能的。❻

---

❶ F. Nietzsche. *Also Sprach Zarathustra. Friedrich Nietzsche Werke*：Band 2. Hg. von Karl Schlechta. München：Carl Hanser Verlag，1955，p345.

❷ ［德］尼采："权力意志"（上卷），载孙周兴译，商务印书馆，2007年，第82页、第102页、第597页。

❸ ［德］尼采："权力意志"（下卷），载孙周兴译，商务印书馆2007年版，第904页。

❹ ［德］尼采："权力意志"（上卷），载孙周兴译，商务印书馆2007年版，第529页。

❺ F. Nietzsche. *Also Sprach Zarathustra. Friedrich Nietzsche Werke*：Band 2. Hg. von Karl Schlechta. München：Carl Hanser Verlag，1955，p279.

❻ ［德］尼采："权力意志"（下卷），载孙周兴译，商务印书馆2007年版，第903页。

尼采认为，"超人"所奉行的道德叫"超人的道德"，又称"主人道德"、"赠贻的道德"、"健康的自私的道德"，它的对立面是"奴隶道德"、"侏儒道德"。"超人"道德观的核心内涵是保持自己的意志自由，超越传统的善恶标准。尼采多次指出："服从自己的意志，人们是不会称之为强迫的：因为那是一种乐趣。你能对自己下命令，这就是'意志自由'。"❶"谁要做自由人，必先完全成为他自己。""我们要成为我们自己——新颖、独特、无可比拟、自我立法、创造自我的人！"❷同时，"超人"道德反对平等观念，崇奉等级制度，保持着"间距的激情"。尼采说："道德感首先是与人（尤其是等级）相关而发展起来的，到后来才转移到行动和性格上。间距的激情处于那种道德感的最内在根基中。""间距的激情、等级差异感，包含在所有道德的最终基础之中。"❸

在尼采笔下，与"超人"类型相关的形象有"高等人"（der höheren Menschen）与"末人"（der letzte Mensch）两类。在尼采看来，"超人"并非历史或现实生活中出现的真实的人类，现实中存在的人类是"高等人"与"末人"。

"高等人"，又称"伟人"、"天才"。在尼采那里，"高等人"首先是先知和预言家，因而也常常是"孤独者"与"头胎子"。尼采认为他们必须"走最艰难的道路"，必须"开始最孤独的漫游"。❹尼采还以诗一样的笔调描述了作为"头胎子"和"早产儿"的"高等人"的遭遇与品行：

在人类底层的乌烟瘴气之上，存在着一种更高级的、更光明的人类，后者在数量上看是十分微小的——因为按其本质来讲，一切出类拔萃者都是稀罕的：有人属于这种人类，并不是因为他比底层的人们更有天赋，或者更有美德，或者更有英雄气概，或者更可爱些，而是因为他更冷酷、更光明、更有远见、更孤独，是因为他忍受着孤独，偏爱孤独，要求孤独，把孤独当做幸福、特权，其实就是把它当做此在之条件，是因为他生活在乌云雷电以及暴雨狂风之中，但同样也生活在阳光、雨露、雪花以及必然地来自高空以及永远只在自上而下的方向上运动的一切之中。❺

承受和可以承受这形形色色、不可胜数之忧伤的英雄犹在，他在翌日的战斗打响后，犹能对朝霞和自己的命运欢呼，他思接千代，目通万里，继承了囊昔一切高尚的思想，且在继承中满怀责任感。这些志行高洁之士，迄今尚无人可望其项背，他是新一代志行高洁者的"头胎儿"，他把人类的一切，诸如最老、最新之物、损失、希望、征服、胜利等集于内心，压缩为一种情感，由此而产生人类

---

❶ ［德］尼采："权力意志"（上卷），载孙周兴译，商务印书馆2007年版，第17页。

❷ ［德］尼采："快乐的科学"，载黄明嘉译，华东师范大学出版社，2007年，第180页，第310页。

❸ ［德］尼采："权力意志"（上卷），载孙周兴译，商务印书馆2007年版，第7页、第9页。

❹ F. Nietzsche. *Also Sprach Zarathustra. Friedrich Nietzsche Werke*：Band 2. Hg. von Karl Schlechta. München：Carl Hanser Verlag, 1955, p403.

❺ ［德］尼采："权力意志"（上卷），载孙周兴译，商务印书馆2007年版，第370页。

前所未有的幸福，一种充满力与爱、泪与笑的神圣幸福。●

　　尼采还说，"高等人"常常会感叹："我在民众中行走，并对他们说话，但他们既不知道如何听，也不知道如何记住"；"在这里，所有的人都没有我这样的耳朵，我说话又有何用？我来这里为时过早。在这些民众中，我只是我自己的先驱者"。❷ 所以，尼采借查拉图斯特拉之口鼓励他们："你们高等人，战胜那些渺小的道德吧，战胜那些小聪明吧，战胜那些沙粒一般琐屑的考虑吧，战胜那些蚂蚁一样辛劳的勤勉吧，战胜那可怜的舒适感吧，战胜那所谓的'大多数人的幸福'吧！"❸ 尼采笔下那位传播"超人"说的查拉图斯特拉以及宣告"上帝死了"的"疯子"就是典型的"高等人"。尼采自己说过："查拉图斯特拉，他以一种神圣的方式用勇气和嘲讽来反对所有神圣的事物，清白无邪地走自己的路，通向极度受禁、极度凶险的东西……"❹ 其次，"高等人"是敢于向危险挑战的勇士和强者。尼采在晚年遗稿中多次提到这一点："最高等的人的未来就处于这一轨道上：他们承担着极大的责任，而并不为此心碎。"❺ "假如一个人在内心没有给自己增添巨痛的力量和意志，他如何能成就伟业呢？人能吃苦，这实在微不足道，连柔弱的妇人乃至奴隶在这方面也有不同凡响的表现。但是倘若给自己增添巨痛、听见巨痛的呼号却不被巨痛和不安所毁，这样的人才堪称伟大啊！"❻ "'伟人'之伟大，是由于他的欲望的自由空间，是由于更大的权力，后者善于使用这些宏伟的猛兽。"❼ 最后，"高等人"是推动人类社会前进的重要力量，是不折不扣的创造者。尼采曾经指出：

　　　　最强大和最邪恶的天才人物是推动人类前进的首要功臣，他们一再点燃人们那昏睡的激情——井然有序的社会是激情昏昏欲睡——他们一再唤醒人们的比较意识、矛盾意识，唤醒人们尝试新事物，唤醒他们对未经试验的、需要冒险的事物的兴趣，迫使人们对各种观点和范例进行比较，常常伴随使用武器、推翻界碑、破坏虔诚，不过也不排除借助新的宗教和道德！❽

　　所谓"末人"，又称"群盲"，是与"高等人"完全相对立的一种人。尼采在《查拉图斯特拉如是说》的序言第五节里集中刻画了这一类人物形象。他们只知

---

❶　〔德〕尼采："快乐的科学"，载黄明嘉译，华东师范大学出版社 2007 年版，第 311~312 页。

❷　F. Nietzsche. *Also Sprach Zarathustra. Friedrich Nietzsche Werke*：Band 2. Hg. von Karl Schlechta. München：Carl Hanser Verlag，1955，pp420—421.

❸　F. Nietzsche. *Also Sprach Zarathustra. Friedrich Nietzsche Werke*：Band 2. Hg. von Karl Schlechta. München：Carl Hanser Verlag，1955，p523.

❹　〔德〕尼采："权力意志"（上卷），载孙周兴译，商务印书馆 2007 年版，第 178 页。

❺　〔德〕尼采："权力意志"（上卷），载孙周兴译，商务印书馆 2007 年版，第 21 页。

❻　〔德〕尼采："快乐的科学"，载黄明嘉译，华东师范大学出版社 2007 年版，第 299 页。

❼　〔德〕尼采："权力意志"（上卷），载孙周兴译，商务印书馆 2007 年版，第 475 页。

❽　〔德〕尼采："快乐的科学"，载黄明嘉译，华东师范大学出版社 2007 年版，第 78 页。

循规蹈矩、缺乏创新的愿望与能力，他们懒得追问也弄不明白"爱是什么？创造是什么？渴望是什么？命运是什么？"之类的问题；他们委琐、知足、不思上进，因而抱着"小小的欲望"而不敢越雷池一步。❶ 换言之，"末人"没有独立意识，容易受到传统道德的限制。在尼采看来，现实中绝大多数人都属于这一类型。具体来说，"末人"或"群盲"的第一个特征是缺乏个性，奴性十足。尼采说："他们全都意愿与每个人共享他们的'你应当'和'你不应当'——这是放弃了的独立性的第一个标志。"❷ "也许在我们每个人身上存在太多的奴性，这是社会制度与社会活动使然……世间的奴隶比人们认为的要多得多，每个人都是。"❸ "末人"的第二个特征是敌视有个性的人。尼采说："群盲的本能有利于平均主义者；对于强大的个人，群盲是有敌意的、不公的、过分的、苛求的、放肆的、冷酷的、怯懦的、欺骗的、虚假的、无情的、阴险的、妒忌的、报复的。""群盲感觉到特立独行者——无论是低于他们的还是高于他们的——都是与他们为敌、伤害他们的东西。""最强者必定受到最严厉的束缚、看管，被锁上镣铐监视起来：群盲本能意愿如此。"❹

二、现代中国学者对尼采"超人"说的阐释

从 20 世纪初期的王国维、鲁迅，到 20 年代前后新文化运动的领袖们，再到 40 年代的战国策派，中国思想界、学术界与文学界的知识分子都对"超人"说给予了特别的关注。

王国维、章太炎和鲁迅是最早关注尼采"超人"说的一批中国知识分子。王国维在《尼采氏之教育观》（1904 年）中首次提到尼采的"超人"说："氏（指尼采）又言此等伟人之中，更有一种高尚而特别之人物，无以名之，名之曰超人。"❺ 他还指出"超人"说具有明显的宗教色彩："尼采自身之说亦含宗教的原质。其所谓超人，殆与神无异。"❻ 他在《叔本华与尼采》（1904 年）一文中论及尼采"超人"说的来源与"超人"的特征，认为"超人"说源于叔本华的"天才"观，"超人"的特征则是"超绝道德之法则"而进入了"意之无限制"❼ 的境界，成了摆脱意志限制与传统道德束缚的自由王国的宠儿。章太炎在给友人的

---

❶ F. Nietzsche. *Also Sprach Zarathustra*. *Friedrich Nietzsche Werke*：Band 2. Hg. von Karl Schlechta. München：Carl Hanser Verlag，1955，pp284－285.

❷ ［德］尼采："权力意志"（上卷），载孙周兴译，商务印书馆 2007 年版，第 195 页。

❸ ［德］尼采："快乐的科学"，载黄明嘉译，华东师范大学出版社 2007 年版，第 165 页。

❹ ［德］尼采："权力意志"（上卷），载孙周兴译，商务印书馆 2007 年版，第 435 页、第 544 页、第 565 页。

❺ 佚名（王国维）编译："尼采氏之教育观"，载成芳编：《我看尼采》，南京大学出版社 2000 年版，第 5 页。

❻ 佚名（王国维）编译："尼采氏之学说"，载成芳编：《我看尼采》，南京大学出版社 2000 年版，第 22～23 页。

❼ 王国维："叔本华与尼采"，载郜元宝编：《尼采在中国》，上海三联书店 2001 年版，第 16 页。

信《答铁铮》（1907 年）里提到了尼采的"超人"，认为它拥有中国古代哲学家王阳明的心学所标举的"自信而非利己"、"厚自尊贵"❶ 的精神品格。鲁迅在留日期间撰写的《文化偏至论》（1908 年）、《破恶声论》（1908 年）等文章中表达了自己对尼采"超人"说的理解。他称"超人"为"大士天才"与"意力绝世，几近神明"❷ 之人。他还将尼采的"超人"说与达尔文进化论挂钩，认为："至尼佉（通译尼采），则刺取达尔文进化之说，掊击景教（即基督教），别说超人。虽云据科学为根，而宗教与幻想之臭味不脱，则其张主，特为易信仰，而非灭信仰昭然矣。"❸

第一高潮期对尼采"超人"说发生兴趣并对它进行过阐释的中国知识分子迅速增多。可以说，几乎每一位解读过尼采学说的学人都程度不等地关注了"超人"说。其中对"超人"说进行过深入研究的有谢无量、茅盾、李石岑、S. T. W.、朱侣云、范寿康等。

谢无量在《德国大哲学家尼采之略传及学说》（1915 年）一文里将尼采的学说归纳为三个方面，其中之一就是"圣人"（Übermensche，通译超人）论。他说：

人之为人，亦非自然有其极而赴之，有圣人者作，乃为之立其极焉。圣人非犹乎人也，出乎其类，拔乎其萃，以厚民之生为心，而使人志于力者也。❹

他还说："圣人之生也，固待于将来，其始必人类先进于高尚之种族，而多有君子之行，乃进为新人类，而圣人于是出乎其间焉。"❺ 难能可贵的是，谢无量还敏锐地指出了尼采"超人"说不仅变动不居而且含糊不清的事实：

尼采之忽致思于圣人，其间殆经数变。始则慕豪杰非常之士，故其书尝称拿破仑，又以萧本浩（通译叔本华）为当世一人，又谓瓦格勒尔，人类之师也，又以卢梭、萧本浩、格泰（通译歌德）三人并称，以为皆可为后世仪表。……然究如何而后可以为圣人，尼采亦未确信，不过以圣人乃能为斯民立极耳。❻

此外，谢无量提到了尼采笔下的"准超人"即异乎常人的"君子"，即"高等人"或"伟人"：

---

❶　章太炎："答铁铮"，载《章太炎书信集》，河北人民出版社 2003 年版，第 183 页。
❷　鲁迅："文化偏至论"，载《鲁迅全集》（第 1 卷），人民文学出版社 2005 年版，第 53 页、第 56 页。
❸　鲁迅："破恶声论"，载《鲁迅全集》（第 8 卷），人民文学出版社 2005 年版，第 31 页。
❹　谢无量："德国大哲学者尼采之略传及学说"，载成芳编：《我看尼采》，南京大学出版社 2000 年版，第 39 页。
❺　谢无量："德国大哲学者尼采之略传及学说"，载成芳编：《我看尼采》，南京大学出版社 2000 年版，第 39 页。
❻　谢无量："德国大哲学者尼采之略传及学说"，载成芳编：《我看尼采》，南京大学出版社 2000 年版，第 50 页。

尼采所谓君子，异乎人之所谓君子者也。其人固将来欧洲之显族而善人乎？然不复以其本能为耻。自今世论之，则必不信神者也，必不德者也。惟外能谨礼，而视听不苟，沉静自守，不为一切贫苦忧戚所夺，抱绝大之远志，断然思有以济之，一意孤行，而不顾与滔滔之流俗战者也。虽其行去圣人尚远，亦可以为难矣。❶

茅盾在《尼采的学说》（1920 年）一文的"进化论者的尼采"一节中详细介绍了尼采的"超人"说。作者先指出了尼采"超人"说的历史意义，认为："尼采的超人说，便似乎是晴天一个雷……有了尼采的雷声和电光，前人的喇叭声和烛光便给盖住了"。❷ 然后作者揭示了"超人"的含义，称"尼采认他理想中的'超人'是将来最合式的一种人"；❸ 并详细论证说：

尼采又极力反对神。他说：神是死了，人是只靠自己去创造去开辟。人不必拿神做最终最好的准则，人类自有最好的准则，只待人发明；人不必到天上找极乐世界，地上就有极乐世界在，只待人发见。这种最好的，可为准则的人，和地上的极乐世界，都是人的能力可以办到的。……尼采说，这便是"超人"了。❹

茅盾特别提到了尼采对"人式子"即"高等人"的期望，指出"尼采相信现在的人类尚不全然坏却，尚有转造为一切较高的式子的资格，只要将人类的权力或布置，经过一次合宜的堆积或增大，便可达到目的。他以为这世界上，原也有些神清气爽的人，计划最大的可能事"。"尼采以为……第一切要的事，还是感化这班做群众领袖的人，他说：'你们几位现今寂寞的人呵，你现在站开一边，你将来总有一日要到'人'的一边；你若挑选了你自己，你便可以做个头挑的人，从这些头挑的人里，更可以生出超人。'"❺

李石岑在论文《尼采思想之批判》（1920 年）、专著《超人哲学浅说》（1931 年）中都详细讨论过尼采的"超人"说。从后者的标题可知，作者甚至把尼采的整个思想体系称做"超人哲学"。李石岑指出："超人并非由人类进化之新种类之动物，一如猿猴之进化为人类也者；超人乃进化之象征也。"❻ 其进一步解释说：

超人者，人类进化之象征也，超人为人类之解放，可以指示权力意志之自由之进化。唯超人非终极目的，不过生命进行——进化——之途上之指标而已。超人一度产生，换言之，生活一度归于自由，则人类之生活即发强烈之光辉，而一

---

❶ 谢无量："德国大哲学者尼采之略传及学说"，载成芳编：《我看尼采》，南京大学出版社 2000 年版，第 52 页。

❷ 茅盾："尼采的学说"，载郜元宝编：《尼采在中国》，上海三联书店 2001 年版，第 87 页。

❸ 茅盾："尼采的学说"，载郜元宝编：《尼采在中国》，上海三联书店 2001 年版，第 81 页。

❹ 茅盾："尼采的学说"，载郜元宝编：《尼采在中国》，上海三联书店 2001 年版，第 88 页。

❺ 茅盾："尼采的学说"，载郜元宝编：《尼采在中国》，上海三联书店 2001 年版，第 93 页。

❻ 李石岑："尼采思想之批判"，载成芳编：《我看尼采》，南京大学出版社 2000 年版，第 69 页。

切美善强大悉由是涌出。故人类以超人而意义益明。是则超人者，又人类救济之象征也。❶

他认为"超人"的最大特点是看重本能和自我，指出："超人看重地，看重肉体，质言之，便是看重本能。超人的生活是本能的生活。超人在本能里面找到真的自我。所谓自我主义便是本能主义。从本能发展出来的道德，便是超人的道德。"❷

S. T. W. 在《尼采学说之真价》（1920 年）里也比较详细地阐释过尼采的"超人"说。他认为，在尼采看来："所谓超人者，应超政治，超国家，超时代而独立。对于外面之压迫，须为强烈之挑战。"❸ "超人之道德，为现实的，本能的，地上的。……超人为新道德之创造者，为最高自由之立法者。"❹ S. T. W. 还进一步指出，尼采的"超人"说与达尔文的进化论既相联系，又有区别：一方面，"超人之假设，则受达尔文进化论之影响皎然可见。……尼采承认此种进化之原则，超人之说，由兹而生"；另一方面，"超人之说与进化论者有二个相违之点。……生存竞争与权力竞争——前者为进化论者之说，后者为尼采之说。此其相违之点一也"，"进化论者置重外界之势力，以环境为进化之原因。尼采置重内部之势力，以权力意志为进化之原因。此其相违之点二也"。❺

朱侣云在《超人和伟人》（1920 年）里介绍了尼采的"超人"说和"超人"道德。他认为尼采的"超人"是指"一种理想的人"：

超人是一切闲事不管，只晓得把自己弄到最强的地位，最胜利的地位。换一句话说，超人只是以自己为目的，以自己的长成和向上为中心的思想的，自己是自由的，是不受那一方面的支配的，是不为那一个人，或那一件事，或那一种学说而生的，你要他利用民众去为他自己做事却可，你要他代表社会的意志去做事，他却不干。若是你必要他与社会发生一种关系，他却可以答应你做个社会的立法者和支配者。❻

他这样解释尼采的"超人"道德观："尼采的道德说，主张强者的道德。若像上面所述的理想的人，才配实践这种道德。这种道德，把尼采的话来表明，就叫做主人的道德。……提倡强者的道德，打破弱者的道德，那就是超人主义的真精神。"❼

---

❶ 李石岑："尼采思想之批判"，载成芳编：《我看尼采》，南京大学出版社 2000 年版，第 70 页。
❷ 李石岑："超人哲学浅说"，载上海商务印书馆，1931 年，第 56 页。
❸ S. T. W.："尼采学说之真价"，载成芳编：《我看尼采》，南京大学出版社 2000 年版，第 87 页。
❹ S. T. W.："尼采学说之真价"，载成芳编：《我看尼采》，南京大学出版社 2000 年版，第 87 页。
❺ S. T. W.："尼采学说之真价"，载成芳编：《我看尼采》，南京大学出版社 2000 年版，第 85～86 页。
❻ 朱侣云："超人和伟人"，载成芳编：《我看尼采》，南京大学出版社 2000 年版，第 90～91 页。
❼ 朱侣云："超人和伟人"，载成芳编：《我看尼采》，南京大学出版社 2000 年版，第 91 页。

范寿康在《最近哲学之趋势》（1920年）一文里这样介绍尼采的"超人"概念："肯定人生发展人生的只有少数的勇者，为少数的勇者起见，虽牺牲大多数的奴隶的弱者也无足惜。换言之，就是牺牲群民也无足顾虑的。人生的目的是在顾全少数的勇者。……尼采叫这种人做'超人'。超人云者，就是具绝大意力者；最彻底的现实肯定者；最高尚的人格者；最自由者。"❶

第二高潮期关注和阐释尼采"超人"说的中国学者更多。他们的阐释似乎更有激情，也更多了主观成分。其中，黄素秋、阮真、陈铨、林同济、刘恩久等对"超人"说的阐释最为全面而深入。

黄素秋在《谈谈尼采的超人哲学》（1934年）一文里着重从道德观、进化观和艺术观等三个方面解读尼采的"超人思想"。黄素秋将尼采的整个思想体系称为"超人思想"。她认为"超人"道德观的核心是绝对个人主义。她引述了尼采的原话并评论道：

尼采说："什么叫善？力的表现就是善，凭着强烈的本能去攫取一切的威力就是善。什么是恶？柔弱所产生出来的一切叫做恶。"……他最反对的便是贫弱与无能，病夫与将死者对于肉体与大地是一种侮辱，这种没有希望的人，他们的生存，是一种极大的罪恶，他们是应该早去求死的，所以帮助这种人在世上消磨强者的精力的，便是犯罪……他最后的结论，是绝对的个人主义者。❷

尼采终于大声疾呼：战！战！！战！！！人要有弓箭在手，才能安居而静默，要到没有民族，没有国家的时候，达到超人的桥梁才会发现，才是一切真的道德的开始。所以他又说："战与勇的功劳比博爱的功劳更大。从来救了不幸者的，不是你们的同情，却是你们的勇敢。"他是如何彻底的主战论者呵！❸

作者还指出："超人道德，这是美与善的真名词，只有扶强锄弱，才能尽量地把生命力发扬光大。"❹

阮真在题为《尼采的超人哲学》（1937年）的演讲里解释过"超人"与"超人"道德的含义。他说："所谓'超人'，在德文叫做？ bermensch，原含有人世的意义，就是要以人的意志支配世界，征服一切，才得谓之'超人'。英文译作Superman，意为超出于人类之人，即人类更进化而达于人类以上之人也。……尼氏所谓超人，仍然是肉体的超人，并不是宗教家所谓超脱肉体的灵魂，或者是超脱凡壳的仙佛。"❺ 关于"超人"道德，阮真指出：

❶ 范寿康："最近哲学之趋势"，载郜元宝编：《尼采在中国》，上海三联书店2001年版，第118～119页。

❷ 黄素秋："谈谈尼采的超人哲学"，载成芳编：《我看尼采》，南京大学出版社2000年版，第298页。

❸ 黄素秋："谈谈尼采的超人哲学"，载成芳编：《我看尼采》，南京大学出版社2000年版，第299页。

❹ 黄素秋："谈谈尼采的超人哲学"，载成芳编：《我看尼采》，南京大学出版社2000年版，第299页。

❺ 阮真："尼采的超人哲学"，载成芳编：《我看尼采》，南京大学出版社2000年版，第375页。

尼氏以为万物的进化，无时无刻不在奋斗竞争，在人类历史上来看，没有永久和平的。所谓永久和平，只是怯懦、懒惰、苟安、无出息、堕落者的希求。要做超人，必须有坚贞之毅力，顽固之意志，以冷酷自持，决不可趋于苟安和平之途。劳苦是伟大的源泉，人不可不求所以超越于人。超越之意义半为征服；要征服即要奋斗。谋暂时的和平，以为新奋斗之准备则可，求永久的和平，则不可。因为我们所要求的是征服抵抗的胜利，不是和平。所以"超人"之道德，为奋斗之道德。惟奋斗能与人类以进步！惟奋斗能开人生之新机！惟奋斗乃能使吾人自进于超人！❶

　　陈铨对尼采的"超人"说极为关注。他对"超人"的解释有一个变化的过程。起初，他认为"超人"是尼采为人生提出的理想与目标。他在《从叔本华到尼采》（1936 年）一文中指出："经过许多苦心的探讨，尼采找出他对人生为什么的答案了。这一个答案，就是我们大家都听说过的——'超人'。……尼采到这个时候，已经完全摆脱了叔本华的悲观主义，已经自己悬挂了他的新目标，每一个人都可照着他这个目标前进。"❷"超人要不断地工作，不断地努力，有勇气去承受一切，克服一切，痛苦越多，他人格表现越伟大。"❸ 参加战国策派之后，陈铨将"超人"理解为现实生活中的杰出人物，显示出更多的主观臆断性。他在《尼采的思想》（1940 年）一文中说，尼采的"超人"包括四种人："第一，尼采的超人，就是理想的人物，就是天才"；"第二，尼采的超人，就是人类的领袖"；"第三，尼采的超人，就是社会上的改革家，超人不能相信社会上已经有的价值，他们自己会创造新的价值。他们要把文化上一切的价值，重新估定"；"第四，尼采的超人，就是勇敢的战士"。❹ 在《尼采的政治思想》（1940 年）一文里，陈铨又称"超人"是不同于"可怜的罪犯"的"伟大的罪犯"，并说："只有这样伟大的罪犯，才配作人类的主人，他没有道德，没有法律，没有国家，他是人类的鞭策，为要充分发展他自己的人格，他需要人类，来作他试验的工具。他是勇敢的战士，他有铁石的心肠。……人生是一局棋，超人是国手，人类不过是他用的棋子。"❺ 在《尼采与〈红楼梦〉》（1943 年）里，陈铨又指出，尼采的"超人"是"要肯定地接受人生；抱乐观主义；有积极的精神，充分发展他生命的力量；伸张他权力的意志；不受传统观念的束缚；他聪明，他知道怎样支配人类世界，打开崭新的局面；他喜欢战争，时时刻刻他都是一员勇敢的战士；他没有死亡的恐惧，因为他能够战胜死亡；他是整个人类生命的象征，他是世界文化进步的标帜"。❻

---

❶　阮真："尼采的超人哲学"，载成芳编：《我看尼采》，南京大学出版社 2000 年版，第 376 页。
❷　陈铨："从叔本华到尼采"，上海大东书局 1946 年版，第 74 页。
❸　陈铨："从叔本华到尼采"，上海大东书局 1946 年版，第 91 页。
❹　陈铨："从叔本华到尼采"，上海大东书局 1946 年版，第 111～113 页。
❺　陈铨："从叔本华到尼采"，上海大东书局 1946 年版，第 118 页。
❻　陈铨："尼采与《红楼梦》"，载于润琦编：《陈铨代表作》，华夏出版社 1999 年版，第 383 页。

林同济认为"超人"是尼采为人类设立的一种理想与目标。他在《我看尼采》（1944 年）一文中指出："超人……是尼采对人生意义的基本探求所最后取得的答案。""尼采的超人毕竟应作为一种诗意的憧憬，一种乌托邦的梦求，可望而未必可捉，可然而无必然，因而也更加令人神往。""尼采超人的呼声也无异于孔，孟，释，耶，教人向上的用意。"❶ 他还颇有见地地指出："尼采在这里无形中的雄心可说是在传统宗教与伦理间求出一个新和谐：于某范围内，把宗教家'超于人'的高度配合于'道德家入于世'的热力，再透过苏格拉底以前希腊异教的自然精神，唯美精神，而烧烤出他心目中所独有的理想人格型。"❷ 林同济将"超人"的性质概括为两个方面："（一）超人必是具有最高度生命力的；（二）超人必是具有大自然的施予德性的。"❸ 同时，林同济还详细地揭示了"末了人"（通译"末人"）概念的内涵，称："在尼采看去，百般时代的标志都指点出一个暗中的趋向——万流归海，都要涌出他所最恐怖最厌恶的'末了人'。末了人者，末世的末流人，一切同等化、数量化、庸俗化、享受化，不求品质，不求高度，不求内心的健实与猛飞，不求艰苦卓绝独立人间的气魂。熙熙趋时，茫不自知其所之，如羊群，如蛾阵，永断送文化与人类于愚昧渺小的坑中！"❹

姜蕴刚在《超人与至人》（1947 年）的上篇"超人论"中详细地介绍了尼采"超人"说。他指出：

从尼采的眼光看来，现在的人类软弱得可怜了。人类像猴子一般被一种高过人类的东西玩弄着。人是奴隶，所谓超人就是要发挥权力与力量，征服环境，战胜一切。……超人是高出普通人一头的人。❺

他认为"超人"具有如下四个特征：一是重视本能："超人能凭借权力意志征服他人，制胜环境，而入于绝对自由的境界。"二是重视永生和轮回："超人不死。超人的希望永远无穷。"三是重视未来："超人主义既是重本能的，所以他重子孙，不重父母；重未来，不重过去。"四是重视权力："尼采的超人主张是：意志就是权力，以这权力征服一切，为一切之王，达到永生。"❻ 姜蕴刚还提及了"超人"道德观，认为"超人的道德也正是一种'君主道德'"。❼

刘恩久在专著《尼采哲学之主干思想》（1947 年）的第四部分讨论了"超人"说。他认为，"超人"是尼采为人类生存设立的终极目标与意义：

---

❶ 林同济："我看尼采言"，载陈铨《从叔本华到尼采》，上海大东书局 1946 年版，第 19 页、第 22 页、第 20 页。

❷ 林同济："我看尼采言"，载陈铨：《从叔本华到尼采》，上海大东书局 1946 年版，第 21 页。

❸ 林同济："我看尼采言"，载陈铨：《从叔本华到尼采》，上海大东书局 1946 年版，第 22 页。

❹ 林同济："我看尼采言"，载陈铨：《从叔本华到尼采》，上海大东书局 1946 年版，第 17 页。

❺ 姜蕴刚："超人与至人"，载郜元宝编：《尼采在中国》，上海三联书店 2001 年版，第 486 页。

❻ 姜蕴刚："超人与至人"，载郜元宝编：《尼采在中国》，上海三联书店 2001 年版，第 487～488 页。

❼ 姜蕴刚："超人与至人"，载郜元宝编：《尼采在中国》，上海三联书店 2001 年版，第 487 页。

人类之能得以永存也，一方须有坚而不可拔之权力意志，使满足现存在之生的欲求，一方又必以充满肯定力量之生，进一步作控制宇宙永劫压力之工作，如是方能达成永存的意义。然为达成积极之永存之意义，据尼采主张，以为仅以前二者之欲求与工作为不足用，又必以确立个人，创造超人为其归趋，否则，人生之生决难达成其最高之目的。因此之故，吾人为达成此种最高之目的，其唯一之手段，即速为确立个人，急为创造超人是也。❶

他引用尼采的原话揭示了"超人"的内涵："尼采解释此超人之概念的意思云：'所谓超人之概念，于此为最高之实在。'因超人之概念为最高之实在。"❷刘恩久认为"超人"是由"个人"进化而成的超越现有人类的新人种："吾人如再由个人之量的进展上推进之，于其必然之归趋上，将达于一由个人之完成而进化超越于人类之事物，果尔，尼采之理想的超人说，或可成立矣。"❸他还详细引述了《查拉图斯特拉如是说》里的原话来介绍"超人"的性质，并认为达成"超人之境界"的两大"法门及步骤"是"排斥基督教之神的理想"、"消除宣传平等之口号"。❹

三、尼采"超人"说与现代中国启蒙主张的关联

早年留学日本的学者高明曾在《文艺画报》1935 年第 1 卷第 3 期上撰文披露自己以及时人对尼采学说尤其是"超人"思想的喜爱之情，同时也通过描述自己接受尼采"超人"说所经历的"狂热——寂寞——绝望"三部曲的心路历程来反思国人对待尼采学说的态度。他说："据我所知，有不少和我们同'代'的人，都正在对他（指尼采）感抱着兴趣。……我不说每个现代青年都曾钻过尼采之门；但是'超人'这个想头，对于自我正在渐渐发展，个性正在渐渐形成的青年时期的人，是多么强烈的一个魅力哟！"❺他这样交代自己接受尼采"超人"说的心路历程：开始，痴迷"超人"思想，挟着尼采的思想对鲁迅的过于悲观和灰色的《野草》"做了极不满意的批评"，并"带着满肚皮的尼采思想"从日本回到中国，用尼采的理论来指导自己的生活："我战斗！我从母亲的怀中跃出，把和哥哥的关系斩断，把人们愿意给我的一切援助回绝，而果敢地单枪匹马地踏上了开辟自己新天地的路。而一时，我可说是成功了"；后来，"我在思想上便发生了动摇。而第一坏事的，便是我开始感到了寂寞。寂寞——这也许要算超人思想的最大禁忌了吧？为了医治我的寂寞，我这'超人'，竟不得不去和些'庸庸众生'发生'庸俗的关系'了。并且过着过着，连'超人'为'俗物'所制的事都经验

❶　刘恩久："尼采哲学之主干思想"，载成芳编：《我看尼采》，南京大学出版社 2000 年版，第 615 页。
❷　刘恩久："尼采哲学之主干思想"，载成芳编：《我看尼采》，南京大学出版社 2000 年版，第 619 页。
❸　刘恩久："尼采哲学之主干思想"，载成芳编：《我看尼采》，南京大学出版社 2000 年版，第 616~617 页。
❹　刘恩久："尼采哲学之主干思想"，载成芳编：《我看尼采》，南京大学出版社 2000 年版，第 617 页。
❺　高明："尼采及其他"，载成芳编：《我看尼采》，南京大学出版社 2000 年版，第 303 页。

到了。而一反省动了头，连自己身上的一些生理上的事（主要是性欲），都使我难堪起来了。我怀疑，并且完全觉悟到这'人'是无从'超'起了"；最后，"在超人思想上碰了壁的我，是一转而落入绝望的深渊了。怀疑，怀疑，第三个怀疑。我肯定一切，同时我也否定一切。我信任每一个人，同时死也不信任每一个人"。❶高明这篇文章固然对国人热衷"超人"说的行为进行了反思，但也从侧面反映了尼采"超人"说对国人思想启蒙的直接或间接影响，当然也说明了一种理论或思想在进入异域语境时难免要经历的阵痛。

尼采的"超人"说究竟对现代中国的思想启蒙起到了什么作用呢？或者说，"超人"说与中国现代知识分子提倡的启蒙主张究竟有什么联系呢？

在笔者看来，"超人"思想实质上是一种人生哲学，它通过给人类树立一个高远甚至终极的目标而鼓舞人们积极抗争、奋发向上。通观中国现代知识分子的尼采阐释活动，可以发现尼采"超人"说与中国现代思想启蒙主张之间的关联主要体现在两个方面：一是"超人"说的反叛精神与个性观念促成了中国现代知识分子的"立人"思想与个性主义观念；二是"超人"说的进化特征和超越意识激活了国人的进取意识与创新精神。

先看中国现代知识分子通过凸显尼采"超人"说的反叛精神、战斗意识与个性观念而宣扬"立人"思想与个性主义观念的情形。

早在20世纪初，鲁迅就受到尼采"超人"说的激荡而形成了"立人"主张。"立人"一语出自《论语·雍也》："夫仁者，己欲立而立人，己欲达而达人。"宋朝邢昺疏曰："言夫仁者己欲立身进达而先立达他人。"❷孔子所说的"立人"，字面意义是指"使人站立"、"使人立得住身"，引申意义是指根据古代的道德规范"确立君子人格"。鲁迅将孔子的说法借用过来，认为"立人"的根本就是个人在精神方面的觉醒与独立，即"尊个性而张精神"。❸何谓"尊个性而张精神"？鲁迅解释说，它具体包括两个方面，即"掊物质而张灵明，任个人而排众数"。❹鲁迅的"立人"主张受到了尼采"超人"说的启迪。在鲁迅看来，尼采的"超人"说提倡的是一种肯定"天才"、轻视"愚民"或"庸众"的个人主义思想。所以他明确指出："若夫尼佉（通译尼采），斯个人主义之至雄桀者矣，希望所寄，惟在大士天才；而以愚民为本位，则恶之不殊蛇蝎。意谓治任多数，则社会元气，一旦可瘅，不若用庸众为牺牲，以冀一二天才之出世，递天才出而社会之活动亦以萌，即所谓超人之说，尝震惊欧洲之思想界者也。"❺鲁迅还认为，尼采等"新神思宗徒"不仅反对欧洲现代社会重"众数"的"偏至"现象、积极强调个性之尊严与自我之价值，而且抨击重"物质"的"偏至"现象，大力提倡

---

❶ 高明："尼采及其他"，载成芳编：《我看尼采》，南京大学出版社2000年版，第303~304页。
❷ 阮元校刻："十三经注疏"，上海古籍出版社，1997年影印本，第2480页。
❸ 鲁迅："文化偏至论"，载《鲁迅全集》（第1卷），人民文学出版社2005年版，第58页。
❹ 鲁迅："文化偏至论"，载《鲁迅全集》（第1卷），人民文学出版社2005年版，第47页。
❺ 鲁迅："文化偏至论"，载《鲁迅全集》（第1卷），人民文学出版社2005年版，第53页。

重视"主观与意力主义"。他说："尼佉……诸人，皆据其所信，力抗时俗，示主观倾向之极致"；"尼佉之所希冀，则意力绝世，几近神明之超人也"。❶ 在鲁迅看来，"新神思宗"的思想尤其尼采的"超人"说既包含抨击"多数"、提倡"个性"的个人主义内涵，又包含排斥物欲主义、"崇奉主观，或张皇意力"的主观主义精神。由此，鲁迅不仅认识到精神觉醒的重要性，而且进一步意识到个体自觉或个体觉醒的重要性。他在《摩罗诗力说》里指出，只有人人有了"自我"意识，群体才能觉悟，国家才能雄立于世界："盖惟声发自心，朕归于我，而人始自有己；人各有己，而群之大觉近矣"；"发国人之内曜，人各有己，不随风波，而中国亦已立"。❷ 他在《文化偏至论》中也写道："人既发扬踔厉矣，则邦国亦以兴起。""外之既不后于世界之思潮，内之则仍弗失固有之血脉，取今复古，别立新宗，人生意义，致之深邃，则国人之自觉至，个性张，沙聚之邦，由是转为人国。""是故将生存两间，角逐列国是务，其首在立人，人立而后凡事举；若其道术，乃必尊个性而张精神。假不如是，槁丧且不俟夫一世。"❸ 可以说，鲁迅借助尼采思想提倡"尊个性而张精神"的"立人"思想，是直接为现代中国的思想启蒙设计了纲领与路径。他希望借助尼采思想来宣传个人主义，以改造中华民族的劣根性，增强国人的个人意识、人格观念，最终为国家的独立与强大奠定基础。

　　五四前后，新文化运动的领袖以及参加者在致力于思想启蒙活动的时候，大多不同程度地受到尼采"超人"思想的影响。陈独秀在《敬告青年》一文中号召中国青年遵循"超人"道德即"贵族道德"，反对"末人"道德即"奴隶道德"。他告诫说："解放云者，脱离夫奴隶之羁绊，以完其自主自由之人格之谓也。我有手足，自谋温饱；我有口舌，自陈好恶；我有心思，自崇所信；绝不认他人之越俎，亦不应主我而奴他人：盖自认为独立自主之人格以上，一切操行，一切权利，一切信仰，唯有听命各自固有之智能，断无盲从隶属他人之理。"❹ 他在《人生真义》（1916 年）一文中提到"超人"说，称："德国人尼采也是主张尊重个人的意志，发挥个人的天才，成功一个大艺术家，大事业家，叫做寻常以上的'超人'，才算是人生目的；甚么仁义道德，都是骗人的说话。"❺ 显然，陈独秀将去除"盲从隶属他人"之心理、养成"独立自主之人格"当做了中国青年的头等大事；他还鼓励国人要像尼采的"超人"一样抨击"仁义道德"，"尊重个人的意志，发挥个人的天才"。傅斯年在《人生问题发端》（1919 年）一文中则受尼采"超人"说的启发而阐发了"人生真义"，提倡一种新的人生观：

❶ 鲁迅："文化偏至论"，载《鲁迅全集》（第 1 卷），人民文学出版社 2005 年版，第 55～56 页。

❷ 鲁迅："破恶声论"，载《鲁迅全集》（第 8 卷），人民文学出版社 2005 年版，第 24～25 页。

❸ 鲁迅："文化偏至论"，载《鲁迅全集》（第 1 卷），人民文学出版社 2005 年版，第 47 页、第 57～58 页。

❹ 陈独秀："敬告青年"，载《青年杂志》1915 年第 1 卷第 1 期，第 3 页。

❺ 陈独秀："人生真义"，载郜元宝编：《尼采在中国》，上海三联书店 2001 年版，第 54 页。

看见人类所由来的历史是那样，就可以断定人类所向往的形迹必定是那样。所以有了尼采的"超人"观。尼采的话虽然说的太过了，但是人类不止于现在的景况，却是天经地义。从此知道天地之间是"虚而不屈，动而愈出"。人生的真义，就在于力求这个"更多"，永不把"更多"当做"最多"。❶

创造社缔造者们深受尼采"超人"思想的影响，并明确将社团的指导方针或"意识形态"确定为"创造者"即尼采的"高等人"精神。他们在 1923 年 7 月 1 日《创造》季刊第 2 卷第 1 号"创作"栏目的扉页上以大号字体排印了尼采的名言："Mit deiner Liebe gehe in deine Vereinsamung und mit deinem Schaffen, mein Bruder; und spät erst wird die Gerechtigkeit dir nachhinken. 兄弟，请偕你的爱情和你的创造走向孤独罢，公道要隔些时日才能跛行而随你。"尼采此句出自《查拉图斯特拉如是说》的《创造者之路》一章。同年稍后，郭沫若将该章全文译出，以"创造者之路"为题发表在《创造周报》1923 年 10 月 14 日第 23 号上。尼采在这一章里集中阐述了"创造者"精神。何谓"创造者"精神？按照尼采的意思，它一是指勇于取得"新的力量与新的权力"并成为"初始运动"与"自动旋转的轮子"的精神；二是指"能够自己创造善与恶，高悬自己的意志如同高悬一种法律"且"能够自己担当自己的法官"的意志；三是指敢于"蔑视自己"甚至"为超越自己而毁灭自己"的精神。❷ 尼采还指出："创造者"必然是"孤独者"，必然要"孤独地走向通往自己的道路"，他常常会遭到"嫉妒之眼"的小觑，会被一般人"恨之入骨"，为此，"创造者"必须淬砺自己的意志，使之坚韧如钢铁、冷酷如冰雪，以免"自己的骄傲被折弯"。❸ 简言之，"创造者"精神就是自我立法、自我创新、自我毁灭且坚忍、冷酷的精神，其实质就是鼓吹自我、张扬自我。后来郭沫若又明确指出尼采思想的核心是"以个人为本位而力求积极的发展"。❹ 郭沫若、郁达夫、田汉、成仿吾等创造社的缔造者们正是发扬了这种"创造者"精神来从事新文学事业，并用自己的文学创作来鼓舞人、感化人，启蒙人。

到了抗日战争前后，黄魂、陈铨等人进一步揭示了尼采"超人"说内含的"自我"意识。黄魂在《尼采精神与今日中国民族的死症》（1932 年）里说：

尼采最高峰的精神就是他那超人的表现。这个精神虽然到了尼采手头，便显出圆满的成熟。其实自文艺复兴时代的开始便发现，这个发现便是"自我"的发见，十八世纪后人类文明的扩大，都以这"自我"的发见做地基，所以，超人的

---

❶ 傅斯年："人生问题发端"，《新潮》1919 年第 1 卷第 1 号，第 9 页。

❷ F. Nietzsche. *Also Sprach Zarathustra. Friedrich Nietzsche Werke*: Band 2. Hg. von Karl Schlechta. München: Carl Hanser Verlag, 1955, pp326－328.

❸ F. Nietzsche. *Also Sprach Zarathustra. Friedrich Nietzsche Werke*: Band 2. Hg. von Karl Schlechta. München: Carl Hanser Verlag, 1955, p327.

❹ 郭沫若："论中德文化书"，载《创造周报》1923 年第 5 号，第 16 页。

精神，只不过到了尼采便更把这"自我"的精神发挥到一个登峰造极的阶段，这便成为超人的表现。"自我"的精神是什么？……我们要征服一切，创造一切，我们是宇宙的主宰，而不是一味屈服惰懒懦怯底可怜虫，这便是自我的意义了。自从发见了自我，人才能领略自己在宇宙中真实的位置。❶

作者认为，"超人"说的实质乃是"'自我'的精神发挥到一个登峰造极的阶段"的结晶体，尼采的"超人"说"发见了自我"，使人们"能领略自己在宇宙中真实的位置"。作为战国策派的核心成员，陈铨根据尼采的"超人"思想提出了"英雄崇拜"主张。陈铨在《论英雄崇拜》（1940 年）与《再论英雄崇拜》（1942 年）两篇文章里集中阐述了这一主张。他宣称："人类意志是历史演化的中心，英雄是人类意志的中心"，所以，"英雄是受人崇拜的，是应当受人崇拜的"。❷ 不过，陈铨所说的"英雄"是一个宽泛的概念，既包括"在武力方面，政治宗教文学美术哲学科学各方面，创造领导的人"；❸ 也包括"群众的领袖"、"社会上的先知先觉"与"出类拔萃的天才"。❹ 这种"英雄"恰恰就是陈铨所理解的尼采"超人"，因为陈铨曾经将尼采的"超人"理解为"天才"、"人类的领袖"、"社会上的改革家"与"勇敢的战士"等四种人。❺

为了实现将尼采的"超人"说转化成中国思想启蒙的理论资源的目的，中国现代知识分子不惜采取了置换"超人"内涵的策略。如前所述，尼采心目中的"超人"本是一种理想的人类或人格，并非历史上或现实中出现过或正在出现的英雄或杰出人物。只有茅盾、李石岑、林同济和冯至等少数几位学人捕捉到了尼采"超人"概念的真谛。如林同济认为，"超人"是指一种"超过人类的人类"、"别开生面的新人类"；"尼采的超人毕竟应作为一种诗意的憧憬，一种乌托邦的梦求"。❻ 再如冯至也指出："至于超人，在尼采不过是一个理想，一个象征。"❼ 更多的中国现代知识分子将尼采的"超人"概念置换成了中国人熟悉的或急需的"天才"、"伟人"、"英雄"、"强者"等。如鲁迅视"超人"为"大士天才"或"意力绝世、几近神明"之人（《文化偏至论》）；陈独秀视"超人"为"天才"、"大艺术家"和"大事业家"（《人生真义》）；郭沫若认为尼采"所期许的超人"乃"伟大高迈之士"；❽ 林语堂认为尼采的"超人"指"改变历史进化的探险家、

❶ 黄魂："尼采精神与今日中国民族的死症"，载成芳编：《我看尼采》，南京大学出版社 2000 年版，第 243 页。

❷ 陈铨："论英雄崇拜"，载温儒敏、丁晓萍编：《时代之波》，中国广播电视出版社 1995 年版，第 295 页。

❸ 陈铨："论英雄崇拜"，载温儒敏、丁晓萍编：《时代之波》，中国广播电视出版社 1995 年版，第 295 页。

❹ 陈铨："再论英雄崇拜"，载《大公报·战国》1942 年 4 月 21 日。

❺ 陈铨："从叔本华到尼采"，上海大东书局，1946 年，第 113 页。

❻ 林同济："我看尼采"，载陈铨：《从叔本华到尼采》，上海大东书局 1946 年版，第 20 页、第 22 页。

❼ 冯至："尼采对于将来的推测"，载郜元宝：《尼采在中国》，上海三联书店 2001 年版，第 464 页。

❽ 郭沫若："雅言与自力"，载《创造周报》1923 年第 30 号，第 3 页。

征服者、大发明家、大总统、英雄"；❶陈铨认为尼采的"超人"指"理想的人物"或"天才"、"人类的领袖"、"社会上的改革家"与"勇敢的战士"(《尼采的思想》)，或者是"伟大的罪犯"(《尼采的政治思想》)；等等。

需要指出的是，中国现代知识分子受尼采"超人"思想启迪而形成的个性主义观念具有浓厚的精神贵族主义倾向。这一倾向集中表现在他们常常把思想启蒙的重任放在"天才"、"英雄"的肩上而轻视群众这一点上。以鲁迅和战国策派的陈铨为例。鲁迅早年有一种鲜明的重"个人"而轻"庸众"的思想倾向。他在《破恶声论》中阐述的"内曜"观既体现了对精神觉醒的重视，又体现出轻视"大众"、抬高英才的精英意识或贵族主义倾向。他反复申明："惟此亦不大众之祈，而属望止一二士，立之为极，俾众瞻观，则人亦庶乎免沦没"；"今之所贵所望，在有不和众嚣，独具我见之士，洞瞩幽微，评骘文明，弗与妄惑者同其是非，惟向所信是诣，举世誉之而不加劝，举世毁之而不加沮，有从者则任其来，假其投以笑骂，使之孤立于世，亦无慑也"。❷五四运动前后，鲁迅依然对"天才"情有独钟。在题为《未有天才之前》(1924年)的演讲稿里，他激情呼唤民众为天才的产生出力："天才并不是自生自长在深野荒林里的怪物，是由可以使天才生长的民众产生，长育出来的，所以没有这种民众，就没有天才"；"在要求天才的产生之前，应该先要求可以使天才生长的民众"。❸陈铨则极力提倡"英雄崇拜"，明确宣称："人类意志是历史演化的中心，英雄是人类意志的中心"(《论英雄崇拜》)；"就人格人权来说，人类是平等的，就聪明才力来说，人类是不平等的，因为不平等，所以在人类社会中间，必须要以先知觉后知，以先觉觉后觉"。❹这种精神贵族主义倾向实际上是不利于现代中国的思想启蒙活动的。因为归根结底，思想启蒙是否能取得成功，要看是否能调动普通民众的积极性，是否能改变他们的心灵与性格，而秉持高高在上的精英贵族主义态度则很可能使思想启蒙的任务半途而废。

再看中国现代知识分子通过挖掘"超人"说的进化特征和超越意识而提倡进取意识与创新精神的情形。

中国现代学人普遍认为，尼采的"超人"说虽然与达尔文进化论有所区别，但肯定是对达尔文进化论的继承与发展。鲁迅认为尼采"刺取达尔文进化之说，掊击景教(即基督教)，别说超人"，"超人"说因而具有浓郁的"宗教与幻想之臭味"。(《破恶声论》)周作人称尼采的"超人"说为"进化论的宗教"❺，或

❶ 林语堂："生活的艺术"，载越裔汉译：《林语堂名著全集》(第21卷)，东北师范大学出版社1994年版，第119页。

❷ 鲁迅："破恶声论"，载《鲁迅全集》(第8卷)，人民文学出版社2005年版，第23页、第25页。

❸ 鲁迅："未有天才之前"，载《鲁迅全集》(第1卷)。人民文学出版社2005年版，第174页。

❹ 陈铨："再论英雄崇拜"，载《大公报·战国》1942年4月21日。

❺ 周作人："新村的理想与实际"，载《周作人文类编》(第1卷)，湖南文艺出版社1998年版，第150页。

"进化论的伦理观"❶。谢无量认为："尼采晚年虽攻达尔文，然实取其争存之说，以为非争存也，争力也，志于力也。"❷ 朱侣云指出：尼采"超人的学说，还受了达尔文的影响。达尔文是倡生物进化的，他所说的是生存竞争，适者生存，优胜劣败。生物进化的结果是把那些最强的，最有力的，留在后面，进化到了极点，就只剩下一种理想的人，那理想的人就是超人"❸。茅盾也认为："'超人'主义，便可算是尼采的进化论"；"从前达尔文说人是由动物进化而来，现在尼采也说，将来的人，也要从现代人进化而去"❹。沈伯展指出：

> 他（指尼采）的人生哲学，就是超人哲学。超人二字，就字义上来解释，就是超越人类的人。他根据达尔文进化论，人类的进化是由虫而鱼类，而两栖类，而哺乳类，而猿猴类，最后乃至今日的人。以此推论，今后的人更进化而至超人无疑。❺

阮真也认为：

> 尼氏盖深受达尔文进化论之影响者，故其哲学，实以生物学为其基础。根据人类之进化，由虫类而鱼类，更进而为两栖类，哺乳类，猿猴类，人猿类，最后乃进而为今日之人。照这样看来，今后的人将再进化为什么东西呢？倘使进化没有停止，则必有超越于人类之物出现于世，这便是尼氏所谓"超人"。❻

林同济承认尼采的"超人"说"受了十八世纪以来欧洲思想界所流行的抽象演化论的影响"❼。姜蕴刚也说："尼采的超人观还受了达尔文的影响。他接着达氏的生物演化的阶段，即从单细胞到鱼类到两栖类到哺乳类到猿类到人类，又来一个超人阶段。超人是生物的至高发展。"❽

在此基础上，中国现代学人纷纷从"超人"说与进化论的勾连中挖掘出一种超越意识、进取精神与创新意识。一个典型的例证就是鲁迅根据尼采的"超人"思想形成了"中间物"观念。尼采认为人类的目标是"超人"，现实生活中的每一个人总是要被超越的，因此人的本质只是桥梁或过渡物。他在《查拉图斯特拉如是说》的序言里反复申明："人是一种应该被超越的东西"；"人是一根连接在动物和超人之间的绳索"，人之伟大在于"他是一座桥梁而非目标"，在于"他是

❶ 周作人："关于鲁迅之二"，载《周作人文类编》（第1卷），湖南文艺出版社1998年版，第124页。
❷ 谢无量："德国大哲学者尼采之略传及学说"，载成芳编：《我看尼采》，南京大学出版社2000年版，第44页。
❸ 朱侣云："超人和伟人"，载成芳编：《我看尼采》，南京大学出版社2000年版，第90页。
❹ 茅盾："尼采的学说"，载郜元宝编：《尼采在中国》，上海三联书店2001年版，第89～90页。
❺ 沈伯展："尼采及其哲学"，载成芳编：《我看尼采》，南京大学出版社2000年版，第308页。
❻ 阮真："尼采的超人哲学"，载成芳编：《我看尼采》，南京大学出版社2000年版，第375页。
❼ 林同济："我看尼采"，载陈铨：《从叔本华到尼采》，上海大东书局1946年版，第22页。
❽ 姜蕴刚："超人与至人"，载郜元宝编：《尼采在中国》，上海三联书店2001年版，第487页。

一种过渡物与一种毁灭"。❶ 尼采还认为，"迄今为止，人都是'未固定的动物'"。❷ 人要被不断超越的思想是"超人"说的一部分。鲁迅接受了这种思想，形成了他的带有明显进化论色彩的"中间物"观念。他在《写在〈坟〉后面》（1926年）一文里说：

> 一切事物，在转变中，是总有多少中间物的。动植之间，无脊椎和脊椎动物之间，都有中间物；或者简直可以说，在进化的链子上，一切都是中间物。当开首改革文章的时候，有几个不三不四的作者，是当然的，只能这样，也需要这样。他的任务，是在有些警觉之后，喊出一种新声；又因为从旧垒中来，情形看得较为分明，反戈一击，易制强敌的死命。但仍应该和光阴偕逝，逐渐消亡，至多不过是桥梁中的一木一石，并非什么前途的目标，范本。❸

在鲁迅看来，因为"在进化的链子上，一切都是中间物"，因为每个人都是"桥梁中的一木一石"，所以每个人都必须不断奋进，不断突破，不断超越，也必须不断创新。

关于尼采"超人"说所包含的超越意识、进取精神这一层意思，阮真说得更为明确。他独到而深刻地指出："尼氏所谓超人，是从现实的人生为继续不断的奋斗进化而成功的。""尼氏以为万物的进化，无时无刻不在奋斗竞争，在人类历史上来看，没有永久和平的。所谓永久和平，只是怯懦、懒惰、苟安、无出息、堕落者的希求。……超越之意义半为征服；要征服即要奋斗。……惟奋斗能与人类以进步！惟奋斗能开人生之新机！惟奋斗乃能使吾人自进于超人！"❹

由"超人"说的进化特征而凸显出的超越意识、进取精神与创新意识，正是中国现代知识分子亟须借取来改造国民劣根性的精神元素，是他们需要启蒙自身和启蒙他人、启蒙社会的思想资源。

第二节　"强力意志"说与现代中国思想启蒙的关联

中国现代知识分子对尼采的"强力意志"说非常关注。在尼采那里，"强力意志"说与"超人"说是密切相连甚至是二合一的，但为了分析的方便，笔者将它们分开讨论。

一、尼采"强力意志"说简介

"强力意志"（Der Wille zur Macht，又译权力意志、冲创意志）是尼采哲

---

❶ F. Nietzsche. *Also Sprach Zarathustra. Friedrich Nietzsche Werke*：Band 2. Hg. von Karl Schlechta. München：Carl Hanser Verlag，1955，p279，p281.

❷ ［德］尼采："权力意志"（上卷），孙周兴译：商务印书馆2007年版，第82页。

❸ 鲁迅："写在《坟》后面"，载《鲁迅全集》（第1卷）。人民文学出版社2005年版，第302页。

❹ 阮真："尼采的超人哲学"，载成芳编：《我看尼采》，南京大学出版社2000年版，第375～376页。

学思想体系中的一个核心概念。德文"der Macht"的本义是力量、势力，也有权力、政权的含义，Der Wille zur Macht 的原来中文译名"权力意志"并不是最准确的翻译，容易引起误解。周国平改译为"强力意志"，陈鼓应主张译为"冲创意志"。笔者采用周国平的翻译。

在尼采那里，强力意志是指世界上万事万物（包括人类）横向上求丰富求扩张、纵向上求提升求超越的本能与冲动，它是万事万物和人类的本原与本体。具体来说，尼采强力意志的内涵包括三个方面。第一，与叔本华和达尔文标举的生存意志不同，强力意志是一种追求扩张与增长、提升与超越的意志。尼采在《快乐的科学》一书里指出，"自我保存"的主张是"对生命的基本本能进行限制的表示"，生命的基本本能"旨在权力扩张"，"'为生存而斗争'只是一个例外情形，是一个时期内生存意志受到限制所致。而大大小小的斗争全是围绕着为获得优势、发展和扩张而展开"。❶ 他在《偶像的黄昏》里也认定："关于著名的'生存竞争'，我目前认为，与其说它已被证明，不如说它是一种武断。它发生过，却是作为例外；……凡有竞争之处，都是为强力而竞争。"❷ 尼采在晚年未刊遗稿（中文译名《权力意志》）中也说："生命不是一种自我保存的意愿，而是一种增长的意愿。"❸ "力求积蓄力量的意志是生命现象所特有的，是营养、生育、遗传所特有的，是社会、国家、风俗、权威所特有的。……从任何一种力量中心而来，要变得强大的意愿就是惟一的实在性，——不是自我保存，而是侵占，是要成为主人、要变得更丰富、变得更强大的意愿。"❹

第二，强力意志是宇宙中万事万物的本体与本原。尼采在《查拉图斯特拉如是说》中指出：强力意志是一种"永不枯竭的创造性的生之意志"，是一种要"达到更高、更远、更多样的本能欲望"；它是"生命"或"生物"的"本质"，人们"在何处发现生物，就会在何处发现强力意志"，"有生命之处，便有意志，但不是生存意志，而是强力意志"。❺ 他在晚年未刊遗稿中也多次表达了这一看法，宣称："细胞原生质侵占某物，并且把它无机化，也就是强化自己，行使权力以强化自己。""权力意志（又译强力意志）只能在对抗中表现出来；它要搜寻与自己对抗的东西，——当细胞原生质伸出它的伪足四处摸索时，那是它的原始倾向。占有和同化首要地是一种征服意愿，一种造型、构成和改造，直至最后使被征服者完全过渡到进攻者的权力范围之内，并且使进攻者得到增扩。"❻ "为什么一片原始森林里的树木们要相互斗争呢？为了'幸福'吗？——是为了权

---

❶ ［德］尼采："快乐的科学"，黄明嘉译，华东师范大学出版社 2007 年版，第 336～337 页。

❷ ［德］尼采："偶像的黄昏"，周国平译，光明日报出版社 2000 年版，第 63 页。

❸ ［德］尼采："权力意志"（上卷），孙周兴译，商务印书馆 2007 年版，第 182 页。

❹ ［德］尼采："权力意志"（下卷），孙周兴译，商务印书馆 2007 年版，第 986 页。

❺ F. Nietzsche. *Also Sprach Zarathustra. Friedrich Nietzsche Werke*：Band 2. Hg. von Karl Schlechta. München：Carl Hanser Verlag，1955，pp：370—372.

❻ ［德］尼采："权力意志"（上卷），孙周兴译，商务印书馆 2007 年版，第 482 页、第 485～486 页。

力……"❶尼采还明确把"自然"、"生命"、"社会"、"真理"、"宗教"、"艺术"、"道德"以及"人性"等都看做强力意志的"形态学"。❷ 总之，"给生成打上存在之特征的烙印——这是最高的强力意志"。❸ "存在的最内在本质就是权力意志。"❹

第三，强力意志是人的生命的本质。尼采在晚年未刊遗稿中说："生命就是权力意志。"❺"作为我们最熟悉的存在形式，生命尤其是一种力求积蓄力量的意志：所有生命过程在此都有其杠杆，无物意愿保持自己，一切都应当得到增加和积累。""人所意愿的东西，一个生命有机体所有最细微部分所意愿的东西，就是一种权力的增长。"❻尼采曾经详细罗列强力意志的显现形态或种类："a）在各色被压迫者、奴隶那里，显现为求'自由'的意志……b）在某个比较强大、正在向权力发展的种类那里，显现为要求强势的意志……c）在最强大者、最富有者、最独立者那里，显现为'人类之爱'。"❼

在尼采那里，与"强力意志"说密切相关的思想主张有两项：一是探索意识与冒险精神；二是战斗精神与战士品格。

首先，尼采认为秉持强力意志的人必须面对各种试验，必须接受人生各种痛苦、疾病的磨练，必须具有探索意识与冒险精神。他在晚年未刊遗稿中指出："人类只不过是试验材料，失败者的巨大过剩，一大片废墟。""要走每一根钢丝，冒任何可能性之险。""拿自己的生命本身做一次试验——这才是精神的自由，在我看来，这在后来就变成了哲学……"❽他在《快乐的科学》中号召人们："我们要做自我试验，成为试验动物。"❾尼采多次呼吁人们把疾病和痛苦当做生命的奖赏："疾病是一种强大的兴奋剂。""对一个典型的健康人来说，患病可能是一种有力的兴奋剂。"❿"痛苦是保持和促进人之本性的头等力量"。⓫尼采还现身说法，大谈疾病和痛苦对自己的帮助："在我身上，精神的完全明亮和喜悦不仅与最深刻的生理虚弱相一致，而且甚至与一种极端的痛苦感相一致。""说到底，那个漫长的疾病时期在我看来实际上就是这样：我仿佛重新发现了生命，我品尝了一切美好的、甚至微小的事物，那是别人不轻易品尝到的——从我自己求健康

❶ ［德］尼采："权力意志"（下卷），孙周兴译，商务印书馆 2007 年版，第 727 页。
❷ ［德］尼采："权力意志"（下卷），孙周兴译，商务印书馆 2007 年版，第 978 页。
❸ ［德］尼采："权力意志"（上卷），孙周兴译，商务印书馆 2007 年版，第 359 页。
❹ ［德］尼采："权力意志"（下卷），孙周兴译，商务印书馆 2007 年版，第 985 页。
❺ ［德］尼采："权力意志"（上卷），孙周兴译，商务印书馆 2007 年版，第 190 页。
❻ ［德］尼采："权力意志"（下卷），孙周兴译，商务印书馆 2007 年版，第 987 页、第 1098 页。
❼ ［德］尼采："权力意志"（上卷），孙周兴译，商务印书馆 2007 年版，第 480~481 页。
❽ ［德］尼采："权力意志"（下卷），孙周兴译，商务印书馆 2007 年版，第 938 页、第 1229 页、第 1410 页。
❾ ［德］尼采："快乐的科学"，黄明嘉译，华东师范大学出版社 2007 年版，第 207 页。
❿ ［德］尼采："权力意志"（下卷），孙周兴译，商务印书馆 2007 年版，第 1234 页、第 1423 页。
⓫ ［德］尼采："快乐的科学"，黄明嘉译，华东师范大学出版社 2007 年版，第 296 页。

的意志、求生命的意志中做出我的哲学。"❶ 作为探索意识与冒险精神的集中体现，尼采发出了"走自己的路"的呼吁。他在《查拉图斯特拉如是说》中反复说过："我以不同的方式、走不同的道路而到达我的真理"，"我宁愿去探索各种道路"。❷ 他在晚年未刊遗稿中也指出："你们可不要以为我会要求你们冒同样的险！或者哪怕只是相同的孤独。因为谁若走自己的路，就碰不到任何人：这就将导致'自己的路'。这方面没有人能'帮助'他，而且他自己必须对付得了他遇到的一切危险、意外、恶毒和坏天气。"❸

其次，尼采认为秉持强力意志的人必须坚守战斗精神、树立战士品格。他在《查拉图斯特拉如是说》的《战争与战士》一章里激情呼吁："我劝你们不要工作，而要战斗。我劝你们不要和平，而要战争"，因为"战争使一切事情都神圣化了"，因为"战争和勇气比博爱更能成就伟业"。❹ 为什么要鼓吹战斗或战争呢？尼采认为"强力意志"的本质就是战斗、对抗和征服。他在晚年未刊遗稿中说："权力意志只能在对抗中表现出来；它要搜寻与自己对抗的东西。"❺ "一切扩张、吞并、增长都是一种对抵抗力的反抗。"❻ 尼采还从道德的角度进一步解释了"战斗"或"战争"的意义："什么是好的？——所有能提高人类身上的权力感、权力意志、权力本身的东西。什么是坏的？——所有来自虚弱的东西。什么是幸福？——关于权力在增长的感觉，——关于一种阻力被克服了的感觉。不是满意，而是更多权力；不是一般的和平，而是战争；不是德性，而是卓越才干。"❼

二、中国现代学者对"强力意志"说的阐释

现代中国有一批知识分子对尼采的"强力意志"说进行了比较细致而深入的解读。如前所述，在尼采那里，"强力意志"说内涵丰富，除了这一概念本身之外，还包括战斗意识这一内容。

先看中国现代学人对"强力意志"概念的阐释情形。

中国现代学者中最早提及尼采"强力意志"说的当推梁启超。1902 年，他在《进化论革命者颉德之学说》（1902 年）一文里介绍："尼志埃（通译尼采）

---

❶　［德］尼采："权力意志"（下卷），孙周兴译，商务印书馆 2007 年版，第 1422 页、第 1423～1424 页。

❷　F. Nietzsche. *Also Sprach Zarathustra. Friedrich Nietzsche Werke*：Band 2. Hg. von Karl Schlechta. München：Carl Hanser Verlag，1955，pp442—443.

❸　［德］尼采："权力意志"（上卷），孙周兴译，商务印书馆 2007 年版，第 187 页。

❹　F. Nietzsche. *Also Sprach Zarathustra. Friedrich Nietzsche Werke*：Band 2. Hg. von Karl Schlechta. München：Carl Hanser Verlag，1955，p312.

❺　［德］尼采："权力意志"（上卷），孙周兴译，商务印书馆 2007 年版，第 485～486 页。

❻　［德］尼采："权力意志"（下卷），孙周兴译，商务印书馆 2007 年版，第 727 页。

❼　［德］尼采："权力意志"（下卷），孙周兴译，商务印书馆 2007 年版，第 903～904 页。

为极端之强权论者，前年以狂疾死。其势力披靡全欧，世称为十九世纪末之新宗教。"❶ 梁氏所说的"强权论"就是指强力意志说。后来梁启超又在《欧游心影录》（1920 年）里指出尼采的学说"崇拜势力"、鼓吹"军国主义帝国主义"。❷ 蔡元培 1918 年在北京大学国际研究演讲会上发表了《大战与哲学》的演说，明确指出挑起一战的德国奉行"尼采的强权主义"。他这样介绍："到了十九世纪的后半纪，尼采始渐渐发布他的个性强权论……他的世界观，所以完全是个意志，又完全是个向着威权的意志。……他的主义，是贵族的，不是平民的，所以为德国贵族的政府所利用，实做军国主义。"❸ 文中的"个性强权论"就是指"强力意志"说，"向着威权的意志"就是"强力意志"。近代资产阶级革命家、思想家朱执信则对"尼采的强力惟我主义"提出了质疑，认为："提起尼采的惟我主义，就要晓得我们只可以取尼采的向上的奋斗的精神，万不可以取他贵族的不平等的精神。"❹ 从这些介绍可以看出，梁启超、蔡元培、朱执信等人对尼采的"强力意志"说均持否定态度。

但更多的中国学人对尼采的强力意志说是持肯定与赞美的态度。现代中国尼采接受与阐释的第一高潮期里，有一批知识分子论及了尼采的强力意志说。程天放在《新国民的新觉悟》（1919 年）一文里提到"尼采的强力惟我主义"，并赞不绝口。❺ 胡适在《五十年来之世界哲学》一文的"尼采"一节扼要介了绍尼采的"强力意志"说，指出："叔本华说的意志，是求生的意志；尼采说的意志，是求权力的意志，生命乃是一出争权力的大戏；在这戏里，意志唱的是正角，知识等等都是配角。真理所以有用，只是因为他能帮助生命，提高生命的权力。生命的大法是：各争权力，优胜劣败。生命的最高目的是造成一种更高等的人，造成'超人'。战争是自然的，是不可免的；和平是无生气的表示。"❻

第一高潮期里对尼采的"强力意志"说进行过详细而深入讨论的有李石岑、S. T. W.、朱枕梅等人。李石岑在《尼采思想之批判》（1920 年）里这样解释"强力意志"这一概念：

尼采"意志"一语，用以表现"自内涌出之力"，其所以摈"精神"一语而不用者，以其伴有理性与灵魂之色彩。又"权力"一语，含有战斗与征服之性质，故权力意志（又译强力意志）者，为活力，为有生命之力，为自治之力，同

❶ 梁启超："进化论革命者颉德之学说"，载《饮冰室合集·饮冰室文集之十二》，中华书局 1936 年版，第 86 页。

❷ 梁启超："欧游心影录节录"，载《饮冰室合集·饮冰室专集之二十三》，中华书局 1936 年版，第 9 页。

❸ 蔡元培："大战与哲学"，载《蔡元培全集》（第 3 卷），中华书局 1984 年版，第 201 页。

❹ 朱执信："不可分的公理"，载《朱执信集》（下集），中华书局 1979 年版，第 467 页。

❺ 程天放："新国民的新觉悟"，载《新中国》1919 年第 1 卷第 4 期。

❻ 胡适："五十年来之世界哲学"，载《胡适文存》（第 2 集），上海亚东图书馆 1924 年版，第 229 页。

时复为生长、征服、创造之力也。❶

他还说："权力意志为一种人类知能以上之直接的、复杂的、完全的知能。质言之，一种之神秘的知能也。"❷ 李石岑通过比较尼采与柏格森学说的差异进一步揭示了强力意志的内涵与特征："柏格森力说'绵延'与'变化'，而归源于'生之冲动'；尼采则力说'征服'与'创造'，而归源于'权力意志'；一置重纵的扩张，一置重横的扩张。前者萃精于'生'，后者凝神于'力'；前者以直觉的方法体认实在，后者以象征的方法体认实在。"❸ 李石岑在分析尼采的"永远轮回"说的时候，既辨析了它与强力意志说的关系，又披露了强力意志的本体性：

尼采以为权力意志在全体说起来，是永久同一的，但在变化流动方面说起来，却是永久推移的。换句话说：权力的量是确定的，而权力的质却是流动的。所以就全体说，宇宙只是一种权力的怪物。无始无终，不增不减，既非机械论的，亦非目的论的。只是不断的自己破坏、自己创造，为两种欲动相激荡相冲撞的世界。❹

S. T. W. 在《尼采学说之真价》（1920 年）一文里详细讨论了尼采的"强力意志"说。他认为在尼采那里，强力意志具有本体的地位：

宇宙间所有一切之现象、运动、法则，均为内的事件。换言之，即权力意志之征候。权力意志云者，自吾人之内部涌出，含有战斗、征服之性质，乃一生长、成熟、创造之活力也。此力刻刻进化，刻刻创造，自觉环境之敌而征服之，较人间之知能尤为复杂，尤为完全。直言之，一神秘的知能也。❺

认为"宇宙间所有一切之现象、运动、法则"都是"权力意志之征候"，这是强调强力意志的本体地位。关于这一点，S. T. W. 在文章稍后的地方再次指出："尼采……既否认从来之本体界，而为神死之宣言，则宇宙之存在，唯生物之生活意志——权力意志——一切生物，无间植物、动物、人类，皆谋生之充溢，生之扩大，生之强盛。世界者，本能之世界也，权力意志之世界也。"❻ 他还特别提到了强力意志说与进化论的生存竞争说的区别："在进化论者，以人生为生存之竞争，换言之，各以自己保全为目的而生存竞争。……尼采因谓生物莫不渴求发泄一己之强力，即权力意志之作用。自己保全仅其间接之结果。……自己保全与权力意志——生存竞争与权力竞争——前者为进化论者之说，后者为尼

---

❶　李石岑："尼采思想之批判"，载成芳编：《我看尼采》，南京大学出版社 2000 年版，第 66 页。
❷　李石岑："尼采思想之批判"，载成芳编：《我看尼采》，南京大学出版社 2000 年版，第 67 页。
❸　李石岑："尼采思想之批判"，载成芳编：《我看尼采》，南京大学出版社 2000 年版，第 71 页。
❹　李石岑："超人哲学浅说"，上海商务印书馆 1931 年版，第 49 页。
❺　S. T. W.："尼采学说之真价"，载成芳编：《我看尼采》，南京大学出版社 2000 年版，第 84 页。
❻　S. T. W.："尼采学说之真价"，载成芳编：《我看尼采》，南京大学出版社 2000 年版，第 86～87 页。

采之说。"❶

朱枕梅的《权力意志说》（1923 年）是现代中国唯一一篇专论尼采"强力意志"说的文章。作者这样描述尼采心目中的"强力意志"：

> 尼采以为权力意志者，乃是我人内部涌出一种精神，含有战斗的性质，亦即一种生长，成熟，创造的活力。此种活力，时时创新，刻刻进化，差不多始终站在进展不已的创新路上。如遇逆他的仇敌时，他必努力征服。较之人类的智能，更为复杂，更为完全。换言之，亦可称谓一种神秘的智力。宇宙间一切纷然杂出的诸种活动者，莫不由此最复杂最浑然的权力意志而产生。所以权力意志，也即生生不已，自强不息的活力，犹之心之欲求，常表示不厌不倦的状态。不过尼采不用意志，而兼用权力意志，就是一面表示自内部涌的力，一面又含有自治与征服的元素。❷

作者既指出了强力意志的"战斗"与"征服"的性质，又认定"宇宙间一切纷然杂出的诸种活动者，莫不由此最复杂最浑然的权力意志而产生"，从而指出了它的本体地位。作者由尼采的强力意志说进而揭示了他的人生观："尼采的人生观，是肯定现世的生活，而以积极的战斗的征服的态度，为处置人生的表标。是以尼采的生活，是酣醉欢悦的生活。因为酣醉欢悦之内面，即含有强烈的生命之燃烧的意义。生命之燃烧，即为进化的根源。"❸

现代中国尼采接受与阐释的第二高潮期里，有更多的中国知识分子对尼采的强力意志说表现出兴趣。其中对这一学说进行过详细而深入阐释的有沈伯展、陈铨、刘恩久等人。沈伯展认为强力意志说与"超人"说密切相关，所以他在《尼采及其哲学》（1935 年）一文中说："尼采既然要求超人，究竟怎样出现超人呢？于是他就大声地直呼到主张权力意志。他说：'我第一次感到顶强顶高的生活意志决决不在可怜的生存竞争中求表现，常在一个'要'，要战斗，要权力，要超过一切权力。''我们要的不是餍足，而是更多的权力，——不是和平，而是战斗的价值，——不是道德，而是力量！'"❹ 沈伯展这样解释强力意志的含义：

> 所谓权力意志，简单的说一句，就是让我们自己伟大。他以为人是一总体，一人进化，全体也增其价值，个人生命发扬，宇宙也因而扩大，宇宙生命与个人生命是一而二的，二而一的东西。团体，社会，大众，不过达到个人目的的手段或工具罢了。若去顾及群众的利益，不啻向生命自己宣称一种敌对的主义。❺

---

❶ S. T. W.："尼采学说之真价"，载成芳编：《我看尼采》，南京大学出版社 2000 年版，第 86 页。

❷ 朱枕梅："权力意志说"，载《时事新报·学灯》1923 年 5 月 8 日。

❸ 朱枕梅："权力意志说"，载《时事新报·学灯》1923 年 5 月 8 日。

❹ 沈伯展："尼采及其哲学"，载成芳编：《我看尼采》，南京大学出版社 2000 年版，第 309 页。

❺ 沈伯展："尼采及其哲学"，载成芳编：《我看尼采》，南京大学出版社 2000 年版，第 309 页，第 309～310 页。

陈铨多次论及尼采的强力意志（陈铨称为"要求权力的意志"或"权力意志"）说。他认定尼采将强力意志看做人的生命的本质，所以在《从叔本华到尼采》（1936 年）一文里反复指出：在尼采看来："人生的价值，完全在力量，不在幸福"。"尼采要求不断地工作，需要一个坚强的意志，一个要求力量的意志，只有要求力量的意志，才是人生。""他认为一切的根本，不是快乐与不快乐的问题，乃是力量的问题。要求力量的意志，是达到人生光明的惟一方法。"❶ 陈铨还通过比较叔本华与尼采的哲学观念的差异揭示了强力意志的内涵与特征。他在《尼采的政治思想》（1940 年）一文里说："照叔本华的哲学，生存是人类最强烈的意志，照尼采的哲学，权力总是需的意志。为着权力意志，人类尽可以抛弃他的生存意志。"❷ 他在《尼采与〈红楼梦〉》（1943 年）里也指出："尼采哲学中间最严重的问题，就是怎样鼓励意志。尼采发现，人类除了生存意志以外，还有一个最伟大的生命力量，就是'权力意志'。人类不但要求生存，他还要求权力。"❸

刘恩久对尼采强力意志说的解读最为详尽、深入。他在专著《尼采哲学之主干思想》里将"权力之意志"与"永劫回归"、"生命之肯定"、"个人与超人"、"一切价值之转变"等一同视为尼采思想体系中的五大概念。何谓"权力之意志"？作者首先在引述尼采原话的基础上解释了"意志"一词的含义，不仅认定"意志"是一种"命令之情绪"，而且指出"意志"的价值在于它是生命的本质，"意志"的本质是追求"权力"。刘恩久说：

> 此情绪之原始形式，亦即生命之形式。此情绪因非其他意志，故尼采乃以绝对之见地独断解说之，所谓生命原始之形式者，即所谓"意志"是也。生之本质，即所谓意志之解释，"生"为自体所生之事物，其为更多，更大，更强壮之事物，此外无一物可与之较量者，而"意志"更决非死气奄奄者，其又持有泼剌之生的力，此种泼剌之力，即所谓"权力"，而此种"意志"，由是而变为权力之意志。❹

所以，"权力意志并非保持自己之意志，吾人莫如称其为更强，更丰盛，更高的存在之意志"。❺ 刘恩久还分析了强力意志的两个特征：一是对抗性。作者分析说：

"世界本质的生之本质，为成长者，为持续者，为力之积聚者，此'意志'遂成为强而有力之支配意志。然吾人又将怀疑，此种成长与力之积聚，将由何法而使之如斯乎？尼采以为此必于其自己之组织化形式中及与敌对之诸力征服中，

---

❶ 陈铨："从叔本华到尼采"，上海大东书局 1946 年版，第 68 页、第 74 页、第 92 页。
❷ 陈铨："从叔本华到尼采"，上海大东书局 1946 年版，第 130 页。
❸ 陈铨："尼采与《红楼梦〉"，载于润琦：《陈铨代表作》，华夏出版社 1999 年版，第 382 页。
❹ 刘恩久："尼采哲学之主干思想"，载成芳编：《我看尼采》，南京大学出版社 2000 年版，第 600 页。
❺ 刘恩久："尼采哲学之主干思想"，载成芳编：《我看尼采》，南京大学出版社 2000 年版，第 602 页。

方能使之实现。"❶ 二是与痛苦为伴。作者说："尼采虽然承认叔本华之意志说，但对于是种学说之消极的作战，甚加不满，以为解脱生命之苦痛，并非离舍一切之欲望，而是从一切苦痛中，努力锻炼自己之意志，增高自己之个性，且此种难以忍受之苦痛，其实为权力及人生求艺术之源泉，苦痛愈多，则权力与艺术之扩展愈大，苦痛为增进人生价值之唯一兴奋剂，又何取乎解脱？又何贵乎断欲？"❷ 刘恩久进一步指出尼采所说的强力意志体现在"形而上与认识"、"自然与艺术"与"社会与个人"等三个领域之中，并逐一辨析了三者的含义与区别。❸

再看中国现代学人对强力意志说所包含的战斗或战争意识的阐释。首先要指出的是，尼采所说的"战"、"战斗"或"战争"有形而下和形而上两个层面的含义。形而下层面的含义是指现实生活中各种各样的争斗与暴力活动，形而上层面的含义是指自然界、人类社会中存在的各种冲突、对抗的力量或成分。

最早提到尼采战争学说的应该是谢无量。他认为尼采提倡的新道德最重要的内涵就是"无畏而尚战"，并认为"战"、"争"是未来新人类的品质和未来人类社会的必守规则。他说：

> 尼采以未来所谓德，在无畏而尚战。天下至善，莫过于勇。战而能勇，其效视慈善之业，万倍不啻。人类既软懦不振，而犹欲求生者，非战何以救之哉。故未来之人，将与人争，与神争，与诸星争，而无所不用其战也。战之为义大矣。❹

谢无量还认为"尚战"的新道德是今日人类社会的常见现象："今之强国，谁不尚战？"❺

茅盾认为尼采所说的"战"或"奋斗"主要指一种精神或意识，而他之所以提倡"战"或"奋斗"精神，与他所处的时代和环境密切相关。茅盾指出，由于生活在欧洲弥漫"精神病象"的时候，"尼采以为社会中种种的暮气衰象都是因为价值病象的缘故，所以第一欲重新估定价值；但这不是空谈可以做得到，要不怕非难去做——去奋斗，去战"。❻ "尼采既然看得世人都是扶不起的醉子，不成人，昏昏的度日，他以为非有勇敢善战的精神的人，挽救不了这个颓俗，所以极力称赞战；但我们要明白，他所称扬的战，不是甲国侵略乙国的战，不是军国主义国家主义的战，他是指勇敢有为的气象和与昏沉黑暗的势力战。"❼ 显然，茅

---

❶ 刘恩久："尼采哲学之主干思想"，载成芳编：《我看尼采》，南京大学出版社 2000 年版，第 602 页。

❷ 刘恩久："尼采哲学之主干思想"，载成芳编：《我看尼采》，南京大学出版社 2000 年版，第 603 页。

❸ 刘恩久："尼采哲学之主干思想"，载成芳编：《我看尼采》，南京大学出版社 2000 年版，第 604～609 页。

❹ 谢无量："德国大哲学者尼采之略传及学说"，载成芳编：《我看尼采》，南京大学出版社 2000 年版，第 47 页。

❺ 谢无量："德国大哲学者尼采之略传及学说"，载成芳编：《我看尼采》，南京大学出版社 2000 年版，第 47 页。

❻ 茅盾："尼采的学说"，载郜元宝：《尼采在中国》，上海三联书店 2001 年版，第 88 页。

❼ 茅盾："尼采的学说"，载郜元宝：《尼采在中国》，上海三联书店 2001 年版，第 87～88 页。

盾对尼采的"战（争）"的理解更偏重精神意义上的"战"，涉及形而上层面的含义。

黄魂在《尼采精神与今日中国民族的死症》一文里特别引述了尼采鼓吹"战争"的几段名言，如："战争与勇气所做的大事体，比仁爱还要多。什么是善？你们问。勇敢就是善。""对于渐渐衰弱坠落的国家，战争确是一剂良药，倘他们真要活下去，国家的病症，也与个人的一样，须用猛烈的医治的。"❶ 在作者看来，"战争"观是"尼采精神"的重要组成部分。

刘宏谟1933年发表的《尼采的战争哲学》是阐述尼采战争观的专文。文章的主体是译介英国伦敦大学吴尔佛教授（Prof. A. Wolf）为尼采战争观所作的辩护。吴尔佛不仅反对时人将尼采思想与一战挂钩的肤浅、幼稚的看法，而且明确指出："尼采并不反对战争，厌恶战争。他并且对于战争，极端推崇。他以为战争虽然是残忍，但是对于卑弱可欺的国家，不无补救。"❷ "尼采所说的战争，实在是一种理想的战争。……尼采最赞颂希腊哲学家 Heraclitus，尼采的哲学受他的暗示特多。所以尼采对于战争，也采取 Heraclitus 氏轻淡而广泛的遗意，说战争是宇宙势力的交互感应，是理想的竞争，是对于残酷的条约繁重的习俗的反响，是由人们的感情冲动求得自我胜利的挣扎。我们可以稳妥地说，这就是尼采对于战争所取的一般意义。"❸ "尼采所爱的是勇敢。……他对于穷兵黩武的动机不须有的苛虐残杀的行为，并未受人空言的迷惑，去推崇好爱。"❹ 这几段文字不仅交代了尼采对战争的赞美态度与尼采战争说的理论来源，而且特别揭示了尼采所说的战争的"一般意义"即形而上层面的含义，认为它不是指由"穷兵黩武的动机"引发的"苛虐残杀的行为"，而是"宇宙势力的交互感应"，是一种"理想的竞争"。作者刘宏谟虽然是转述他人的观点，但从他后来详细剖析尼采战争哲学对中华民族的警示作用这一点可以看出，他是赞同吴尔佛的观点的。

黄素秋在讨论尼采的超人哲学时也提到了尼采的战争观。她说："在狮子与世界搏战的时期便象征人类战争之不可避免性，所以尼采终于大声疾呼：战！战！！战！！！人要有弓箭在手，才能安居而静默……所以他又说：'战与勇的功劳比博爱的功劳更大。从来救了不幸者的，不是你们的同情，却是你们的勇敢。'他是如何彻底的主战论者呵！"❺

沈伯展不仅对尼采的战争观持肯定态度，而且认为尼采本人就是一个典型的"战士"。他说："综观尼采的一生，与病魔战争，与旧道德观念战争，与现实环境战争，无往而不战争，讴歌战争，实不足为奇，正是达尔文主义的必然结论，

❶　黄魂："尼采精神与今日中国民族的死症"，载成芳编：《我看尼采》，南京大学出版社2000年版，第246页、第247页。

❷　刘宏谟："尼采的战争哲学"，载成芳编：《我看尼采》，南京大学出版社2000年版，第264页。

❸　刘宏谟："尼采的战争哲学"，载成芳编：《我看尼采》，南京大学出版社2000年版，第267页。

❹　刘宏谟："尼采的战争哲学"，载成芳编：《我看尼采》，南京大学出版社2000年版，第268～269页。

❺　黄素秋："谈谈尼采的超人哲学"，载成芳编：《我看尼采》，南京大学出版社2000年版，第299页。

也是俾斯麦兄弟应有的态度。俾斯麦早已说过：'国际间没有利他的。当今的雄雌，投票舞墨不中用，好让"铁"和"血"来决断。'俾斯麦做了摧陷廓清溃烂了的欧洲的旋风，而尼采的坚决，刚毅，勇敢，却做了舞墨混乱时代的清凉剂!"❶ 显然，作者认为尼采所提倡的"战争"是一种宽泛意义上的"战斗"态势与精神。正是在这种意义上，沈伯展不仅肯定了尼采的"战争"观，甚至肯定了俾斯麦的"铁血"精神。

阮真在《尼采的超人哲学》的演讲中特别针对尼采的"吾人所求之幸福，不是满足，而是更大的威力! 不是和平，而是战斗!"一段评论说："尼氏以为万物的进化，无时无刻不在奋斗竞争，在人类历史上来看，没有永久和平。所谓永久和平，只是怯懦、懒惰、苟安、无出息、堕落者的希求。……劳苦是伟大的源泉，人不可不求所以超越于人。超越之意义半为征服；要征服即要奋斗。谋暂时的和平，以为新奋斗之准备则可，求永久的和平，则不可。因为我们所要求的是征服抵抗的胜利，不是和平。"❷ 显然，作者认为尼采所说的"战"是"奋斗竞争"，并认为尼采鼓吹"战斗"和"征服"，厌恶"和平"与"怯懦"。

陈铨对尼采的"战争"观理解得非常到位。他在《尼采的政治思想》一文里比较详细地讨论了尼采的战争哲学。陈铨认为，尼采的确是战争的极力鼓吹者，但是"尼采主张战争，与其说是经验的感发，还不如说是思想的结果"。❸ 他认为尼采所说的"战争"有广义和狭义之分："广义来说，尼采认为人生宇宙，充满了冲突的原素，社会与个人，外物与内心，内心与内心，无处不是战场，无处不是战争。""在狭义方面来说，尼采也极力主张战争。第一，因为战争可以使人类进化。……战争最大的意义，就是淘汰平庸的分子，创造有意义的生活。从历史方面来看，一个国家，一种文化，到了腐败堕落的时候，往往经过一次战争，倒可以消除积弊，发扬光大起来。"❹ 陈铨所说的"广义"实际上是形而上层面的意义，而"狭义"是指形而下层面的含义。应该说，陈铨的分析是切中肯綮的。

三、尼采"强力意志"说与现代中国启蒙主张的关联

如前所述，尼采所说的"强力意志"是指万事万物和人类追求丰富与扩张、追求提升与超越的本能与冲动。它与"超人"说、"酒神精神"说等共同构成了尼采生命哲学或人生哲学的主要内容。因此，"强力意志"说与中国现代知识分子要推动的以树立正确人生态度、确立健康人格为核心内容的思想启蒙活动之间存在密切的关联。事实上，不少现代中国学人直接指出或间接涉及了这一点。

在现代中国接受与阐释尼采思想的第一高潮期里，程天放、李石岑、

---

❶ 沈伯展："尼采及其哲学"，载成芳编：《我看尼采》，南京大学出版社 2000 年版，第 312 页。
❷ 阮真："尼采的超人哲学"，载成芳编：《我看尼采》，南京大学出版社 2000 年版，第 376 页。
❸ 陈铨："从叔本华到尼采"，上海大东书局 1946 年版，第 128 页。
❹ 陈铨："从叔本华到尼采"，上海大东书局 1946 年版，第 128～130 页。

S. T. W. 、范寿康、朱枕梅等都论及了尼采强力意志说与现代中国思想启蒙主张或活动之间的契合之处。程天放在《新国民的新觉悟》一文里明确指出：只有认识到"强力拥护公理"，才能推动"新国民的新觉悟"，所以，国人"必须先崇拜尼采的强力惟我主义。这就是拥护公理的法宝，发扬国光的利器，为将来奉行互助主义的张本"。❶"强力惟我主义"就是"强力意志"的别名，作者认为尼采的"强力惟我主义"是"拥护公理的法宝，发扬国光的利器"，揭示了"强力意志"说与"新国民的新觉悟"的关联。

李石岑认为尼采的"强力意志"论有助于警醒国人的劣根性，并且根据尼采的"强力意志"说抨击了中国人逐渐丧失"丰富而充实的意志力"、酿成晚近国民"委靡浮夸"与"老大奄毙"的现象。他不无惋惜地指出：

中国为伦理思想发达最早之国，意志坚强又为中国人凤具的品性，当然可以在生命上灿出一缕光芒。可是中国人用之不得其当，致使丰富而充实的意志力，化作宗法社会下无名的工具；对于科学和艺术，一切毫无贡献。时至晚近，中国人更日即于委靡浮夸，而前此丰富而充实的意志力，更不知消失于何处，所以酿成今日的老大奄毙的现象。❷

S. T. W. 在《尼采学说之真价》里特别提到了尼采的"强力意志"与"自己"、"人格"的关系。他说："尼采谓自己者，权力意志也，人格者，权力意志也。……真之个人，全然自由，全然独立，不受何物之支配。对于社会，因为自己之成长向上，不可不实行征服与创造。"❸ 在作者看来，只有拥有"强力意志"的人才算"全然自由，全然独立"、具备"人格"的"真之个人"，同时，拥有"强力意志"的人对于社会必然要"实行征服与创造"。

范寿康多次揭示了尼采的"强力意志"说对人生观的启迪意义：

他（指尼采）以为现实为内部的，精神的，意力的。对于生活的否定他主张肯定；对于外部的物力他主张内部的精神；对于社会国家民众的力量他主张个人的意力。他以为我们应该使内部的活力充足，来打破人生的悲痛。又以为我们应将一切束缚粉碎来逍遥自由的世界。他对于死的文明，物质的文明，失了生气的道德宗教都取极端反对之态度。建立宏大自由的人生，发展精神的能力，就是他的二大志望。❹

他还说："意志是创造生活的意义及价值的唯一的力。意志强毅，人生的真

---

❶ 程天放："新国民的新觉悟"，载《新中国》1919 年第 1 卷第 4 期。
❷ 李石岑："超人哲学浅说"，商务印书馆 1931 年版，第 93 页。
❸ S. T. W. ："尼采学说之真价"，载成芳编：《我看尼采》，南京大学出版社 2000 年版，第 88 页。
❹ 范寿康："最近哲学之趋势"，载郜元宝编：《尼采在中国》，上海三联书店 2001 年版，第 117 页。

意义及真价值自然表露出来了。"❶ 说"现实为内部的，精神的，意力的"、"意志是创造生活的意义及价值的唯一的力"，实际上是将"强力意志"定位成事物与人类生命的本体；"使内部的活力充足"、"建立宏大自由的人生"、"意志强毅，人生的真意义及真价值自然表露出来"，则是揭示了"强力意志"与人生观之间的密切关联。范寿康认为"建立宏大自由的人生"、"发展精神的能力"是尼采的两大愿望，实际上，它们又何尝不是尼采的"强力意志"说给国人的两个精神礼物？

朱枕梅在《权力意志说》一文里多次指出，因为标举"强力意志"，尼采所推崇的人生观与人生态度就是积极向上、奋力进取的。作者说："他的人生观是积极的，主张进取的，所以他以为人的生活，应当受意志活力的指挥，养成高超的艺术的人格，而深入进化的腹地，与大自然搏战。""尼采的人生观，是肯定现世的生活，而以积极的战斗的征服的态度，为处置人生的表标。是以尼采的生活，是醋醉欢悦的生活。因为醋醉欢悦之内面，即含有强烈的生命之燃烧的意义。生命之燃烧，即为进化的根源。"❷ 这种"积极的"、"进取的"与"肯定现世的生活"的人生观对中国人传统的、消极的、萎靡的人生观或人生理想有相当大的刺激和疗救作用。

在现代中国接受与阐释尼采思想的第二高潮期里，黄魂、刘宏谟、沈伯展、林同济、陈铨等都论及了尼采强力意志说与现代中国思想启蒙主张之间的关联。黄魂在《尼采精神与今日中国民族的死症》里引述尼采抨击"怜悯"、鼓吹"战争"的几段名言之后，接着批评国人说：

> 因为自己丝毫没有生活存在的勇气，于是我们诅咒战争，畏惧武力的凶恶，自己无耻地怜悯自己。更要跪倒在人家的足下，哀求人家来怜悯我们。……中国民族百年来不断地希望强人的怜悯。这怜悯不曾得到，自己却完成了懦弱。所以，从没有多少真正伟大的中国人敢想想自己是一个真正的主人。好多人都不以为配做主人的，这是何等可怜呢！❸

在作者看来，"真正的主人"就是不要"诅咒战争，畏惧武力"，就是要充分地发挥自己的"强力意志"。

刘宏谟在《尼采的战争哲学》一文里详细阐发了尼采的作为强力意志学说组成部分的"战争哲学"对中国国民的启示。他指出：

> 我们要认识"战争虽然是残忍，但是对于卑弱可欺的国家，不无补救"。中日最近的战争，在日本是出于残忍，在我国是表示可欺，我既卑弱可欺，那末，

---

❶ 范寿康："最近哲学之趋势"，载郜元宝编：《尼采在中国》，上海三联书店 2001 年版，第 118 页。

❷ 朱枕梅："权力意志说"，载《时事新报·学灯》1923 年 5 月 8 日。

❸ 黄魂："尼采精神与今日中国民族的死症"，载成芳编：《我看尼采》，南京大学出版社 2000 年版，第 246 页。

自卫的战争便是我民族萎靡的兴奋剂。我们正应当利用这种兴奋剂，去振作我民族的精神，鼓励我向上的勇气。……我们要承认，"战争是给弱国民族以最后挣扎的希望，挣扎不善，便要演成急剧的惨变。"中国今日之贫弱，已到了最后挣扎的地位，处于这种最后挣扎的地位，惟有战争才能有希望。❶

刘宏谟将尼采的战争哲学视为"我民族萎靡的兴奋剂"，并主张"利用这种兴奋剂，去振作我民族的精神，鼓励我向上的勇气"，从而使"已到了最后挣扎的地位"的中华民族能够凭借战争获得"最后挣扎的希望"。这非常清楚地揭示了强力意志说与国民劣根性改造或思想启蒙之间的内在关联。

沈伯展从强力意志推动进化的角度谈及了它对树立人生观的启发作用。他指出："所谓权力意志，简单的说一句，就是让我们自己伟大。他（指尼采）以为人是一总体，一人进化，全体也增其价值，个人生命发扬，宇宙也因而扩大，宇宙生命与个人生命是一而二的，二而一的东西。"❷ 即是说，沈伯展认为强力意志的本质就在于使人变得"伟大"，使"个人生命发扬"，最终"宇宙也因而扩大"。

林同济根据尼采的强力意志说提倡"尚力政治"。他在《力!》（1940年）一文里指出："力者非他，乃一切生命的表征，一切生物的本体。力即是生，生即是力。""动是力的运用，就好像力是生的本体一样。""我们回想先民筚路蓝缕，启发山林的当年，每一个'动'都是一个'战'，一个'斗'，——与天时斗，与地利斗，与猛兽斗，与四邻的民族斗。"❸ 他在《战国时代的重演》（1940年）一文里提出："战国时代的意义，是战的一个字，加紧地、无情地发泄其威力，扩大其作用。"❹ 林同济还模仿尼采著作创作了《萨拉图斯达如此说——寄给中国青年》，鼓励中国青年发挥战斗精神，勇敢地抵抗外族侵略者。在林同济看来，强力意志对"力"的强调、对"战"的强调，都是现代中国思想启蒙活动尤其是抗战时期亟须警醒国人、鼓励国人的思想元素。

陈铨多次揭示了尼采的强力意志说对国人树立人生观或生活态度的启迪意义。他在《尼采的政治思想》一文里说：

照尼采的哲学，权力总是需要的意志。为着权力意志，人类尽可以抛弃他的生存意志。……一个民族，完全受生存意志的支配，甚至奴颜婢膝，忍耻偷生，不能摆脱死亡的恐惧、牺牲一切，以求光荣的生存，这样的民族，根本没有生存

---

❶ 刘宏谟："尼采的战争哲学"，载成芳编：《我看尼采》，南京大学出版社，2000年，第271页。

❷ 沈伯展："尼采及其哲学"，载成芳编：《我看尼采》，南京大学出版社2000年版，第309～310页。

❸ 林同济："力!"，载温儒敏、丁晓萍编：《时代之波》，中国广播电视出版社1995年版，第176～179页。

❹ 林同济："战国时代的重演"，载温儒敏、丁晓萍编：《时代之波》，中国广播电视出版社1995年版，第50页。

在世界上的资格。他们的位置，应当让出来给更有勇气能力的民族光荣发展。❶

他在《指环与正义》（1941 年）一文中宣称："人的生活最精彩的时候，就是权力意志最成分发挥的时候"；"一个国家或民族，是否能够在世界上取得光荣的地位，就看它国内中坚分子能否超过生存意志，达到权力意志"。❷ 在陈铨看来，一个人、一个民族有了强力意志，就有可能获得"光荣的生存"、"取得光荣的地位"。

需要指出的是，中国现代知识分子为了发挥尼采强力意志说对中国思想启蒙运动的推动作用，有意识地对这一学说进行了扭曲或作了形而下"改造"。这种改造主要表现在两个方面：一是将"强力"（der Macht）理解为"政治权力"、"强权"，从而将"强力意志"等同于征服欲、统治欲或追求政治权力的意志；二是将尼采所标举的"战"等同于现实生活中的战争。

关于第一种扭曲。中国现代学人大多舍弃了"强力意志"这一概念的本体论内涵，偏爱甚至只择取其形而下层面的含义。如蔡元培在 1918 年的演讲中这样评论尼采的"强力意志"说："他的理论，以为进化的例，在乎汰弱留强。强的中间，有更弱的，也被淘汰。逐层淘汰，便能进步。若强的要保护弱的，弱的就分了强的生活力，强的便变了弱的。弱的愈多，强的愈少，便渐渐的退化了。"❸ 由此可见，蔡元培把强力意志跟现实生活中的优胜劣汰完全等同了起来。胡适指出："尼采说的意志，是求权力的意志，生命乃是一出争权力的大戏"，"生命的大法是：各争权力，优胜劣败"。❹ 显然，胡适把尼采的"强力意志"理解成了争权夺利的意志。即使对尼采研究颇深的陈铨，也将尼采的"强力意志"与古希腊传说中巨人的指环所代表的神秘"力量"、"权力"相提并论，并指出："人类不但要求生存，他还要求权力。如果没有权力，就不是光荣的生存。"❺

关于第二种扭曲。本来尼采所说的"战"有形而下与形而上两个层面的含义，但中国现代知识分子多舍弃了尼采战争哲学的形而上含义而只取其形而下含义。如林同济在《萨拉图斯达如此说——寄给中国青年》一文中就将尼采赞美的"战斗"理解为实体形态的战争、战斗，用尼采的"战（争）"观鼓动中国青年勇敢地投身于抵抗日本侵略者的战斗。再如茅盾，他认为尼采所说的"战"是指与他所生活的 19 世纪后半叶欧洲种种"精神病象"的战斗，"他所称扬的战，不是甲国侵略乙国的战，不是军国主义国家主义的战，他是指勇敢有为的气象和与昏沉黑暗的势力战"。❻ 茅盾认为尼采的"战（争）"偏重于精神意义上的"战"，涉及了形而上层面的含义，但依然过于坐实。

❶ 陈铨："从叔本华到尼采"，上海大东书局 1946 年版，第 130～131 页。
❷ 陈铨："指环与正义"，载《大公报·战国》1941 年 12 月 17 日。
❸ 蔡元培："大战与哲学"，载《蔡元培全集》（第 3 卷），中华书局 1984 年版，第 201 页。
❹ 胡适："五十年来之世界哲学"，载《胡适文存》（第 2 集），上海亚东图书馆 1924 年版，第 230 页。
❺ 陈铨："指环与正义"，载《大公报·战国》1941 年 12 月 17 日。
❻ 茅盾："尼采的学说"，载郜元宝编：《尼采在中国》，上海三联书店 2001 年版，第 88 页。

第三节　"价值重估"说与现代中国思想启蒙的关联

"价值重估"的完整说法是"重新估定一切价值"，它是尼采思想体系的重要组成部分。中国现代知识分子对尼采这一思想主张的关注仅次于"超人"说。"价值重估"说具体内涵怎样？它与中国现代的思想启蒙主张有何关联？本节集中讨论这些话题。

一、尼采"价值重估"说简介

如果说"超人"说和"强力意志"说属于尼采思想体系中的"立"的部分，那么"重新估定一切价值"（die Umwertung aller Werte）则属于尼采思想体系中的"破"的部分。尼采因为这一主张而最终获得了"文化批评家"、"文明批评家"的名声。他在晚年未刊遗稿（中文译为《权力意志》）中明确宣称："重估一切价值，这就是我用来表示一种人类至高的反省行为的公式：我的命运所意愿的是，我必须更深刻、更勇敢、更诚实地洞察所有时代的问题……我并不向现在存活的东西挑战，我挑战的是与我为敌的几千年。"❶ 尼采认为，这种怀疑或要求"重新估定一切价值"的激情乃是出自人的本性，因为在他看来，"人，是一种崇拜的动物！但人又是怀疑的动物"。❷

尼采的"价值重估"主张主要包括四项内容：一是反对苏格拉底主义即理性主义，二是反对基督教，三是反对传统道德，四是抨击德国文化与德国人的民族劣根性。

1. 反对苏格拉底主义

在尼采那里，苏格拉底主义即理性主义的别名。尼采反对苏格拉底主义的最基本内容是反对理性主义，除此之外，还包括抨击近现代的物质主义与异化现象、抨击近现代欧洲教育制度等。

虽然尼采对科学、理性的态度前后有所变化，但从总体上讲，他是憎恶苏格拉底所代表的科学、理性的。尼采在晚年未刊遗稿中指出："科学必定会成为什么呢？科学的情形如何？在一种重要意义上几乎成为真理的敌人：因为科学是乐观主义的，因为科学相信逻辑。在生理学上来推算，一个强大种族的没落时代就是科学人这个类型在其中成熟的时代。对苏格拉底的批判构成本书（指《权力意志》）重头：苏格拉底乃是对生命和艺术的最大误解：道德、辩证法、理论人的知足常乐，乃是疲乏无力的一种形式。"❸ 从这段文字可以看出，尼采对苏格拉底这样的"科学人"和"理论人"非常不满，认为他们所提倡、所代表的"科学"、"理性"不仅是"真理的敌人"，更是"对生命和艺术的最大误解"。尼采憎

---

❶ ［德］尼采："权力意志"（下卷），孙周兴译，商务印书馆 2007 年版，第 1433 页。
❷ ［德］尼采："快乐的科学"，黄明嘉译，华东师范大学出版社 2007 年版，第 330。
❸ ［德］尼采："权力意志"（下卷），孙周兴译，商务印书馆 2007 年版，第 946 页。

恶以理性主义为根基的"文化"、"文明"，赞美"野蛮"和"原始人"。他认为"文化"、"文明"使人类的本能和冲动受到钳制并逐渐萎缩，而"野蛮"和"原始人"恰恰是人类生命力旺盛和人性处于本真状态的标志。他多次表示："充满活力的原始人在文明化城市强制下堕落。"❶ "人类的驯化（'文化'）不可深化……凡在驯化深处，它立即就成了退化。'野蛮的'人是向自然的回归，——而且在某种意义上讲，——就是人类的复元，人类对'文化'的解脱……"❷ "文明引起某个种族的生理衰退。"❸ 基于此，尼采认为，随着科学技术和文化的发展，人类反而受到更多的限制、失去更多的快乐。所以他自问自答道："与1750 年的市民相比较，1850 年的市民更幸福些吗？他们不那么受压制，更加有教养，生活更为富裕，但并没有更快乐。"❹

尼采对立基于理性主义的、近现代欧洲社会里愈演愈烈的物质主义倾向和异化现象大为不满。他认为工具理性、物化倾向以及人们对物质财富的最大限度的追求，不仅不会给人类带来更多的幸福，反而会戕害人性，使人异化。他在《快乐的科学》中说："我常常看到，盲目地一味勤奋，的确导致名利双收，但也夺去肌体器官的敏锐与灵巧；它使人享受名利，也是抗御无聊和情欲的主要手段，但同时使感官迟钝，使心灵面对新的刺激而失控。在所有时代中，我们这个时代最为忙碌，它知道以现有的勤奋和财力将无所进展，故而只能更加勤奋，获取更多的金钱；同样，许多天才人物也是付出多，收获少！我们的孙子辈也将会是这样！""时下，人们多以休息为耻，长时间的沉思简直要受良心的谴责了，思考时，手里要拿着表；午膳时，眼睛要盯着证券报。过日子就好比总在'耽误'事一般。'随便干什么，总比闲着好'，这原则成了一条勒死人性修养和高尚情趣的绳索。……追逐利润的生活总是迫使人们费尽心机，不断伪装，耍尽阴谋，占得先机。要比别人在更短的时间内成事，时下已成为特殊的美德。"❺ 尼采在《曙光》中称贪婪追求物欲满足的现代人为"日用人"和"工作动物"。❻ 同时，尼采认为，科学技术的发展、工具理性的肆虐带来的严格社会分工迫使人们从事专业性极强的职业，将本来健康的人性和完美的人格割裂和撕碎了，导致了人类和人性的异化。他指出："如果我们的工厂奴隶不觉得像现在这样被用做机器上的螺丝钉和人类发明精神的填充物有什么耻辱，那么我无话可说。有人认为，更高工资将会从根本上改变他们的苦难，即他们的非人奴役的苦难；呸！有人相信，随着一个新的机械化社会中非个人性程度的提高，这种奴隶的耻辱将转变成一种美德；人们给自己制定一个交换价格，使自己不再是人，而是变成机器的一部

❶ ［德］尼采："权力意志"（上卷），孙周兴译，商务印书馆 2007 年版，第 102 页。
❷ ［德］尼采："权力意志"（下卷），孙周兴译，商务印书馆 2007 年版，第 1049 页。
❸ ［德］尼采："权力意志"（下卷），孙周兴译，商务印书馆 2007 年版，第 1179 页。
❹ ［德］尼采："权力意志"（上卷），孙周兴译，商务印书馆 2007 年版，第 330 页。
❺ ［德］尼采："快乐的科学"，黄明嘉译，华东师范大学出版社 2007 年版，第 96 页、第 302～303 页。
❻ ［德］尼采："朝霞"，田立年译，华东师范大学出版社 2007 年版，第 221 页。

分！呸！所有这些思想和做法！在各民族拼命追求最多生产和最大富裕的目前的疯狂中，你们已经成为一个同谋？但是，你们应该做的是相反的计算：在这样一种对外在目标的疯狂追求中，内在价值蒙受了多大的损失！"❶ 他还借查拉图斯特拉之口称现代人为"反向的残废"（umgekehrte Krüppel），并这样描述欧洲近现代人异化的景观：他们常常是"某种器官特别发达，其他的则全缺，如只剩一只大眼，或一张大嘴，或一个大肚皮，等等"，以致查拉图斯特拉不由得哀叹："我行走在人群中，就如同行走在人的断肢残体里"；"我发现人体器官已支离破碎，就像散落在战场和屠场上的残肢断体"。❷ 尼采在自传《看哪，这人！》中说："科学活动方式……侵蚀和毒害了生命的因素"，"生命受到了这种非人化齿轮装置、机械论、工人的'非人格化'、'劳动分工'这种伪经济学的危害。目的没有了，文化——是手段，现代的科学活动，变得野蛮化了"。❸ 所以他明确宣布："我所反抗的是一种经济学乐观主义：仿佛随着所有人不断增长的开支，所有人的利益也必然会增长。然而在我看来情形恰恰相反，所有人的开支将累积成一种总体损失：人类变得更渺小：——结果是人们再也不知道这个巨大的进程到底是为何服务的。"❹

尼采同样憎恶以理性主义为幌子的近现代欧洲的教育制度。他在《偶像的黄昏》里就激烈地抨击了以科学、理性自居的大学教育扼杀人的精神生活、使人的本能退化的现象，宣称："十七年来，我不知疲倦地揭露我们当代科学追求的非精神化的影响。科学的巨大范围今日强加于每一个人的严酷的奴隶状态，是秉赋更完满、更丰富、更深刻的天性找不到相应的教育和教育者的首要原因。我们的文化之苦于虚无，更甚于苦于自负的一孔之见者和片断人性的过剩；我们的大学与愿相违地是这种精神本能退化的地道工场。"❺ 尼采讽刺欧洲的高等教育："在这里，第一块绊脚石就是所有机械活动所造成的无聊、单调。学会忍受这种无聊、单调，而且不光是忍受，也要学会看到这种无聊为某种更高的刺激所围绕：这就是迄今为止所有高等教育事业的任务。学会某种与我们毫不相干的东西；而且就在其中，在这种'客观'的活动中感受到自己的'义务'；学会把欲望与义务相互区别开来加以估价——这就是高等教育事业不可估量的使命和成就。"❻

2. 反对基督教

在尼采的思想体系中，对基督教神学思想与价值观的批判是一项非常重要的内容。尼采最响亮的口号莫过于"上帝死了"。上帝是基督教的唯一神，"上帝死

❶ ［德］尼采："朝霞"，田立年译，华东师范大学出版社，2007年，第254页。
❷ F. Nietzsche. *Also Sprach Zarathustra. Friedrich Nietzsche Werke*：Band 2. Hg. von Karl Schlechta. München：Carl Hanser Verlag, 1955, p398, p399.
❸ ［德］尼采："看哪这人！"，载《权力意志》，张念东、凌素心译，商务印书馆1998年版，第56页。
❹ ［德］尼采："权力意志"（上卷），孙周兴译，商务印书馆2007年版，第528～530页。
❺ ［德］尼采："偶像的黄昏"，周国平译，光明日报出版社2000年版，第49页。
❻ ［德］尼采："权力意志"（上卷），孙周兴译，商务印书馆2007年版，第526页。

了"的口号代表了尼采对基督教的诅咒。

尼采从根本上讲是反宗教的，因而是无神论者。他在晚年遗稿中声称："宗教是一种对人格统一性的怀疑的畸形产物，是一种人格变质。"❶ 同样，尼采反对作为欧洲宗教的基督教。他认为基督教本质上是一种颓废的、钳制人性的宗教，称"基督教乃是群居动物的驯化"；"基督教是一种群盲宗教，基督教教人顺从"；❷"基督教，作为一种颓废宗教，是在蜂拥着所有这三类退化者（指前文提到的反社会倾向、精神错乱、悲观主义）的土地上生长起来的"。❸ 他还庄严宣告："我把基督教视为迄今为止存在过的最灾难性的诱惑欺骗，巨大的非神圣谎言：尽管有种种通常的伪装，我仍旧要从理想中提取基督教的后裔和萌芽，我要防止所有对基督教的半拉子的和似是而非的立场——我不得不与基督教作战。"❹

尼采极力抨击了基督教的教义和从事传教活动的教士。他不无愤激地表示："禁欲理想始终表达出一种失败，一种匮乏，一种生理冲突。"❺ "'十字架上的上帝'是对生命的诅咒，是一种暗示，要人们解脱生命。""惟有基督教把性变成了一种肮脏行为：……它把污水泼在生命之源头上。"❻ "'在上帝面前人人都有平等价值'这样一个概念是特别有害的：人们禁止了那些本身属于强者特权的行动和信念，仿佛强者本身有失人的身份似的。人们甚至把最虚弱者的防护措施树立为价值规范，由此使强大之人的整个倾向声明狼藉。"❼ 他呼吁人类要执著于现世、拒绝来世和天国："弟兄们，你们要忠实于尘世，不要相信那些向你们大谈超凡脱俗的希望的人！"❽ 尼采对基督教教士颇多微词，认为"基督教的教士代表着反自然，代表着智慧和善的权力，但却是反自然的权力和反自然的智慧，反自然的善"。❾ "基督教教士乃是最有恶习的堕落种类：因为他传授反自然性的学说。"❿

在此基础上，尼采认为"上帝之死"具有必然性：它死于人们对基督教价值观和道德观的怀疑和抛弃。尼采宣称："基督教正毁于它自己的道德。'上帝就是真理'，'上帝就是爱'，'公正的上帝'——最大的事件'上帝死了'——已经模糊地被感受到了。"⓫ 尼采还指出，"上帝之死"的确会给人类带来短暂的不适，但终归会给人类带来自由、活力、创新与希望。他说："我们做了两千年之久的

---

❶ ［德］尼采："权力意志"（下卷），孙周兴译，商务印书馆 2007 年版，第 1038 页。

❷ ［德］尼采："权力意志"（上卷），孙周兴译，商务印书馆 2007 年版，第 571 页、第 655 页。

❸ ［德］尼采："权力意志"（下卷），孙周兴译，商务印书馆 2007 年版，第 864 页。

❹ ［德］尼采："权力意志"（上卷），孙周兴译，商务印书馆 2007 年版，第 107 页。

❺ ［德］尼采："权力意志"（上卷），孙周兴译，商务印书馆 2007 年版，第 378 页。

❻ ［德］尼采："权力意志"（下卷），孙周兴译，商务印书馆 2007 年版，第 993 页、第 1420 页。

❼ ［德］尼采："权力意志"（下卷），孙周兴译，商务印书馆 2007 年版，第 751 页。

❽ F. Nietzsche. *Also Sprach Zarathustra. Friedrich Nietzsche Werke*：Band 2. Hg. von Karl Schlechta. München：Carl Hanser Verlag，1955，p279.

❾ ［德］尼采："权力意志"（上卷），孙周兴译，商务印书馆 2007 年版，第 378 页。

❿ ［德］尼采："权力意志"（下卷），孙周兴译，商务印书馆 2007 年版，第 1430 页。

⓫ ［德］尼采："权力意志"（上卷），孙周兴译，商务印书馆 2007 年版，第 153 页。

基督徒，现在，我们必须为此付出代价的时候到了：我们将失去我们赖以生活的重量，——有一段时间，我们会不知道何去何从。"❶ "'上帝死了'，基督教的上帝不可信了，此乃最近发生的最大事件。这事件开始将其最初的阴影投射在欧洲的大地上，至少，那些以怀疑的目光密切注视这出戏的少数人认为，一个太阳陨落了，一种古老而深切的信任变成怀疑了，我们这个古老的世界必将日渐暗淡、可疑、怪异、'更加衰老'。我们大概还可以说：这事件过于重大、遥远，过于超出许多人的理解能力。"❷ "我们这些哲学家和'自由的天才'一听到'老上帝已死'的消息，就顿觉周身被新的朝暾照亮，我们的心就倾泻着感激、惊诧、预知和期待的洪流。终于，我们的视野再度排除遮拦，纵然这视野还不十分明亮；我们的航船再度起航，面对重重危险；我们再度在知识领域冒险；我们的海洋再度敞开襟怀，如此'开放的海洋'堪称史无前例。"❸

3. 反对传统道德

尼采对以基督教伦理观为核心的欧洲传统道德进行了极力抨击。晚年他在自传中称自己为"非道德论者"，并说："一方面，我否定以往称之为最高尚的人，即好人、善人、慈悲的人；另一方面，我否定那种作为自在的、流行的、普遍认可的道德——颓废的道德，更确切地说，基督教道德。"❹ "我认为，我们今天在欧洲习惯于当做'人道'、'道德'、'人性'、'同情'、公正来尊重的一切东西，虽然作为对某些危险而强大的基本本能的弱化和缓和，可能具有某种显突的价值，但长远看却无异于对'人'这整个类型的缩小。"❺

尼采认为传统道德的本质是对人类的"激情"、"天性"的限制。从根本上讲，尼采是反道德的。他说：道德使"最强大的人本身已经变得不可能了，或者一定会感到自己是恶的，是'有害的和非法的'。这种损失是巨大的，但一直以来都是必然的"。"道德作为种属的幻想，为的是驱使个体为未来牺牲自己：表面上承认他本身具有一种无限的价值，使得他以这种自身意识去压制、遏制自己的天性的其他方面。""就道德意在征服生命类型而言，它具有一种与生命为敌的倾向。""道德是一种反运动，反对自然那种谋求达到一个更高级类型的努力。它的效果是：对一般生命的怀疑，因为生命的各种趋向被感受为'不道德的'无意义状态，因为最高价值被感受为与最高本能相对立的——荒谬。"❻ 他还具体罗列出了"道德曾对生命构成危害"的种种表现："a）危害对生命的享受、对生命的感恩等等；b）危害对生命的美化、高贵化；c）危害对生命的认识；d）危害对

❶ ［德］尼采："权力意志"（下卷），孙周兴译，商务印书馆 2007 年版，第 747 页。
❷ ［德］尼采："快乐的科学"，黄明嘉译，华东师范大学出版社 2007 年版，第 323 页。
❸ ［德］尼采："快乐的科学"，黄明嘉译，华东师范大学出版社 2007 年版，第 324 页。
❹ ［德］尼采："看哪这人！"，载《权力意志》，张念东、凌素心译，商务印书馆 1998 年版，第 101 页。
❺ ［德］尼采："权力意志"（上卷），孙周兴译，商务印书馆 2007 年版，第 82 页。
❻ ［德］尼采："权力意志"（上卷），孙周兴译，商务印书馆 2007 年版，第 5 页、第 241 页、第 264 页、第 381 页。

生命的发挥，因为生命力求把自己的最高现象与自身分裂开来。"❶ 正是在这个意义上，尼采认定"迄今为止的道德本身是'非道德的'"。"道德与生命基本本能的斗争史，本身就是迄今为止地球上存在过的最大的非道德性。"❷ 他断然宣布："为了解放生命，就必须消灭道德。"❸

尼采对所谓的"道德人"或"善人"嗤之以鼻，认为"'善人'，真正讲来即是弱者"。"道德的人乃是一个比不道德的人更低等的种类，一个更虚弱的种类。"❹ "道德化了的人也不是善人，而只是一个被弱化了的人，一个彻底被修剪和被弄坏了的人。""善人作为寄生虫。他乞灵于生命的开支；作为实在性的道路说谎者；作为生命伟大的本能欲望的敌人，作为追求渺小幸福的伊壁鸠鲁信徒，他把伟大的幸福形式当做非道德的东西来加以拒绝。""我的定律：善人是最有害的人的种类。"❺

尼采将欧洲的传统道德称为"颓废的道德"，并详细列举了它的具体表现："温和、公道、适度、谦逊、敬畏、体贴、勇敢、贞洁、正派、忠诚、笃信、正直、可信、献身、同情、热心、认真、质朴、和善、公正、慷慨、宽容、顺从、无私、无妒忌心、善良、勤劳……"❻ 尼采特别抨击了"善"、"博爱"、"怜悯"之类的传统美德。他说："至于善……在我看来甚至是严格危害生命、诽谤生命、否定生命的原则。"❼ 尼采这样表白自己反对这些传统美德的原因："我的经验使我怀疑一切所谓'忘我的'冲动，怀疑助人为乐的'博爱'。在我看来，这是虚弱的表现，是没有能力反抗刺激的典型——同情，只有在颓废者身上才算得上美德。我之所以谴责怜悯者，是因为他们会轻易失去对距离观的羞耻感、敬畏感、敏锐感。……我认为，抛弃怜悯之心也可算作高贵的美德。"❽ "我要指责这种'博爱'，它容易丢失谨慎细致之心，它以其乐于助人的双手，可能径直毁灭性地去干预一种高贵的命运，一种创伤之下的孤独，一种对于伟大痛苦的优先权。"❾

4. 抨击德国文化与德国人的民族劣根性

尼采"价值重估"说还有一项特别的内容，那就是林语堂所说的"骂德人"。尼采对德国文化、德国民族劣根性都进行过无情的批判。首先，尼采对所谓的德国文化极为不满，认为它只是虚假而肤浅的教养的表现；尼采甚至认为德国还没有真正的文化。他在《不合时宜的思考》（*Unzergemössen Betrachtungen*）一书

❶ ［德］尼采："权力意志"（上卷），孙周兴译，商务印书馆2007年版，第318页。
❷ ［德］尼采："权力意志"（上卷），孙周兴译，商务印书馆2007年版，第263页、第492页。
❸ ［德］尼采："权力意志"（上卷），孙周兴译，商务印书馆2007年版，第315页。
❹ ［德］尼采："权力意志"（上卷），孙周兴译，商务印书馆2007年版，第382页，第601页。
❺ ［德］尼采："权力意志"（下卷），孙周兴译，商务印书馆2007年版，第1193页、第1396～1397页、第1400页。
❻ ［德］尼采："权力意志"（上卷），孙周兴译，商务印书馆2007年版，第434～435页。
❼ ［德］尼采："权力意志"（上卷），孙周兴译，商务印书馆2007年版，第342页。
❽ ［德］尼采："看哪这人!"，载《权力意志》，张念东、凌素心译，商务印书馆1998年版，第15页。
❾ ［德］尼采："权力意志"（下卷），孙周兴译，商务印书馆2007年版，第1413页。

里针对普法战争获胜之后德国人"竞相努力颂扬战争，欢呼雀跃地探讨战争对道德、文化和艺术的影响"的现象严正指出："一场巨大的胜利就是一种巨大的危险。""在最近与法国进行的这场战争所导致的所有严重后果中，也许最严重的就是一种广为流行的、甚至普遍的错误认识，亦即公共舆论和所有公开地发表意见者的错误认识，即就连德国文化也在那场斗争中获胜了，因而现在必须用合乎非常事件和后果的花环来打扮它。"❶ 他认为德国人颇为自傲的德意志教养或德意志文化"甚至连糟糕的文化也不是，而一直是文化的对立面，亦即根深蒂固的野蛮"。"德国人直到现在也没有文化，尽管他们也高谈阔论、趾高气扬。……因为人们根本没有看到真正的文化民族的教养上的特征：文化只能从生活中生长和绽放；而文化在德国人这里就像是插上一朵纸花，或者就像是浇上一层糖衣，因而必定永远是骗人的、不结果的。"❷

其次，尼采特别不满意德国知识分子的做派以及通过他们的行为所彰显出的民族劣根性。他在《不合时宜的思考》里称盲目陶醉于普法战争胜利之中的德国知识分子为"知识庸人"，并以嘲讽的口气描绘了他们的丑态："还能够有什么比看到丑八怪像一只公鸡一般神气活现地站在镜子前面、与自己的镜像交换欣赏的目光更为难堪的事情呢？"❸ 他这样界定这些人的性格特点："知识庸人在这样的场合里只是防御、否定、封闭、自塞双耳、视而不见"，他们是"一切强有力的东西和创造性东西的障碍、一切怀疑者和惑乱者的迷宫、一切软弱者的沼泽、一切向高大目标奔跑者的脚镣、一切新生幼芽的毒雾、正在寻找的和热望新生命的德意志精神的干涸沙滩"。❹ 尼采还在晚年遗稿中将德国人的民族劣根性概括为"精神的笨拙，不思改变的舒适懒散，对某种权力和服务乐趣的甘心屈服"以及"德国人的市侩气和懒散气"。❺ 他认为部分德国人引以自豪的"德国，德国，高于一切"的口号既是"恶狠狠的愚昧口号"，又体现了"民族性癫狂和祖国蠢笨气"。❻ 尼采甚至预言："当代德国，它鼓足了干劲，并且把一种负担过重和早衰视为自己的正常结果。它将在两代以内以一种深刻的退化现象来清偿自己。"❼ 不过，尼采"骂德人"是出于一种善意，他曾经夫子自道："根本上是因为我对于德国人有更多的要求和愿望。"❽

---

❶ ［德］尼采："不合时宜的思考"，李秋零译，华东师范大学出版社 2007 年版，第 31～32 页。

❷ ［德］尼采："不合时宜的思考"，李秋零译，华东师范大学出版社 2007 版，第 39 页，第 230～231 页。

❸ ［德］尼采："不合时宜的沉思"，李秋零译，华东师范大学出版社 2007 年版，第 34～35 页。

❹ ［德］尼采："不合时宜的沉思"，李秋零译，华东师范大学出版社 2007 年版，第 40 页。

❺ ［德］尼采："权力意志"（上卷），孙周兴译，商务印书馆 2007 年版，第 37～38 页，第 42 页。

❻ ［德］尼采："权力意志"（上卷），孙周兴译，商务印书馆 2007 年版，第 60 页、第 80 页。

❼ ［德］尼采："权力意志"（下卷），孙周兴译，商务印书馆 2007 年版，第 1176 页。

❽ ［德］尼采："权力意志"（上卷），孙周兴译，商务印书馆 2007 年版，第 80 页。

二、现代中国学者对尼采"价值重估"说的阐释

早在 20 世纪初，王国维与鲁迅就关注了尼采的"价值重估"思想，并认定尼采是近现代欧洲的文化/文明批评家与改革家。王国维译述的尼采传记标题就是"德国文化大改革家尼采传"。据王国维解释，之所以称尼采为"文化大改革家"，是因为他"欲破坏现代之文明而倡一最崭新最活泼最合自然之新文化"❶、"欲破坏旧文化而创造新文化"❷，是因为他"图一切价值之颠覆"且"肆其叛逆而不惮"。❸

王国维将尼采的"价值重估"说概括为三个方面。一是对苏格拉底的理性主义、近现代教育理念与制度的极力抨击。王国维指出："从氏（指尼采）之说，则苏格拉第、柏拉图诸人，实为希腊国民退化之模型，为希腊文化腐败之代表。""今日之教化，则是导人类于迷途，非改良也，恶化也，所以驱生性刚烈之兽人，柔弱无能，等于家畜也，所以使支配众庶之自然人沉沦堕落，至有现代也。"❹ 二是对基督教的猛烈批判。王国维认为尼采之所以批判基督教，不仅因为基督教驯化人的本性与活力："自有耶稣教以来……驱彼刚强猛烈之自然的兽人而驯养之，而训练之，谓以是为改良，为进化，岂不可哂之至乎？藉曰其然，将絷动物于园中，加之以恐怖，窘之以饥饿，令其气息奄奄，萎靡柔脆，而亦谓之曰改良进化矣。中古以来之耶稣教，此类是也。是故耶稣教不免有破坏世界文明之责任。"❺ 其也因为它的欺骗性："基督说爱，而以爱为愉快，以使人人得其安心之地。故基督教，魔睡剂也，非药也，但感情之教也耳。"❻ 三是抨击传统道德。王国维指出："盖氏于道德上、于伦理上，俱以同情为能阻人类之进步，增世界之不幸者。"❼

鲁迅着重揭露了近现代欧洲物质文明的种种弊端。他在《文化偏至论》一文中曾经大段征引尼采的一段文字："德人尼佉（通译尼采）氏，则假察罗图斯德罗（通译查拉图斯特拉）之言曰，吾行太远，孑然失其侣，返而观夫今之世，文明之邦国矣，斑斓之社会矣。特其为社会也，无确固之崇信；众庶之于知识也，无作始之性质。邦国如是，奚能淹留？吾见放于父母之邦矣！聊可望者，独苗裔

❶ 王国维："尼采氏之教育观"，载成芳编：《我看尼采》，南京大学出版社 2000 年版，第 2 页。
❷ 王国维："叔本华与尼采"，载郜元宝编：《尼采在中国》，上海三联书店 2001 年版，第 21 页。
❸ 王国维："叔本华与尼采"，载郜元宝编：《尼采在中国》，上海三联书店 2001 年版，第 25 页。
❹ 佚名（王国维）编译："尼采氏之教育观"，载成芳编：《我看尼采》，南京大学出版社 2000 年版，第 5 页。
❺ 佚名（王国维）编译："尼采氏之教育观"，载成芳编：《我看尼采》，南京大学出版社 2000 年版，第 6 页。
❻ 佚名（王国维）编译："尼采氏之学说"，载成芳编：《我看尼采》，南京大学出版社 2000 年版，第 18 页。
❼ 佚名（王国维）编译："尼采氏之教育观"，载成芳编：《我看尼采》，南京大学出版社 2000 年版，第 7 页。

耳。此其深思遐瞩，见近世文明之伪与偏，又无望于今之人，不得已而念来叶者也。"❶ "斑斓之社会"指西方现代社会物质文明片面繁荣，"无确固之崇信"、"无作始之性质"指西方现代社会精神文明严重畸形，这些都是对欧洲社会的批判。后来，鲁迅在《随感录四十六》（1919 年）里明确称尼采为"偶像破坏的大人物"、"偶像破坏者"。❷ 他在《再论雷峰塔的倒掉》（1925 年）一文里不仅称尼采为"轨道破坏者"，而且认为他"不单是破坏，而且是扫除，是大呼猛进，将碍脚的旧轨道，不论整条或碎片，一扫而空"。❸ 这里所说的"偶像"和"轨道"就是指长期支配欧洲文化与精神生活的基督教及其价值观与道德观。

五四前后，中国现代学者中关注尼采"价值重估"思想的更多，其中谢无量、李大钊、胡适、傅斯年、茅盾、李石岑、S. T. W.、郭沫若、范寿康等尤为突出。

谢无量从尼采主张"重新估定一切价值"的角度将尼采定位成"狂"者，认为他"疾夫当世不仁不义，发为奋迅激烈之辞，大声疾呼，以自暴其志，而不顾人之是非"。❹ 他还充满激情地评论："所谓推倒一世之豪杰，开拓万古之心胸者，以谥尼采，殆无愧色。""尼采横睨古今，一无所可，凡一切宗教、一切政治、一切道德，莫不欲一举而摧弃之，断然决然，无所瞻顾，尤可为狂恣绝伦者欤。"❺ 具体来说，谢无量着重介绍了尼采对基督教与传统道德的批判。他说："尼采笃守生物学家劣种淘汰之义，以为能阻此淘汰之大法者，莫如耶教。其教好言慈善，煦煦为仁，孑孑为义，一切反乎天择之常。视劣者犹优者也，病者犹健者也。……故耶教者殆劣者之教而已。""（尼采）卒以为耶教之患，甚于洪水猛兽，世间一切可知可见之巨蠹，未有加于耶教也。……故耶教是人类最大不朽之奇辱也。"❻ 谢无量还指出，尼采认为传统道德的本质不仅打压个性，而且违背人性："（尼采）曰今所谓德者，是其群所遗传之法耳。……德之所由生，乐群之乐，固先于乐己之乐。世谓之良心之善者，必其为群也，谓之良心之恶者，必其为己也。"❼ 尼采最痛恨"慈善"等美德，认为："天下之害生者，孰有过于慈善心者乎？使被慈之人，自失其生之力，而己居慈之名，其为不肖亦大矣！且不

❶ 鲁迅："文化偏至论"，载《鲁迅全集》（第 1 卷），人民文学出版社 2005 年版，第 50 页。
❷ 鲁迅："随感录四十六"，载《鲁迅全集》（第 1 卷），人民文学出版社 2005 年版，第 349 页。
❸ 鲁迅："再论雷峰塔的倒掉"，载《鲁迅全集》（第 1 卷），人民文学出版社 2005 年版，第 202 页。
❹ 谢无量："德国大哲学者尼采之略传及学说"，载成芳编：《我看尼采》，南京大学出版社 2000 年版，第 37 页。
❺ 谢无量："德国大哲学者尼采之略传及学说"，载成芳编：《我看尼采》，南京大学出版社 2000 年版，第 38 页、第 52 页。
❻ 谢无量："德国大哲学者尼采之略传及学说"，载成芳编：《我看尼采》，南京大学出版社 2000 年版，第 47～48 页。
❼ 谢无量："德国大哲学者尼采之略传及学说"，载成芳编：《我看尼采》，南京大学出版社 2000 年版，第 45 页。

知争其强，而惟惜其弱，亦不合天择之法则矣。"❶

新文化运动统帅与健将胡适、李大钊、傅斯年等也多次论及了尼采的"价值重估"主张。李大钊在《介绍哲人尼杰（通译尼采）》一文里指出，尼采"外对当时社会之实状，为深刻之批判，以根究人性之弱点与文明之缺陷，而以匡救其弱点与缺陷为自己天职"，"极力攻击十九世纪凡俗主义、物质主义之文明"。❷胡适认为尼采哲学本质上就是反传统的。他曾经这样概括尼采的思想体系："尼采反对当时最时髦的一切民治主义的学说。……尼采大声疾呼的反对古代遗传下来的道德与宗教。传统的道德是奴隶的道德，基督教是奴隶的宗教。传统的道德要人爱人，保障弱者劣者，束缚强者优者，岂不是奴隶的道德吗？基督教及一切宗教也是如此。基督教提倡谦卑，提倡无抵抗，提倡悲观的人生观，更是尼采所痛恨的。"❸胡适还特别指出："他（指尼采）对于传统的道德宗教，下了很无忌惮的批评，'重新估定一切价值'，确有很大的破坏功劳。"❹傅斯年在《随感录》里特别引述了尼采"让每件东西的价值都被你重新决定"的主张，并指出："尼采说基督教就是偶像。尼采是位极端破坏偶像家。"❺

茅盾、郭沫若等文学界代表也很关注尼采的"价值重估"主张。茅盾在《尼采的学说》一文中多次提及并评论尼采的"价值重估"说。他给予了尼采这一主张极高的评价，反复强调："尼采最大的——也就是最好的见识，是要：把哲学上一切学说，社会上一切信条，一切人生观道德观，重新称量过，重新把他们的价值估定。""这便是尼采思想卓绝的地方，所以有人说他是思想界上的无政府党；有人称他哲学的精神实在和实验主义有些相合；而且他虽然在实验主义之前，却扫荡一切古来传习的信条，把向来所认为绝对真理的，根本动摇；这正仿佛是做了实验主义的开路先锋。""单就尼采这种'重新估定一切的价值'的思想看来……我们简直可以把尼采放在第一等的哲学家林内。"❻茅盾认为尼采的"价值重估"主张主要包括三个方面的内容：一是对基督教的抨击。他指出："尼采和赫胥黎一样，不屑和教会斗嘴；他指斥他们的道德，简直打中了他们的要害。"❼二是抨击"怜悯"等传统道德。茅盾指出："尼采是极骂怜悯没意思的……他以为大创造家创造超人的社会，是不知有怜悯的；那些平庸愚笨的人，足为超人社会的累的，自然该一毫不怜悯的去之。欲好花生长，不得不去恶草。

❶ 谢无量："德国大哲学者尼采之略传及学说"，载成芳编：《我看尼采》，南京大学出版社 2000 年版，第 46 页。
❷ 守常（李大钊）："介绍哲人尼杰"，载《晨钟》1916 年 8 月 22 日。
❸ 胡适："五十年来之世界哲学"，载《胡适文存》（第 2 集），上海亚东图书馆 1924 年版，第 229～230 页。
❹ 胡适："五十年来之世界哲学"，载《胡适文存》（第 2 集），上海亚东图书馆 1924 年版，第 230 页。
❺ 傅斯年："随感录"，载《新潮》第 1 卷第 5 号，第 203 页、第 202 页。
❻ 茅盾："尼采的学说"，载郜元宝编：《尼采在中国》，上海三联书店 2001 年版，第 70～71 页。
❼ 茅盾："尼采的学说"，载郜元宝编：《尼采在中国》，上海三联书店 2001 年版，第 82 页。

尼采对怜悯的观念，正是如此。"❶ 三是抨击德国文化与民族劣根性。茅盾认为尼采 *Unzeitgemösse Betrachtunge*（通译《不合时宜的思考》）一书的第一篇就是"攻击德人的没有高超理想"、抨击"德国文化退步的现象"。❷ 郭沫若则认为尼采哲学总体上与中国老子的思想一样，其精髓是"反抗有神论"、"反抗藩篱个性的既成道德"。❸ 他还在《匪徒颂》一诗里将"欺神灭像"的尼采称为"学说革命的匪徒"。

李石岑、S. T. W. 和范寿康等尼采研究者对尼采的"价值重估"主张也非常重视。李石岑不仅认为"尼采之'价值之破坏'，为其学说之特彩"，而且揭示了旧价值之破坏与新价值之树立之间的关系："尼采以为意志否定即为最大之意志肯定而发，故旧价值、旧理想、旧文明之破坏，即为新价值、新理想、新文明之建设之张本。"❹ 他将尼采的"价值重估"主张概括为两个方面：一是反对苏格拉底主义以及以理性为基础的近现代文明。他指出，在尼采看来，

由阿婆罗（通译阿波罗）的精神唤起美的幻像，由爵尼索斯（通译狄奥尼索斯）的精神同化永远意志，吾人即可由此解脱厌世的思想，此即悲剧的睿智，为希腊文明之特色。……后来爵尼索斯的文明为渊源于苏格拉底之科学的文明所压倒；爵尼索斯之力与阿婆罗之美，遂为冷酷的理知所取而代之。❺

李石岑还指出："（尼采）谓宇宙之根柢决非理性，历史之是认理性与合目的性者，实陷于愚昧。理性不过为真的生活之幻影"；"（尼采）谓现代的文明，皆就目前之状态求低价之满足之学者的文明。此种文明，只足以使人类日趋于腐化与平凡化"。❻ 二是反对以基督教伦理为基础的传统道德。李石岑指出：

基督教之道德，以怜悯、博爱、牺牲为宗旨，所重者为天堂、为灵魂，与尼采特重"地"与"肉体"者不相容。尼采视基督教之道德为弱者之道德，为卑怯之道德，为妨害生之扩大，阻害本能发挥，使人类日即于萎缩与退化之道德……❼

尼采称传统道德为"奴隶道德"，作者指出："小者弱者之奴隶道德，在尼采之眼视之，徒使人类日即于堕落，岂惟无价值可言，且竭全力以排斥之者也。"❽尼采是"欧洲现代道德的破坏者"，因为"欧洲现代的道德，在尼采看来，都是

---

❶　茅盾："尼采的学说"，载郜元宝编：《尼采在中国》，上海三联书店 2001 年版，第 100 页。
❷　茅盾："尼采的学说"，载郜元宝编：《尼采在中国》，上海三联书店 2001 年版，第 74 页。
❸　郭沫若："论中德文化书"，载《创造周报》1923 年第 5 号，第 16 页。
❹　李石岑："尼采思想之批判"，载成芳编：《我看尼采》，南京大学出版社 2000 年版，第 81 页。
❺　李石岑："超人哲学浅说"，上海商务印书馆 1931 年版，第 40 页。
❻　李石岑："超人哲学浅说"，上海商务印书馆 1931 年版，第 17～18 页。
❼　李石岑："尼采思想之批判"，载成芳编：《我看尼采》，南京大学出版社 2000 年版，第 77 页。
❽　李石岑："尼采思想之批判"，载成芳编：《我看尼采》，南京大学出版社 2000 年版，第 77 页。

赞扬弱小、贫穷、悲哀、污秽的道德，都是咒诅强大、丰富、欢喜、壮丽的道德"。❶

S.T.W. 这样介绍尼采的"价值重估"主张："尼采视从来之宗教、哲学、道德所定之善恶真伪，毕竟价值之问题。而道德之有价值与否，唯以是否有碍权力意志为衡。……尼采从此见地，遂以生之肯定，个人意志之肯定为主旨，而法则、秩序、道德，有萎缩人生之本能，阻碍意志之发展者，均为积极之破坏。"❷他还称尼采的文化批判思想为"能动的皆空主义"（通称虚无主义），因为它"为权力意志之征候，不认从前之本体界与旧法则，而再创造现实界与新法则"。❸

范寿康对尼采的"价值重估"主张作了比较详细的讨论。他认为："（尼采）以为我们应将一切束缚粉碎来逍遥于自由的世界。他对于死的文明，物质的文明，失了生气的道德宗教都取极端反对之态度。"❹他逐一分析了尼采对"现代文明"、"基督教"和"现代道德"的批判："肯定现实生活，发展意志力量，是尼采的根本思想。他从这种见解痛骂现代的文明。现代文明使众愚都有至上的权力，都有可享之幸福。人类因此遂愈趋平等，愈趋衰弱，推其极非使世界达于毫无生气的地位不止。""他又反对基督教。宗教为超绝世界起见，虽牺牲现实生活也不顾惜。宗教是太重灵，太不重肉。……基督教想断灭意力，这就是连灵也断灭了。基督教贻害人间真是可恨。……基督教的道德都是弱者的道德。""尼采对于道德的批评也是如此。我们讲道德非尊现实重意志不可。现代的道德究竟有否达到这个目的？现代的道德非弱者所立的道德吗？所以有个人的意力的表现的行为是恶，阻止意力的行为是善。世上所谓德行都是消极的否定的行为。我们讲这种道德愈甚，我们的生活也颓废愈甚。对于人生最危险者就是这种消极主义的道德。……现代的道德将弱者所应做的义务，都加在强者的身上。这实是大错。"❺

抗战前后，黄魂、沈伯展、阮真、林同济、陈铨、姜蕴刚、刘恩久、姚可崑等都特别关注尼采的"价值重估"主张。

黄魂、沈伯展、阮真等社会活动家和教育家对尼采的"价值重估"主张评价很高。黄魂认定："尼采精神最伟大的表现有两点：一是打倒一切愚笨而有无上权威的偶像——创造自我的新道德。一是推翻一切已成的价值，而重新加以正确的估计。"❻他在《尼采精神与今日中国民族的死症》一文中还特地引述了尼采抨击"怜悯"的一段名言："怜悯是与提高人生感情的能力的热情相反对的，他的动作是堕落的。一个人怜悯的时候便失去了权力了。统体看来，怜悯是与发展

❶ 李石岑："尼采思想之批判"，载成芳编：《我看尼采》，南京大学出版社 2000 年版，第 76 页。
❷ S.T.W.："尼采学说之真价"，载成芳编：《我看尼采》，南京大学出版社 2000 年版，第 87 页。
❸ S.T.W.："尼采学说之真价"，载成芳编：《我看尼采》，南京大学出版社 2000 年版，第 89 页。
❹ 范寿康："最近哲学之趋势"，载郜元宝编：《尼采在中国》，上海三联书店 2001 年版，第 117 页。
❺ 范寿康："最近哲学之趋势"，载郜元宝编：《尼采在中国》，上海三联书店 2001 年版，第 119 页。
❻ 黄魂："尼采精神与今日中国民族的死症"，载成芳编：《我看尼采》，南京大学出版社 2000 年版，第 245 页。

律相冲突的。这发展律便是自然选择的法律。"❶

沈伯展在《尼采及其哲学》的演讲里将尼采"价值重估"主张概括为两项内容。一是重新估定传统道德的价值。他指出："尼采认定传统道德，要重新估定价值，重新整理。""他否认传统的同情，仁慈，扶助等。"❷ 二是重新估定基督教的价值。作者说："尼采……放出第二颗炸弹丢在上帝头上。他以为基督教是破坏或否定真的人类生活的宗教，以否定的消极的死来处理人生。上帝是从来生存最大的反对者。"❸

阮真则在《尼采的超人哲学》的演讲中特别引用了尼采的原话来论证尼采"从新估定了道德标准"的事实。他指出，尼采将道德分为"君主道德"与"奴隶道德"："君主道德，以使势力大者益大，强者益强，盛者益盛为善；奴隶道德，则以抚怜弱小，扶助无能力者为善。君主道德，可以使人类向上进化，这是合于真理的；奴隶道德，足以使人类向下堕落、不争气、无出息，必至于退化灭绝，这是不合于真理的。基督教的道德，便是奴隶的道德、弱者的道德、使人类退化的道德。这种奴隶道德，不可不速行扑灭。"❹

以林同济与陈铨为代表的战国策派对尼采的"价值重估"主张也极为推崇。林同济多次提到尼采对传统价值观与道德观的激烈批判。他说："尼采认一般人所谓的幸福，理性，道德，正义，都不免满带着中产阶级的小派头，满带着乡愿的气味。他提倡'大傲视'，看穿一切的假面具，打破一切的小拘谨，而建立一套沸腾活泼泼的真热诚。"❺"他（指尼采）特别反对基督教义，也就是因为一切高级宗教之中，基督教义乃正得了尼采之反，一套出世的厌生背景而却又喋喋好作'人类，太人类了'之谈！尼采要锻炼出一种新希腊标准来代替基督教徒的一套。"❻ 林同济据此断言尼采"实在是文艺复兴的一贯传统里所涵孕出来的一位最后的'骇人儿'"。❼

陈铨对尼采"价值重估"思想的讨论相当全面与深刻。首先，他在《尼采与近代历史教育》一文中详细讨论了尼采对近现代欧洲历史教育观念与制度的批判。在尼采看来，西方近代历史教育给人生带来了五种危害："第一是内心和外物的分立，没有坚强的人格来统一它们。第二，现代的人容易骄傲，以为他们比任何时代都公平。第三，一个民族的本能，因此遏制毁坏，不能成熟发达。第四，我们相信，我们是人类的老年时期，我们不过是前人的后人。第五，我们养

---

❶ 黄魂："尼采精神与今日中国民族的死症"，载成芳编：《我看尼采》，南京大学出版社 2000 年版，第 246 页。

❷ 沈伯展："尼采及其哲学"，载成芳编：《我看尼采》，南京大学出版社 2000 年版，第 310 页。

❸ 沈伯展："尼采及其哲学"，载成芳编：《我看尼采》，南京大学出版社 2000 年版，第 310~311 页。

❹ 阮真："尼采的超人哲学"，载成芳编：《我看尼采》，南京大学出版社 2000 年版，第 374~375 页。

❺ 林同济："尼采《萨拉图斯达》的两种译本"，载郜元宝编：《尼采在中国》，上海三联书店 2001 年版，第 286 页。

❻ 林同济："我看尼采"，载陈铨：《从叔本华到尼采》，上海大东书局 1946 年版，第 21 页。

❼ 林同济："我看尼采"，载陈铨：《从叔本华到尼采》，上海大东书局 1946 年版，第 21 页。

成一种旁观的态度，因此消灭我们活泼的力量。"❶ 其次，陈铨在《尼采的道德观念》一文中深入讨论了尼采对传统道德的反对。他反复指出："尼采认为人生不是求生存，乃是求权力，支配人生一切的，不是生存意志，乃是权力意志。……根据这一种新的人生观，尼采不但对于叔本华的道德观念，就对于数千年来许多传统的道德观念，都要发生激烈的冲突。""尼采反对传统道德观念，最大的原因，就是它违反自然，压迫生命的活力。""尼采认为传统道德观念是人生的麻醉剂。"❷ 在尼采看来，"现在所谓传统的道德，都是'奴隶道德'，尼采所激烈反对的，就是这一些道德观念，如怜悯、仁爱、谦让、顾虑，都是违反自然的情操，对于奴隶们感觉舒服的观念。"❸ 最后，陈铨在《尼采的无神论》里专题讨论了尼采对基督教的抨击。作者称尼采是"欧洲反对宗教最激烈的思想家"，认为"他对于基督教攻击的彻底，欧洲历史上找不出第二个人"。❹ 作者由此点明了尼采抨击基督教的独特之处："尼采对于基督教的攻击都是从根本下手，他明白大胆地宣布：上帝已经死了。"❺

姜蕴刚、刘恩久、姚可昆等学者对尼采的"价值重估"主张作了深入而拓展的阐释。姜蕴刚在《超人与至人》里称尼采的"价值重估"主张是一种"尖锐的思想"，认为尼采不仅反对基督教及其伦理观，而且反对民主主义或社会主义。他说："尼采特别反对宗教。他以为宗教，尤其是基督教，只是道德的支持者。这种道德正是一种奴隶道德，因为它教人学会了平庸，柔弱，呆滞，怯懦。这种奴隶道德正是死亡的路径，也是弱者制服强者的手段，正像我们把强猛的狮子加以训练，使其服从，规矩，驯良一般；这正是一种麻醉剂，一种反乎自然的东西。""他只歌颂力量，自然看不起什么民主主义或社会主义。尼采还不只看不起这种使强者与弱者、使智者与愚者同群的民主主义或社会主义；走到极端，他是并整个现实也看不起的，这真是一种不寻常的、尖锐的思想。"❻

刘恩久在专著《尼采哲学之主干思想》的第五部分集中解读了尼采"一切价值之转变——创造"学说。作者在大量引用尼采原话之后概括和评论说："从来一切价值既已颓废与衰朽，为急救'人生'之危险故，则恢复之方法，最低限度，应以创作之态度与评定之手段处置之，俾使一切之价值，归还其本来自然之形式。""吾人今既将变更一切价值之态度确定，则吾人于最初又必建立主要之事物，亦即应先创立主要革新之工作。"❼ 作者还详细列举了尼采计划革新的主要方面。

❶ 陈铨："尼采与近代历史教育"，载郜元宝：《尼采在中国》，上海三联书店 2001 年版，第 251 页。
❷ 陈铨："从叔本华到尼采"，上海大东书局 1946 年版，第 149 页、第 154~155 页。
❸ 陈铨："从叔本华到尼采"，上海大东书局 1946 年版，第 150 页。
❹ 陈铨："从叔本华到尼采"，上海大东书局 1946 年版，第 157 页。
❺ 陈铨："从叔本华到尼采"，上海大东书局 1946 年版，第 160 页。
❻ 姜蕴刚："超人与至人"，载郜元宝编：《尼采在中国》，上海三联书店 2001 年版，第 486~487 页。
❼ 刘恩久："尼采哲学之主干思想"，载成芳编：《我看尼采》，南京大学出版社 2000 年版，第 619 页。

姚可昆在 1947 年为《不合时宜的观察》（通译《不合时宜的思考》）第二部《历史对于人生的利弊》所写的"译序"中特别提到了尼采对近现代欧洲历史教育弊端的揭露。她指出，尼采认为"盛极一时的历史教育阻碍着一个生动的、活泼的文化的发展"，具体表现为："第一，他觉得现代的人只着重知识而不着重人格，人人都'随身拖曳着一大堆不消化的知识石块'，而形成内外不一致的矛盾"；"第二，当时的史学在促成时代的妄想，人们总以为现代比任何一个时代据有更多的道德与正直"；"第三，由于历史知识的过分，民族的本能被破坏了，它阻碍着个人的以及全民族的成熟"；"第四，'由于这个过分就培养成在每个时代都有害于人类的年龄的信仰，这个信仰就是自己甘心为后生与末流'"；"最后，这种把我们这一代看作世界史的发展的目标与完成的观念却使一个时代陷入一个对于自己暗嘲的危险的情调，并且从此陷入于犬儒主义的更为危险的情调"。❶

三、尼采"价值重估"说与现代中国启蒙主张的关联

在讨论尼采"价值重估"说与中国现代思想启蒙主张之间的关联之前，笔者先要指出两点：第一，尼采"价值重估"说的内容相当丰富，但由于文化根基和接受语境等的差异，中国现代知识分子并未对它的各种思想元素都表现出同样的兴趣。相对来说，他们对尼采反基督教的主张即"上帝死了"的口号和尼采对欧洲近现代物质主义和异化现象的批判兴趣不浓。中国现代知识分子之所以对尼采反基督教的主张不怎么关注，主要原因是基督教在中国几乎没有影响，国人对基督教价值观与伦理观感受不深。正如茅盾所说："关于尼采攻击基督教道德的话，此处不细说了，免得噜苏；而且基督教的道德在我国到底势力不大，不比西洋，我们说不说都没有什么关系。"❷ 中国现代学人之所以对尼采批判欧洲近现代物质主义和异化现象没有多大兴趣，是因为现代中国的科学技术还不发达，物质生产水平还不高，尚未出现或大规模出现近现代欧洲社会里普遍存在的物化和异化现象。第二，中国现代知识分子在阐释尼采的"价值重估"主张时多不同程度地置换了它的具体内涵。总体特征是他们接受了尼采的强烈批判意识，但置换了他"重估"与批判的对象。中国现代知识分子纷纷把尼采所抨击的苏格拉底主义、物质主义、基督教、传统道德等置换为中国儒家伦理、中华民族劣根性以及中国现实社会中的种种乱象等。如李石岑就声称："尼采的哲学是一种反抗的哲学，是一种反价值的哲学，尼采叫做'一切价值的重新估定'。但尼采反抗的目标是吃人的耶教，本书却是想抨击吃人的礼教。"❸ 再如林语堂，他在模仿尼采《查拉图斯特拉如是说》而创作的《萨天师语录》系列里则将尼采的批判对象置换成为中国儒家文化思想、国民劣根性与现实社会各种乱象。

总体来说，尼采的"价值重估"思想对中国现代知识分子形成反思意识与批

---

❶　姚可昆："《历史对于人生的利弊》译序"，载《大公报》1947 年 6 月 1 日。

❷　茅盾："尼采的学说"，载郜元宝编：《尼采在中国》，上海三联书店 2001 年版，第 86 页。

❸　李石岑："超人哲学浅说"，上海商务印书馆 1931 年版，第 2 页。

判精神产生了重大的示范作用与明显的影响，这本身就说明了尼采的"价值重估"主张与现代中国的思想启蒙主张与活动之间存在着密切的联系。具体来说，中国现代知识分子接受尼采"价值重估"主张而形成的反思意识与批判精神主要表现在三个方面：一是反思与批判中国封建思想与道德；二是反思与批判中国国民劣根性；三是反思五四新文化运动的局限。

先看尼采"价值重估"主张与反思、批判中国封建思想与道德之间的关联。

新文化运动领袖胡适曾经将新文化运动的精神即"新思潮的根本意义"概括为一种"新态度"的形成，这种"新态度"就是"评判的态度"。他说："据我个人的观察，新思潮的根本意义只是一种新态度。这种新态度可叫做'评判的态度'。评判的态度，简单说来，只是凡事要重新分别一个好与不好。"❶ 这种"评判的态度"来自哪里呢？胡适认为就来自尼采的"价值重估"主张。他指出："尼采说现今时代是一个'重新估定一切价值'的时代。'重新估定一切价值'八个字便是评判的态度的最好解释。"❷ 现代中国知识分子推动的思想启蒙活动，第一步就是重新估定以儒家思想为主的中国思想文化传统的价值。按照胡适的观点，现代中国的思想启蒙活动的出发点与基础就是尼采"重新估定一切价值"主张所昭示的反思意识与批判精神。

李石岑在《尼采思想之批判》一文中，在讨论尼采的"价值重估"主张时曾经说过这样一段话：

> 吾人具有自由精神，即吾人自具有未来之立法者之资格；今日之法则、秩序、名教、道德，不必悉为我辈而设；今日所行之阶级，举为传习的阶级，非强弱的阶级。传习的阶级，足以泯没人类之能力，而日沦于堕落；强弱的阶级，足以促进人类之抗争，而日趋于进化。唯传习的阶级不易撤去，欲其撤去，必先举其在社会上所博得固有之价值而破坏之。❸

李石岑本来是在介绍尼采的主张，却将"名教"这一中国封建道德概念混入其中，既表明了用尼采"价值重估"主张来否定中国封建道德的用心，也揭示了这一主张与当时中国思想启蒙主张之间的密切关联。

诗人郭沫若从尼采"反抗有神论的宗教思想"、"反抗藩篱个性的既成道德"❹ 等主张那里接受了一种批判精神。这种批判精神在他早期许多诗歌里都有所表达。如在诗剧《凤凰涅槃》里，郭沫若借凤凰之口诅咒黑暗混乱的世界："我要努力地把你诅咒：/你脓血污秽着的屠场呀！/你悲哀充塞着的囚牢呀！/你群鬼叫号着的坟墓呀！/你群魔跳梁着的地狱呀！"作品里的凤凰还哀叹：这个世

---

❶ 胡适："新思潮的意义"，载《胡适文存》（第 1 集），上海亚东图书馆 1921 年版，第 1022～1023 页。
❷ 胡适："新思潮的意义"，载《胡适文存》（第 1 集），上海亚东图书馆 1921 年版，第 1023 页。
❸ 李石岑："尼采思想之批判"，载成芳编：《我看尼采》，南京大学出版社 2000 年版，第 81 页。
❹ 郭沫若："论中德文化书"，载《创造周报》1923 年第 5 号，第 16 页。

界"只剩些悲哀，烦恼，寂寥，衰败，/环绕着我们活动着的死尸，/贯串着我们活动着的死尸"。作品最后，这些凤凰决定投火自焚，既焚毁自己，也焚毁旧世界。诗人对中国思想文化传统的批判精神于此达到顶峰状态。

黄魂认为以"打倒一切愚笨而有无上权威的偶像"、"推翻一切已成的价值"为核心内容的"尼采精神"对医治"中国民族的死症"具有重大作用。他明确指出："这样的精神正是医治今日中国民族死症的良剂。虽然中国没有像欧洲中世纪基督教那样的毒物，但是目今我们是偶像的毒物散布了全个的中国了。旧的礼教操纵了生杀之大权还不曾罢休的时候，新的礼教又要活活地吞人了。"❶ 黄魂这里所说的"新的礼教"是指蒋介石专制政府搬出的儒家伦理，即稍后明确提倡的"新生活运动"。

林语堂从尼采"骂德人"行为中接受了"作战精神"，并借此抨击中国的文化思想传统。他在《萨天师语录》系列里借"萨天师"之口对中国传统文明或文化进行了辛辣嘲讽与猛烈攻击。如在《Zarathustra 语录》里，林语堂嘲讽了中国文明的"老大"即"老化"与"自大"的特点；在《萨天师语录（二）》里，他通过拟人与象征手法揭露了中国传统文化的僵死、病态与浅薄；在《萨天师语录（五）·正名的思想律》里，他揭露和抨击了中国封建纲常名教即"正名思想"；在《萨天师语录（六）·丘八》一文中，他又嘲笑了中国儒家学说创立者孔子的荒谬说教；等等。林语堂还在《中国的国民性》一文中这样揭露中国"老大帝国"的"老大"本质："所谓老者第一义就是年老之老"，"同时老字还有旁义，就是'老气横秋'、'脸皮老'之老"，"中国这个国家，年龄比人家大，脸皮也比人家厚"；所谓"大"，就是玩弄玄虚、故作"神秘"。❷ 可见，在林语堂这里，"老"不仅指年纪大、历时久远，更指垂死、腐朽的性质；"大"乃是虚伪、狡猾的代名词。

再看尼采"价值重估"主张与反思、批判中华民族国民劣根性之间的关联。

早在 20 世纪初期，鲁迅就受了尼采批判近现代欧洲"文化偏至"现象的启发，进而批判中国人重"实利"的性格。尼采认定 19 世纪欧洲社会一方面是物质文明极为发达，因而算得上是"文明之邦国"、"斑斓之社会"；另一方面则是人人"无确固之崇信"、"无作始之性质"（《文化偏至论》），精神生活极不健全。鲁迅接过尼采的文化批判思想，对中国国民劣根性进行了无情揭露。他在《摩罗诗力说》里批评中国人面临困难或危险时喜作怀古之思，而不思奋斗与进取：面临"前征之至险"时，"吾中国爱智之士……心神所注，辽远在于唐虞，或迳入古初，游于人兽杂居之世；谓其时万祸不作，人安其天，不如斯世之恶浊阽危，

---

❶ 黄魂："尼采精神与今日中国民族的死症"，载成芳编：《我看尼采》，南京大学出版社 2000 年版，第 245 页。

❷ 林语堂："中国的国民性"，载《林语堂文选》（上册），中国广播电视出版社 1990 年版，第 438～439 页。

无以生活。……作此念者，为无希望，为无上征，为无努力"。❶ 鲁迅还批判了国人重"实利"因而委琐、陋劣的性格："人人之心，无不渤二大字曰实利，不获则劳，即获便睡"，"其为利，又至陋劣不足道，则驯至卑懦俭啬，退让畏葸，无古民之朴野，有末世之浇漓，又必然之势矣"。❷ 从这些陈述中不难看出尼采的文化批判即"价值重估"思想与鲁迅等中国现代知识分子所提倡的思想启蒙主张之间的内在关联。

陈独秀受到尼采批判"奴隶道德"的启发，激烈抨击批判了中国国民的劣根性。他在《敬告青年》一文中首先引述了尼采的道德观："德国大哲尼采别道德为二类：有独立心而勇敢者曰贵族道德，谦逊而服从者曰奴隶道德。"然后其指出国人所遵循的道德正是尼采所批判的"奴隶道德"，国人的性格乃是一种"奴隶"性格。他痛心疾首地指出：

> 忠孝节义，奴隶之道德也……轻刑薄赋，奴隶之幸福也；称颂功德，奴隶之文章也；拜爵赐第，奴隶之光荣也；丰碑高墓，奴隶之纪念物也。以其是非荣辱，听命他人，不以自身为本位，则个人独立平等之人格，消灭无存，其一切善恶行为，势不能诉之自身意志而课以功过；谓之奴隶，谁曰不宜？❸

不难看出，陈独秀对"奴隶之道德"、"奴隶之幸福"、"奴隶之文章"、"奴隶之光荣"与"奴隶之纪念物"的批判受到了尼采贬斥"奴隶道德"之举的启发。

林语堂从尼采的"骂德人"之举中不仅学会了"骂"中国传统文化，而且学会了"骂"中国人的劣根性。他在《萨天师语录》系列中借萨天师之口揭露了中国人的恶劣品性。如《Zarathustra 语录》一文揭露了中国人的老化、驯服、守旧与懦弱等性格；《萨天师语录（四）》讽刺了中国国民"和平忍辱"的性格；《萨天师语录（六）·丘八》揭露了中国士兵驯服与懦弱等性格。林语堂在《论中外的国民性》一文里对中国人与西方人的民族性格作了比较分析，并对中国人的性格缺陷提出了严正批评。他说："中华民族与西方国家比较，进取不足，保守有余，勇毅有为之精神不足，而动心忍性之功夫甚深"；"中国人的美德是静的美德，主宽主柔，主知足常乐，主和平敦厚；西洋之美德是动的美德，主争主夺，主希望乐观，主进取不懈"；"外国人主观前，中国人主顾后"，总之，"中国人比西方民族，似乎少了一种奋发勇往迈进的生命力"。❹ 林语堂还明确表示要剔除并改造中国国民的劣根性："东方文明，余素抨击最烈，至今仍主张非根本改革国民懦弱萎顿之根性，优柔寡断之风度，敷衍透迤之哲学，而易以西方励进

❶ 鲁迅："摩罗诗力说"，载《鲁迅全集》（第 1 卷），人民文学出版社 2005 年版，第 69 页。
❷ 鲁迅："摩罗诗力说"，载《鲁迅全集》（第 1 卷），人民文学出版社 2005 年版，第 71 页。
❸ 陈独秀："敬告青年"，载《青年杂志》1915 年第 1 卷第 1 号，第 3 页。
❹ 林语堂："论中外的国民性"，载《林语堂名著全集》（第 16 卷），东北师范大学出版社 1994 年版，第 74～75 页。

奋图之精神不可。"❶

高长虹在模仿尼采《查拉图斯特拉如是说》而创作的长诗《狂飙之歌》第一章中，以悲愤的心情表达了对中国国民劣根性的批判。他所批判的中国国民的性格缺点有"奴心"、"心死"等。作品的主人公"青年"曾奋力地呼喊、勇猛地战斗，却不能为群众所理解："他本欲救他们，而反被他们所逐，／暴客还没有被他打散，／而他们反把他认做了暴客。"诗人忍不住对围攻"青年"的群众说："你们所患的不是外来的强力，／而是你们自个的奴心"；"他不在悲悼他被误解的噩运，／而在哭你们的心死"。显然，高长虹对群众自甘沉沦的"奴心"或麻木不仁的"心死"情状感触良多。

黄魂认为尼采批判近代欧洲人尤其是德国人劣根性的做法有助于启发对中国人劣根性的批判。他指出：

尼采当时彻底地攻击近世的游惰和轻忽。我愿意每个中国人都自己想想在这现代的国家民族中，有没有比中国这国家民族更为游惰而轻忽的呢？我们对于一个巨大民族光荣存在的努力，曾经下了什么决心。我们在人类进化的轨道上所不可缺乏的工作，我们曾经怎样的准备呢？上自王公大人下至一个黄包车夫，整个的民族，只是游惰和轻忽。❷

黄魂在介绍尼采的道德观和战争观之后批评中国人说：

因为自己丝毫没有生活存在的勇气，于是我们诅咒战争。畏惧武力的凶恶，自己无耻地怜悯自己。更要跪倒在人家的足下，哀求人家来怜悯我们。……由怜悯而变成懦弱，也是必然的结果。中国民族百年来不断地希望强人的怜悯。这怜悯不曾得到，自己却完成了懦弱。所以，从没有多少真正伟大的中国人敢想想自己是一个真正的主人。好多人都不以为配做主人的，这是何等可怜呢！❸

我们不但没有人生的最高希望，就连较奴隶生活稍高一些的希望也没有勇气的。主要的原因，都是由于懦弱所致。……在懦弱之外还普遍地充满了虚伪的生活。这也是中国民族的特征。国家危急到这地步，大家仍然当做玩把戏。有所举动作为，都不问事实的收效何如，只是自欺地玩些官样文章而已。个人如此，社会如此，国家也一样的如此。❹

显然，黄魂借助尼采对近世欧洲人和德国人的"游惰和轻忽"性格、"怜悯"

❶　林语堂："中国文化之精神"，载《大荒集》，上海生活书店1934年版，第17页。
❷　黄魂："尼采精神与今日中国民族的死症"，载成芳编：《我看尼采》，南京大学出版社2000年版，第246页。
❸　黄魂："尼采精神与今日中国民族的死症"，载成芳编：《我看尼采》，南京大学出版社2000年版，第246页。
❹　黄魂："尼采精神与今日中国民族的死症"，载成芳编：《我看尼采》，南京大学出版社2000年版，第247页。

等传统道德和"懦弱"、"虚伪"的生活态度的批判抨击了中国人的相应性格缺陷，这也深刻地揭示了尼采的"价值重估"主张与现代中国思想启蒙主张之间的密切联系。

深受尼采思想影响的战国策派成员都对中国国民的性格缺点尤其是面临外族入侵时所体现出的性格缺点提出了尖锐批评。陈铨在《浮士德精神》（1940 年）一文里批评中国人缺乏"动"的、"前进"的"浮士德精神"，而坚持一种"静"的、"保守"的惰性精神，因而表现出"满足，懒惰，懦弱，虚伪，安静的习惯"。● 他在《尼采与〈红楼梦〉》一文中不无愤怒地揭露了抗日时期部分"贤人哲士"的丑恶表现："在民族危急存亡的时候，大多数的贤人哲士，一个个抛弃人生，逃卸责任，奴隶牛马的生活，转瞬就要降临。"❷ 雷海宗则对鸦片战争以后国人丧失民族自信心、麻木不仁、崇洋媚外等性格与现象深表不满。他在《无兵的文化》（1936 年）一文中指出："今日民族的自信力已经丧失殆尽，对传统中国的一切都根本发生怀疑"；"多数的人心因受过度的打击都变为麻木不仁，甚至完全死去，神经比较敏捷的人又大多盲目的崇拜外人，捕风捉影，力求时髦，外来的任何主义或理论都有它的学舌的鹦鹉"。❸ 从另一个方面来说，陈铨、雷海宗等人都彰显了尼采的"价值重估"主张与批判精神与现代中国思想启蒙之间内在的学理关联。

最后看尼采"价值重估"主张与对五四新文化运动局限的反思之间的关联。

尼采的批判精神对中国现代知识分子的一个特殊影响，就是促使了后者积极反思五四新文化运动存在的问题。由郁达夫起草的《纯文学季刊〈创造〉出版预告》（1921 年）这样陈述创造社的立社宗旨："自文化运动发生后，我国新文艺为一二偶像所垄断，以致艺术之新兴气运，渐灭将尽。创造社同人奋发兴起打破社会因袭，主张艺术独立，愿与天下之无名作家共兴起而造成中国未来之国民文学。"❹ 创造社同人认为五四新文化和文学革命出现了"新文艺为一二偶像所垄断"的局面，他们接受了尼采"价值重估"和"破坏偶像"的思想，要"奋发兴起打破社会因袭"、推翻新文艺的"偶像"，张扬"艺术独立"的主张以"造成中国未来之国民文学"。深受尼采思想影响的狂飙社主将高长虹曾经在《思想上的新青年时期》（1926 年）一文里反思五四新文化运动的失误，认为"中国之有显明的思想运动，是从新青年开始的"，但"新青年时期的思想运动最大的缺点便

● 陈铨："浮士德精神"，载温儒敏、丁晓萍编：《时代之波》，中国广播电视出版社 1995 年版，第 367 页。

❷ 陈铨："尼采与〈红楼梦〉"，载于润琦编：《陈铨代表作》，华夏出版社 1999 年版，第 384 页。

❸ 雷海宗："无兵的文化"，载温儒敏、丁晓萍编：《时代之波》，中国广播电视出版社 1995 年版，第 127 页。

❹ 郁达夫："纯文学季刊〈创造〉出版预告"，载《郁达夫文集》（第 12 卷），花城出版社、三联书店香港分店 1984 年版，第 230 页。

是这不求实际"；"这个时期的思想，都是属于空想的"。❶ 换言之，高长虹认为五四新文化运动过分强调"思想革命"的重要性，而忽略了社会现状与社会革命，因而最终收效不大。

陈铨在谈论尼采对近现代欧洲历史教育弊端的揭露时突然荡开一笔，开始反思五四时期知识分子崇奉黑格尔的"历史进化"观的错误。他在《尼采与近代历史教育》一文里指出：

> 我们想来还记得，中国新文化运动最高强的时候，有一个外来的观念，曾经在中国思想界发生剧烈的影响，就是"历史进化"的观念。这一个观念，有人曾经把它当成神圣的经典歌颂崇拜，尼采却把它认为最不长进的思想，痛加攻击。……尼采并且发现人类一切最伟大的事业建设的时候，往往是"前无古人，后无来者"的时候，就是忘记了历史，摆脱了历史上一切束缚的时候。只有忘记了历史，我们才能觉得我们不是前人的后人，我们是我们自己，我们才有打破一切推翻一切、重新估定一切价值、建设创造一切的勇气。❷

显然，作者不仅否定与批判了五四知识分子信奉的"历史进化"观，而且旗帜鲜明地拥护尼采"忘记历史"的态度，肯定了尼采"打破一切推翻一切、重新估定一切价值、建设创造一切的勇气"。

必须要指出的是，中国现代知识分子受尼采"价值重估"主张的启迪而形成的反思意识与批判精神具有相当明显的偏激倾向。

如前所言，胡适曾经用尼采的"重新估定一切价值"主张来概括五四新文化运动的精神即"新思潮的意义"。现代中国推行的思想启蒙，其基础就是重新估定以儒家思想为主流的中国思想文化传统的价值，或者在抽象的意义上说，就是尼采"重新估定一切价值"的主张所昭示的反思意识与批判精神；但尼采对西方传统的基督教及其价值观、对西方近现代社会的"文化偏至"现象的评价非常绝对，态度相当偏激，这在一定程度上给接受其反思意识与批判精神影响的中国现代知识分子提供了一个示范，使他们在反对中国思想文化传统时也出现了绝对和极端的倾向。美籍华人学者林毓生将这种绝对和极端倾向称为"整体性的反传统思想"或"五四整体性反传统主义"。他指出："在二十世纪中国史中，一个显著而奇特的事是：彻底否定传统文化的思想与态度之出现与持续"，这种"反传统思想"是"肇始于1890年中国社会中第一代知识分子"，不过他们对传统的攻击还仅仅是"指向传统中特定的点、面"，但"崛起于五四早期的第二代知识分子中对传统做全盘彻底的反抗者，却把传统中国文化、社会与政治看成了一个整合

---

❶　高长虹："思想上的新青年时期"，载《走到出版界》，上海泰东图书局1929年版，第141页、第150～151页。

❷　陈铨："尼采与近代历史教育"，载郜元宝编：《尼采在中国》，上海三联书店2001年版，第240～241页。

的有机体——他们认为真正属于中国传统的各部分都具有整个传统的基本特性，而这个传统的基本特性是陈腐而邪恶的"，因此主张摒弃整个中国传统，推行"彻底的全盘否定论"或"整体性的反传统思想"。❶ 林毓生认为"五四整体性反传统主义"的崛起"主要是由于三种因素——输入的西方文化，传统政治秩序崩溃以后所产生的后果，与深植于中国持续不断的文化倾向中的一些态度——相互激荡而成"。❷ 林毓生所说的"输入的西方文化"，当然包括尼采思想。

其实，不仅五四时期中国知识分子反传统的态度是整体性的、全面的、绝对的，而且此后中国知识分子对五四新文化运动的评价也是相当偏激的。如高长虹在评价五四运动时，竟然将"新生时代"的新青年时代称为"新死时代"。❸ 再如陈铨对五四运动推行"个人主义"主张的反思也是相当偏激的。他在《五四运动与狂飙运动》（1943 年）一文中指出：

> 二十世纪的政治潮流，无疑的是集体主义。大家第一的要求是民族自由，不是个人自由，是全体解放，不是个人解放。……五四运动的领袖们，没有看清楚这个时代，本末倒置，一切以个人主义为出发点。甚至子抗其父，妻抗其夫，学生赶教员，属僚凌官兵，秩序紊乱，组织不成，仇恨嫉妒，傲慢不恭，背叛国家，破坏团体，无不以个人自由为口头禅，护身符。时至今日，大敌当前，学者名流，依然埋头考据，丧尽良心，羞谈时事……爱国情绪不高，战斗意志薄弱，这就是个人主义的极端现象。❹

作者完全否定了五四知识分子对"个人自由"、"个人解放"的要求，完全否定了"子抗其父，妻抗其夫，学生赶教员，属僚凌官兵"的反叛性，甚至把抗战时期部分"学者名流……埋头考据"、"羞谈时事"归为"丧尽良心"之举，这都是相当偏颇的，且不论他说的并不完全是事实！

综上所述，尼采的"价值重估"主张的确与现代中国的思想启蒙主张有着内在的学理关联，也的确在一定程度上推动了中国现代的思想启蒙运动；但这一主张如同一柄双刃剑，在给中国知识分子提供正面作用的同时，也为他们构成了反面示范效果，又在一定程度上促使他们形成了绝对的、偏激的反传统倾向。

第四节　尼采艺术哲学与现代中国思想启蒙的关联

尼采常常被称为"诗人哲学家"。他不仅喜欢用箴言、寓言、随笔与散文诗等"诗化文体"以及比喻、象征、叙事等艺术手法来传达自己的思想，而且热衷

---

❶ 林毓生："中国传统的创造性转化"，生活·读书·新知三联书店 1988 年版，第 150 页。
❷ 林毓生"中国传统的创造性转化"，生活·读书·新知三联书店 1988 年版，第 154～155 页。
❸ 高长虹："时间里的过客"，载《走到出版界》，上海泰东图书局 1929 年版，第 231 页。
❹ 陈铨："五四运动与狂飙运动"，载温儒敏、丁晓萍编：《时代之波》，中国广播电视出版社 1995 年版，第 345 页。

于探讨艺术哲学，构筑了自己独特的美学思想大厦。其中，他对古希腊悲剧的研究以及由此形成的悲剧理论最为人称道。在尼采的庞大的哲学与美学思想体系中，悲剧理论是中国现代知识分子的又一个关注重点。本节将集中探讨尼采的以悲剧理论为核心的艺术哲学与现代中国的思想启蒙主张之间的关联。

一、尼采艺术哲学简介

尼采的艺术哲学内涵相当丰富。他在早期代表作《悲剧的诞生》（*Die Geburt der Tragödie*）里系统地阐述了悲剧理论。此后他在许多篇章以及晚年未刊遗稿中继续讨论了这一问题，并拓展成系统的艺术哲学。

1. 尼采的悲剧论

尼采在《悲剧的诞生》里借用古希腊神话中的两位神即日神阿波罗（Apollo）和酒神狄奥尼索斯（Dionysus）来阐述自己的悲剧理论。他将日神的特征概括为"梦"，将酒神的本质概括为"醉"："希腊人在他们的日神身上表达了这种经验梦的愉快的必要性。日神，作为一切造型力量之神，同时是预言之神。按照其语源，他是'发光者'，是光明之神，也支配着内心幻想世界的美丽外观。"❶"我们瞥见了酒神的本质，把它比拟为醉乃是最贴切的。或者由于所有原始人群和民族的颂诗里都说到的那种麻醉饮料的威力，或者在春日熙熙照临万物欣欣向荣的季节，酒神的激情就苏醒了，随着激情的高涨，主观逐渐化入浑然忘我之境。"❷尼采后来在晚年未刊遗稿（中文通译《权力意志》）中进一步明确概括了两者的含义："'狄奥尼索斯的'这个词表达的是：一种追求统一的欲望，一种对个人、日常、社会、现实的超越，作为遗忘的深渊，充满激情和痛苦的高涨而进入更晦暗、更丰富、更飘忽的状态之中；一种对生命总体特征的欣喜若狂的肯定……'阿波罗的'一词表达的是：追求完美的自为存在的欲望，追求典型'个体'的欲望，追求简化、显突、强化、清晰化、明朗化和典型化之一切的欲望，即：受法则限制的自由。"❸

在两者之中，尼采更看重酒神与酒神精神。他在《悲剧的诞生》里特别描绘了感染酒神精神的人们进入"醉"境后的情状："每个人都轻歌曼舞，俨然是一更高共同体的成员，他陶然忘步忘言，飘飘然乘风飞飏。他的神态表明他着了魔。……此刻他觉得自己就是神，他如此欣喜若狂、居高临下地变幻，正如他梦见的众神的变幻一样。人不再是艺术家，而成了艺术品。在这里，整个大自然的艺术能力透过醉的颤栗显露无遗，而太一的快感也得到极度的满足。人，这最贵重的黏土，最珍贵的大理石，在这里被捏制、被雕琢，而应和着酒神的宇宙艺术

---

❶　F. Nietzsche. *Die Geburt der Tragödie. Friedrich Nietzsche Werke*：Band 1. Hg. von Karl Schlechta. München：Carl Hanser Verlag，1954，p23.

❷　F. Nietzsche. *Die Geburt der Tragödie. Friedrich Nietzsche Werke*：Band 1. Hg. von Karl Schlechta. München：Carl Hanser Verlag，1954，p24.

❸　［德］尼采："权力意志"（下卷），孙周兴译，商务印书馆 2007 年版，第 941～942 页。

家的斧凿声，响起厄流息斯秘仪上的呼喊：'苍生啊，你们肃然倒地了吗？宇宙啊，你感悟到那造物主了吗？'"❶ 他在晚年未刊遗稿中指出："惟有在狄奥尼索斯的神秘中才表达出希腊本能的整个基础。因为，希腊人以这种神秘为自己担保了什么呢？那就是永恒的生命，生命的永恒轮回，在生殖中得到预兆和奉献的将来，超越死亡和变化之外对生命的胜利肯定。""处于最高权力层次上的，必定是最陶醉者、最狂热者。"❷ 尼采在晚年开列了一份包括 18 条论纲的"艺术生理学"，前面 5 条都是讨论"陶醉"和"力"感的。❸ 尼采有时也将日神精神的特征称为"陶醉"，指出："在狄奥尼索斯的陶醉中，包含着性欲和肉欲；在阿波罗的陶醉中也有性欲和肉欲。这两种状态之间一定还有速度上的差异……某些陶醉感的极度宁静往往反映在最宁静的神情和心灵行为的幻觉中。"❹

尼采由此进一步讨论了悲剧的"形而上慰藉"。他在《悲剧的诞生》里描述了古希腊人由发现生存的"恐怖"到通过"美的冲动"创造神话，最终进入"狂欢"之境的完整过程："希腊人知道并且感觉到生存的恐怖与可怕，为了能够活下去，他们必须在它前面安排奥林匹斯众神的光辉梦境之诞生。……（希腊人）从原始的提坦诸神的恐怖秩序，通过日神的美的冲动，逐渐过渡而发展成奥林匹斯诸神的快乐秩序，这就像玫瑰花从有刺的灌木丛里生长开放一样。"❺ 尼采在晚年则明确揭示了由日神精神与酒神精神合成的悲剧所拥有的"形而上慰藉"："用'阿波罗的'这个名称来表示在一个虚构和梦想世界面前、在美的假象（作为对生成的解脱）世界面前欣喜若狂的坚持；另一方面，把生成生动地把握——主观同感——为同样也知道摧毁者之愤怒的创造者的暴躁狂喜。这两种经验以及以之为基础的欲望的对抗：前一种欲望永远意求现象，在它面前人变得寂静，心满意足，大海般平滑，得到了康复，得以与自身和万物相契合；第二种欲望力求生成，力求使之生成的快感，亦即创造和毁灭的快感。"❻ "悲剧艺术，富于上述两种经验，被描写为阿波罗与狄奥尼索斯的和解：现象被赋予最深的意蕴，通过狄奥尼索斯，这种现象其实被否定了，并且是因为快乐而被否定掉的。这一点就已经背弃了作为悲剧世界观的叔本华关于听天由命的学说。……惟在审美上才有一种对世界的辩护。"❼

2. 尼采的艺术论

除了悲剧理论之外，尼采还在一般意义上谈及了自己的艺术哲学。他认为艺

---

❶ F. Nietzsche. *Die Geburt der Tragödie. Friedrich Nietzsche Werke*：Band 1. Hg. von Karl Schlechta. München：Carl Hanser Verlag，1954，p25.

❷ ［德］尼采："权力意志"（下卷），孙周兴译，商务印书馆 2007 年版，第 1420 页、第 945 页。

❸ ［德］尼采："权力意志"（下卷），孙周兴译，商务印书馆 2007 年版，第 1296~1297 页。

❹ ［德］尼采："权力意志"（下卷），孙周兴译，商务印书馆 2007 年版，第 960 页。

❺ F. Nietzsche. *Die Geburt der Tragödie. Friedrich Nietzsche Werke*：Band 1. Hg. von Karl Schlechta. München：Carl Hanser Verlag，1954，p30.

❻ ［德］尼采："权力意志"（上卷），孙周兴译，商务印书馆 2007 年版，第 136 页。

❼ ［德］尼采："权力意志"（上卷），孙周兴译，商务印书馆 2007 年版，第 137 页。

术具有形而上本质。即是说，艺术的本原是生命，艺术也会促成生命的伟大。尼采在《悲剧的诞生》里说："艺术是生命的最高使命和生命本来的形而上活动"。❶ 他在晚年未刊遗稿中也说："艺术，无非是艺术，它是生命的伟大可能性，是生命的伟大诱惑者，是生命的伟大兴奋剂"。❷

艺术是对生命的肯定，因此没有悲观主义艺术。尼采在《悲剧的诞生》里说："只有作为一种审美现象，人生和世界才显得是有充足理由的。"❸ 他在《快乐的科学》中说："作为美学现象，存在对于我们来说总还是可以忍受的。"❹ 他在晚年未刊遗稿中多次表示："艺术令我们回忆兽性 vigor（生命力、精力）的状态；一方面，艺术是旺盛的肉身性向形象和愿望世界的溢出和涌流；另一方面，艺术也通过提高了的生命的形象和愿望激发了兽性功能；——一种生命感的提升，一种生命感的兴奋剂。"❺ "艺术被视为反对所有否定生命的意志的惟一优越的对抗力量，被视为反基督教的、反佛教的、尤其是反虚无主义的。""艺术本身作为人身上的一种自然力量，出现在下面两种状态当中：一是作为幻觉，二是作为狄奥尼索斯式的纵欲狂欢。在生理学上讲，这两者形成于梦与陶醉：前者被理解为那种达到幻觉的力量的施展，一种形象观看、形象塑造方面的快乐。求假象、求幻想、求欺骗、求生成和变化的意志比求真理、求现实、求存在的意志更深刻、更'形而上学'：快乐比痛苦更原始；痛苦本身只不过是求快乐（——求创造、塑造、毁灭、摧毁）的意志的结果，而且就其最高形式来说，就是快乐的一个种类……""艺术本质上是对此在的肯定、祝福、神化……根本就没有什么悲观主义艺术……艺术作出肯定。"❻

基于此，尼采认为真正的艺术家是生命力旺盛的人，是快乐而积极的人。他反复指出："性欲、陶醉、残暴：所有这些都是人类最古老的节庆快乐，所有这些同样在原初的'艺术家'身上占上风。""悲剧艺术家的深邃之处就在于，他的审美本能能综观更远的结果，他不会近视地滞留于切近之物，他们从总体上肯定那种为恐怖的、恶的、可疑的东西辩护的经济学，而且不光光是……辩护。"❼

3. 尼采的艺术人生观

尼采悲剧理论与一般美学思想的特点是将审美主义与生命哲学融合为一体。尼采认为生命的本质是快乐，是人生所获得的权力。所以他说："有权力感处，就有快乐；在权力和胜利的意识洋溢时，就有幸福。""生命体追求权力，追求权

---

❶ F. Nietzsche. *Die Geburt der Tragödie. Friedrich Nietzsche Werke*：Band 1. Hg. von Karl Schlechta. München：Carl Hanser Verlag,1954,p20.

❷ ［德］尼采："权力意志"（下卷），孙周兴译，商务印书馆 2007 年版，第 906 页。

❸ F. Nietzsche. *Die Geburt der Tragödie. Friedrich Nietzsche Werke*：Band 1. Hg. von Karl Schlechta. München：Carl Hanser Verlag,1954,p131.

❹ ［德］尼采："快乐的科学"，黄明嘉译，华东师范大学出版社 2007 年版，第 187 页。

❺ ［德］尼采："权力意志"（上卷），孙周兴译，商务印书馆 2007 年版，第 451 页。

❻ ［德］尼采："权力意志"（下卷），孙周兴译，商务印书馆 2007 年版，第 943~944 页、第 961 页。

❼ ［德］尼采："权力意志"（上卷），孙周兴译，商务印书馆 2007 年版，第 450 页、第 641 页。

力的增加——快乐只是已获得的权力感的一个征兆。"❶ 尼采呼吁释放久被压抑的生命本能，创立充分发挥人的生命本能的哲学，所以，尼采所说的艺术人生观是一种快乐人生观。最能体现这一思想的是他对古希腊酒神精神的提倡。尼采认为人生的意义在于"舞蹈"、"欢笑"。他多次借查拉图斯特拉之口宣称："我的道德是跳舞者的道德"，"我常常舞动双脚在狂喜中跳跃"，"我常常欢笑"，"一切的恶通过笑的极乐而被宣判为无罪与神圣"；"人必须跳舞——为超越你们自己而跳舞"，人们"也别忘记大声朗笑"!❷ "对一个放纵的人来说，舞蹈是最自然的运动，他只喜欢用脚尖接触每一种实在，他痛恨沉湎于悲伤事物中。"❸

尼采将艺术人生观称为"快乐的科学"。他曾经以《快乐的科学》这一标题来解释"快乐的科学"的含义："全书无非是抒发历经长时痛苦和神智不清后康复的愉悦，恢复体力的狂喜，信仰未来之再度苏醒的欢欣，预感未来的快慰；同时，对正在迫近的冒险犯难之举、再度敞开的襟怀之海、重新可望企及的、并对其坚信不移的目标亦有所感悟，故而怡然自得。"❹ 他还说："倘若我们康复者还需要艺术，那末这必定是另一类的艺术——嘲讽、轻松、空灵、神圣而不受干扰、绝妙非凡的艺术，它像一把明亮的火直冲万里碧空！首先，它必须是艺术家的艺术，仅仅是艺术家的艺术！它的第一要务是给人带来轻松愉快。""年复一年，我觉得生活愈益实在、愈益值得贪恋和神秘了。……'生活是获取知识的途径'，心里有了这一原则，人就不仅勇敢，而且也活得快乐、笑得开怀!"❺

二、现代中国学者对尼采艺术哲学的阐释

中国现代不少学人视尼采为文学家或诗人哲学家。王国维称尼采为"大哲学家兼文学家"。❻ 谢无量称："尼采文章既宏赡，又妙于讽刺，有诗人之风。故学者谓尼采非哲人之哲，而诗人之哲。"❼ 茅盾称尼采为"大哲学家大文学家"、"大哲人大诗人"，并认为"尼采实在有诗的天才，与其说他是大哲学家，不如说他是大文豪"。❽ 诗人梁宗岱也说："在德国底抒情诗里，我敢大胆说他是哥德（通译歌德）以后第一人。"❾

现代中国接受与阐释尼采的第一高潮期内，田汉、胡适、李石岑等都关注过

❶ ［德］尼采："权力意志"（下卷），孙周兴译，商务印书馆 2007 年版，第 977 页、第 1032 页。

❷ F. Nietzsche. *Also Sprach Zarathustra. Friedrich Nietzsche Werke*：Band 2. Hg. von Karl Schlechta. München：Carl Hanser Verlag, 1955, p476, p531.

❸ ［德］尼采："权力意志"（下卷），孙周兴译，商务印书馆 2007 年版，第 731 页。

❹ ［德］尼采："快乐的科学"，黄明嘉译，华东师范大学出版社 2007 年版，第 33 页。

❺ ［德］尼采："快乐的科学"，黄明嘉译，华东师范大学出版社 2007 年版，第 40～41 页，第 299 页。

❻ 王国维："德国文化大改革家尼采传"，载佛雏校辑：《王国维哲学美学论文辑佚》，华东师范大学出版社 1993 年版，第 239 页。

❼ 谢无量："德国大哲学者尼采之略传及学说"，载成芳编：《我看尼采》，南京大学出版社 2000 年版，第 38 页。

❽ 茅盾："尼采的学说"，载郜元宝编：《尼采在中国》，上海三联书店 2001 年版，第 69～70 页。

❾ 梁宗岱"《尼采底诗》译序"，载《文学》1934 年第 3 卷第 3 号，第 721 页。

尼采的艺术哲学，并或详或略地讨论过这一话题。田汉留学日本期间就翻译了当时在日本广为流传的一篇由西方学者（田汉未注明作者名字及其国籍）撰写的概述尼采悲剧理论的英文文章，中文译名是《说尼采的〈悲剧之发生〉》，刊发在《少年中国》1919 年第 1 卷第 3 期上。这篇文章归纳了尼采《悲剧的诞生》的大致内容。

胡适在《五十年来之世界哲学》一文的"引论"中简要介绍了尼采《悲剧的诞生》的内容，认为它"提出一种新的人生观"，并指出："他（指尼采）用希腊的酒神刁尼修斯（Dionysius）（通译狄奥尼索斯）代表他的理想的人生观；他说刁尼修斯胜于阿婆罗（Apollo）（通译阿波罗），而阿婆罗远胜于梭格拉底（Socrates）（通译苏格拉底），这就是说，生命重于美术，而美术重于智识。"❶

李石岑对尼采艺术哲学的阐释相当系统与深入。他曾经高屋建瓴地指出："尼采之哲学，均带有艺术的意味；换言之，尼采之哲学，全以艺术的方法出之……尼采说明一己之主张，不以组织的理论的方法，而常出以寸铁刺人之诗文的手段，故欲求尼采哲学之了解，非伴以艺术的赏鉴不可。"❷ 李石岑介绍了尼采艺术哲学的如下几项内容：第一，悲剧理论。他这样揭示酒神精神与日神精神、酒神艺术与日神艺术的内涵：

> 尼采最初受叔本华之影响，于爵尼索斯（通译狄奥尼索斯）的艺术之外，兼及阿婆罗（通译阿波罗）的艺术；其后乃以阿婆罗的态度，亦为爵尼索斯的态度之一种，而叔本华之影响，乃至消失。意谓阿婆罗之梦幻，不过为在爵尼索斯酣醉欢悦之极度时，风调稍缓之一态度而已；酣醉欢悦之感之静止、单化、集中，以幻影而现，于此乃有最高之力感。……故无论阿婆罗的与爵尼索斯的，皆可称为酣醉欢悦之种类，阿婆罗的欢悦，足以刺激视觉与想象力，而促起幻影，画家、雕刻家、叙事诗人，乃幻影家之最著者也。爵尼索斯的欢悦，足以兴奋感动系统之全部，故一切表现能力，同时并起，不仅视觉与想象力也，即听觉与运动能力暨其他之能力，皆杂然并兴，此可于音乐舞蹈时见之也。❸

李石岑还在《爵尼索斯之皈依》、《超人哲学浅说》等论文和专著中一再提及尼采更重视酒神精神一事。他认为，在尼采看来，"阿婆罗的梦幻，仅足以刺激视觉与想像力，爵尼索斯的酣醉，足以兴奋、感动系统之全部，故一切表现能力，同时并起。不仅视觉与想像力也，即听觉与运动能力暨其他之能力，皆杂然并兴。故爵尼索斯的生活，足以达到生活之最高潮"。❹ "爵尼索斯的精神与阿婆罗的精神之微妙的调和，是为希腊悲剧的骨子。不过其中仍以爵尼索斯的精神为

❶　胡适："五十年来之世界哲学"，载《胡适文存》（第 2 集），上海亚东图书馆 1924 年版，第 219～220 页。

❷　李石岑："尼采思想之批判"，载成芳编：《我看尼采》，南京大学出版社 2000 年版，第 81～82 页。

❸　李石岑："尼采思想之批判"，载成芳编：《我看尼采》，南京大学出版社 2000 年版，第 79 页。

❹　李石岑："爵尼索斯之皈依"，载《时事新报·学灯》1921 年 1 月 23 日。

根柢，所有悲剧中的人物，均以具现爵尼索斯的精神为其最大要件。"❶ 李石岑特别提到尼采的"悲剧的睿智"即"形而上慰藉"说："由阿婆罗的精神唤起美的幻像，由爵尼索斯的精神同化永远意志，吾人即可由此解脱厌世的思想，此即悲剧的睿智，为希腊文明之特色。尼采以为悲剧的睿智乃希腊文明之最高潮。"❷ 第二，一般艺术论。李石岑提到了尼采对艺术的推崇："尼采之视艺术，较知识或道德重，至有艺术即生活之语。……知识或道德支配生活之时，必不免使生活限于凝滞，艺术为支配的活动时，则可使生活益加活动与向上。"❸ 艺术为何具有这么高的地位呢？因为在尼采看来，艺术的本体是强力意志："自我之表现，权力意志（即强力意志）之表现者，乃真正之艺术也。最高之生活，最强之活动，以吾人之肉体为象征之权力意志之活动，实乃艺术之本根也。"❹ 同时，"美感"也是审美对象与审美主体的生命交流："见花而生美感，乃是在感美之瞬间，为花之生命与赏鉴者之生命之交流，故美感为神秘之事实，不得以知识或道德例之也。"❺ 第三，艺术家论。李石岑指出："（尼采）主张艺术家须特重创作；谓创作是直接的创作，赏鉴是间接的创作，美学与其从'受者'的方面出发，不如从'与者'的方面出发之为彻底的。"❻

现代中国接受与阐释尼采的第二高潮期里，朱光潜、黄素秋、楚图南、陈铨、常苏波、刘恩久等都论及了尼采的艺术哲学。

朱光潜早年在博士论文《悲剧心理学》（1933 年）里详细介绍了尼采《悲剧的诞生》一书的内容。他的介绍主要涉及如下几个方面：第一，酒神精神与日神精神的内涵与特点。朱光潜说："尼采在他的《悲剧的诞生》里，借用希腊神话中的酒神和日神来象征两种基本的心理经验。在这两种之中，酒神精神更为原始。这种酒神是由麻醉剂或由春天的到来而唤醒的，这是一种类似酩酊大醉的精神状态。在酒神影响之下，人们尽情放纵自己原始的本能，与同伴们一起纵情欢乐，痛饮狂歌狂舞，寻求性欲的满足。人与人之间的一切界限完全打破，人重新与自然合为一体，融入到那神秘的原始时代的统一之中去。……另一方面，日神阿波罗则是光明之神和形体的设计者。具有日神精神的人是一位好静的哲学家，在静观梦幻世界的美丽外表之中寻求一种强烈而又平静的乐趣。人类的虚妄、命运的机诈，甚至全部的人间喜剧，都像五光十色的迷人的图画，一幅又一幅在他眼前展开。这些图景给他快乐，使他摆脱存在变幻的痛苦。"❼ 第二，酒神艺术与日神艺术的内涵与特点。他说："酒神精神在音乐中得到表现。……音乐起源

❶ 李石岑："超人哲学浅说"，上海商务印书馆 1931 年版，第 39 页。
❷ 李石岑："超人哲学浅说"，上海商务印书馆 1931 年版，第 40 页。
❸ 李石岑："尼采思想之批判"，载成芳编：《我看尼采》，南京大学出版社 2000 年版，第 78 页。
❹ 李石岑："尼采思想之批判"，载成芳编：《我看尼采》，南京大学出版社 2000 年版，第 79 页。
❺ 李石岑："尼采思想之批判"，载成芳编：《我看尼采》，南京大学出版社 2000 年版，第 80 页。
❻ 李石岑："尼采思想之批判"，载成芳编：《我看尼采》，南京大学出版社 2000 年版，第 86～87 页。
❼ 朱光潜："悲剧心理学"，载张隆溪译，《朱光潜全集》（第 2 卷），安徽教育出版社 1987 年版，第第 355 页。

于酒神的舞蹈，抒情诗也随之而产生。……另一方面，日神精神则体现在造型艺术和史诗之中。在这几类艺术当中，日神的形象在我们面前建造出一个英雄的世界，轮廓清晰，色彩和形体都和谐完美，崇高而辉煌，'浮动在甜蜜的快感之中'。❶ 第三，悲剧的起源。作者指出："在尼采看来……希腊人以敏锐的目光看透了自然的残酷和宇宙历史可怕的毁灭性进程。……'为了能活下去，希腊人出于迫不得已的必然而造出奥林波斯山上的诸神。'……他们接受了对人世的审美的解释。作为悲剧人物雏形的酒神既是原始苦难的象征，也是原始统一的象征。被日神的神力点化之后，他又摆脱痛苦，成为艺术之神。'受痛苦者渴求美，也产生了美'，其结果就是希腊悲剧。"❷ 第四，悲剧的本质。朱光潜指出，尼采断言："悲剧快感是一种'玄思的安慰'。它产生于这样的想法：'尽管现象界在不断地变动，但生命归根结底是美的，具有不可摧毁的力量。'宇宙意志或永恒生命不容许任何事物静止不动；它要求不断的毁灭，同时也要求不断的更生。……悲剧人物之死不过像一滴水重归大海，或者说是个性重新融入原始的统一性。"❸ 第五，艺术的本质。朱光潜指出："尼采用审美的解释来代替对人世的道德的解释。现实是痛苦的，但它的外表又是迷人的。不要到现实世界里去寻找正义和幸福，因为你永远也找不到；但是，如果你像艺术家看待风景那样看待它，你就会发现它是美丽而崇高的。尼采的格言'从形象中得解救'，就是这个意思。"❹ 后来朱光潜在《看戏与演戏》（1947年）等文章中也多次论及了尼采的悲剧理论。

黄素秋在《谈谈尼采的超人哲学》一文里比较详细地介绍了尼采《悲剧的诞生》的内容。她指出："他（指尼采）拿希腊两个神代表他的思想，一个是美神阿婆罗（通译阿波罗），一个是酒神爵尼索斯（通译狄奥尼索斯）。美神所代表的是观念的世界，是乐天的，幻想的，静美的世界；酒神所代表的是意志的世界，是酣醉的，兴奋的，冲动的世界。"❺ 她详细地介绍了尼采的悲剧人生观：

尼采以为一般人因感着世间苦恼，便藉着美神以为安慰，换句话说，苦恼是想用观念去替换的，由是在观念里面希望幸福和安逸。不知这种想法完全错了，因为这种希望毕竟是镜花水月，哪里有实现的时期？而且这样廉价的肯定人生，也不会叫人生朝着创造一条路去。尼采以为这个时期便不能不提出酒神来，换句

---

❶　朱光潜："悲剧心理学"，载张隆溪译，《朱光潜全集》（第2卷），安徽教育出版社1987年版，第356页。

❷　朱光潜："悲剧心理学"，载张隆溪译，《朱光潜全集》（第2卷），安徽教育出版社1987年版，第第358～359页。

❸　朱光潜："悲剧心理学"，载张隆溪译，《朱光潜全集》（第2卷），安徽教育出版社1987年版，第359页。

❹　朱光潜："悲剧心理学"，载张隆溪译，《朱光潜全集》（第2卷），安徽教育出版社1987年版，第358页。

❺　黄素秋："谈谈尼采的超人哲学"，载成芳编：《我看尼采》，南京大学出版社2000年版，第297页。

话说，这个时期只有强烈的意志才可以救济。……意志是一种填不尽的欲壑，所以常伏有破坏和创造性质，与一味希望安逸和幸福者不同，这便是酒神的人生所以异于美神的人生之处。尼采以为真正的人生要在脱去观念的世界而代以意志的世界，便是用最大的苦恼和努力以发见人生的究竟。结果虽不免发生悲剧，而此种悲剧乃是在艺术中占有最高的地位的，所以最高的艺术便是悲剧的艺术。吾人应对于悲剧的艺术而加以极端的赞美，由悲剧所成的人生才是高贵的人生，人生的第一要义便是对于人生取挑战的态度，结果便非藉酒神之力不可，换句话说：非有赖于权力意志不可，把至高的目的放在热狂的当中，于是人生便成为道德和快乐了。❶

作者认为，"道德和快乐"的人生、"高贵的人生"就是"对于人生取挑战的态度"，就是"悲剧的艺术"所折射的人生观，它的根基就是酒神精神和"强烈的意志"。作者还论及了尼采的一般艺术观，指出"在尼采的眼中，力就是美，美的目的，便是在求力的表现。所以美的本身是没有目的的。艺术是什么？他说：'一切能够表现生命力的东西，就是艺术。'所以他的艺术观注重创造，忽视鉴赏与回忆"。❷

陈铨讨论过尼采悲剧哲学所包含的"狄阿尼色斯的悲观主义"，并认为它同叔本华式"浪漫的悲观主义"有本质区别。他在《从叔本华到尼采》一文里指出：

尼采叫叔本华的悲观主义为浪漫的悲观主义……因为它否定人生，想用艺术形而上学或者其他麻醉的方法来逃脱人生。他称他现在的悲观主义为古典的或者狄阿尼色斯（通译狄奥尼索斯）的悲观主义，是因为这一种悲观主义是健康的，不是病态的，是肯定的，不是否定的，是积极的，不是消极的，它看清楚了人生的痛苦，但是它有力量来忍受一切的痛苦，痛苦愈多，他感觉的快活反而愈大。所以这一种悲观主义，是"强有力者的悲观主义"。❸

作者评论说："尼采狄阿尼色斯的悲观主义实际上早已不是悲观主义了。它同其他悲观主义，除去外表名义，实在没有多少相同之点。因为两种悲观主义，目的内容，完全不相同。"❹ 陈铨实际上并没有过多关注尼采的悲剧学说本身，而是关注了这一学说所体现出的人生观。

楚图南也特别关注尼采的"悲剧精神"所包含的悲剧人生观。他在《悲剧精神与悲观主义》一文里首先交代了尼采悲剧哲学产生的背景，认为尼采："研究

---

❶ 黄素秋："谈谈尼采的超人哲学"，载成芳编：《我看尼采》，南京大学出版社 2000 年版，第 297 页。

❷ 黄素秋："谈谈尼采的超人哲学"，载成芳编：《我看尼采》，南京大学出版社 2000 年版，第 300～301 页。

❸ 陈铨："从叔本华到尼采"，上海大东书局 1946 年版，第 79～80 页。

❹ 陈铨："从叔本华到尼采"，上海大东书局 1946 年版，第 80 页。

了希腊的文化和戏剧，知道了悲剧精神的产生，多半是在一个民族或一个人，生活力最强，最旺盛的时候。因此断言了悲剧精神，乃是强力的象征，而悲观主义则是弱者，——是生命力已经耗竭了的人们的无助的产品！●然后作者揭示了"悲剧精神"与"悲观主义"的本质区别，指出："悲剧精神与悲观主义不单在其本质上是绝相反的两种东西，即在作用，在效果上，也是有着绝不相同的两种机能的。""悲剧精神是强力的象征，而与悲剧精神绝对反对的悲观主义，这包括了一切的失望，颓废，一切的享乐，一切的欺骗，一切的逃避和隐遁，则是弱者，是怯懦的人们的垂死的强笑，或临终的欲息。"❷

　　常苏波的《尼采的悲剧学说》是中国现代学者阐释尼采悲剧理论的唯一一篇专题论文。作者讨论的内容主要包括：第一，日神精神与酒神精神、日神艺术与酒神艺术的内涵。作者指出："希腊人是最敏感的一个民族，对于一切极微细与剧烈的痛苦感受得最亲切。他们洞悉宇宙间的苦痛。……为了求活得下去的这种迫切需要他们创造了欧林普司（通译奥林匹斯）的众神，创造了一个艺术的世界作为人生的苦恼现实与希腊人中间的一个缓冲地带。因为现实虽然是痛苦的，但是现实的阿波罗幻境却是令人怡悦的。……我们对于人世的一切苦难不幸应该当做一件艺术品来欣赏玩味，在欣赏玩味之中，我们只发见它美丽、崇高与伟大，却感不到一点现实的痛苦与威胁。这就是尼采所说的'经由形相的解脱'。狄奥尼苏司（通译狄奥尼索斯）艺术与阿波罗艺术都是逃避人生的方法。我们要逃避现实的痛苦投入无休止的变化的漩涡中，这是狄奥尼苏司艺术；为了逃避变化的痛苦，阿波罗艺术谛视着人生的形形色色的意象。"❸ 二是悲剧的本质。作者指出，在尼采看来："这两种艺术（指前文所说的"狄奥尼苏司艺术"、"阿波罗艺术"）结合的悲剧呈现给我们对于世界与人生的审美的解释。在道德的解释中，否认人生；在审美的解释中，一切人世的形相经由悲剧诗人给我们造成功美丽的欣赏的对象，凡道德无从解释与辩护的人生，我们得到满意的解释；我们不否认而肯定人生。悲剧所给与我们的不仅是一种审美的快感或是阿波罗谛视一个痛苦的现实的美丽形相所感到的喜悦。尼采以为还有一种哲理的快感。……永恒的生命永远在变化没有休止；它要一切无休止的毁灭也要一切继续的更生。悲剧英雄虽然是人类意志的最高表示，但是他只是一个现象，而意志的永恒的生命不因他的毁灭而毁灭的。悲剧所诲示我们的是'信仰永生'。"❹ 三是悲剧的作用："悲剧有非常巨大的力量，它在希腊时代曾经激涤净、慰安过希腊民族整个的生命。

---

❶　楚图南："悲剧精神与悲观主义"，载成芳编：《我看尼采》，南京大学出版社 2000 年版，第 414 页。
❷　楚图南："悲剧精神与悲观主义"，载成芳编：《我看尼采》，南京大学出版社 2000 年版，第 415～416 页。
❸　常苏波："尼采的悲剧学说"，载郜元宝编：《尼采在中国》，上海三联书店 2001 年版，第 363 页。
❹　常苏波："尼采的悲剧学说"，载郜元宝编：《尼采在中国》，上海三联书店 2001 年版，第 363～364 页。

悲剧的最崇高的价值是在它呈现出它是一切防预医疗的力量的元素。"❶

刘恩久在专著《尼采哲学之主干思想》中也论及了尼采的艺术哲学。他介绍说："尼采于其《悲剧之诞生》一书中，极力推崇狄奥尼索士（通译狄奥尼索斯）学说之价值，而极端反对阿保罗（通译阿波罗）之狂想，以为'前者是立于生之直接的陶醉欢乐上，后者是立于梦幻之认识上'。"❷ 刘恩久还指出了艺术在尼采那里的独特价值："艺术为'生命感觉之高扬，生命感觉之刺激物，兴奋剂'"，所以"尼采对艺术之要求，其目的在以艺术挽救颓败之宗教，道德与哲学之形式。"❸

三、尼采艺术哲学与中国现代启蒙主张的关联

尼采的以悲剧理论为核心的艺术哲学与现代中国的思想启蒙主张有何关联呢？笔者认为，尼采的艺术哲学实际上不仅是在谈论美学问题，更是在探讨人生观或人生态度问题。换言之，尼采的艺术哲学也是尼采的人生哲学或生命哲学的有机组成部分。正是在这个意义上，尼采的艺术哲学必然与现代中国的思想启蒙主张产生共鸣。这从中国现代学者借助尼采艺术哲学来贬斥国人的劣根性、阐述新的人生观这一事实中也可以反映出来。

首先要提到的是李石岑。他根据尼采的艺术哲学提出了国民性改造和新人生观确立的问题。他在《美神与酒神》一文中表达了借助尼采的"酒神精神"和"悲剧的艺术"来"救济"中国国民的惨淡人生、成就"最高贵的人生"的强烈愿望。首先，他参照尼采的美神（通称日神）观念称中国人的性格为"美神式"性格，将中国人的生活定性为尼采所说的"美神式"生活。他说："中国人永是在观念里面希望幸福和安逸，换句话说，中国人永是藉着美神的荫蔽以求内心的慰安"，因而体现出"幻想性"、"妥协性"和"因袭性"等性格缺陷。❹ "中国人的生活完全是一种美神式的生活。……质直的说，都是引导中国人朝着消极的解脱，廉价的肯定一条路子。"❺ 怎样克服这种"消极的解脱"、"廉价的肯定"的人生态度呢？李石岑认为只有借助尼采的酒神精神，倡导一种"现实性"、"革命性"与"创造性"的人生态度才能够实现这一目的。所以他指出："现在我们要改变这种消极的廉价的生活，只有提出一个强烈的意志，只有捧出一个陶醉的酒神来"，具体说，就是"改变中国人的幻想性而代以现实性"，"改变中国人的妥协性而代以革命性"，"改变中国人的因袭性而代以创造性"。❻ 李石岑还主张借用尼采的"悲剧艺术"来成就"高贵的人生"。他指出：

---

❶ 常苏波："尼采的悲剧学说"，载郜元宝编：《尼采在中国》，上海三联书店 2001 年版，第 369 页。
❷ 刘恩久："尼采哲学之主干思想"，载成芳编：《我看尼采》，南京大学出版社 2000 年版，第 603 页。
❸ 刘恩久："尼采哲学之主干思想"，载成芳编：《我看尼采》，南京大学出版社 2000 年版，第 608 页。
❹ 李石岑："美神与酒神"，载成芳编：《我看尼采》，南京大学出版社 2000 年版，第 180～181 页。
❺ 李石岑："美神与酒神"，载成芳编：《我看尼采》，南京大学出版社 2000 年版，第 181 页。
❻ 李石岑："美神与酒神"，载成芳编：《我看尼采》，南京大学出版社 2000 年版，第 181 页。

尼采以为真正的人生，要在脱去观念的世界而代以意志的世界，便是用最大的苦恼和努力以发见人生的究竟。结果虽不免产生人生的悲剧，而此种悲剧乃是在艺术中占有最高的地位的，所以最高的艺术便是悲剧的艺术。吾人应对于悲剧的艺术加以极端的赞美，由悲剧的艺术所成就的人生，方为最高贵的人生。❶

李石岑在《超人哲学浅说》中则主张借用尼采的艺术观来陶冶国人的情操，救济国人的劣根性。他说：

尼采主张艺术即生活，生活之艺术化，艺术之生活化。谓人类就本性言之，既自为艺术家，又为艺术品。中国人则对于艺术从不甚了了。中国人心目中只有宗法社会下的伦理的思想，而无表现生活高潮的艺术的思想。……中国人的污秽丑陋，固非用艺术的精神不能救济，中国人的瘠弱、奄惫和可怜的安逸，更非用艺术的精神无法苏生。中国人只会沉醉于阿婆罗（通译阿波罗）的梦幻观想里面，却不知更有爵尼索斯（通译狄奥尼索斯）的酣醉欢悦的世界，更不知从爵尼索斯的酣醉欢悦里面再淘出一个阿婆罗的世界来。所以中国人又非有一种艺术的陶冶不可。❷

显然，李石岑认为国人"污秽丑陋"、"瘠弱、奄惫"以及追求"可怜的安逸"、沉迷于"梦幻观想"等种种性格缺陷，一定要用尼采的"艺术的精神"和酒神的"酣醉欢悦"才可以陶冶和救济。

黄素秋主张借用尼采"艺术"观来确立新的生活态度。她在论及尼采的艺术观时指出："他的艺术观注重创造，忽视鉴赏与回忆，一切因袭，静寂，萎靡的生活，在他看来，便是人最非的生活。……他无论在任何一方面都注重创造，创造的东西才是艺术化的东西，人们不应在偶像之下抬不起头来，应当握紧拳头推倒一切，把自己做成超过一切的偶像，这个我的偶像才是真正艺术的结晶。"❸显然，作者认为尼采艺术观的重要内涵是强调"创造"以及"握紧拳头推倒一切"的积极态度，借助这些精神成分可以改变"一切因袭，静寂，萎靡的生活"。

林语堂则接受了尼采的艺术人生观而提倡"欢乐的哲学"。林语堂认为哲学的本质就是追求人生的快乐与幸福。他在思想论著《生活的艺术》里这样说："只有快乐的哲学，才是真正深湛的哲学；西方那些严肃的哲学理论，我想还不曾开始了解人生的真正意义哩。在我看来，哲学的唯一效用是叫我们对人生抱一种比一般商人较轻松较快乐的态度。"❹他还说："必须先感到人生的悲哀，然后

---

❶　李石岑："美神与酒神"，载成芳编：《我看尼采》，南京大学出版社 2000 年版，第 179～180 页。

❷　李石岑："超人哲学浅说"，上海商务印书馆 1931 年版，第 93～94 页。

❸　黄素秋："谈谈尼采的超人哲学"，载成芳编：《我看尼采》，南京大学出版社 2000 年版，第 300～301 页。

❹　林语堂："生活的艺术"，载越裔汉译，《林语堂名著全集》（第 21 卷），东北师范大学出版社 1994 年版，第 15 页。

感到人生的快乐，这样才可以称为有智慧的人类。因为我们必须先有哭，才有欢笑，有悲哀，而后有醒觉，有醒觉而后有哲学的欢笑。"❶ 林语堂"快乐哲学"观的源头之一就是尼采的"愉快哲学"。林语堂曾说："我以为这个世界太严肃了，因为太严肃，所以必须有一种智慧和欢乐的哲学以为调剂。如果世间有东西可以用尼采所谓愉快哲学（Gay Science）这个名称的话，那么中国人生活艺术的哲学确实可以称为名副其实了。"❷ 如前所述，尼采的艺术人生观的确是一种"愉快哲学"。他在《悲剧的诞生》里就宣称人生的意义在于"舞蹈"和"欢笑"，他多次借查拉图斯特拉之口呼吁："我的道德是跳舞者的道德"，"我常常舞动双脚在狂喜中跳跃"，"我常常欢笑"，"一切的恶通过笑的极乐而被宣判为无罪与神圣"；"人必须跳舞——为超越你们自己而跳舞"，人们"也别忘记大声朗笑"！❸

林同济借助尼采的悲剧理论阐述了一种新的人生观。他在《寄语中国艺术人——恐怖·狂欢·虔恪》一文里借查拉图斯特拉之口阐述了"恐怖"、"狂欢"与"虔恪"等三个来自尼采悲剧理论的文艺母题，并批判了中国人的传统道德观念与劣根性。他在揭示"狂欢"母题与生命的密切关联时指出：

> 弟兄们，你们还晓得狂欢吗？唉，数千年的"修养"与消磨，你们已失去了狂欢的本领了！然而生命必须重新发现狂欢！❹

他在陈述狂欢离不开"大酒醉"和"异性伴"之后指出：

> 这不足以与道德先生道，道德先生当不住酒色的"鸩毒"。至于聚在街头交鼻接耳的俗徒呵，他们一味畜生，那里认得了酒之仙，色之圣！弟兄们，让我告诉你们吧！街上俗徒没有见地来体验狂欢，道德先生没有活力来接受狂欢。他们意识的对象原来是纵欲，不是狂欢：俗徒只晓纵欲，先生不敢纵欲！❺

林同济觉得中国的"道德先生"出于卫道而无法容忍"大酒醉"和"异性伴"，他们"没有活力来接受狂欢"，而中国"俗徒"只会"纵欲"，"没有见地来体验狂欢"。他在揭示崇拜"绝对体"的"虔恪"母题后指出：

> 弟兄们！四千年的圣训贤谟，也为你们发现了一个绝对体没有？你们所谓神圣的是什么？你们所屏息崇拜的在那里？唉，我访遍了你们的赫赫神州，还没有

❶ 林语堂："生活的艺术"，载越裔汉译，《林语堂名著全集》（第21卷），东北师范大学出版社1994年版，第14页。

❷ 林语堂："生活的艺术"，载越裔汉译，《林语堂名著全集》（第21卷），东北师范大学出版社1994年版，第14～15页。

❸ F. Nietzsche. *Also Sprach Zarathustra. Friedrich Nietzsche Werke*：Band 2. Hg. von Karl Schlechta. München：Carl Hanser Verlag，1955，p476，p531.

❹ 林同济："寄语中国艺术人——恐怖·狂欢·虔恪"，载《大公报·战国》1942年1月21日。

❺ 林同济："寄语中国艺术人——恐怖·狂欢·虔恪"，载《大公报·战国》1942年1月21日。

发现过一件东西你们真正叫做神圣，叫做绝对之精！殿，庙，经，藏，天神，国家，女性，荣誉，英雄之墓，主义之花……在那一个面前，你们真晓得严肃肃合掌？❶

因为中国传统的"圣训贤谟"以及"殿，庙，经，藏，天神，国家，女性，荣誉，英雄之墓，主义之花"，没有一件东西值得"真正叫做神圣，叫做绝对之精"，所以中国人没有崇拜"绝对体"的习惯与能力。

楚图南《悲剧精神与悲观主义》一文的主旨是借助尼采的"悲剧精神"鼓励世界人民尤其是中国人民奋起反抗法西斯的侵略。文章开篇就明确指出："我们们需要悲剧精神，我们必须克服了悲观主义，在平居做人，处事，要如此，在抗战时期，应付国难更应当如此！"❷ 在文章结尾，作者充满激情地写道：

现在，无疑的，我们已临到人类历史上空前的最伟大最严重的悲剧的时代了。侵略的法西斯的国家，假借了神圣的名义，以流血和屠杀，在非洲散播了所谓文明的种子。也一样，以无耻的谎言，蹂躏和践踏西班牙的人民，杀戮了无数的妇女和小孩，轰炸了最可怜的农民的最后的粮食的残余，和最后的不足避风雨的庇蔽。在东方则最残暴的日本帝国主义，且应用浓黑的阴谋和残毒的大炮在消灭着我们的民族和城市，在以前古未闻的恐怖和流血和战争来摧残了我们的历史悠久的文明，和广大美富的国土。所以，无疑的，我们人类，尤其是我们中国，我们炎黄华胄的子孙们，我们已临到了人类历史上空前的，最伟大最严重的悲剧的时代了。因此，我们不能不以相应的，也是超越的，最伟大的悲剧的精神，来挽回了当前的人类和历史的空前的劫运和厄运！❸

在楚图南那里，尼采的"悲剧精神"俨然成了呼吁中国人奋起抵抗外来侵略者的思想武器。

朱光潜受尼采的悲剧理论的影响形成了一种旁观、美化、优雅的人生理想与态度。他在早年写作的《谈美》（1932年）一书中就说过：

我坚信中国社会闹得如此之糟，不完全是制度的问题，是大半由于人心太坏。我坚信情感比理智重要，要洗刷人心，并非几句道德家言所可了事，一定要从"怡情养性"做起，一定要于饱食暖衣高官厚禄等等之外，别有较高尚较纯洁的乞求。要求人心净化，先要求人生美化。❹

其"净化"人心、"美化"人生的态度与理想与后来的"看戏"人生观一样，

---

❶　林同济："寄语中国艺术人——恐怖·狂欢·虔恪"，载《大公报·战国》1942年1月21日。
❷　楚图南："悲剧精神与悲观主义"，载成芳编：《我看尼采》，南京大学出版社2000年版，第414页。
❸　楚图南："悲剧精神与悲观主义"，载成芳编：《我看尼采》，南京大学出版社2000年版，第416页。
❹　朱光潜："谈美"，载《朱光潜全集》（第2卷），安徽教育出版社1987年版，第6页。

都受到了尼采的悲剧理论尤其是日神精神概念的启发。朱光潜在《看戏与演戏——两种人生理想》里借助包括尼采悲剧理论在内的古今中外哲学家、宗教家和艺术家的观点阐述了自己的人生理想，即"看戏"人生观。作者在开篇就挑明：

> 世间人有生来是演戏的，也有生来是看戏的。这演与看的分别主要地在如何安顿自我上面见出。演戏要置身局中，时时把"我"抬出来，使我成为推动机器的枢纽，在这世界中产生变化，就在这产生变化上实现自我；看戏要置身局外，时时把"我"搁在旁边，始终维持一个观照者的地位，吸纳这世界中的一切变化，使它们在眼中成为可欣赏的图画，就在这变化图画的欣赏上面实现自我。因为有这个分别，演戏要热要动，看戏要冷要静。❶

作者的"看戏"人生观主要受到了尼采悲剧理论里的日神精神与酒神精神概念的影响。朱光潜在指出叔本华认定"人生苦恼起于演，人生解脱在看"的人生观之后接着说："尼采把叔本华的这个意思发挥成一个更较具体的形式。他认为人类生来有两种不同的精神，一是日神阿波罗的，一是酒神狄奥倪索斯的。日神高踞奥林波斯峰顶，一切事物借他的光辉而得形象，他凭高静观，世界投影于他的眼帘如同投影于一面镜，他如实吸纳，却恬然不起忧喜。酒神却趁生命最繁盛的时节，醋饮高歌狂舞，在不断的生命跳动中忘去生命的本来注定的苦恼。从此可知日神是观照的象征，酒神是行动的象征。依尼采看，希腊人的最大成就在悲剧，而悲剧就是使酒神的苦痛挣扎投影于日神的慧眼，使灾祸罪孽成为惊心动魄的图画。从希腊悲剧，尼采悟出'从形象得解脱'的道理。世界如果当做行动的场合，就全是罪孽苦恼；如果当做观照的对象，就成为一件庄严的艺术品。"❷

刘恩久在《尼采哲学之主干思想》一书中也指出，尼采的悲剧理论对帮助一个人确立人生观有很大影响。他认为，由尼采"极力推崇狄奥尼索士（通译狄奥尼索斯）学说之价值，而极端反对阿保罗（通译阿波罗）之狂想"可以看出，在尼采那里：

> 真正之人生，要在脱出观念之世界，而代以意志之世界，使观念世界的平凡，悲观，颓废，坠落等之生活，得复归于自然，因此之故，人生之第一着，即应确立权力意志，最后，再以此权力意志对外界之一切压力，取坚强之挑战态度，如是以极端之苦痛，换取高贵之人生，由悲观之精神，形成人间之极乐世界，如是之生，方可得称之为纯粹之生。❸

显然，刘恩久倾向于尼采的酒神式人生观，鼓励"取坚强之挑战态度"以

---

❶ 朱光潜："看戏与演戏"，载《朱光潜全集》（第9卷），安徽教育出版社1993年版，第257页。

❷ 朱光潜："看戏与演戏"，载《朱光潜全集》（第9卷），安徽教育出版社1993年版，第261页。

❸ 刘恩久："尼采哲学之主干思想"，载成芳编：《我看尼采》，南京大学出版社2000年版，第603页。

"换取高贵之人生"。

　　综上所述不难发现，尼采的艺术哲学与现代中国的思想启蒙主张之间存在着内在的学理关联，这是那些致力于推动思想启蒙运动的中国现代知识分子关注尼采艺术哲学的根本原因。

参考文献

一、中文部分（按姓氏拼音首字母顺序排列）

（一）专著（含论文集）

[1] 陈鼓应. 悲剧哲学家尼采 [M]. 北京：生活·读书·新知三联书店，1987.

[2] 陈鼓应. 尼采新论 [M]. 上海：上海人民出版社，2006.

[3] 陈君华. 深渊与颠峰——论尼采的永恒轮回学说 [M]. 上海：上海人民出版社，2004.

[4] 陈铨. 从叔本华到尼采 [M]. 上海：上海大东书局，1946.

[5] 成芳. 尼采在中国 [M]. 南京：南京出版社，1993.

[6] 成芳. 我看尼采——中国学者论尼采（1949 年前）[M]. 南京：南京大学出版社，2000.

[7] 冯至. 冯至全集 [M]. 石家庄：河北教育出版社，1999.

[8] 佛雏. 王国维哲学美学论文辑佚 [M]. 上海：华东师范大学出版社，1993.

[9] 郜元宝. 尼采在中国 [M]. 上海：上海三联书店，2000.

[10] 金惠敏，薛晓源. 评说"超人" [M]. 北京：社会科学文献出版社，2001.

[11] 李石岑. 超人哲学浅说 [M]. 上海：商务印书馆，1931.

[12] [美] 林毓生. 中国传统的创造性转化 [M]. 北京：北京三联书店，1988.

[13] 林语堂. 生活的艺术 [M] //林语堂名著全集（第二十一卷）. 越裔汉，译. 长春：东北师范大学出版社，1994.

[14] 刘小枫，倪为国. 尼采在西方——解读尼采 [M]. 上海：上海三联书店，2002.

[15] 鲁迅. 鲁迅全集 [M]. 北京：人民文学出版社，2005.

[16] 王江松. 悲剧哲学的诞生 [M]. 北京：中国社会科学出版社，2009.

[17] 王国维. 王国维全集 [M]. 杭州，广州：浙江教育出版社，广东教育出版社，2010.

[18] 汪民安，陈永国. 尼采的幽灵 [M]. 北京：社会科学文献出版社，2001.

[19] 汪民安. 尼采与身体 [M]. 北京：北京大学出版社，2008.

[20] 温儒敏，丁晓萍. 时代之波——战国策派文化论著辑要 [M]. 北京：中国广播电视出版社，1995.

[21] 吴虞. 吴虞集 [M]. 成都：四川人民出版社，1985.

[22] 吴增定. 尼采与柏拉图主义 [M]. 上海：上海人民出版社，2005.

[23] 许寿裳. 亡友鲁迅印象记 [M]. 北京：人民文学出版社，1953.

[24] 杨恒达. 尼采美学思想 [M]. 北京：中国人民大学出版社，1992.

[25] 张文涛. 尼采六论 [M]. 上海：华东师范大学，2007.

[26] 许纪霖. 20 世纪中国知识分子史论 [M]. 北京：新星出版社，2005.

[27] 余英时. 士与中国文化 [M]. 上海：上海人民出版社，2003.

[28] 郁达夫. 郁达夫文集 [M]. 广州，香港：花城出版社、三联书店香港分店，1983.

[29] 郁达夫. 郁达夫译文集 [M]. 杭州：浙江文艺出版社，1984.

[30] 周国平. 尼采：在世纪的转折点上 [M]. 上海：上海人民出版社，1986.

[31] 朱光潜. 朱光潜全集［M］. 合肥：安徽教育出版社，1987～1993.

（二）论文（含专著章节）

[1] 包寿眉. 尼采知识论浅测［N］. 时事新报·学灯，1925-08-19，20.

[2] 蔡元培. 我之欧战观［N］. 新青年，1917，2（5）.

[3] 蔡元培. 大战与哲学［J］//高平叔. 蔡元培全集. 第三卷. 北京：中华书局，1984.

[4] 陈独秀. 敬告青年［J］. 青年杂志，1915：1（1）.

[5] 陈独秀. 吾人最后之觉悟［J］. 青年杂志，1916：1（1）.

[6] 陈铨. 指环与正义［N］. 大公报·战国，1941-12-17.

[7] 陈铨. 尼采与《红楼梦》［M］//于润琦. 陈铨代表作. 北京：华夏出版社，1999.

[8] 程代熙. 朱光潜与尼采——读《悲剧心理学》［J］. 读书，1983（11）.

[9] 丁晓萍，温儒敏. 战国策派"的文化反思与重建构想［M］//时代之波——战国策派文化论著辑要. 北京：中国广播电视出版社，1995.

[10] 方东美. 哲学三慧［M］//刘梦溪. 中国现代学术经典：方东美卷. 石家庄：河北教育出版社，1996.

[11] 傅斯年. 人生问题发端［J］. 新潮，1919：1（1）.

[12] 傅斯年. 随感录［J］. 新潮，1919：1（5）.

[13] 顾国柱. 郭沫若与尼采哲学［M］//新文学与外国文化. 上海：上海文艺出版社，1995.

[14] 顾国柱. 茅盾与尼采哲学［M］//新文学与外国文化. 上海：上海文艺出版社，1995.

[15] 郭沫若. 雅言与自力［N］. 创造周报，1923（30）.

[16] 汉夫. "战国派"的法西斯主义实质［J］. 群众，1942：7（1）。

[17] 胡适. 新思潮的意义［M］//胡适文存（第一集）. 上海：亚东图书馆，1921.

[18] 胡适. 五十年来之世界哲学·尼采［M］//胡适文存（第二集）. 上海：亚东图书馆，1924.

[19] 金惠敏，薛晓源. 尼采与中国的现代性［J］. 文艺研究，2000（6）.

[20] 李大钊. 介绍哲人尼杰［N］. 晨钟，1916-08-22.

[21] 李石岑. 尼采思想与吾人之生活［M］//李石岑讲演集. 桂林：广西师范大学出版社，2004.

[22] 梁启超. 欧游心影录节录［M］//饮冰室合集·饮冰室专集之二十三. 北京：中华书局，1936.

[23] 林同济. 我看尼采［M］//陈铨. 从叔本华到尼采. 上海：大东书局，1946.

[24] 林语堂. 《市场的苍蝇》译者说明［J］. 论语，1935（56）.

[25] 林语堂. 译尼采《走过去》［M］//语堂文存（第一册）. 桂林：林氏出版社，1941.

[26] 陆耀东. 试谈鲁迅评尼采［M］//论鲁迅前期思想. 天津：天津人民出版社，1980.

[27] 鲁迅. 《查拉图斯特拉的序言》译者附记［J］. 新潮，1920：2（3）.

[28] 茅盾. 《新偶像》、《市场之蝇》小引［M］//许子铭，余斌. 沈雁冰译文集（下册）. 南京：译林出版社，1999.

[29] 茅盾. 茅盾回忆录［M］//孙中田，查国华. 茅盾研究资料（第一卷）. 北京：人民文学出版社，1981.

[30] 闵抗生. 二十世纪尼采在中国的传播［J］. 新文学史料. 2001（4）.

[31] 钱碧湘. 鲁迅与尼采哲学［J］. 中国社会科学. 1982（2）.

[32] 钱理群. 试论五四时期"人的觉醒"［J］. 文学评论. 1989（3）.

［33］何凝（瞿秋白）.《鲁迅杂感选集》序言［M］//鲁迅杂感选集. 上海：青光书局，1933.

［34］单世联. 朱光潜对德国美学的解释［M］//反抗现代性：从德国到中国. 广州：广东教育出版社，1998.

［35］汪顺宁. 20 世纪中国的尼采研究［J］. 哲学动态，2002（6）.

［36］王富仁. 尼采与鲁迅前期思想［M］//文学评论丛刊（第十七辑）. 北京：中国社会科学出版社，1983.

［37］王学振. 战国策派思想述评［J］. 重庆师范大学学报，2005（1）.

［38］王元明. 20 世纪尼采哲学在中国的盛衰［J］. 南开学报，1999（1）.

［39］王攸欣. 论朱光潜对尼采的接受［J］. 中国文学研究，2007（3）.

［40］修斌. 王国维的尼采研究与日本学界之关系［J］. 中国海洋大学学报（社会科学版），2006（1）.

［41］乐黛云. 尼采与中国现代文学［J］. 北京大学学报，1980（3）.

［42］章太炎. 答铁铮［M］//马勇. 章太炎书信集. 石家庄：河北人民出版社，2003.

［43］张辉. 尼采审美主义与现代中国［J］. 中国社会科学，1999（2）.

［44］［澳］张钊贻. 沉迷鲁迅、尼采二十年［J］. 读书，2002（7）.

［45］张正吾. 鲁迅早期尼采观探索［J］. 中山大学学报，1981（3）.

［46］周国平. 二十世纪中国知识分子对尼采和欧洲哲学的接受［M］//周国平人文讲演录. 上海：上海文艺出版社，2006.

［47］周国平. 中国没有真正的尼采研究［M］//周国平人文讲演录. 上海：上海文艺出版社，2006.

［48］邹振环.《查拉图斯特拉如是说》在民国的翻译与影响［M］//影响中国近代社会的一百种译作. 北京：中国对外翻译出版公司，1996.

二、中译部分（按姓氏首字母顺序排列）

（一）专著（含论文集）

［1］［德］安内马丽·彼珀. 动物与超人之维［M］. 李洁，译. 北京：华夏出版社，2001.

［2］［丹］乔治·勃兰兑斯. 尼采［M］. 安延明，译. 北京：工人出版社，1985.

［3］［英］布洛克. 西方人文主义传统［M］. 董乐山，译. 北京：生活·读书·新知三联书店，1997.

［4］［法］丹·哈列维. 尼采传［M］. 谈蓓芳，译. 南昌：百花洲文艺出版社，1995.

［5］［德］海德格尔. 尼采（上下卷）［M］. 孙周兴，译. 北京：商务印书馆，2002.

［6］［德］尼采. 权力意志（上下卷）［M］. 孙周兴，译. 北京：商务印书馆，2007.

［7］［德］尼采. 悲剧的诞生（修订版）［M］. 周国平，译. 太原：北岳文艺出版社，2004.

［8］［德］尼采. 历史对于人生的利弊［M］. 姚可崑，译. 北京：商务印书馆，1998.

［9］［德］尼采. 曙光［M］. 田立年，译. 桂林：漓江出版社，2000.

［10］［德］尼采. 快乐的科学［M］. 黄明嘉，译. 桂林：漓江出版社，2000.

［11］［德］尼采. 查拉图斯特拉如是说［M］. 黄明嘉，译. 桂林：漓江出版社，2000.

［12］［德］尼采. 论道德的谱系·善恶之彼岸［M］. 谢地坤，宋祖良，刘桂环，译. 桂林：漓江出版社，2000.

［13］［德］尼采. 偶像的黄昏（修订版）［M］. 周国平，译. 北京：光明日报出版社，2000.

［14］［德］尼采. 权力意志［M］. 张念东，凌素心，译. 北京：商务印书馆，1991.

［15］［德］尼采. 尼采诗选［M］. 钱春绮，译. 桂林：漓江出版社，1986.

［16］［德］尼采. 尼采诗集［M］. 周国平，译. 北京：中国文联出版公司，1986.

［17］［美］萨义德. 知识分子论［M］. 单德兴，译. 北京：生活·读书·新知三联书店，2002.

［18］［德］雅斯贝尔斯. 尼采其人其说［M］. 鲁路，译. 北京：社会科学文献出版社，2001.

［19］［日］伊藤虎丸. 鲁迅、创造社与日本文学［M］. 孙猛，等译. 北京：北京大学出版社，1995.

（二）论文（含专著章节）

［1］［英］柯里尼. 诠释与过度诠释［M］. 王宇根，译. 北京：北京三联书店，2005.

［2］［日］川上哲正. 鲁迅尼采初探［M］//高鹏，译. 鲁迅研究（第10辑）. 北京：中国社会科学出版社，1987.

［3］［瑞士］冯铁. "向尼采致歉"［J］. 王宇根，译. 中国现代文学研究丛刊，1994（3）.

［4］［瑞士］冯铁. 鲁迅：中国"温和"的尼采［J］. 萧婉，译. 鲁迅研究月刊，2002（11）.

［5］［法］福柯. 什么是批判？［M］//［美］施密特. 启蒙运动与现代性. 徐向东，卢华萍，译. 上海：上海人民出版社，2005.

［6］［美］梅泰·卡利内斯库. 两种现代性［J］. 顾爱彬，译. 南京大学学报（哲学·人文·社会科学），1999（3）.

［7］［德］康德. 对这个问题的一个回答：什么是启蒙？［M］//［美］詹姆斯·施密特. 启蒙运动与现代性. 徐向华，卢华萍，译. 上海人民出版社，2005.

［8］［德］尼采. 查拉图斯特拉的序言［J］. 唐俟（鲁迅），译. 新潮，1920：2（5）.

［9］［德］尼采. 查拉图司屈拉钞之狮子吼［J］. 郭沫若，译. 创造周报，1923～1924（1）～（39）.

［10］［德］尼采. 超人的一面［M］//郁达夫译文集. 郁达夫，译. 杭州：浙江文艺出版社，1984.

［11］［日］尾上兼英. 尼采与鲁迅［M］//鲁迅研究（第六辑）. 李庆国，译. 北京：中国社会科学出版社，1984.

［12］［日］伊藤虎丸. 鲁迅如何理解在日本流行的尼采思想［M］//鲁迅研究（第10辑）. 程麻，译. 北京：中国社会科学出版社，1987.

［13］［日］伊藤虎丸. 鲁迅早期的尼采观与明治文学［J］//文学评论. 徐江，译. 1990（1）.

三、外文著作

［1］Brinton,Crane. Nietzsche. Cambridge,Mass：Harvard University Press,1941.

［2］Kaufmann,Walter. Nietzsche：Philosopher, Psychologist, Antichrist. Princeton, New Jersey：Princeton University Press,1974.

［3］Nietzsche,Friedrich. Die Geburt der Tragödie. Friedrich Nietzsche Werke in dreiBänden. Band 1. Hg. von Karl Schlechta. München：Carl Hanser Verlag,1954.

［4］Nietzsche,Friedrich. Morgenröte. . Friedrich Nietzsche Werke in dreiBänden. Band 1. Hg. von Karl Schlechta. München：Carl Hanser Verlag,1954.

［5］Nietzsche,Friedrich. Also sprach Zarathustra. Friedrich Nietzsche Werke in dreiBänden. Band 2. Hg. von Karl Schlechta. München：Carl Hanser Verlag,1955.

［6］Nietzsche,Friedrich. Zur Genealogie der Moral. Friedrich Nietzsche Werke in dreiBänden. Band 2. Hg. von Karl Schlechta. München：Carl Hanser Verlag,1955.

［7］Nietzsche,Friedrich. Die fröhliche Wissenschaft. Friedrich Nietzsche Werke in dreiBänden. Band 2. Hg. von Karl Schlechta. München：Carl Hanser Verlag,1955.

［8］Nietzsche,Friedrich. Ecce Homo. Friedrich Nietzsche Werke in dreiBänden. Band 2. Hg. von Karl Schlechta. München: Carl Hanser Verlag,1955.

［9］Schacht,Richard. Nietzsche. London,Boston,Melbourne and Henley: Routledge and Kegan Paul,1983.

后　记

　　最近，我对博士后出站报告"尼采阐释与现代启蒙"进行了一次比较全面的修订，于是有了这本题为《现代中国的尼采阐释与思想启蒙》的小书。

　　我对德国哲学家、诗人尼采的兴趣由来已久。早在 1994 年进入北京大学世界文学研究中心读硕士的时候，我就选定尼采作为自己的研究对象。因为自己大学念的是中文系，对德语一无所知，所以当我向德语系的孙凤城教授谈及这一想法的时候，心里一直忐忑不安。没想到孙老师满心欢喜，鼓励我学好德语，认为完全可以重起炉灶。最后我决定以《尼采〈查拉图斯特拉如是说〉主题分析》为题撰写硕士论文。写作期间的请教与对谈的情景已相当模糊，唯独还记得某次孙老师说我对尼采思想的评价过于保守，要我大胆表明自己对尼采思想的褒扬态度。现在想起来，那是我的见识狭窄导致的结果。我读研究生之前，是在一所比较偏远的县城中学教书，虽然对尼采情有独钟，但当时的认识似乎还是停留在将尼采思想与法西斯挂钩的水平上。而实际上，20 世纪 80 年代中期我国思想界与学术界出现过一阵"尼采热"，北大更是这场"热潮"的中心。作为研究德国文学与文化的专家，孙老师对尼采似乎更偏爱。同时，今天我才知道，孙老师对尼采的偏爱还有一层独特的因缘，原来她的公公杨业治老先生对尼采思想极为看重，早在 1944 年任教于西南联大时就为杨白苹翻译的《教育家叔本华》校阅，并写了一篇长长的校阅者导言。

　　后来，我投奔四川大学文学与新闻学院王晓路教授读博士的时候，又选定《中国现代作家与尼采》作为我的学位论文题目，继续我对尼采思想的偏爱与关注；但做完论文以后，我感觉到尼采对现代中国的影响并不仅仅局限在文学界，而是延展到思想界、学术界，甚至对思想界与学术界的影响更大。因此，我决定继续探讨尼采思想对中国现代思想界、学术界的影响问题，于是决定以《尼采阐释与现代启蒙》为题进行博士后研究。

　　本书得以出版，我首先要感谢南京师范大学文学院的谭桂林教授。谭先生是我在湖南师范大学中国语言文学博士后流动站的合作导师。他本人对尼采也有几分偏爱。他曾经想写一篇与尼采有关的硕士或博士论文，但最终因指导老师要求的选题而搁浅。在报告写作期间，我多次向他讨教，获益颇多。今天又承蒙他拨冗作序，让本书增色不少。

　　中南大学何云波教授，湖南师范大学文学院凌宇教授、吴康教授、赵炎秋教授、赵树勤教授、詹志和教授等诸先生，或者在开题时对我的选题与写作思路提出建议与指导，或者在出站报告答辩会上给予了点拨与启迪，一并致谢。

本书责编蔡虹女士热心、敬业、干练，令人感佩，特此致谢。

黄怀军
2011 年 10 月于长沙岳麓山下